国家双高"铁道机车专业群"系列 活页工作手册式立体化教材
——铁道车辆技术专业

客车电气装置

主　编　◎　于文涛　牛小伟　张　嘉

副主编　◎　葛　磊　宋慧娟

主　审　◎　李应杰

西南交通大学出版社
·成　都·

图书在版编目（CIP）数据

客车电气装置 / 于文涛，牛小伟，张嘉主编. —成都：西南交通大学出版社，2023.6（2025.6 重印）
ISBN 978-7-5643-9298-7

Ⅰ. ①客⋯ Ⅱ. ①于⋯ ②牛⋯ ③张⋯ Ⅲ. ①铁路车辆－客车－电气设备 Ⅳ. ①U271.038

中国国家版本馆 CIP 数据核字（2023）第 092867 号

Keche Dianqi Zhuangzhi
客车电气装置

于文涛　牛小伟　张　嘉　主编

责任编辑	梁志敏
封面设计	何东琳设计工作室

出版发行	西南交通大学出版社 （四川省成都市金牛区二环路北一段 111 号 西南交通大学创新大厦 21 楼）
邮政编码	610031
发行部电话	028-87600564　028-87600533
网址	http://www.xnjdcbs.com
印刷	四川森林印务有限责任公司

成品尺寸	185 mm×260 mm
印张	22.25
插页	8
字数	599 千
版次	2023 年 6 月第 1 版
印次	2025 年 6 月第 2 次
定价	58.00 元
书号	ISBN 978-7-5643-9298-7

课件咨询电话：028-81435775
图书如有印装质量问题　本社负责退换
版权所有　盗版必究　举报电话：028-87600562

前言

党的二十大报告强调要加快建设交通强国，充分体现了以习近平同志为核心的党中央对我国交通事业发展的高度重视，为新时代新征程交通强国建设指明了方向。随着铁路交通运输事业的迅速发展，铁道车辆技术装备水平迅速提高。为满足铁道车辆专业教学和铁路职工培训的需要，根据铁路高职铁道车辆专业教学指导会计划，依据中国国家铁路集团有限公司印发的《铁路客车电气装置检修规则》（技术规章编号：TG/CL 209—2022）编写本书。

本书编者及主审分别来自教学第一线从事铁道车辆专业职业教育的教师和客车现场工程师。在编写过程中紧扣现场应用和职业教育的培养目标，结合职业教育的特点和要求，在课程体系安排上，在教材内容的选取上力争做到教材的总体结构和课程目标之间的一致性，正确处理好教材的知识传授和能力培养这两者之间的关系。

本教材根据现场运用情况，对 22 型客车电气系统、客车轴温报警系统、客车行车安全监控系统、发电车供电系统部分章节内容作了调整，新增时速 160 km 动力集中动车组电气系统。

本书由郑州铁路职业技术学院于文涛（项目六、项目七、项目八、项目十二）、牛小伟（项目四、项目九、项目十四）、宋慧娟（项目一、项目二）、张嘉（项目五、项目十）、华东交通大学轨道交通学院李津（项目十三）、吉林铁道职业技术学院李原福（项目三、项目十一）、中国铁路郑州局集团公司郑州车辆段张志辉（实训部分）编写；郑州车辆段副段长葛磊提供了编写意见和部分数字资源；郑州车辆段段长李应杰担任本书主审。在此，对编写组的工作表示衷心感谢。

本书在编写和出版过程中，得到西南交通大学出版社编辑的悉心指导和支持，对他们的辛勤劳动和无私奉献表示真挚的谢意。同时，对本书参考文献中的作者致以诚挚的感谢。

由于编者水平有限，书中的疏漏和不妥之处在所难免，希望使用本书的读者批评指正。

编 者
2023 年 3 月

数字资源列表

序号	数字资源名称	资源类型			页码	项目
		视频	PPT	动画		
1	客车电气装置的组成、分类及我国客车供电装置的发展	√	√		3	项目一 任务一
2	客车供电方式	√	√		4	
3	配线、车电命名、绝缘测量	√	√		6	
4	TG型铅蓄电池	√	√		10	项目一 任务三
5	GN型碱性蓄电池	√	√		13	项目一 任务四
6	轴驱式发电机供电系统组成及轴驱式发电机工作原理	√	√		18	项目二 任务一
7	KP-2A型控制箱的组成及原理	√	√		27	项目二 任务二
8	列车控制系统柴油发电车	√	√		31	项目三 任务一
9	柴油机	√	√		33	项目三 任务二
10	柴油机工作原理、柴油机冷却系统、柴油机润滑系统			√	34	
11	柴油机的启动控制	√	√		36	项目三 任务三
12	柴油机调速	√	√		40	
13	三相同步发电机	√	√		43	项目三 任务四
14	发电车对外供电方式	√	√		47	项目三 任务五
15	发电车主开关电路与联络开关电路	√	√		47	
16	发电车冷却风扇电路	√	√		51	
17	发电车交流燃油泵电路	√	√		58	
18	发电车直流报警保护电路	√	√		61	
19	电源控制柜工作原理	√	√		71	项目四 任务一
20	照明控制柜工作原理	√	√		73	
21	统型应急电源概况	√	√		76	项目四 任务二
22	统型应急电源充电机	√	√		78	项目四 任务三
23	统型应急电源应急控制系统工作原理	√	√		82	项目四 任务四

序号	数字资源名称	资源类型			页码	项目
		视频	PPT	动画		
24	接触网向列车供电方案	√	√		110	项目六 任务一
25	电力机车供电装置工作原理	√	√		114	项目六 任务二
26	综合控制柜概况	√	√		120	项目七 任务一
27	25T型客车的供电控制与转换	√	√		124	项目七 任务二
28	综合控制柜的使用	√	√		128	项目七 任务三
29	25T客车逆变器的工作原理	√	√		132	项目七 任务四
30	25T型客车充电器的基本原理	√	√		144	项目七 任务六
31	CRH2型动车组的牵引供电系统组成及原理	√	√		172	项目八 任务一
32	CRH2型动车组的辅助供电系统	√	√		183	项目八 任务二
33	动车组列车信息控制系统	√	√		190	项目八 任务三
34	KSL3型电热开水炉	√	√		201	项目九 任务一
35	TCL-12型电开水炉	√	√		204	项目九 任务二
36	客车集便器	√	√		208	项目九 任务三
37	旅客列车信息显示系统	√	√		214	项目九 任务四
38	高原车制氧系统	√	√		218	项目九 任务五
39	塞拉门总体介绍			√	225	项目十 任务一
40	塞拉门结构			√	225	
41	塞拉门的控制原理	√	√		227	
42	塞拉门气路原理图（开门1）			√	229	
43	塞拉门气路原理图（关门2）			√	229	项目十 任务二
44	塞拉门气路控制系统（开门1）			√	230	
45	塞拉门气路控制系统（关门2）			√	230	
46	塞拉门手动开关门			√	231	项目十 任务三
47	塞拉门门控单元原理图			√	231	

序号	数字资源名称	资源类型			页码	项目
		视频	PPT	动画		
48	塞拉门集中控制图			√	232	项目十 任务三
49	塞拉门障碍探测			√	232	
50	塞拉门故障处理			√	232	
51	联网型皱纹报警器			√	235	项目十一 任务一
52	轴温报警装置的结构			√	235	
53	KZS/M-1型轴温报警装置的组成	√	√		236	
54	轴温数据记录仪			√	237	
55	KZS/M-1型轴温报警装置的工作原理	√	√		238	项目十一 任务二
56	参数控制			√	238	
57	报警电路			√	238	
58	LCD液晶显示器			√	239	
59	时钟			√	239	
60	直流开关电源			√	240	
61	调制解调器			√	240	
62	温度传感器			√	240	
63	温度传感器安装			√	240	
64	故障处理			√	243	项目十一 任务三
65	有可能发生故障部位及现象			√	243	
66	防滑器简介			√	253	项目十二 任务一
67	TFX1型电子防滑器结构	√	√		254	
68	防滑器的构成			√	254	
69	防滑器工作原理简介			√	255	
70	TFX1型电子防滑器功能	√	√		256	项目十二 任务二
71	防滑器主机			√	256	
72	防滑器排风阀			√	256	
73	压力继电器			√	256	
74	速度传感器			√	256	
75	防滑器故障			√	260	项目十二 任务三
76	客车行车安全监测系统组成	√	√		265	项目十三 任务一

序号	数字资源名称	资源类型			页码	项目
		视频	PPT	动画		
77	客车行车安全监测系统车厢级网络系统与主机	√	√		268	项目十三任务二
78	客车行车安全监测系统车厢级检测诊断子系统	√	√		269	项目十三任务二
79	列车级主机的显示界面及操作	√	√		276	项目十三任务四
80	列车防护报警和客车列尾系统	√	√		282	项目十三任务六
81	JYA-1型交流在线绝缘检测装置	√	√		287	项目十四任务一
82	列车电气监控系统	√	√		290	项目十四任务二
83	火灾报警控制器	√	√		294	项目十四任务三

目录

上篇 理论篇

项目一 铁路客车用蓄电池 ······ 3
- 任务一 客车供电装置概述 ······ 3
- 任务二 客车蓄电池分类 ······ 8
- 任务三 TG 型铅蓄电池 ······ 9
- 任务四 GN 型碱性蓄电池 ······ 13

项目二 轴驱式发电机供电 ······ 18
- 任务一 客车感应子发电机 ······ 18
- 任务二 KP-2A 型控制箱 ······ 27

项目三 柴油发电车集中供电 ······ 30
- 任务一 发电车的概况 ······ 31
- 任务二 康明斯发电车柴油机的概况 ······ 33
- 任务三 柴油机的调速控制与启动 ······ 36
- 任务四 三相同步发电机 ······ 43
- 任务五 发电车电气控制 ······ 46
- 任务六 发电车的常见故障 ······ 65

项目四 25G、25K 型客车电气系统 ······ 70
- 任务一 电源控制柜与照明控制柜 ······ 71
- 任务二 统型应急电源概况与整流器 ······ 76
- 任务三 统型应急电源充电机 ······ 78
- 任务四 统型应急电源应急控制系统 ······ 82
- 任务五 统型应急电源的故障与维修 ······ 84
- 任务六 车体配线 ······ 88

项目五 BSP 客车电气系统 ······ 94
- 任务一 概述 ······ 94

  任务二 BSP 客车供电系统 ··· 97

  任务三 BSP 客车照明与视听系统 ·· 103

  任务四 BSP 客车蓄电池充电机 ·· 105

项目六 接触网供电 ·· 110

  任务一 接触网向列车供电方案 ·· 110

  任务二 电力机车供电装置工作原理 ··· 114

项目七 25T 型客车电气系统 ··· 119

  任务一 综合控制柜概况 ··· 120

  任务二 综合控制柜的工作原理 ·· 124

  任务三 综合控制柜的使用、维护与检修 ··· 128

  任务四 TGF23 系列逆变器的组成、参数与原理 ···································· 132

  任务五 25T–2×35 kVA+12 kVA 逆变器的使用与故障 ···························· 138

  任务六 25T 型充电器概况与基本原理 ·· 144

  任务七 TCP4-008/600（L）型 DC 110 V 充电机 ································· 151

  任务八 TKB2-0035D/DC 110（L）单相逆变器 ······································ 156

  任务九 系统操作与故障处理 ·· 160

  任务十 DC 600 V 车下电源装置的统型工作 ······································· 167

项目八 时速 160 km 动力集中动车组电气系统 ·· 172

  任务一 动力车电气系统 ··· 172

  任务二 拖车电气系统 ·· 183

  任务三 控制车电气系统 ··· 190

  任务四 时速 160 km 动力集中动车组的维修 ·· 191

项目九 25 型客车主要电器装置 ·· 200

  任务一 KSL3 型电热开水炉 ··· 201

  任务二 TCL-12 型电开水炉 ·· 204

  任务三 客车集便器 ·· 208

  任务四 旅客列车信息显示系统 ·· 214

  任务五 高原车制氧系统 ··· 218

项目十 塞拉门 ··· 224

  任务一 塞拉门的机械结构 ·· 225

  任务二 塞拉门控制原理 ··· 227

  任务三 塞拉门门控器 ·· 231

项目十一　客车轴温报警装置······234
任务一　概　况······235
任务二　KZS/M-Ⅰ型集中式轴温报警装置的工作原理······238
任务三　KZS/M-Ⅰ型集中式轴温报警装置的操作与使用······243
任务四　KZS/M-Ⅰ型集中式轴温报警装置故障与处理······248
任务五　KZS/M-Ⅱ型集中式轴温报警装置······250

项目十二　TFX1型电子防滑器······252
任务一　TFX1型防滑器的结构与作用原理······253
任务二　TFX1型电子防滑器的功能与操作使用······256
任务三　TFX1型防滑器的常见故障与处理······260

项目十三　客车行车安全监控系统······264
任务一　KAX-1型客车行车安全监测诊断系统······265
任务二　车厢级网络系统与主机······268
任务三　列车级通信网络与主机······273
任务四　列车级主机的显示界面及操作流程······276
任务五　常见故障与处理······281
任务六　列车防护报警和客车列尾系统······282

项目十四　客车自动监测装置······286
任务一　JYA-Ⅰ型交流在线绝缘检测装置······286
任务二　列车电气监控系统······290
任务三　火灾报警控制器······294

下篇　实　训　篇

实训一　检测硬座车配线绝缘值······301
实训二　AC 380 V电源柜与照明配电盘故障处理······306
实训三　25型空调客车下部单车检查（静态）······312
实训四　电开水炉故障排除······317
实训五　MS730CP电控气动塞拉门故障排除······325
实训六　TKDT型综合控制柜故障处理······334

参考文献······343

上篇 理论篇

项目一　铁路客车用蓄电池

🎯 项目描述

客车蓄电池供电是客车供电的辅助形式，本项目主要介绍了蓄电池的分类、TG型铅蓄电池的结构、工作原理和使用维护、GN型碱性蓄电池的结构、原理和使用维护。

学生应了解蓄电池的工作原理、基本结构、各部分的作用及其分类，学会正确使用维护蓄电池的基本技能。

🎯 学习目标

1. 知识目标：掌握TG型铅蓄电池和GN型碱性蓄电池的结构、工作原理。
2. 能力目标：能进行蓄电池充放电、容量检测等基本电池维修操作。
3. 素质目标：养成爱护设备的良好习惯；养成安全生产及规范作业的意识；养成善于沟通的团队意识。

🎯 相关案例

1995年7月3日，某电站铅蓄电池室发生燃爆事故，造成一巡检工死亡，充电设备和蓄电池室严重损坏。事故主要原因是该蓄电池室通风设备失效，造成室内氢气聚集，巡检工在巡检时抽烟，引起燃爆。

1995年12月14日深夜，某街道蓄电池修理店充电室发生火灾，造成店内临时搭床睡觉的两名员工严重烧伤，房屋和设备烧毁。火灾原因是该店前房为修理间，后房为充电室，充电室无通风设施，晚上门窗关闭，造成室内通风不良，因充电线路接头松动产生火花放电，先引爆室内聚集的氢气，后引发火灾。

任务一　客车供电装置概述

知识要点

- 铁路客车供电方式及供电制。
- 客车车体配线、位置命名及绝缘测量。

知识储备

为了满足旅客和乘务人员旅途生活需要和改善

视频

PPT

客车电气装置的组成、分类及我国客车供电装置的发展车内卫生环境,在客车上设有一些电气装置,这些电气装置需要由供电设备供电并实行电气控制和检测,我们把这一类为电气装置进行供电和电气控制及检测的设备统称为客车电气装置。这些电气装置按照功能不同分为客车供配电装置、客车用电装置和客车安全监测装置。

我国铁路客车供电装置大致经历三个阶段:第一阶段为20世纪50年代到80年代,是轴驱式发动机供电,是非空调客车(包括21型、22型、25B型及进口的24型车)上的电气装置,为客车的照明、通风、广播、轴温报警等装置供电。轴驱式发动机和蓄电池组并联供电,当发动机停止转动或低速转动时,由蓄电池供电。随着客车电气设备的不断增加,用电量越来越大,客车供电装置发展到以发电车供电为代表的第二阶段。第二阶段是柴油发电车供电,为空调客车上的空调等交流负载供电。空调客车的研制始于20世纪60年代,广泛普及于20世纪90年代,25G型客车定型于1992年,25K型客车定型于1998年,25T型客车定型于2004年。第三阶段是机车DC 600 V供电。20世纪80年代,中国铁路开始研究电力机车向客车供电技术,由电力机车或内燃机车提供两路DC 600 V(2×400 kW)电源给空调旅客列车,在电气化区段,采用由电力机车集中供电、客车分散变流供电方式。非电气化区段,由DF_{11}改内燃机向客车提供DC 600 V电源。与发电车相比,机车供电好处是符合国家能源政策,供电容量充足,能较好地改善客车旅行条件,并具有显著的经济效益和社会效益,是客车电气装置发展的方向。

一、我国铁路客车的供电方式及用电制

客车供电系统用于为车上用电装置提供电能,它有单独供电、集中供电和混合供电三种方式。

视频

PPT

客车供电方式

(一)单独供电

单独供电又称分散式供电。它是在单节客车上安装一套独立的供电装置。当车辆用电量较小时,也可以每两辆或三辆车共用一套独立的供电装置,此时安装有发电设备的客车称为母车,不带发电设备的车称为子车。子母车之间通过车端电力连接器连接车内输电干线。客车单独供电有下述三种类型。

1. 蓄电池组供电

单独使用蓄电池组供电是根据车内负载的工作电压和功率,把若干个蓄电池结合起来向负载供电。这种供电方式的优点是设备简单,使用方便,可靠性好,电流是纯直流成分;缺点是单位功率所占的体积和重量较大。蓄电池在放电过程中电压逐渐降低,电池放电至终止电压时,必须停止放电并进行充电,否则会因过放电而损坏电池。这种供电方式在用电量不大的客车上使用,国内运营的客车上不易见到。

2. 车轴发电机供电

采用车轴驱动的发电机与蓄电池组并联供电,是世界各国在普通客车上运用较广泛的一种供电形式。我国旧型普通客车曾采用轴驱式的L型直流发电机,从20世纪70年代开

始,在普通 22 型和 23 型客车上广泛使用三相感应子发电机。轴驱式发电机的工作电压,当功率小于 3 kW 时为 24 V,功率为 3~10 kW 时为 DC 48 V,功率在 10 kW 以上时为 DC 110 V。

3. 小型柴油发电机组供电

在客车底部装设小型柴油发电机组,并由其向车内的负载供电,这种供电方式称小型柴油发电机组供电。采用这种方式单独供电,可以减少机车牵引动力,提高供电电压,减少蓄电池用量,便于长时间停站时利用市电,但要求机组工作可靠,噪声和振动小,使用维修方便。这种供电方式适用于单独或分开连挂且装有空调装置的客车,如长春轨道客车股份有限公司生产的 RW_{22} 型空调软卧车和四方机车车辆股份有限公司生产的 YW_{22} 型宿营车采用的就是这种供电方式。

(二)集中供电

对于用电量较大并且是固定编组的列车,采用全列车集中供电的方式。列车集中供电的电源,在非电气化区段,由列车中的发电车柴油发电机组提供;在电气化区段,可以由接触网通过电力机车主变压器提供。

1. 柴油发电车供电

由发电车的柴油发电机组集中供电时,供电电压一般为线电压 400 V、相电压 230 V 三相电、50 Hz,通过车端联结器向连挂的客车分二路送电,输电干线压降应不大于 5%。这种供电制式的优点是用电负载(如异步电动机和日光灯以及控制电器与保护元件等)可直接采用民用产品,但输电电流与所需的三相四线制输电干线截面面积都较大,干线穿管施工难度较大,对联结器的插头和插座间接触电阻要求非常严格(小于 0.000 8 Ω)。因此,在可能的条件下应将供电干线电压提高。

2. 接触网供电

由于我国目前的主型客车已从 22 型转换为 25 型,越来越多的全列空调旅客列车运行在全国铁道干线上,因而集中供电的方式已成为列车供电的主要形式。

我国电气化铁路供电的额定电压为单相工频 25 kV,波动范围为 19~27 kV。根据研究,我国由接触网供电的旅客列车,将由新型客运电力机车主变压器增设的两个辅助绕组供给容量为 800 kV·A、串联电压为 3 kV(并联为 1.5 kV)的电能。即通过电力机车主变压器,将受电弓取得的单相工频 25 kV 的电压,转变为单相工频 3 kV 或 1.5 kV 的电压,输送给所牵引的客车。

由接触网供电的客车,其用电负载的特点是:空调机组电动机为三相异步电机,其三相电源由分散于每辆客车中的三相逆变器供电;采暖电加热器与电开水炉由降压变压器提供电源;照明与通风机由带有充电机的蓄电池组供电并通过变换器变换成交流电,以保证摘挂机车时也能正常工作。

由接触网供电的客车,由于输电电压较高,因此输电干线与车端电力连接器必须具有良好的绝缘性能,连接器必须带有钥匙,以保证操作安全。

（三）混合供电

鉴于目前铁路牵引动力存在多种类型，客车编组方式也不尽相同，因此，除上述两种供电方式外，还有混合供电方式。混合供电有下列几种情形：

（1）客车照明与通风机由轴驱式发电机与蓄电池并联供电，而车上的采暖电热元件由电气化铁道的接触网供电，这种供电方式适用于电气化区段运行的普通客车。

（2）客车照明和另外一些低压直流用电器由轴驱式发电机与蓄电池并联供电，空调机组由本车小型柴油发电机组或发电车供电。

综上所述，客车的供电系统有多种形式，在运用时应根据车种、用途、编组方式、负载类型、功率、用电要求及供电经济性等条件来具体选择。

二、车体配线

车体配线是客车供电装置的重要组成部分，它的作用是将供电装置、用电设备和控制保护装置连接成一个完善的电气回路，把电能安全可靠地输送到用电设备中去。客车车体配线，根据供电方式的不同分为分散式供

视频

PPT

配线、车电命名、绝缘测量

电系统客车车体配线和集中式供电系统客车车体配线；按用途可以分为电力配线和广播配线两个系统；按车体配线在车辆中所在的部位分为车上配线和车下配线两个部分。车上配线即装在客车地板以上的供电线路，敷设在车内侧壁或车顶棚的间壁内，将电能通过配电盘分送到各用电设备；车下配线即设在地板以下的供电电路，敷设在贯穿车底的电线管内，通过分线盒和电气连接器沟通车辆间的电力系统。

三、车电装置位置命名方法

为了便于铁路车辆检修，对于车辆及其配件都规定了一定的方位。车辆的方位分为1位和2位。配件则根据车辆方位再按同类配件的前后左右进行分位。

车辆的分位是以制动缸活塞伸出的方向来决定的，其伸出方向为1位或1位车端。如图1-1所示。为了便于识别，在车体两端脚蹬架外侧用白色油漆喷涂有定位标记"1"和"2"。

根据车端的定位标记，即可对各个车电机具的位置进行命名，具体规定如下：

（1）图1-1所示为沿车体长度方向单向排列的车电装置，按位置称呼法所列的车电机具。沿车体长度方向单行排列，如顶灯、顶扇、床灯及通过台灯，应自1位车端顺次数到2位车端，称之为第×位××机具，如图1-1（a）所示。

（2）沿车体长度左右对称排列或虽不对称但数量较少的，如壁灯、壁扇、识别灯、电气连接器、播音连接器、厕所灯及侧灯插座等，可站于2位车端，面向1位车端，自1位车端右侧开始，交替数到2位车端，称为×位××机具，如图1-1（b）所示。

（3）关于蓄电池及分线盒，应按第（2）条判断左右的方法，称右侧为1位侧，左侧为2位侧。每侧分别由1位端数到2位端，称之为×位侧第×位××机具。如图1-1（c）所示。

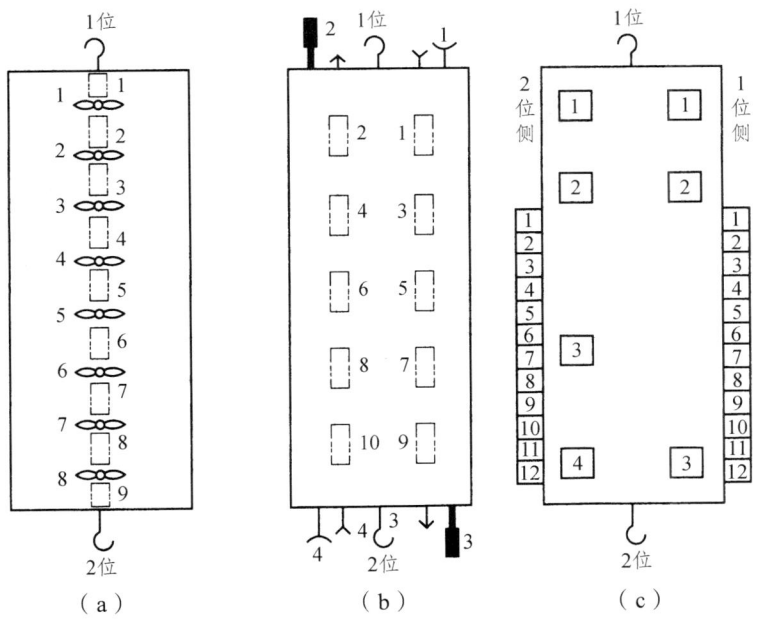

图 1-1　车电装置的位置称呼法

总之,除蓄电池和分线盒外,数量在 2 个或 2 个以上的车电机具,可以站于 2 位车端,面向 1 位车端,由近及远,由右到左顺序定位。对于数量仅有一个的车电机具可直呼其名。

四、车体配线绝缘电阻的测量

车体配线绝缘的检测方法常用的有导线接地(又称打火法)、灯泡接地(又称亮灯法),但这两种方法只能粗略地判断漏电程度,不能准确地反映绝缘电阻值的大小。

目前,车体配线的绝缘性能常用 100 V 或 500 V 兆欧表来测量或使用直读式绝缘电阻检测表,图 1-2 所示为这种检测表的外形结构图。它是由下述三个部分组成的。

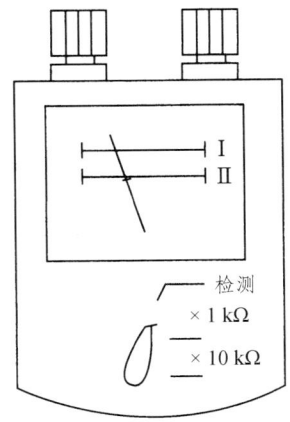

图 1-2　直读式绝缘检测表

(1) 接线柱,为了方便检测,接线柱一个接地,另一个接车体正线或负主线。

(2)表头,采用磁电式直流微安表。

(3)转换开关,它分为如下三挡:

① "检测"位置——检测绝缘是否接地或绝缘是否合格,在刻度线读数;

② "×1 kΩ"位置——检测全列车的绝缘用,在刻度线读数;

③ "×10 kΩ"位置——检测母车与子车的绝缘用,在刻度线读数。

客车车体配线的绝缘测量,用 500 V 级绝缘电阻计测量正负两线间及各车体间的绝缘电阻值应符合表 1-1 的规定。

表 1-1　客车车体配线的绝缘测量值　　　　　　　　　　　单位:MΩ

电线类型		相对湿度			
		≤60%	61%~70%	71%~80%	≥80%
电力配线(24 V/48 V)		0.2	0.12	0.08	0.024
播音线		1	0.7	0.3	0.1
交流配线	100 V 以下	1	0.75	0.25	0.1
	100 V 以上	2	1.5	0.75	0.25

任务二　客车蓄电池分类

知识要点

- 客车用铅蓄电池的分类。

知识储备

20 世纪 50 年代以前,铁路车辆上使用的蓄电池是酸性铅蓄电池,其特点是:规格型号多,电气性能和技术经济指标比较落后,采用涂膏式极板,体积、重量大,维修保养工作量大,不便于拆装。

20 世纪 60—90 年代,客车上基本使用了 TG 型蓄电池。这种蓄电池的电气性能和技术经济指标都有了改进和提高。它的极板结构是把阳极板结构做成层状,大大提高了使用寿命。但因 TG 型蓄电池仍属酸性铅蓄电池,它的固有缺陷无法克服,如对环境的污染等。为了解决酸性电池存在的问题,1986 年铁道部组织有关部门和单位进行探讨,选择了碱性蓄电池作为客车供电电源。20 世纪 90 年代,客车蓄电池开始使用碱性蓄电池。

目前,国际上正积极研制开发用于高速列车供电电源的燃料电池。燃料电池是直接将燃料能源转化为电能的电池设备,燃料电池基于电化学反应而不是燃烧供能,因此具有"高效低噪、无辐射"的特点。氢燃料电池正被用于针对轿车、公共汽车和卡车的技术开发中。该项研究有助于提高能源效率,通过降低对进口石油的依赖而增强国家能源安全性以及改善环境质量。

客车蓄电池按用途分为供电蓄电池、启动蓄电池两类;按电解液性质分为 TG 型酸性铅蓄电池及 GN 型碱性镉镍蓄电池。

一、供电蓄电池

普通客车及德国进口空调客车采用轴驱式发电机与蓄电池组并联供电。当车辆停站或低速运行时，轴驱式发电机尚未建立足够电压，车上的电灯、电扇、电动水泵以及空调机组均由蓄电池组供电。普通客车采用48 V直流电源，蓄电池组由24只蓄电池串联而成；空调车采用110 V直流电源，由56只铅蓄电池或78只镉镍蓄电池串联而成。

DC 600 V/380 V兼容集中供电空调客车为了保证照明、通风及控制电器使用不间断电源，采用110 V供电装置。这种装置由充电器、蓄电池组等部件组成。其中，蓄电池组采用78节中倍率碱性蓄电池，200 km/h 电力动车组采用镉镍免维护电池，额定电压为93.6 V，容量为100 A·h，额定充电电压为115 V，最大允许充电电流为25 A。充电器将600 V直流电变换成110 V直流电，向蓄电池充电的同时，向110 V用电负载供电。当摘挂机车或停电时，由蓄电池为照明、通风及控制电器等供电。

二、启动蓄电池

发电车和带有空调装置的软卧车或公务车中的柴油机发电机组，用启动蓄电池驱动直流电动机启动柴油机，使柴油机转速达100 r/min以上。

启动蓄电池具有大电流（400～1 000 A）放电、蒸馏水消耗多、充放电频繁的工作特点。

任务三　TG型铅蓄电池

知识要点
- 客车用铅蓄电池的工作原理、基本结构、各部分的作用及分类。
- 正确使用维护蓄电池的基本技能。

知识储备

蓄电池是一种化学电源，它可以把电能转变为化学能储存起来，使用时再把化学能转变为电能释放出去，前者称作充电，后者称作放电。蓄电池的充、放电是可逆的，可以反复使用，这是蓄电池和其他化学电源的主要区别之一。蓄电池根据极板所用材料和电解液性质的不同，一般可分为酸性（铅）蓄电池和碱性（铁镍或镉镍）蓄电池两种。在我国铁路客车上使用的酸性铅蓄电池为TG型（T表示铁路用，G表示采用管式正极板）。

一、TG型铅蓄电池的构造与电化学反应方程式

TG型铅蓄电池的结构如图1-3所示。

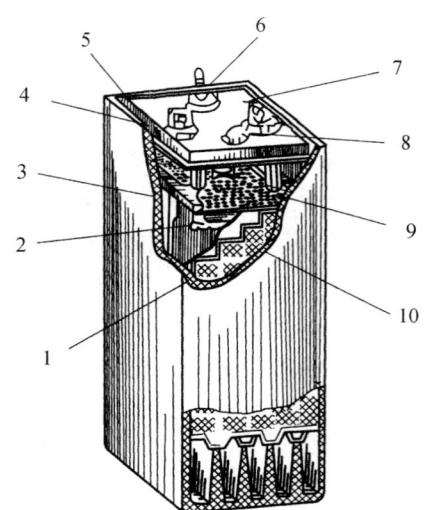

视频　　　　PPT
TG 型铅蓄电池

1—负极板群；2—正极板群；3—电池槽；4—极耳卡；5—沥青封口；
6—浮标；7—电池盖；8—注液孔盖；9—防护板；10—隔板。
图 1-3　TG 型蓄电池结构图

（1）正极板群：为增大蓄电池的容量，获得较大的放电电流，蓄电池的正极极板由 10 片组成。每片正极板又由板栅铅芯、套管和作用物质三部分构成。

（2）负极板群：负极板群是由 11 片涂膏式负极板组成，每片负极板由栅格状基板和铅膏两部分构成。在蓄电池极板群的制作中，均令负极板片数比正极板片数多 1 片，这是由于蓄电池在放电时正极板上的二氧化铅（PbO_2）要变成硫酸铅（$PbSO_2$），作用物质体积发生膨胀，如果正极板和负极板数量相同，放电时最外侧的一块正极板只一面发生作用，易产生单面膨胀造成极板弯曲。

新造蓄电池在工厂内要进行化成充电，其目的是要使两极板上的作用物质（此时的极板为生板）电化成有用的作用物质，即正极板上为多孔性的二氧化铅，负极板上为海绵状铅，同时具有疏松适度的结构。经化成后的正、负极板群在其极板表面不仅积聚了有效的作用物质，而且也构成了电池在充放电过程中的电流通路。

（3）隔板：隔板用来隔离正、负极板，防止它们互相短接。

（4）电池槽：电池槽是盛装极板群和电解液的容器，其底部有支持极板的脚垫，以防止作用物脱落造成极板底部短接。

（5）电池盖及浮标如图 1-4 所示。

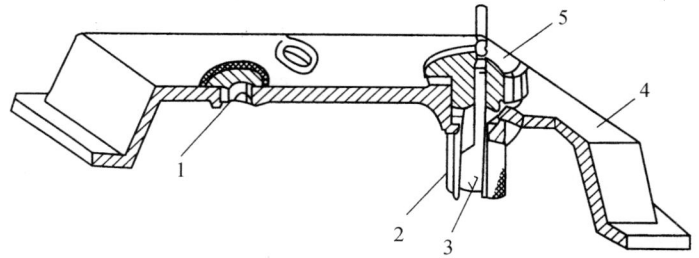

1—注液孔；2—浮标套；3—浮标；4—电池盖；5—浮标孔盖。
图 1-4　电池盖及浮标结构图

电池盖上有极耳孔、注液孔及浮标孔,浮标孔盖中央处装有浮标套、浮标和浮标孔盖,浮标是指示电解液液面高度的装置,它的上部有三条指示线,中间为蓝色,其余两条为红色。当蓝色指示线与浮标孔盖顶面在同一水平时,表示液面高度合适;当上端或下端红线与浮标孔盖顶面在同一水平线时,表示液面高度已达到最低或最高限,遇此情况应对液面高度进行调整。注液孔上旋有注液孔盖,其侧面有排气孔。注液孔盖旋下后可以给电池补液,充电时电池内产生的气体可从排气孔排出。蓄电池全部组装好后,用沥青将盖与槽封固,防止进入灰尘和电解液溢出。

(6)铅蓄电池的电化反应方程式:

$$PbO_2 + 2H_2SO_4 + Pb \underset{放电}{\overset{充电}{\rightleftharpoons}} PbSO_4 + 2H_2O + PbSO_4$$
(正极板) (电解液) (负极板)   (正极板) (电解液) (负极板)

当蓄电池放电时,蓄电池的放电应放到规定的终止电压即停止,也就是说蓄电池不宜过度放电(简称过放电)。蓄电池过放电时,容易使和有效作用物质混在一起的微小硫酸铅结晶形成较大的晶粒,增大极板电阻,再充电时很难还原,甚至结晶到一定程度后,将导致蓄电池容量严重下降。

当蓄电池充电终期时,由于正负极板上的硫酸铅($PbSO_4$)大部分已被还原成二氧化铅(PbO_2)和海绵状铅(Pb),若再继续充电,充电电流只能起到分解水的作用,结果在负极板上有氢气(H_2)逸出,在正极板上则有氧气(O_2)逸出,造成强烈的冒气现象。因此,蓄电池充电终期应注意充电电流不宜过大,否则会产生强烈气泡,造成极板上的作用物质脱落,影响蓄电池的寿命。

二、电解液

电解液是电池进行电化学反应的参加物和内部导电的条件。铅蓄电池的电解液是用浓硫酸和纯水按一定比重调制而成的稀硫酸。所用的浓硫酸是一种无色、无臭的透明油状体,在15 ℃时的比重为1.835,含纯硫酸93.2%,所用的水必须是经过净化的水(如蒸馏水),不能用自来水和其他天然水代替。其中蒸馏水中氯离子含量不得大于5.5 mg/L,铁离子含量不得大于5.0 mg/L,蓄电池用蒸馏水作电导实验时,其绝缘值应大于或等于0.3 MΩ。TG型电池充电后的比重一般选为1.260±0.005(30 ℃);放电后的比重不宜过低,一般选为1.150(30 ℃)。

三、铅蓄电池的特性

1. 电动势

在实际运用中,铅蓄电池的电动势可按$E=0.85+d$(V)计算,式中,d是电解液在极板有效物质细孔中的比重值(15 ℃)。在充电或放电终了后的一段不长的时间内,蓄电池的电动势在充电后略有降低,在放电后则略有升高。

蓄电池的电动势在静态时均为2.00~2.06 V,一般按2 V左右计算。

2. 端电压

蓄电池的端电压随电池充放电的状态而变化。放电时端电压降低，充电时端电压要比电动势高，相差的数值等于放电电流或充电电流在电池内阻上的电压降。

3. 容量

蓄电池由充电充足状态放电至规定终止电压时所放出的总电量为蓄电池的容量，它代表蓄电池的蓄电能力。当蓄电池以恒定电流放电时，它的容量 C 等于放电电流值 $I_{放}$ 和放电时间 $T_{放}$ 的乘积，单位为 A·h，即：$C=I_{放}T_{放}$。蓄电池的容量大小与很多条件有关，如：蓄电池的充电程度、放电电流、放电时间；电解液的比重、温度；电池的效率和新旧程度以及蓄电池极板表面进行电化反应时参加反应的作用物质的多少等。影响运行中蓄电池容量的主要因素有以下两个方面：

（1）放电率：蓄电池放电至终了电压的快慢叫作放电率。放电率可以用放电电流的大小或者放电至终了电压的时间长短来表示。例如：一只 315 A·h 容量的蓄电池，以 52.5 A 电流放电，6 h 后达到终了电压。此时，如用电流表示放电率为 52.5 A 率；如以时间表示，则为 6 h 率。一般放电率多用时间表示。

（2）电解液温度：电解液温度高时，蓄电池容量增大。反之容量下降。

为了统一考察蓄电池的容量，根据检修规程的规定，TG 型蓄电池的额定容量是以电解液平均温度为 30 ℃（6 h 率）的放电容量为标准。

4. 内阻

蓄电池的内阻包括极板的电阻、电解液的电阻，以及作用物质细孔内所含电解液的电阻等，其中主要是作用物质的电阻和电解液的电阻。蓄电池的内阻与电解液的温度成反比，温度高时内阻小，温度低时内阻大。此外，电池的内阻还随电池充放电程度而变化，充电时内阻逐渐减小，放电时内阻逐渐增大。

5. 自放电

蓄电池在外电路开路时其容量的无益消耗称为自放电。造成铅蓄电池自放电的因素很多，如负极板海绵状铅的自动溶解，正极板二氧化铅的自动还原和电解液中混有有害杂质等，都能引起自放电的产生。

6. 效率

表示蓄电池电量或能量利用程度的百分数称为蓄电池的效率。蓄电池的效率的表示方法有两种，即安时效率和瓦时效率：

$$安时效率 = \frac{I_{放}T_{放}}{I_{充}T_{充}} \times 100\% = \left(\frac{Q_{放}}{Q_{充}}\right) \times 100\%$$

$$瓦时效率 = \frac{I_{放}T_{放}V_{放}}{I_{充}T_{充}V_{充}} \times 100\% = \left(\frac{W_{放}}{W_{充}}\right) \times 100\%$$

蓄电池的安时效率一般能达到 85%～90%，瓦时效率能达到 70%。

四、铅蓄电池充放电工作

蓄电池的充放电工作是蓄电池检修过程中的重要环节。通过它可以检查蓄电池定检后的技术状态，同时恢复电池的容量。充、放电工作的质量对蓄电池的运用性能和使用寿命影响很大。蓄电池的充电方法有定电流充电法、定电压充电法和分级定电流充电法几种，客车电池定检中的充电均采用分级定电流充电法。几种经常进行的充放电工作的意义分述如下：

1. 初充电

初充电指新造电池使用前的第一次充电。目的是恢复新造电池在化成后的部分放电和极板作用物质未被化成的部分充分化成。

2. 普通充电

普通充电指运用电池因放电或经过检修后为恢复容量而进行的充电。

在上述两种充电过程中，如遇到电池温度接近 45 ℃ 时应适当减小电流或采取降温措施，通常采用强通风冷却或事先将电池放在水槽中用循环水降温。充电时电解液的温度不得超过 45 ℃。

3. 放电试验

（1）容量放电：经过定期检修的蓄电池，为了检查第一次充电后的容量，应进行全容量的放电，称为容量放电。根据试验结果，可以了解充电的质量和运用电池自上次定检以后的使用情况。当测得的实际容量低于标称容量的 70% 时，一般不再装车使用。容量放电以 6 h 率电流进行放电，终止电压为 1.75 V。同车蓄电池的容量差不超过 10%。

（2）准放电：凡实行定期检修并需分解的蓄电池，应首先进行一次部分容量的放电，称为准放电。准放电以 6 h 率电流进行放电，终止电压为 1.9 V。

4. 补充电

在列车上运用的电池，当遇到某些特殊情况，如列车中途意外停车或列车编组母车不足，以及长期停用的母车电池自放电严重等，造成电池容量过少时，可在车库内进行补充电。补充电所用电流的大小，根据电池的具体情况而定，一般以 10 h 率为宜。

任务四　GN 型碱性蓄电池

> **知识要点**
> · 客车用 GN 型碱性蓄电池的工作原理、基本结构、各部分的作用及分类。
> · 正确使用维护蓄电池的基本技能。

视频
GN 型碱性蓄电池

PPT

> 知识储备

碱性镉镍蓄电池具有腐蚀性小、环境污染小、自放电小及低温性能好、寿命长等优点。碱性蓄电池由于极板活性物质的不同,分为铁镍蓄电池、镉镍蓄电池、银锌蓄电池等,按极板结构可分为有极板盒式和无极板盒式;按外形结构可以分为开口式和密封式。镉镍蓄电池在铁路客车上的运用越来越广泛。目前使用较多的为 GN-300 型、GN-450 型等,其中 G 为负极材料镉的代号,N 为正极材料镍的代号,300 或 450 为蓄电池的容量。

一、镉镍蓄电池的构造与电化学反应方程式

1. GN 型碱性蓄电池的结构(见图 1-5)

客车用的镉镍蓄电池为方形开口袋式,主要由正极板、负极板、隔离物(隔膜)、壳体和电解液五大部分组成。

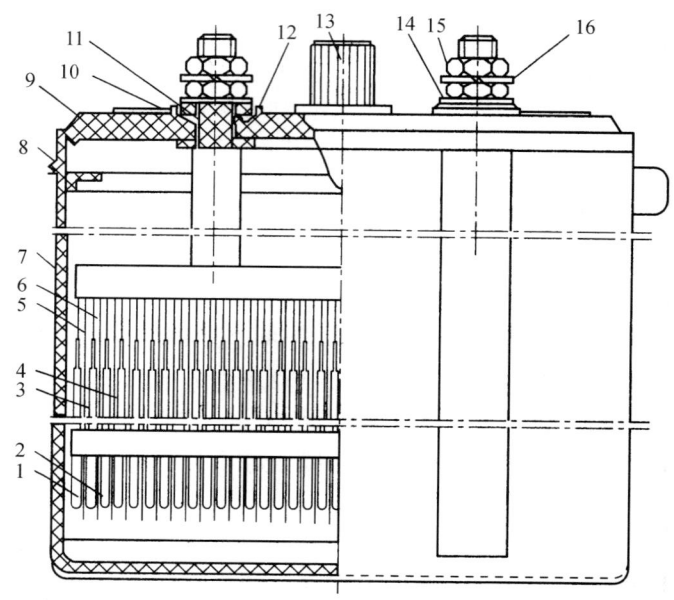

1、2—负极板组;3、4—正极板组;5、6—隔膜;7—壳体;8—塑料内盖;9—塑料盖;10—极柱密封;11—极柱套管;12—金属垫圈;13—装配气塞;14—金属垫圈;15—六角螺母;16—波形弹簧垫

图 1-5 GN 蓄电池结构

2. 电化学反应方程式

$$2Ni(OH)_2 + 2KOH + Cd(OH)_2 \xrightleftharpoons[\text{充电}]{\text{放电}} 2NiOOH + 2KOH + 2H_2O + Cd$$
（正极板）（电解液）（负极板）　　　　（正极板）　（电解液）（负极板）

二、主要性能参数及技术要求

1. 电压

(1) 充电电压:指电池在充电时两极的电位差,即 $U_\text{充}=E_0+I_\text{充}R_\text{内}$。

（2）放电电压：指电池在放电时两极的电位差，即 $U_{放}=E_0-I_{放}R_{内}$。

（3）额定电压：指放电过程中的平均电压。目前国际电工协会 IEC 标准规定：镉镍系列电池单只额定电压为 1.2 V。

2．容量

容量定义与铅蓄电池相同。

3．放电率

放电率即放电速率，碱性电池通常分为"时率"和"倍率"。

时率即按规定小时数放完额定所需的电流强度值，如 GN300 电池，额定容量为 300 A·h。按 5 h 率放电的电流强度值为

$$I=\frac{C_{额}}{5}=\frac{300\ \text{A}\cdot\text{h}}{5\ \text{h}}=60\ (\text{A})$$

倍率即为以额定容量值的若干倍电流（数值）放电的电流强度。如 GN300 电池以 0.2 倍率放电的电流强度为 0.2×300=60 A，可表示为

$$0.2C^5\text{A}=60\ \text{A}$$

式中，C^5 为以 5 h 率放电的容量，一般以额定容量计算。

4．自放电率

自放电率的定义与铅蓄电池相同。镉镍蓄电池在室温下充电后，在（20±5）°C 环境中搁置一个月，电池的剩余容量不低于额定容量的 90%，其放电率不大于 25%，搁置 1.5～2 个月就完全停止自放电，容量一直在额定容量的 75% 左右。

5．寿命

蓄电池每充、放电一次叫一次循环，按 IEC 标准进行寿命实验，循环次数不小于 500 次，一般在 1 000 次以上。

6．保存期

蓄电池的保存期为四年，其性能应符合上述主要电气性能要求。

7．外观要求

蓄电池塑料外壳应整洁，所有金属零件应镀镍，极柱、螺母、金属垫圈应涂一层凡士林油。

8．气塞密闭性要求

将电解液放入蓄电池中，使液面高出极板 50～60 mm，拧上气塞，蓄电池倾斜 30° 不漏液。

三、镉镍蓄电池的段修

1. 对照表 1-2 检查电解液

（1）用浮标测试电解液的比重（一般测试 3~5 只电池），如不符合要求应进行调整。
（2）测电解液的碳酸根含量。
（3）蓄电池以 1/5 额电流恒流放电至 1.0 V/只，倒出电解液，在确保电池内部清洁后注入所需的新电解液进行充电。放电时电解液的温度不得超过 45 ℃。

2. 检查电池容量

当电池容量低于 70% 时，视为寿命终止，三次循环一次符合要求即可。同车蓄电池的容量差不超过 10%。

3. 把电池按容量分类

段修时同一客车蓄电池容量相差不大于 10%；大修时，酸性蓄电池容量差不超过 5%，碱性蓄电池不超过 8%。

4. 装车前的充电

将电池按容量分类后，注入电解液，静置 2 h 后，调整液面，然后用 1/5 的额定电流恒流充电，当充入的电量为 160% 时停止充电，静置 2 h 后，拧上气塞并用棉纱将蓄电池外表擦干净，待装车运用。

表 1-2 镉镍蓄电池用电解液技术要求

项目		标准		
		新电解液		使用的极限值
外观		无色、透明、无悬浮物		
比重（15 ℃）		1.19~1.21		1.19~1.21
含量	KOH	240~270 g/L	KOH	240~270 g/L
	NaOH	215~240 g/L	NaOH	215~240 g/L
Cl^-		小于 0.1 g/L		0.2 g/L
CO_3^{2-}		小于 4 g/L		30 g/L
Ca　Mg		0.1 g/L		0.3 g/L
氨沉淀物（以 Al 计） Al/KOH Al/NaOH		小于 0.02 g/L		0.02 g/L
Fe/KOH Fe/NaOH		小于 0.03 g/L		0.03 g/L

复习思考题

1. 写出 TG 型铅酸蓄电池充、放电过程的电化反应方程式,并标明其极性。
2. 写出 GN 型碱性蓄电池充、放电过程的电化反应方程式,并标明其极性。
3. 什么叫容量?影响其大小的因素有哪些?
4. 碱性蓄电池相比酸性蓄电池有哪些优点?
5. 简述镉镍蓄电池段修的主要技术要求。

项目二　轴驱式发电机供电

项目描述

22 型客车是中国铁路第二代主型铁路客车，于 1956 年开始设计、试制，1959 年生产，1994 年停止生产。其主要供电方式就是轴驱式发电机供电。本项目主要学习 J_5 型感应子发电机的构造、工作原理、发电机工作特性及使用维护，KP-2A 型控制箱的稳压原理。

学习目标

1. 知识目标：掌握感应子发电机和 KP-2A 型控制箱的结构、工作原理。
2. 能力目标：能进行发电机特性试验、控制箱的电压调节操作。
3. 素质目标：养成爱护设备的良好习惯；养成安全生产及规范作业的意识；养成善于沟通的团队意识。

相关案例

2015 年 8 月 3 日，南昌局南昌车辆段担当的 T8001 次（南昌—赣州，编组 10 辆）旅客列车在南昌客整所停留期间，4 号车 $YZ_{25K}345865$ 车厢内发生火灾。晚开 31 min，影响本列。公安消防部门勘察发现，2 位角 DC 48 V 照明灯处剩磁为 ˙10 高斯（Gs），灯带吊架处有熔珠。根据公安初步结论，起火的原因为应急照明灯配线受挤压导致绝缘下降，在形成回路的情况下触铁打火，引燃车顶板内可燃物而导致火灾。

任务一　客车感应子发电机

知识要点

·客车感应子发动机的工作原理、基本结构、发动机的特性。

·感应子发动机的性能试验、发动机悬挂松紧的调节。

视频

PPT

轴驱式发电机供电系统组成及轴驱式发电机工作原理

> **知识储备**

轴驱式发动机供电装置是我国在20世纪60年代引进设计的一种用于铁路客车的供电装置。这种供电装置采用轴驱式交流感应子发电机和蓄电池组并联供电。列车运行时,车辆的轮轴通过皮带或万向轴传动装置带动三相感应子发电机工作,发电机输出的三相变频交流电经硅整流后,供车上的电气负载使用,并向蓄电池组充电,列车停站时,由蓄电池组向车上的电气负载供电。因为这种供电装置中的发电机是由车轴驱动的,所以称为轴驱式发动机供电装置。

轴驱式发动机供电装置分为轴端皮带轮带动的 J_5 型感应子发电机,输出电压为 48 V;万向轴带动的 110 V 发电机两种。本章主要介绍 J_5 型感应子发电机的结构和原理、KP-2A 型可控硅电压自动调整装置。

目前,22 型普通客车普遍采用车轴驱动交流发电机供电装置,其电气系统主要由蓄电池、J_5 感应子发电机、KP-2A 型控制箱、客车电扇、客车照明、逆变器,以及车体配线等组成。其供电系统的基本组成和原理如图 2-1 所示。

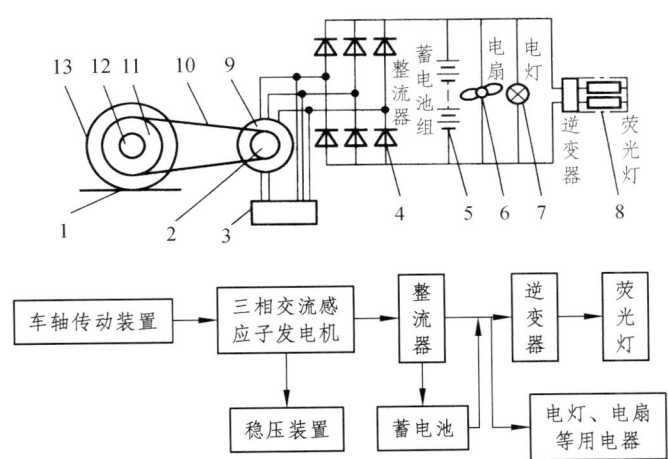

1—钢轨;2—发电机皮带轮;3—控制箱;4—主整流管;5—蓄电池组;6—电扇;7—电灯;8—灯具;
9—车轴发电机;10—传动皮带;11—轴皮带轮;12—车轴;13—车轮。

图 2-1 22 型车轴驱式发动机供电系统图

行车时,发电机输出的三相交流电首先经过桥式整流电路整流,然后通过车体配线送给车上各种负载,包括直流负载和交流负载。向交流负载(荧光灯)供电时须经逆变器将直流电变换成交流电后方可使用。除了向车上负载供电外,还需向蓄电池充电。发电机输出电压的稳定及蓄电池充电电流的大小由控制箱来控制。列车停车或低速运行时改由蓄电池供电。

在客车车轴式交流发电机供电装置中,主要采用了感应子发电机。它属于同步交流发电机的一种,具有结构简单、维护方便、重量轻、功率大等优点。客车感应子发电机按功率可分三种,即 3 kW(J_3 型)、5 kW(J_5 型)、7 kW(J_7 型),分别适用于用电量不同的客车。目前用得最多的是 J_5 型。感应子发电机的主要技术数据如表 2-1 所示。

表 2-1　感应子发动机的技术数据

项目	额定功率	额定电压	额定转速	频率	相数
参数	5 kW	60 V（整流后）	850～3700 r/min	85～370 Hz	3

一、感应子发电机的构造

感应子发电机由机座、端盖、轴承及轴承盖、定子铁心、激磁绕组及电枢绕组和转子等部分组成。外形如图 2-2 所示，其结构如图 2-3 所示。

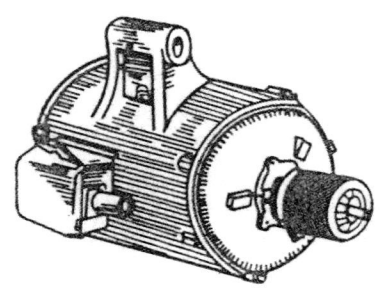

图 2-2　J_5 型感应子发电机外形图

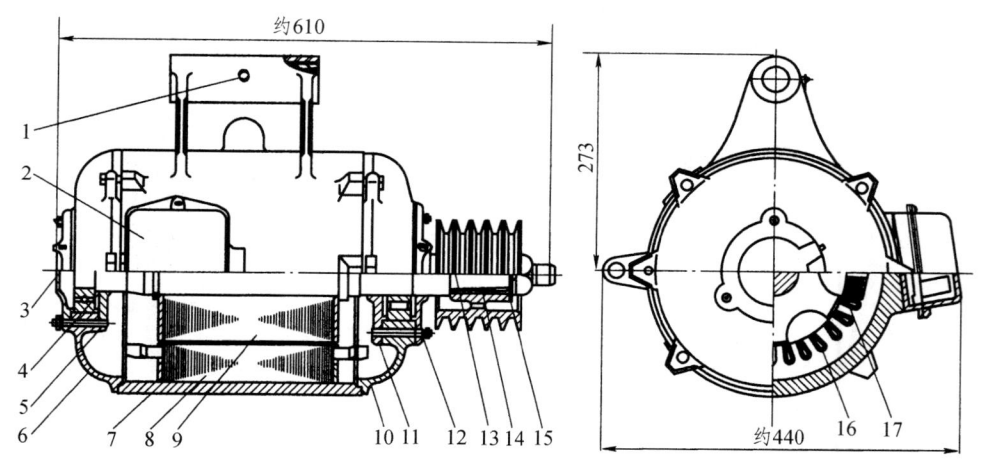

1—吊耳；2—接线盒；3—后轴承外盖；4—后轴承内盖油封圈；5—后轴承内盖；6—后端盖；7—机座；8—定子；9—转子；10—前端盖；11—前轴承内盖；12—前轴承外盖；13—三角皮带轮；14—键；15—三角皮带轮挡圈；16—小楔槽；17—大楔槽。

图 2-3　J_5 型感应子发电机结构图

1. 机座

机座是整个发电机的支持架，承受着定子和转子的全部重量，用 QT40-10 球墨铸铁铸造。机座上有一吊耳，用以将电机悬挂在吊架上。吊耳孔内镶有表面硬化钢套或尼龙套，套孔内径为 $\phi(32.2\pm0.1)$ mm，套壁厚为 4 mm。吊耳上有一注油孔。

机座上在发电机引出线端装有接线盒。

2. 定子铁心

定子铁心压装在机座内腔，用以嵌放电枢绕组和激磁绕组，同时也是电机磁路的组成部分。由硅钢片冲片叠压而成。它的内圆周上有 2 个大槽用来嵌放激磁绕组，22 个小槽用来嵌放电枢绕组（见图 2-4）。它的外周上有 6 个鸠尾槽，两端有定子端板和定子压圈各 1 块。定子冲片（见图 2-5）、端板及压圈叠压紧密后在鸠尾槽上插入夹片，夹牢后焊固而成为一个整体。

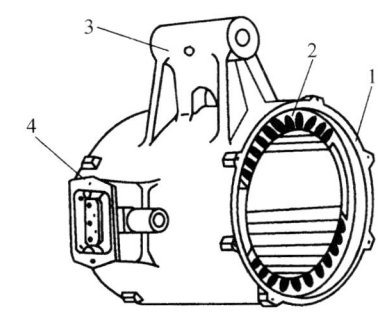

1—机座；2—定子芯片；3—吊耳；4—接线盒。

图 2-4 机座及定子铁心

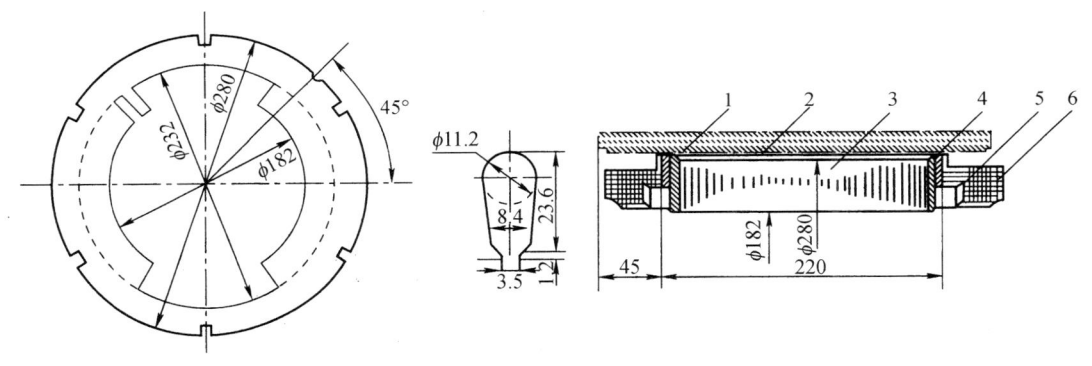

（a）定子冲片　　　　（b）定子组成

1—定子端板；2—定子夹片；3—定子冲片；4—定子压圈；5—激磁线圈；6—电枢线圈。

图 2-5 定子冲片及定子组成

3. 转子

转子的作用是在旋转时改变了发电机气隙中的磁通密度，使电枢绕组中产生感应电势。转子由转轴和转子铁心组成。当转子旋转时，改变了发电机气隙中的磁通密度，使电枢绕组中产生感应电势。转子铁心也采用硅钢片冲片叠压而成，目的是减少涡流损失。转子冲片的外圆周上均布有 6 个凸齿和凹槽。转子的轴用 45 号碳素钢旋制而成，轴上开有一个沿轴向倾斜 1°10′ 的斜键槽。转子组装时冲片沿斜键套装在轴上，使转子的凸齿成为斜齿，其目的是改善电机输出电势的波形，同时也减少电机的附加损耗和噪声。转轴上具有 1∶10 锥度的一端供安装皮带轮用。如图 2-6 所示。

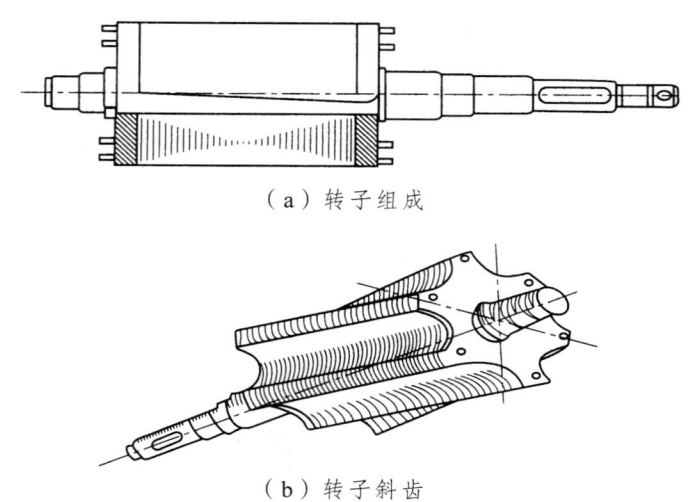

(a)转子组成

(b)转子斜齿

图 2-6　转子组成及转子斜齿

4．激磁绕组和电枢绕组

激磁绕组用以产生发电机的主磁场，由两个线圈串联组成，每个线圈用两根 $\phi 1.25$ mm 的高强度漆包线并绕 150 匝。激磁绕组中通入直流电产生发电机工作主磁通。常温下激磁绕组的总电阻为 2.3 Ω，允许长时间通过的最大激磁电流为 9 A。

电枢绕组（又称工作绕组）的作用是产生感应电势并向外输出电能。它共有 12 个线圈，每 4 个接成一相。24 V 供电时每 4 个线圈并联，48 V 供电时每 2 个线圈先串联后再并联。

激磁绕组的 2 个线圈放在定子铁心的两个大槽内，嵌好后用铝制的槽楔楔紧。两线圈采用顺向串接，通入电流后它们产生的磁通方向相同。电枢绕组的 12 个线圈嵌放在定子铁心的小槽内，并用石蜡煮过的竹制槽楔楔紧。在 J_5 型发电机中，每一激磁线圈所包围的定子铁心部分都与两个转子齿距相对应，转子转至任一位置时，与激磁线圈所包围的定子铁心部分相对应的转子凸齿总数始终是两个。

5．端盖、轴承盖及轴承

发电机有前后端盖各一个，每一盖上装有轴承及轴承内外盖。端盖及轴承内外盖都由灰铸铁铸造而成。内外轴承用螺钉固定在端盖上，前后轴承盖上均设有注油孔。前轴承用 32311 型滚柱轴承，后轴承采用 309 型滚珠轴承。端盖是电机轴和轴承的支座，同时对电机具有密封和散热作用。

二、J_5 型发电机的工作原理

J_5 型发电机属于交流感应子发电机，其基本工作原理是：当激磁绕组内通过直流电流时，电机内产生主磁通，磁力线经过定子齿→气隙→转子齿→气隙→定子齿而构成磁路。发电机工作时，转子不断旋转，通过电枢绕组的主磁通发生变化，磁通随着转子凸齿的旋转而运动，因此电枢绕组切割磁力线而产生交流感应电动势。转子旋转一周，电枢绕组的

感应电动势就变化 6 周,发电机就相当于有 6 对磁极,所以该电机电势的变化频率 f 可按下式计算,即

$$f = \frac{zn}{60}(\text{Hz})$$

式中　z——转子凸齿数;
　　　n——发电机的转数。

由于各电枢绕组的两有效边轮流被感应,而且极性和运动方向相同,结果每个工作绕组都感生交变电势。由于三相绕组嵌线相差 120°机械角,故发电机感生相位差互为 120°电角度的三相对称交流电。

三、J₅ 型感应子发电机的工作特性

影响发电机端电压的因素有:发电机的激磁电流 $I_{激}$、发电机的转速,以及发电机的负载电流 $I_{负}$。

转速变化时,单位时间内通过电枢绕组的磁通量也要变化。电枢绕组上有负载电流通过时,由于电枢反应,将使主磁通削弱;另外,内阻的存在还会引起内部电压降。调节激磁电流,则发电机的磁通量就发生变化,从而使发电机端电压变化。

这四个参数间的相互变化关系称为发电机的特性,如用一组曲线来表示,就得到发电机的特性曲线。

1. 空、负载特性

在图 2-7 中,使 $I_{负}=0$,令发电机转速 n 为常数,改变激磁电流 $I_{激}$,测量发电机的端电压(即电动势 E)便可得到发电机电动势随激磁电流变化的关系曲线,此曲线就是空载特性曲线,如图 2-8 所示。该曲线的特点是,当 $I_{激}$ 很大时,发电机电动势出现明显的下降,这一现象是由磁饱和现象引起的。

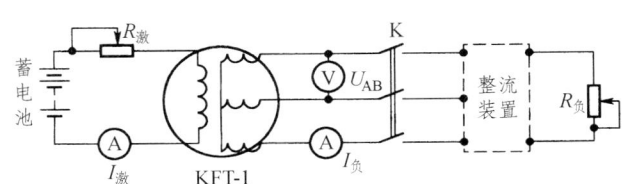
图 2-7　特性试验电路图

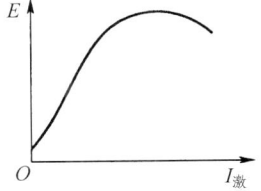
图 2-8　发电机的空载特性曲线

图 2-9 为 J₅ 型发电机的空、负载特性曲线。图中有两组曲线为空载曲线。这两组曲线均由上升曲线和下降曲线所组成,下边的一条为上升曲线,是随 $I_{激}$ 的逐步增加得到的;上边的一条为下降曲线,是随 $I_{激}$ 的逐渐减小得到的。这两条曲线的差异是由磁滞现象造成的。由图示的两条曲线可以看出,在 $I_{激}$ 一定的情况下,转速高时,电机端电压高;转速低时,电机端电压则比较低。当合上开关 K 并加上一定的负载后,可得到图中右边的一条电阻性的负载特性曲线。由图中可以看出,在转子转速 n 一定的条件下,当输出电压相同时,有负载比空载时所需要的激磁电流要大。

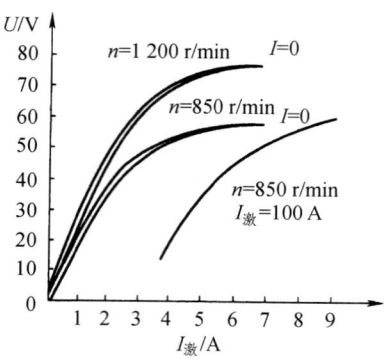

图 2-9　空、负载特性曲线

2. 外特性

发电机的外特性是指转速 n、$I_激$、$\cos\phi$ 均为常数的情况下，发电机端电压随负载电流而变化的关系。J_5 型感应子发电机的外特性曲线如图 2-10 所示。从图中可以看出，当负载电阻逐渐减小，负载电流逐渐上升时，发电机电压下降比较明显，这种外特性称为软特性。感应子发电机的外特性之所以比较软，主要是由于发电机的电枢反应较强和内阻压降较大造成的。

3. 调节特性

一般发电机的调节特性曲线，是指为了保证发电机的输出电压不变，在转速等于常数的情况下，激磁电流随负载电流而变化的关系曲线。但对于轴驱式供电的发电机，转速在运行过程中变化很大，其调节特性曲线如图 2-11 所示，它表明为保持发电机电压不变，在一定的负载电流的情况下，激磁电流与转速之间的变化关系。由两条曲线比较可以清楚地看出发电机在空载高速时需要的激磁电流 $I_激$ 最小，在重载低速时需要的激磁电流最大。因此，当发电机的负载和转速在较大范围内变化时，欲将发电机电压稳定在额定值，激磁电流也必须能在较大范围内进行调节。

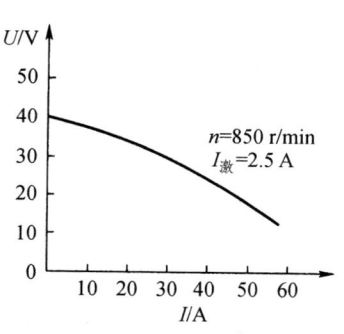

图 2-10　外特性曲线

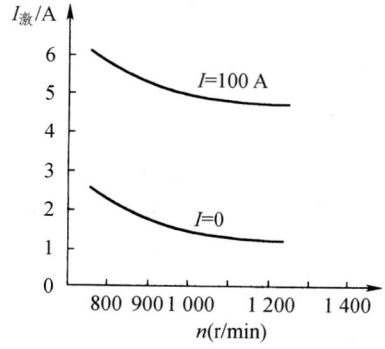

图 2-11　调节特性曲线

四、感应子发电机的维护、检修及试验

1. 日常维护

(1) 检查发电机转子和定子间有无摩擦,卸下皮带转动小皮带轮听轴承的声音是否正常。每9个月给轴承注油1次。

(2) 检查发电机的绝缘是否良好,各接线是否正确、牢固。

(3) 检查发电机的悬吊装置是否良好,吊销磨耗应不大于1 mm、销孔间隙磨耗不大于2 mm。

2. 定期检修

发电机作定检时应将其分解,并检查各零件是否完整齐全,吊孔或吊孔套的磨耗是否超过规定。当电枢绕组的绝缘电阻达不到规定要求时,应做浸漆烘干处理。测量三相绕组的阻值或电感量的不平衡情况,以判明线圈有无短路或接线松脱的情况。电机分解时还应注意检查前后轴承,轴承的径向间隙应不大于0.25 mm。电机经分解检查并将不良处修理或更换损坏零件后进行组装。电机组装后应检查定子铁心的止动螺丝是否拧紧,皮带轮是否安装好,转子转动是否灵活,气隙是否符合标准(0.5 mm);测量电枢绕组和激磁绕组与电机机壳之间,以及各绕组之间的绝缘情况。在确定发电机各部安装牢固、转动部分灵活、绝缘情况良好后,可以进行试验。

3. 发电机试验

1) 空载高低速试验

发电机装上试验台后,以额定范围内的不同转速进行空载试验,检查发电机的机械状态是否良好。检查时,应特别注意电机定子、转子间有无相互摩擦、轴承转动的声音是否正常。

2) 三相电压不平衡度的检查

令发电机采用他激方式,并在激磁回路中串接可调电阻和电流表。将发电机转速调至850 r/min,合上激磁回路的开关,在输出额定电压的情况下分别测量发电机电压 U_{AB}、U_{BC}、U_{CA},检查它们的不平衡度。按48 V运用时,在正反转两种情况下,上述三个电压的差值应小于4 V,如果电压相差很大,可能接线有错,如果没有电压,可能是激磁绕组两线圈接反。

3) 空载和负载特性试验

令发电机采用他激方式激磁,在不同转速时,分别测出空载和满载情况下发电机的激磁电流 $I_{激}$ 和端电压 U,根据测量的结果画出特性曲线,并与状况良好的发电机空、负载特性曲线相比较,从而判定发电机的工作性能是否良好。

4) 运用试验

将状态良好的待试电机与控制箱配套连接,进行运用试验,观察发电机的起激、调压和承载情况,最后带上额定负载运行一段时间,当电机温度达到稳定状态后,停车检查电机的温升(用点温计或水银温度计测量时,温升不大于80 ℃)。

五、发电机传动装置

1. 概况

在客车车轴式供电装置中,一般以三角皮带传动,在三角皮带传动装置中,每根三角皮带都是环形无接头的,为了便于皮带的装卸,均将车轴皮带轮装在车轴端部,故又称为轴端三角皮带传动装置(J_5型发电机轴端传动装置采用标准长轴斜套型)。整个传动装置一般安装在 1 位转向架的 3 位角,该装置主要由发电机吊架、皮带拉紧装置、轴端连接装置等组成。

发电机通过吊轴悬吊在吊架上。吊架为Π形铸钢构件,焊固于 1 位转向架的 3 位角。组焊时要求吊孔中心线与车轴中心线应平行,并要求吊架中心线与构架中心线(见图 2-12)的不平行度在 500 mm 长度内偏差量应不大于 1 mm。

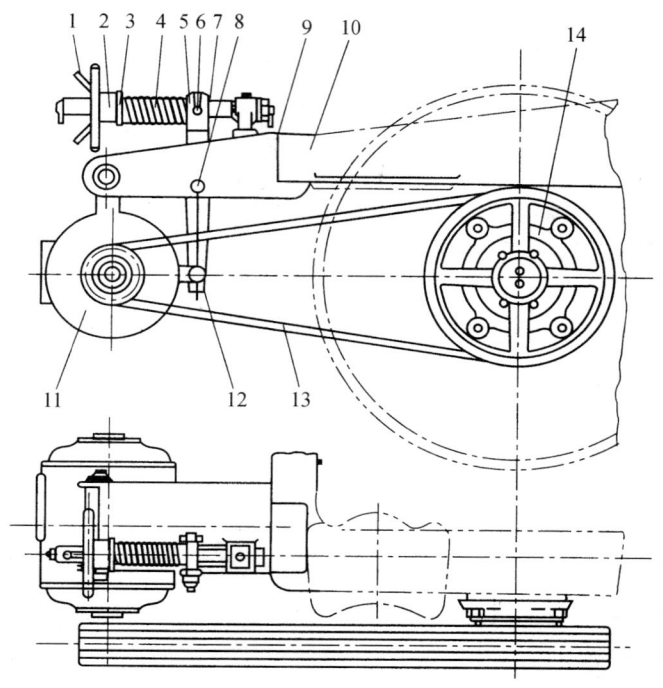

1—锁母;2—调整手轮;3—弹簧座;4—调整弹簧;5—调整杠杆;6—活动弹簧座;7—调整丝杠;
8—杠杆固定销轴;9—发电机吊架;10—转向架构架;11—发电机;12—发电机滑块托;
13—B 型三角皮带;14—轴箱盖。

图 2-12 轴端三角皮带传动装置

2. 传动装置的段修要求

(1)RC_4、RD_4 型轴端传动装置的顶套与轴承挡圈及皮带轮接触须紧密;不装皮带轮时,轴端应更换保护套并顶紧顶套;密封圈作用良好;轴端压盖及组装螺栓不得松动,防松件齐全良好;退卸套须给油。

(2)皮带轮组装前须在组合面涂变压油,组装后不得有圆周方向的移动。

(3)皮带轮裂损或因磨耗至新皮带与槽底面间隙小于 3 mm 时需更换。

任务二　KP-2A 型控制箱

知识要点

- KP-2A 型控制箱的组成。
- KP-2A 控制箱的工作原理及稳压过程。

视频　　　　PPT

KP-2A 型控制箱的组成及原理

知识储备

由感应子发电机的特性可知，要维持输出电压不变，必须使激磁电流随负载增减和转速的改变而改变，以达到自动控制发电机端电压的目的。KP-2A 型控制箱就是和 J_5 型发电机配套使用的一种自动控制装置。其型号的含义是：K——客车用；P——配电箱，即控制箱；2——设计序号；A——第一次改进设计。

一、KP-2A 型控制箱的组成及原理方框图

KP-2A 型控制箱由 7 个回路组成，即主整流回路、激磁回路、测量回路、触发器回路、限流充电回路、起激回路、过压保护回路。原理方框图如图 2-13 所示，电气原理如图 2-14 所示。

其工作过程概括如下：

发电机由车轴驱动后，利用助磁开始发电，发电机输出电压的高低，由测量回路测量并输出一个相应的锯齿波电压，锯齿波电压与基准电压比较后，触发器回路根据此电压信号，在一个周期中提前或错后向可控硅提供控制极电流，使可控硅的控制角得到改变。这样，激磁回路输出的激磁电流便得到了调整，从而保证了发电机在干扰因素（转速 n 和负载电流 $I_负$）作用下的输出电压保持恒定。

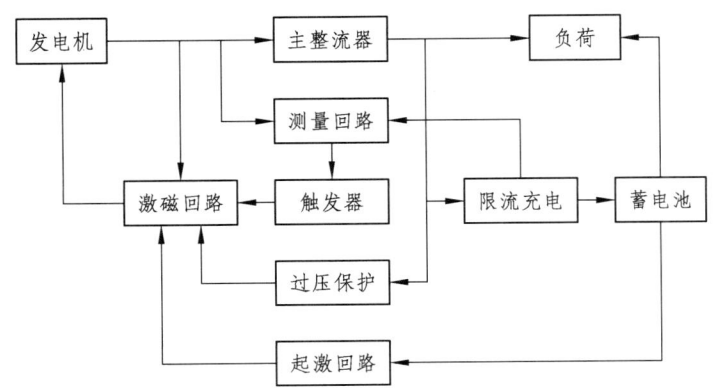

图 2-13　KP-2A 型控制箱原理方框图

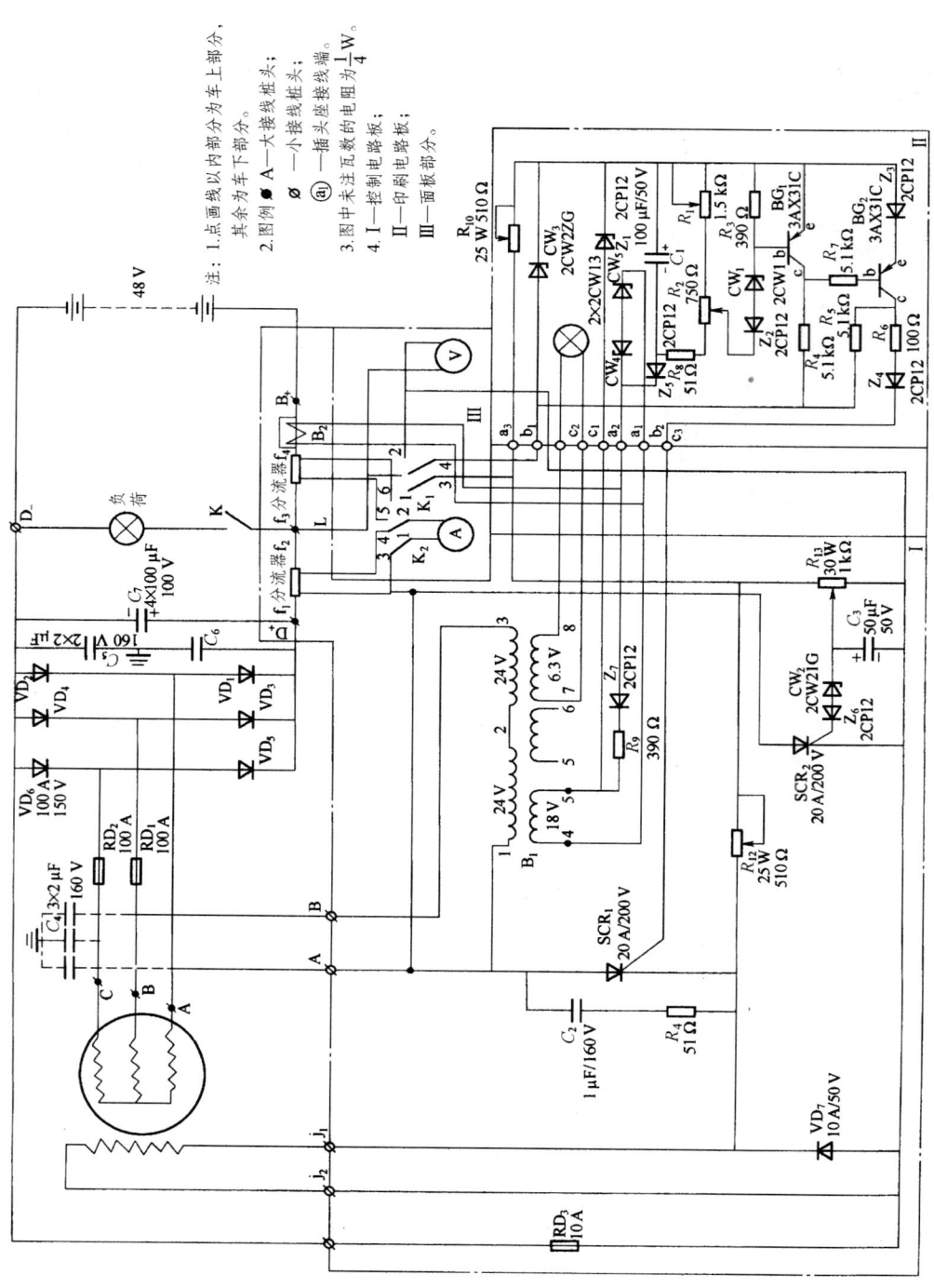

图 2-14 KP-2A 型控制箱电气原理图

二、KP-2A 型控制箱的主要技术参数（见表 2-2）

表 2-2　KP-2A 型控制箱的主要技术参数

项目	三相交流输入线电压/V	输出直流电压/V	输出直流电流/A	最大充电电流/A	过压保护整定值/V	交流电频率/Hz
参数	44	58±2	85	40±5	64±10	85～370

复习思考题

1. J_5 型感应子发电机由哪些基本部分组成？
2. 简述 J_5 型感应子发电机的工作原理。
3. 发电机在运用中，影响其端电压变化的因素有哪些？为什么？
4. 发电机的特性有哪些？怎样进行这些特性试验？
5. 发电机检修后的试验有哪几种？怎样操作？
6. KP-2A 型控制箱由哪几部分电路组成？画出原理方框图。

项目三　柴油发电车集中供电

项目描述

柴油发电车集中供电简称发电车，是我国25型铁路全列空调客车的电力源。本项目主要学习发电车柴油机的基本结构、启动与调速，三相同步发电机的原理，发电车的电气控制，发电车的常见故障。

学习目标

1. 知识目标：掌握柴油机的结构、三相同步发电机的原理。
2. 能力目标：能进行柴油机的启动、调速，发电车的电气控制操作。
3. 素质目标：养成爱护设备的良好习惯；养成安全生产及规范作业的意识；养成善于沟通的团队意识。

相关案例

2010年8月12日12时12分，长沙车辆段担当的K967次旅客列车运行至焦柳线沙刀湾至白马溪站间 K918+458 m 处，因机后第1位空调发电车（$KD_{25K}998325$，6月25日从武昌车辆段借调）3号发电机组励磁机内部故障，引起内部设备燃烧，导致发电机组底部至侧墙间车底板夹层内的保温材料和木梁起火燃烧停车，经列车工作人员扑救，13时41分起火发电车拉进前方的白马溪站1道，13时42分遗留车辆拉进沙刀湾站内3道，中断焦柳线1小时31分。14时09分K967次沙刀湾站开车，耽误本列1小时57分，构成铁路交通一般B4.3类事故。列广铁（集团）公司长沙车辆段和武汉铁路局武昌客车车辆段同等主要责任（排名不分先后）。

2015年8月2日，成都局重庆车辆段担当的K664次（重庆北—南通，编组18辆）旅客列车，运行途中发电车乘务员发现 $KD_{25K}998410$ 一号柴油机水温加热器与机体连接橡胶软管破裂，导致冷却系统冷却水流失，柴油发电机组高水温报警，因安康站使用自动补水装置未能完全补水，故障没有彻底消除，襄阳站在机次加挂武昌车辆段发电车并全列双改单运行。

任务一 发电车的概况

> **知识要点**
> - 发电车的组成。
> - 发电车的布置和内部设施。

视频　　　PPT
列车控制系统柴油发电车

> **知识储备**

柴油发电机供电分为发电车全列集中供电和单节客车柴油发电机独立供电两种方式。

由柴油发电车供给列车电源,是目前我国空调列车主要的集中供电方式之一。本任务主要介绍发电车集中供电系统的组成、工作原理和电气控制原理等内容。

发电车是全列空调列车的电力源,它通过柴油机带动发电机,将柴油的热能转变为电能,并通过三相四线制分二路向列车各级车厢供电。

目前我国 25 型空调客车使用的大功率发电车按柴油机的不同,可分为表 3-1 所示的几种类型。

表 3-1　发电车的基本类型

发电车类型	柴油机型号	台数	装机功率	产地	英文代号
康明斯发电车	康明斯 KTA-19G2	3	3×300 kW	美国或重发	Cummins（CUMS）
小 MTU 发电车	MTU12V183TA12	3	3×320 kW	德国	MTU
大 MTU 发电车	MTU8V396TC13	2	2×480 kW	德国	MTU

针对现场较多采用康明斯发电车的实际情况,本任务以康明斯发电车为例,介绍发电车柴油发电机组及配供电系统。

一、列车柴油机发电站的组成

列车柴油机发电站主要由以下设备组成:柴油机及其附属设备;发电机及励磁调压装置;柴油机和发电机的轴承及公共支架;输电和配电装置。

1. 柴油机及其附属设备

柴油机是发电站的动力设备,它应具有良好的调速特性及对复杂环境的适应性和可靠性,还应有较大的功率储备。为保证柴油机的顺利启动、可靠地工作及良好的经济性能,柴油机还必须有一些附属设备包括启动装置、调速系统和冷却系统等。目前我国列车柴油机发电站多采用 MTU 型和 KTA-1150-G2 型柴油机。

2. 发电机和励磁调压装置

目前我国列车柴油机发电站多采用 1FC 系列发电机。其励磁调压装置为 THYRIPART 型可控相复励装置。

3. 柴油机及发电机的联轴器和公共支架

柴油机和发电机之间的连接采用弹性联轴器传递柴油机的扭矩。

柴油机输出的转矩，通过飞轮、弹性衬圈、柱销、联轴器和固定键传递到发电机轴。由于弹性衬圈的变形可以积蓄弹性能量，因此联轴器具有良好的缓冲和吸振能力。

4. 输出和配电装置

列车发电站发出的三相交流电通过敷设在车底架两侧的两路输电干线，经车端电力连接器送往每辆客车。

列车发电站内设有配电柜，通过配电柜对全列车进行输配电控制。工作人员可以在配电柜上直接对发电机进行操作和观察机组的运行状况。配电的数量和仪表的安装可随需要而改变，一般安装有下列电气组件：

（1）电站输配电用的自动空气开关、组合开关、按钮和指示灯等。

（2）监视和测量发电机运行状态的各种电气仪表、转换开关、熔断器和发电机电压整定电位器。

（3）监视柴油机运行状态的各种仪表（水温表、油温表、油压表、油量表和蓄电池充放电电流表等），以及操纵柴油机工作的开关、按钮、继电器。

（4）输配电系统中的继电器保护装置。为了减振和保护仪表，所有配电柜都通过橡胶减振垫与地板连接。

二、列车发电站的特点

列车集中供电装置与分布式供电系统相比较有以下优点。

（1）每辆客车中，电气设备所占重量比分散式供电系统轻，有利于利用机车的牵引能力和提高运行速度。

（2）每辆客车中电气设备的成本仅为分散式供电系统的 1/3，降低了客车造价。

（3）柴油机发电站可输出 380 V/220 V 三相交电流，车内可直接使用民用电器，整个使用装置结构简单，维护方便。

（4）只需要少量蓄电池，可节约大量的金属。

但是由于柴油机使用的柴油价格高，导致运行成本高，柴油机的磨损较大，寿命较短，检修频繁。特别是发电车出了故障从列车上摘解后，影响全列车用电。因此，目前柴油机发电站集中供电系统仅在全列空调装置的旅客列车中应用。

三、25.5 m 空调车列车发电车的平面布置及内部设施

为满足空调列车扩编（20 辆）对供电的需求，中车青岛四方机车车辆股份有限公司于 1988 年研制了新型 25.5 m 空调发电车。车内安装 380 V/220 V、50 Hz、300 kW 柴油机发电机组 3 台，分别由 KTA-1150-G2 型柴油机驱动，装机总容量为 900 kW，向列车输出的最大功率为 600 kW。与柴油机配套使用的发电机为 1FC5-356-4TA42-2 型交流同步发电机。该型发电车的平面布置如图 3-1 所示。

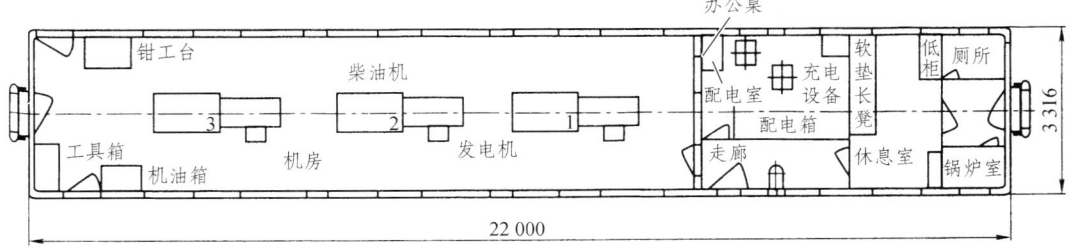

图 3-1 新型空调发电车平面布置图

新型发电车共分五部分：锅炉、厕所、休息室、配电室及机房。机房除安装有 3 台柴油发电机组外，还有 3 台冷却装置（统型车改设在集中冷却室），机房底部装有照明和启动电池各 1 箱，每箱装有四只 6Q-195 型蓄电池，照明电池 4 只串联为 48 V；启动电池两路并联为 24 V。

配电室是发电车的操纵中心，能集控所有空调通风机、压缩机和照明的开、停。室内有 4 组配电箱，Ⅰ、Ⅱ、Ⅲ配电箱分别为 3 台柴油机电动机组的控制屏，Ⅳ配电箱为本车设备的遥控配电盘。配电盘上安装有各种按钮、开关、仪表、指示灯及报警装置等电器设备，用来操纵及监视机组的运行情况。室内还设有三相自耦变压器硅整流充电装置，用来对照明和启动电池充电。

任务二　康明斯发电车柴油机的概况

> **知识要点**
> ·柴油机的基本知识。
> ·康明斯柴油机的主要参数。

> **知识储备**

视频　　　　PPT
柴油机

一、柴油机基本知识

柴油机就是以柴油为燃料的活塞式内燃机，其基本结构如图 3-2 所示。
柴油机常用术语有：

1. 工作循环

柴油机活塞在气缸内往复运动，完成进气、压缩、做功、排气等 4 个过程，叫作完成了一个工作循环。简言之，即作一次功所经历的全过程。

2. 上止点（或称上死点）

活塞在气缸中向上运动所能达到的最高极限位置，也就是活塞距离曲轴中心线最远的位置。

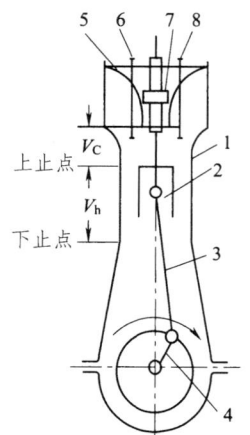

动画
柴油机工作原理、柴油机
冷却系统、柴油机润滑系统

图 3-2 柴油机的基本结构

3. 下止点（或称下死点）

活塞在气缸中向下运动所能达到的最低极限位置，也就是活塞距离曲轴中心线最近的位置。

4. 活塞行程（也称活塞冲程）

是指上止点与下止点之间的距离。即活塞由上止点运动到下止点，或由下止点运动到上止点所走过的距离。

5. 燃烧室容积（也称余隙容积）

活塞处于上止点时，活塞、气缸及气缸盖所包围的容积，称为燃烧室容积。以符号 V_c 表示。这时气缸的容积最小，又称为压缩容积。

6. 气缸工作容积

活塞从上止点移动到下止点（或从下止点移动到上止点）时所扫过的气缸容积，称为气缸的工作容积，又称活塞排量，以符号 V_h 表示。

$$V_h = \frac{\pi D^2}{4} \times S \times 10^3 \text{（L）}$$

式中　D——气缸直径（m）；
　　　S——活塞行程（m）。

7. 气缸总容积

当活塞位于下止点，活塞顶面以上的全部空间，称为气缸总容积，通常以 V_a 表示。气缸总容积等于燃烧室容积与气缸工作容积之和。即：

$$V_a = V_c + V_h$$

8. 压缩比

气缸总容积与燃烧室容积之比值，称为压缩比，以符号 ε 表示。

$$\varepsilon = \frac{V_a}{V_c} = \frac{V_h + V_c}{V_c} = 1 + \frac{V_h}{V_c}$$

压缩比表明空气进入气缸后被压缩的程度,它也是柴油机的重要参数,对柴油机的经济性和安全性有较大的影响。压缩比如果大一些,压缩终了时气缸内燃气的压力和温度就会高一些,柴油机的启动就容易。热量的利用程度也就高。但如压缩比过大,将会导致柴油机工作粗动,机件容易损坏和磨损。压缩比过小,气缸内的压力和温度就低,柴油机启动困难,热量利用程度就低。因此柴油机的压缩比一般选择在 $\varepsilon=12\sim22$ 的范围。康明斯柴油机的压缩比一般为 13~17。

9. 活塞总排量

多缸柴油机所有气缸工作容积之和,叫作活塞总排量,又称发动机工作容积,以($V_总$)表示。

$$V_总 = Z \times V_h (Z\text{表示气缸数})$$

10. 活塞平均速度

当曲轴匀速运动时,活塞往复直线运动的速度却在不断地变化着,活塞移动到上、下止点位置时速度等于零,而在中间某一位置时速度最高。根据曲轴转速和活塞行程,可以求出活塞在一个冲程内速度的平均值,称作活塞平均速度,单位为 m/s。

二、康明斯 KTA19-G2 型柴油机主要技术参数(见表 3-2)

表 3-2 康明斯 KTA19-G2 型柴油机主要技术参数

项目	参数	项目	参数	项目	参数
形式	直立水冷增压中冷四冲程	气缸数	6	活塞总排量	1 150 立方英寸(约 18.9 升)
活塞行程	159 mm	气缸直径	159 mm	额定功率	495 Hp
持久功率	450 Hp	启动方式	电启动	机油消耗率	0.7 g/Hp·h
气缸发火顺序	1→5→3→6→2→4	气门间隙	进气门 0.36 mm 排气门 0.69 mm	喷油器柱重行程	(7.72±0.03) mm
燃油消耗率	152 g/Hp·h	机油牌号	CD 级及以上牌号的机油	机油温度	74~107 ℃
冷却水温度	74~91 ℃	额定转速	1 500 r/min;最高 2 100 r/min;急速:650 r/min		
燃油牌号	春秋季节选用 0 号;冬季选用-10 号(北方可选择-35 号)				
机油压力	油温在 107 ℃ 时的正常油压力,急速时:105 kPa(约 1.05 kgf/cm²),额定转速时:352~497 kPa(约 3.53~4.97 kgf/cm²)				
冷却水	加 DCA 防腐剂的软化自来水,冬季可根据气候特点添加防冻液				

任务三　柴油机的调速控制与启动

知识要点

· 柴油机的启动原理。
· 柴油机的调速操作。

知识储备

视频　　　　PPT
柴油机的启动控制

一、柴油机的启动

1. 启动控制原理

发电车柴油机起机电路的电气控制原理如图 3-3 所示。

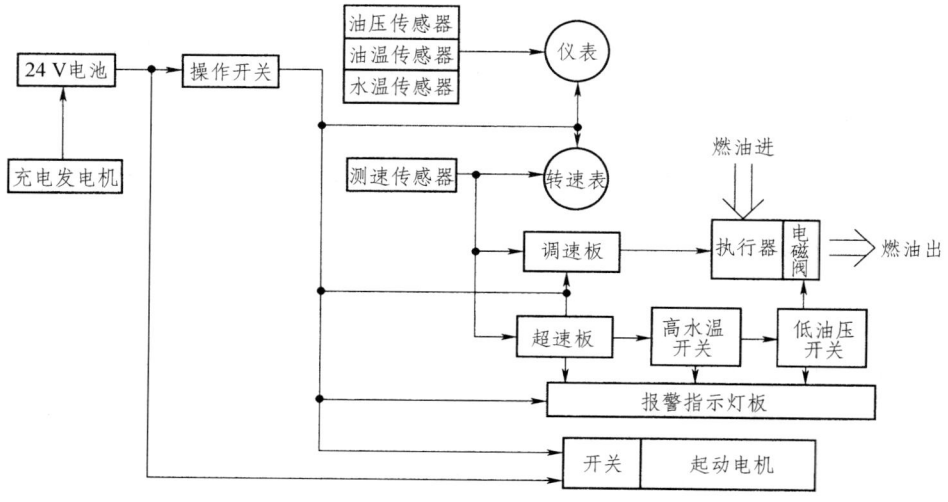

图 3-3　柴油机起机电路电气控制原理图

目前发电车配套的起机电路如图 3-4 所示（以 I 号机为例），按其功能不同，该电路可以分为三大部分：

（1）第一部分为启动电机 1SM 电路。当 718 线有 24 V 正电时，依次复位 1DF、打开电锁（DS）、按下 1-QA（仪表面板上的 CRANK 拨钮）后，1-AMS、1-SS、1-SM 三个线圈相继得电，最终实现启动电机正常运转。在本电路中，有一个直流接触器 1KM3，它的一对常开触点设置在 DC 24 V 电路中，当按下启动按钮时，1KM3 线圈得电，系统自动从 48 V 电池中分出 24 V 供给机组控制电路，当启动按钮释放后，控制电路重新由 24 V 电池供电。需要注意的是，起机时，当柴油机爆发后要立即释放 1-QA（CRANK）拨钮，否则会因为柴油机转速远远高于电机本身转速而损坏电机和启动齿轮。

（2）第二部分电路是电磁阀 1FSV 电路。该电路主要实现电磁阀的得电与断电。电路中有两条通路实现对电磁阀的供电：一条是 1-4→A-B→1-11→1FSV→700，另一路从 1-4→

C-D→1-5→SP＞1725（超速保护）→1-7→t>106（高水温保护）→1-9→1-12PSI（83 kPa）（低油压保护）→1-11→1FSV→700。其中 A-B、C-D 为仪表箱面板上的 START/RUN/OFF（起机/运行/停机）三位开关。PSI 为英制压力单位，与 kPa 的换算关系为 1 PSI=6.894 kPa，12 PSI 即为 83 kPa。起机位（START）时：AB 通、CD 通；运行位（RUN）时：AB 断、CD 通；停机位（OFF）时：AB 断、CD 断。当机组正常运行时，由于 AB 断，CD 通，电源只能通过第二条路通到 1FSV。

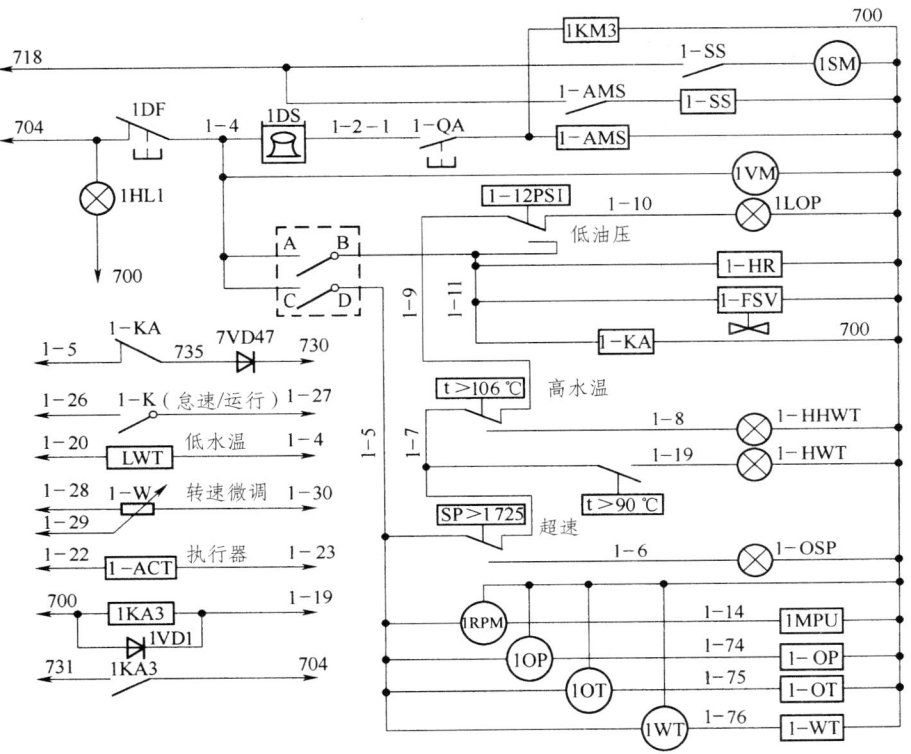

图 3-4 Ⅰ号机起机电路

该电路可实现三级停机保护：当柴油机的转速超过 1 725 r/min 时，超速保护断开 1-5 与 1-7 两线，切断电磁阀电路，从而使柴油机断油停机，同时 1-5 线和 1-6 线接通，超速报警灯亮；当水温超过 106 ℃ 时，断开 1-7 与 1-9 两线，切断电磁阀电路，同时 1-7 线和 1-8 线接通，高水温报警灯亮；当机油压力低于 83 kPa 时，切断 1-9 与 1-11 两线，同时 1-9 线和 1-10 线接通，低油压报警灯亮。

当起机时，由于油压还没有建立，1-9 线与 1-11 线间油压开关没有接通，电磁阀不能通过第二条通路得电，因此起机时需通过 A-B、C-D 同时给电磁阀供电。只有当起机成功油压建立，低油压停机保护指示灯熄灭以后，才能松开 START/RUN/OFF（起机/运行/停机）三位开关，转入运行位。当电磁阀得电时，中间继电器 1KA 同时得电，切断声报警电路中的 1-5 线和 735 线间的常闭点。当电磁阀因故断电时，1-KA 线圈失电，24 V 正电经 1-5→1-KA 常闭触点→735 号线→二极管 7V47→730，使Ⅰ机的报警电铃响，实现声报警。

（3）第三部分电路是参数检测电路。主要是仪表面板上的 5 只仪表。

机器单机运行，接通仪表箱电源时，油压表、油温表、水温表指针反走到底，转速表指针在 600~1 000 r/min 间，试灯全部都亮；当三位开关（ABCD）扳到中间运行位时，执行器内有敏捷、清脆、细小的两响声音，转速表指到零位，低油压停机指示灯亮；当三位开关向上拨到起机位（START）时，电磁阀发出敏捷细小的"嗒"声；当同时按下起机按钮（CRANK）时，电压表指示的电压下降到 22 V 或以下（但不低于 19 V），听到马达正常转动，转速表显示 250~350 r/min，一般可在 1~3 s 内引爆，引爆后立即松开 CRANK 拨钮，当低油压灯灭时，松开三位开关。启动成功后，转速迅速上升，达到 600~700 r/min，机器怠速运行，油压表指向 0.3~0.4 MPa，计时表开始走动，主发电机电压为 120~200 V，频率表无变化（实际上并非无频率，而在 20 Hz 左右）。当将机器怠速/运行开关打到运行位时，柴油机转速迅速上升，发出巨响，转速很快升至 1 500 r/min，主发电机电压升至 400 V 左右，频率表升至 51 Hz 左右，超速板中灯亮，油压上升到 0.4~0.6 MPa，油温、水温表上升，油温为 60~90 ℃，水温为 50~85 ℃。当负载加大时，油温、水温都将适当上升。启动中，如果 5 s 内不能引爆柴油机，应停止 10 s 后再重新启动，使电池及电机能充分散热。如此连续三次仍不能启动，应仔细查明原因，并给电池充电，以免电池亏损。

2. 调速控制箱总电路

康明斯进口调速控制箱内各元件间的电气原理如图 3-5 所示，从中可以分析整个电气控制柜的原理及相应的故障与处理。

二、柴油机运转

（1）柴油机由怠速 650 r/min 增加到 1 500 r/min，柴油机冷却水的出水温度高于 40 ℃，机油油压大于 300 kPa，才允许进行负载运行。

（2）柴油机由空载加至满载，在各种负荷情况下，转速变化较小，一般保持在 1 485~1 515 r/min 范围内。若速度变化超过上述值，可打开柴油机控制箱，调节内部微调电位器。发电机的频率应保持在（50±0.5）Hz，其频率能在 0~5% 内任意调整。该机采用电子调频器。

（3）柴油机运转中的注意事项：

在柴油机负荷运转期间必须注意冷却水水温和机油压力表的指示，若没有油压显示应立即停机。各指示表读数应在规定的范围内，当油、水温度超过设定值时能自动报警（报警灯亮，电笛响）并自动停机。柴油机正常工作时，水温应在 70~95 ℃ 范围内，机油温度应在 82~107 ℃ 范围内，额定转速时机油压力应在 352~497 kPa 范围内，怠速运转时机油压力应在 1.05 kPa 左右。在柴油机进水管外安装测温包，其顶部设有水温继电器（设定温度为 90 ℃），当温度达 90 ℃ 以上时温度继电器动作，配电盘上的高水温报警器报警，报警灯亮，电笛响。

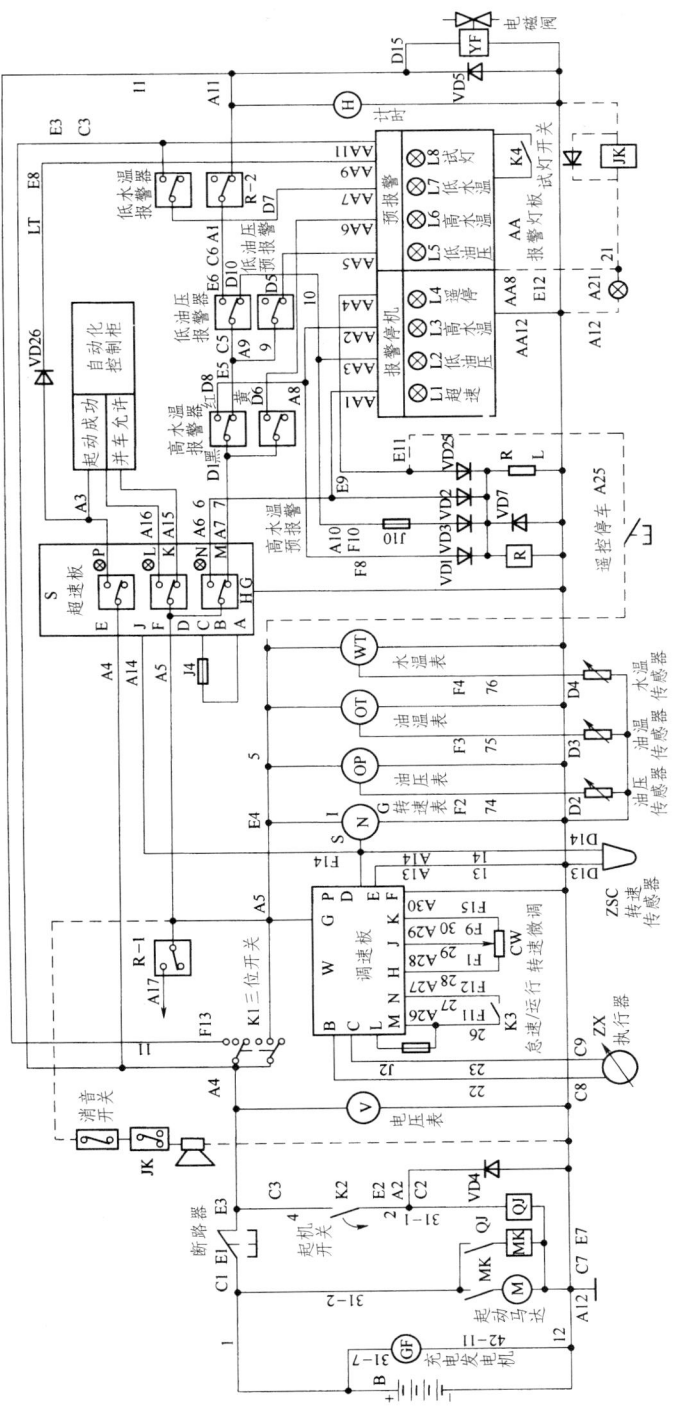

图 3-5 调速控制箱内电气原理图

柴油机的冷却水出水管上装有两只水温继电器，一只设定温度为 85 ℃；一只设定温度为 65 ℃。当冷却风扇工况选择开关置于"自动位"时，出水温度达到 85 ℃ 左右，冷却风扇自动投入运转。如达到自控温度而冷却风扇不运转，可将选择开关置于"手动位"，使冷却风扇投入运转，并注意冷却风扇的转向，应为向车外排风。如冷却风扇仍不转动，则可能是冷却风扇的电气回路有故障，应立即将机组卸载后降速，停机检查故障原因，排除故障后方可再次启动供电。当冷却风扇在"自动位"，柴油机冷却水的出水温度下降到 65 ℃ 时，风扇应停止运转，使柴油机的冷却水温度保持在 65~85 ℃ 范围内工作。柴油机出水温度最高不允许超过 90 ℃，油底壳内的最高温度不允许超过 95 ℃。在额定转速下机油压力若低于 0.816 kPa 柴油机的油压传感器发出信号，使低油压报警器报警（报警红灯亮．电笛响），使柴油机自动停机。此时应检查并排除故障后方可继续启动柴油机组供电运行。

三、柴油机调速

发电车柴油机的电子调速（Electronic Fuel Control，EFC）系统根据负载的大小可自动微调每次循环的油量，从而达到控制柴油机转速的目的。发电车柴油机的调速原理如下：电子调速器由测速传感器、调速控制器、执行器三部分组成。发电机组运行时，由装在

视频　　　PPT

柴油机调速

飞轮壳上的测速传感器感应发电机组转速信号，当旋转中的飞轮齿通过磁性转速传感器时，就会在线圈内产生电脉冲信号，脉冲信号发生的频率反应了柴油机的转速，例如齿数为 142 齿，当转速为 1 500 r/min 时，传感器每秒钟将测得 3 550 个电脉冲。高频脉冲信号送入装在控制屏仪表箱内的调速控制器，与预先设置的参考信号作比较，如果频率有偏差，通过改变通往执行器的电流大小来改变油门大小，从而改变流向喷油器的燃油压力，以改变喷入气缸中的燃油量达到控制柴油机的转速或功率的目的。整个调速控制原理如图 3-6 所示。

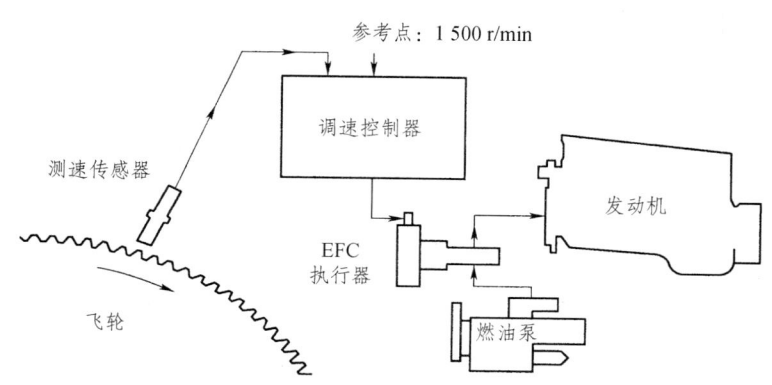

图 3-6　发电车柴油机调速控制原理图

康明斯发电车采用的测速传感器、执行器均为美国康明斯公司的配套产品，所用的调速控制器主要有两种：一种是美国康明斯的配套调速装置，安装在仪表箱总成中；另一种

是美国 GAC 公司（Governors America Corp）专门为康明斯发电车配套生产的调速控制产品。本节主要介绍康明斯公司的调速装置。

1. 测速传感器

测速传感器中的永久磁心绕着线圈，通过导磁性外壳在端部形成磁极，当端部有导磁性齿轮经过时，线圈中感应脉冲。脉冲代表齿轮的转速，即柴油机的转速。转速传感器安装在飞轮壳左侧，右侧主要提供控制板（调速板）、超速板和转速表的电信号输入。正常时用一块铁片在转速传感器头部吸合或拉开，出线端应能感应电压，用指针式电压表的 10 V 挡测量，感应电压应为 2~5 V。

2. 执行器

执行器可分为常开式和常闭式两种，康明斯发电车均采用常闭式执行器，接通电源时执行器会有敏捷、清脆、细小的声响。从使用经验来看，执行器的寿命一般为 2 000~5 000 h。执行器转动部分的摩擦面工作久了会逐渐磨损，这将导致间隙逐渐增大而漏油，当漏油超过怠速油耗时，控制板失去控制能力，逐渐出现以下现象：

卸载后的怠速高达 900 r/min 以上；冷车开车数分钟后，由于油温上升，油黏度下降，漏油增加，怠速逐渐上升到 700~1 000 r/min 以上，此时给 PT 泵浇上冷水，怠速将下降；开车怠速就高达 900~1 700 r/min。以上情况不严重时，虽然空载转速高，但稍加负载（20~50 kW），转速即可下降到 1 500 r/min，柴油机仍可正常工作。

3. 仪表箱面板

康明斯发电车常用图 3-7（a）所示的仪表箱（面板上的中文的标识为作者添加）。

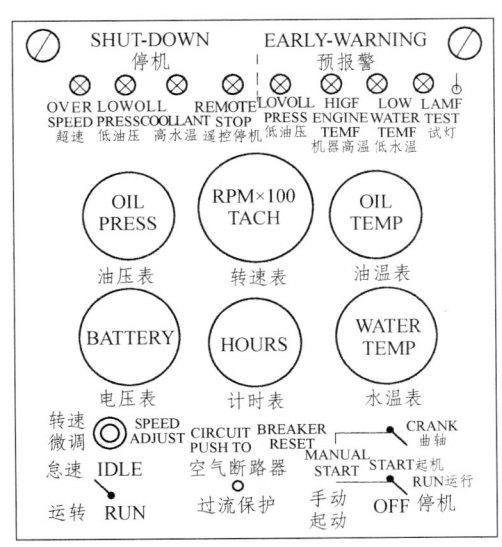

（a）调速控制仪表箱面板　　　　　　　（b）调速控制板

图 3-7　康明斯柴油机控制仪表箱及调速板

面板上部是一排报警指示灯，左边是停机报警指示灯（Shut-Down），分别为超速停机（Over，1 725 r/min）、低油压停机（Low Oil Press，83 kPa）、高水温停机（Coolant：High Water Temp，106 °C）、遥控停机（Remote Stop）指示灯。右边是三盏预报警指示灯，分别为低油压（Low Oil Press，124 kPa）、机器高温（High Engin Temp，102 °C）、低水温（Low Water Temp，40 °C）指示灯，并配有一备用指示灯和试灯开关（Lamp Test）。

面板的中间是 6 只指示仪表，依次为：油压表（OIL PRESS）、转速表（TACH）、油温表（OIL TEMP）、24 V 电压表（BATTERY）、机组运行时间记录表（HOURS）、水温表（WATER TEMP）。

底部一排是仪表箱的操作键部分。SPEED ADJUST（转速微调）是一个 5 kΩ、2 W 的多圈式线性电位器，用来调整柴油机运行时的转速，调节范围为±100 r/min；IDLE/RUN（急速/运行）是急速与运行位的切换开关，向上为急速，机器低速运行（625 ~ 700 r/min），向下为运行位（1 500 r/min）；CIRCUIT BREAKER（空气断路器）主要用于仪表箱内过流保护，发生过流时，它能自动切断箱内 24 V 电路，故障处理后可通过其上的复位按键复位；CRANK（曲柄），拨动该拨钮可以启动柴油机的启动电机，从而驱动柴油机的曲轴；START/RUN/OFF（起机/运行/停机）是一个三位开关，上拨为起机位，手放开后自动弹回到运行位，下拨为停机位，用以控制停车电磁阀的电源。

4. 仪表原理

发电车上所使用的仪表为正交线圈型仪表，正交线圈仪表的原理如下：两个正交的线圈，一个线圈通恒定直流电流，产生恒定磁场，另一个 90°线圈和传感器串联，其电流随传感器的阻值（即温度、压力的变化）而变化，线圈中的磁铁随之转动，指向磁场的合力方向，转动角度即代表相应的温度或压力值。发电车上机油油压力传感器安装在机油全程滤清器座中，机油温度传感器安装在油底壳左侧，水温传感器安装在节温器壳中，转速传感器安装在柴油机左侧的飞轮壳中。温度传感器为负电阻式热敏电阻，压力传感器负电阻式滑线电阻。

5. 调速控制板

调速控制板简称调速板，是柴油发电机组稳定运行的关键器件。发电车上所用的康明斯调速板外观如图 3-7（b）所示，调速板上有 4 个用以系统调整的电位计，它们依次是：

（1）GAIN：增益控制调整旋钮，用来调整转速控制器对柴油机的反应速度，指示位置在 50 ~ 70 处为宜，调到运行刚抖动再反转半格。

（2）DROOP：转速降控制旋钮，又叫调速率电位计，可以调到 0%（同步）到 5%的转速降，单机工作一般为 2% ~ 3%。

（3）IDLE SPD：急速控制调整旋钮，用来调整急速。

（4）RUN SPD：在康明斯相关资料中称为高急速，实际上是空载转速，即柴油机的运行位转速，它与急速调整一样，是一个可以转动 20 圈的电位计。

6. 超速控制保护板

超速保护的目的是防止电机转子飞损。发电机飞车设定一般为+20%，柴油发电机组一般设为 15%。

超速板又叫速度开关板,它的基本原理是:转速传感器接收到柴油机的转速信号,经频率/电压变换器(F/V)转换成相应的电压信号,当测得的信号超过预设的信号强度时,保护继电器工作,切断电磁阀供电,使机组缺油停机。

在使用过程中,如果超速板损坏,可将仪表箱内第5、7号端子短接,然后将超速板拆下后送修,机组仍可使用,但没有超速保护。此时不用过于担心飞车时的保护,因为康明斯柴油机的PT泵内本来就带有超速自动限油量的功能,整定值一般设在1 760 r/min。

超速保护的调整方法:调升空车转速至1 725 r/min将整定电位器逆时针缓慢旋至超速保护,保护动作后重新起机并将空调转速调回1 500 r/min。

柴油机还可以采用GAC电子调速器进行调速。电子调速器主要由传感器、调速控制器、执行器组成。传感器安装在飞轮壳上,调速控制器装在柴油机控制箱内或远距离安装。

执行器安装在PT燃油泵体内,控制器将传感器传递来的信号与预先整定好的标准信号进行比较,向执行器输出控制电流,控制电流的变化将引起执行器轴的转动,改变燃油通道的大小,从而改变流向喷油器的燃油压力,以改变喷入气缸中的燃油量来控制柴油机的转速。

任务四　三相同步发电机

> **知识要点**
> - 三相同步发动机的结构。
> - 发动机的工作原理。

> **知识储备**

视频　　　PPT
三相同步发电机

一、发电机简介

我国大功率发电车上采用的主发电机主要有江苏无锡电机厂、柳州电机厂和山西太原汾西机器厂由德国西门子公司引进并生产的1FC5356-4TA42-Z及1FC6356-4LA45两种型式的三相交流无刷同步发电机,也有部分发电车采用中美合资上海马拉松·革新电气有限公司根据美国马拉松电气公司(Marathon Electric U.S.A.)提供的MAGNA PLUS图纸改进设计的新型MP系列无刷同步三相交流发电机的派生产品MP-T-300-4。针对现场采用1FC5的发电机较多的情况,本节主要对该型发电机作相应分析。

二、1FC5型同步发电机结构

该电机采用相复励带AVR(可控硅电压自动调节器)调节器的分流式自动励磁稳压系统。其主绕组为三相四线制接法,并采用不可控相复励、无刷励磁,额定功率为400 kV·A/320 kW,额定电压为400/230 V,额定电流为580 A,额定频率为50 Hz,额定转速为1 500 r/min,功率因数为0.8(滞后),并设有主定子绕阻155 ℃高温报警,机组主要由主发电机 G1、励磁机 G2 和顶部励磁系统（THYRIPART）等构成，励磁机的主要特点是转子发电、定子励磁，励磁电源来自主发电机输出的三相交流电，经背包内元件处理后产生的可控直流，励磁机转子发出的交流电，经安装在转子上的旋转整流环整流与限压后，输入主发电机转子产生磁场，主发定子中的三相绕组便发出三相交流电。

三、1FC5 型发电机电气原理

1FC5 型发电机电气原理如图 3-8 所示。

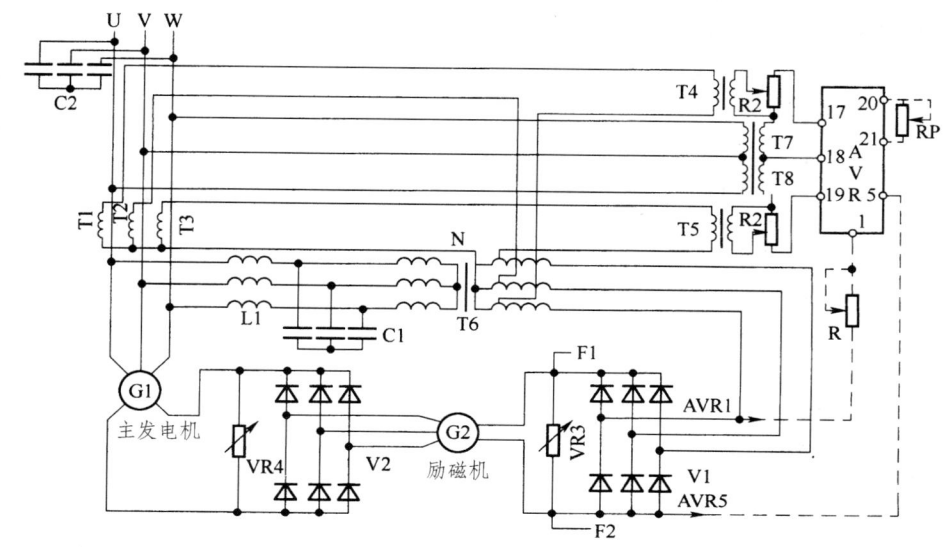

图 3-8　主发电机励磁系统电气原理图

该发电机采用相复励，所谓相复励是指发电机的励磁电流由电压和电流两个分量合成。电抗器 L1 提供励磁电流的电压分量，它是建立空载电压的唯一通道，电压分量主要取决于发电机的转速；单相电流互感器（T1、T2、T3）提供励磁电流补偿分量（电流分量），大小取决于负载电流，其相位随负载的功率因数不同而改变。两个分量联合提供和调节励磁电流，以保证发电机端电压在转速和负载电流变化时仍维持恒定。

主发电机 G1 的 U、V、W 三相电经移相电抗器 L1 输入接至整流变压器 T6 原边绕阻，并与并联的谐振电容器 C1 产生电压谐振。由整流变压器 T6 副边绕组输出低压交流电至励磁装置中的静止整流器 V1，整流后的直流电输出至励磁机 G2 的励磁绕组 F1、F2 两端。

为防止静止整流器 V1 浪涌电压（$U_{浪涌}=2.45\text{ V}$）击穿，在其"＋""－"输出端并接静止压敏电阻 VR3。励磁机 G2 的励磁绕组有电流通过便产生磁场，由柴油机带动的励磁绕组转子旋转后，转子三相绕组便产生三相感应电压。三相感应电压由旋转整流器 V2 整流后输出到主发电机 G1 的励磁绕组，励磁绕组产生旋转磁势使主发电机 G1 的三相定子绕组产生更高的三相交流电压并通过外接线 U、V、W、N 输出。发电机的三相端电压随 F1、F2 两端的电压增大而提高。为了减少由于发电机绕组内阻而产生发电机输出端电压随负载的升高而下降的电枢反应影响，在发电机电气电路设计中布置了 T1、T2、T3 三个电流互感器，用电流的反馈作用补偿电枢反应的不良作用。T1、T2、T3 的反馈电流随负载电流的增大而增大。

为确保发电机端电压稳定不变，该发电机利用 AVR 调节器控制可控硅分流作用来控制静止整流模块 V1 中的 AVR1 与 AVR5 间的放电量大小：若发电机电压高于额定值（输入 AVR17、18、19 的电压升高），可控硅分流值加大，使励磁电流减小；当发电机电压低于额定值（输入 AVR17、18、19 的电压变低），可控硅分流值减小，使励磁电流加大。这样即可实现发电机负载由空载至满载（300 kW），转速由 1 480 r/min 至 1 546 r/min 间变化时，发电机电压可稳定在 400×（1±0.5%）V 的范围内。

可控硅调节器组件主要用来自动调整励磁机的励磁电压，进而达到调节、稳定主发电机的电网电压的目的。其工作原理如图 3-9 所示。图中，比较器组件中的 U_{SO11} 电位器用以调整发电机端电压整定值，RP 为安装在控制屏面板上的电压整定电位器用来微调电压，该电位器并接到 AVR 上的 20 与 21 端子；位于放大器组件中的 V_R 电位器，用以调整放大器的放大倍数，T_N 电位器用以调整 AVR 动态的响应特性，V_R 和 T_N 的调整可改变发电机的电压调节灵敏度。

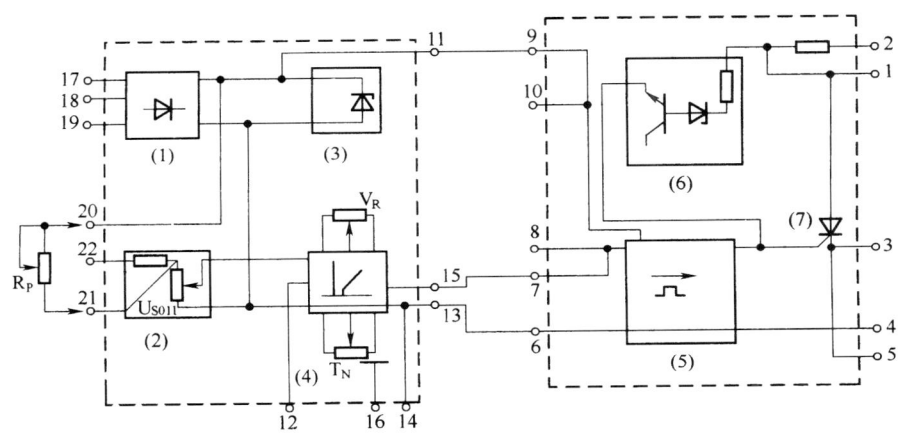

1—三相整流器；2—比较器；3—电源稳压器；4—放大器；5—脉冲触发器；6—过压保护器；7—可控硅。

图 3-9 可控硅电压自动调节器（AVR）原理图

如果 AVR 发生故障，最基本的现象是：

（1）虽能用整定电位器进行电压调节，但失去稳压作用，发电机端电压随负载大小而变化（假定电压调差率为零）。

（2）AVR 失控引起可控硅不导通而造成发电机空载时端电压上升至额定值的 108% ~ 114%（432 ~ 456 V）；

（3）AVR 失控引起可控硅全导通而造成发电机空载时端电压下降到 300 ~ 360 V。

如果发电机剩磁太弱，无法发电时，就必须在端子 F1 和 F2 并接一直流电压，实际应用中可通过闭合控制屏上的充磁按钮，瞬间供给励磁绕组起励电流，建立输出电压后将充磁按钮立即松开，这就是所谓的充磁。充磁按钮如果不及时松开，将造成发电机怠速时电压达 360 V 左右，同时可能损坏充磁二极管；若需要使电机转动时无电压输出，则需采取灭磁措施，即短接 F1 与 F2。AVR1 与 AVR5 间的放电电阻 R 是独立设置在 AVR 外部的，它是一个可调的螺圈电阻。

任务五　发电车电气控制

> **知识要点**
> - 发电车电气控制的基本组成。
> - 发电车电气控制工作原理。

> **知识储备**

发电车电气控制系统布置在控制室内,它有 4 个控制屏:Ⅰ机控制屏、Ⅱ机控制屏、Ⅲ机控制屏和本车用电/集控控制屏。此外,电气控制系统还包括一些辅助的控制装置,如本车空调控制柜、充电机、轴温报警、烟火控制器等。康明斯发电车装有 3 套机组(400/230 V,300 kW),可分别向 Ⅰ、Ⅱ 路汇流排供电,总装车功率为 900 kW。控制部分集中在配电室,各机组运行情况全部通过仪表监视。柴油机采用直流 24 V 电机启动,其电源由车底的四组启动蓄电池供电。发电车的供电方式为三相四线制,其中心线及主干线的零线接至车体钢结构,然后引至配电箱内发电机组的中心线 N 相,动力电为工频三相交流 380 V,照明为工频单相交流 220 V;直流电采用双线供电制,分 24 V 及 48 V 两种电压制,其中 24 V 的负线接机体。

发电车线号的分布一般有以下的特点:1字头线号→Ⅰ号机相关电路;2字头线号→Ⅱ号机相关电路;3字头线号→Ⅲ号机相关电路;4字头线号→联络开关电路与并车电路;5字头、6字头线号→本车用电设备电路;7字头线号→DC 24 V 电路;8字头线号→DC 48 V 电路。

在发电车上,可检测多项柴油机与电气的相关参数,主要有:三相电压、三相电流、发电机功率、功率因素、电频率、24 V 直流电压、48 V 直流电压、24 V 充电电流、48 V 充电电流、转速、水温、机油温度、机油压力、水箱水位、油箱油位等,早期出厂的发电车还包括主发电机的励磁电压。发电车有完善的保护措施,以保护柴油机发电机组的正常运行及正常供电。其中停机保护有:柴油机低油压停机、柴油机超速停机、高水温停机。引起分闸的保护有:干线过流分闸、主开关逆功率分闸等。此外,还包括:柴油机高水温预报警、低水温报警、膨胀水箱低水位报警、上油箱极低油位报警、上油箱极高油位报警、发电机绕组高温报警、干线过流报警、控制箱起机过流保护、主开关过欠压保护、发电机组间联锁保护、机房烟火保护和导线过热保护等。

发电车电气控制原理总图见书末附图 A-1~附图 A-3。

一、发电车对外供电方式

发电车上一般有 3 台康明斯柴油发电机组,即有 3 套发电装置,在不同情况下对外供电的方式较多,可分为单机供电、双机供电和并车(机)供电。供电方式见图 3-10 所示。

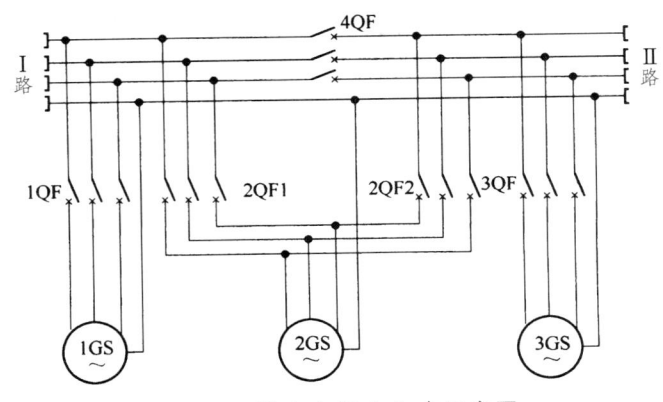

视频

PPT

发电车对外供电方式

图 3-10　发电车供电方式示意图

1. 单机组供电

当发电车输出功率在 200 kW 以下时，一般只开一台机组。此时，对外供电方式可分为单机单路供电与单机双路供电。

单机单路供电是指只用一台机器向两路电力干线中的一路供电，有Ⅰ机往Ⅰ路（合 1QF）、Ⅱ机往Ⅰ路（合 2QF1）、Ⅱ机往Ⅱ路（合 2QF2）、Ⅲ机往Ⅱ路（合 3QF）4 种方式。

单机双路供电是指用一台机器同时向两路电力干线供电，它可在前面单机单路供电的基础上，通过合 4QF 主开关同时向另一路供电。Ⅱ号机组上的 2QF1 与 2QF2 主开关间是互锁的，它们不可同时合闸。

2. 双机供电

如果发电车单机供电功率不足，超过单机额定功率的 80%时，可启用第二台机组来分担负载。双机供电一般不采用并车，由双机分别向两路供电，这时的联络开关是断开的。这时，发电车可实现的供电方式有以下 3 种：Ⅰ机往Ⅰ路（合 1QF），Ⅱ机往Ⅱ路（合 2QF2）；Ⅰ机往Ⅰ路（合 1QF），Ⅲ机往Ⅱ路（合 3QF）；Ⅱ机往Ⅰ路（合 2QF1），Ⅲ机往Ⅱ路（合 3QF）。

3. 并车（机）供电

当发电车需输出较大功率，用双机供电无法满足外部负载时，需启用第三台备用机组，以实现并车供电。如果发电车采用美国 GAC 调速板，为达到负载的平稳转移，也可能在两机供电时使用并车功能。所谓并车是指两台不同的发电机同时向同一路供电。发电车的并车技术已比较成熟，但考虑到实际情况，目前并车功能一般不采用。

二、发电车的主开关电路

发电车上，共有 3 台发电机组可向外供电，其中Ⅱ机组可向两路单独供电，因此发电车上共有 4 个主开关，即 1QF、2QF1、2QF2 和 3QF。图 3-11 为主流发电车中Ⅰ号主开关控制电路，其余 3 个主开关电路与之相似。

视频

PPT

发电车主开关电路与联络开关电路

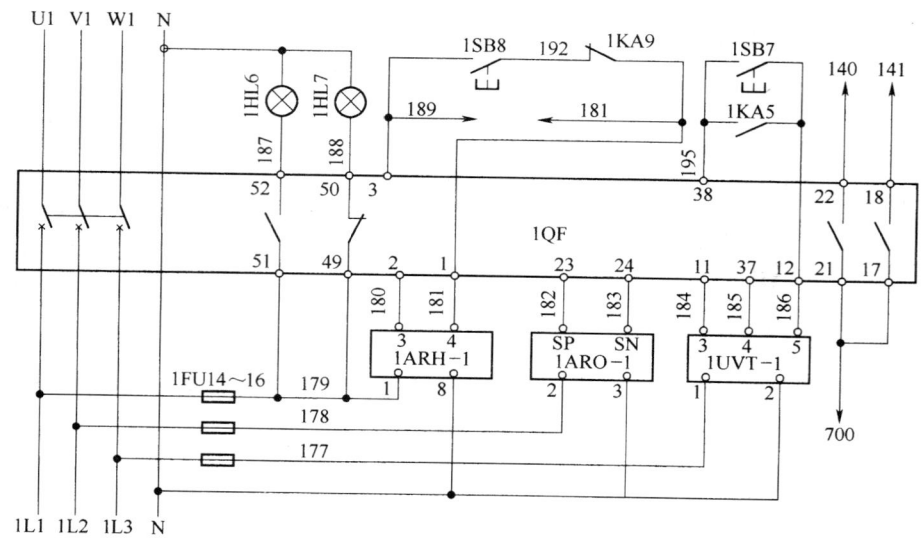

图 3-11 发电车 1QF 主开关电路

在图 3-11 中，ARH-1 为合闸整流装置，它的作用是将发电机所发的交流电经变压整流后提供给主开关 1QF 合闸用的低压直流电。ARO-1 为过流预报警整流装置，它为主开关的保护电路提供电源。UVT-1 为瞬动型欠电压脱扣保护整流装置，它的型号为 ARU-1SB，额定电流为 0.1 A，在 70%～35%的额定电压下，能使断路器可靠断开，在小于 35%额定电压时断路器不能闭合，大于或等于额定电压的 85%时断路器能可靠闭合。在主开关电路中，除上述几个部件以外，按功能此电路主要由以下部分组成。

1. 指示灯电路

指示灯电路由 1HL6 与 1HL7 两个指示灯组成，1HL6 为绿灯，当主开关合上闸后，该灯点亮；1HL7 为红灯，当Ⅰ机发电且主开关 1QF 分闸时，该灯点亮。

2. 合闸电路

按下 1SB8 按钮，主开关合闸。当并车电路工作时，若 181 与 189 被接通，同样也能实现主开关的合闸。主开关内部的合闸原理如图 3-12 所示，当 ARH-1 整流装置的 1、2 接通电源后，按下 PB 按钮（也就是图 3-11 中的 1SB8），整流装置的 4 号端子正电通入主开关 3 号端子，然后电流经过 B1 和微动开关常闭触点，进入 PC 线圈并通过主开关的 2 号端子与 ARH-1 的 3（负极）接通，PC 线圈得电，PC 的常开触点闭合，CC 线圈电路被接通，电磁铁励磁，断路器（主开关）完成合闸。合闸后微动开关断开，PC 线圈被电阻 R 分流，常开触点断开，CC 线圈失电，从而防止了二次合闸。

3. 分闸电路

当 1SB7 被按下时，主开关分闸。同理，当中间继电器 1KA5（逆功率线圈）动作时，主开关也会自动分闸。

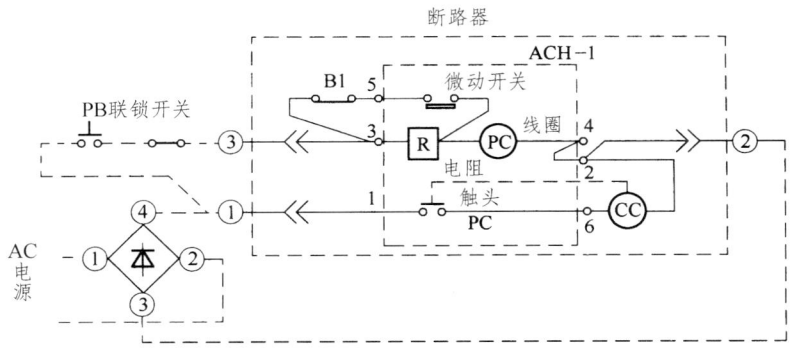

图 3-12 主开关内部合闸原理图

4. 保护电路

当干线电流超过过流预报警值 600 A 时，主开关上 17 与 18 号触点间闭合，接通相应报警电路，发出过流预报警。当干线电流达到脱扣值 2 000 A 时，主开关自动脱扣，并且 21 与 22 触点间闭合，接通相应的报警电路，发出过流脱扣报警。

三、联络开关电路

联络开关是发电车Ⅰ路与Ⅱ路干线间的一个自动开关，当需要单机双路供电或两路并车供电时，需合联络开关。早期发电车的联络开关为手动式，现均采用 DW95-600B 型船用万能式空气断路器。该主开关可实现按键合闸与手动合闸，也可实现按键分闸、欠压失压分闸和过流分闸。该开关的控制电路如图 3-13 所示。

在联络开关控制电路中，主要有三部分电路：合闸电路、分闸电路、联络开关线圈供电电路。

1. 合闸电路

合闸电路较为简单，图中 4SB2 即为合闸按钮，只要将 4QF 联络开关上 9 号与 10 号接线端子间连线接通就可实现合闸。在合闸电路中串入 1KA9 与 3KA9 两对常闭触点，可实现并车保护。图 3-13 中 418 与 422 线在自动并车时使用。

2. 分闸电路

分闸电路更为简单，按下 4SB1 将 4QF 上 1 号与 2 号端子间的 409 与 410 号线断开，就可实现分闸。

3. 联络开关线圈供电电路

开关供电电路主要包括：联络开关的电源输入电路、联络开关指示灯电路和交流接触器 4KM1 与 4KM2 线圈电路。该电路中 4KM1 与 4KM2 两个线圈是互锁的。下面以Ⅰ路有电为例，分析该联络开关的电路动作过程。

当Ⅰ路有电时，4KM1 线圈电气通路为：

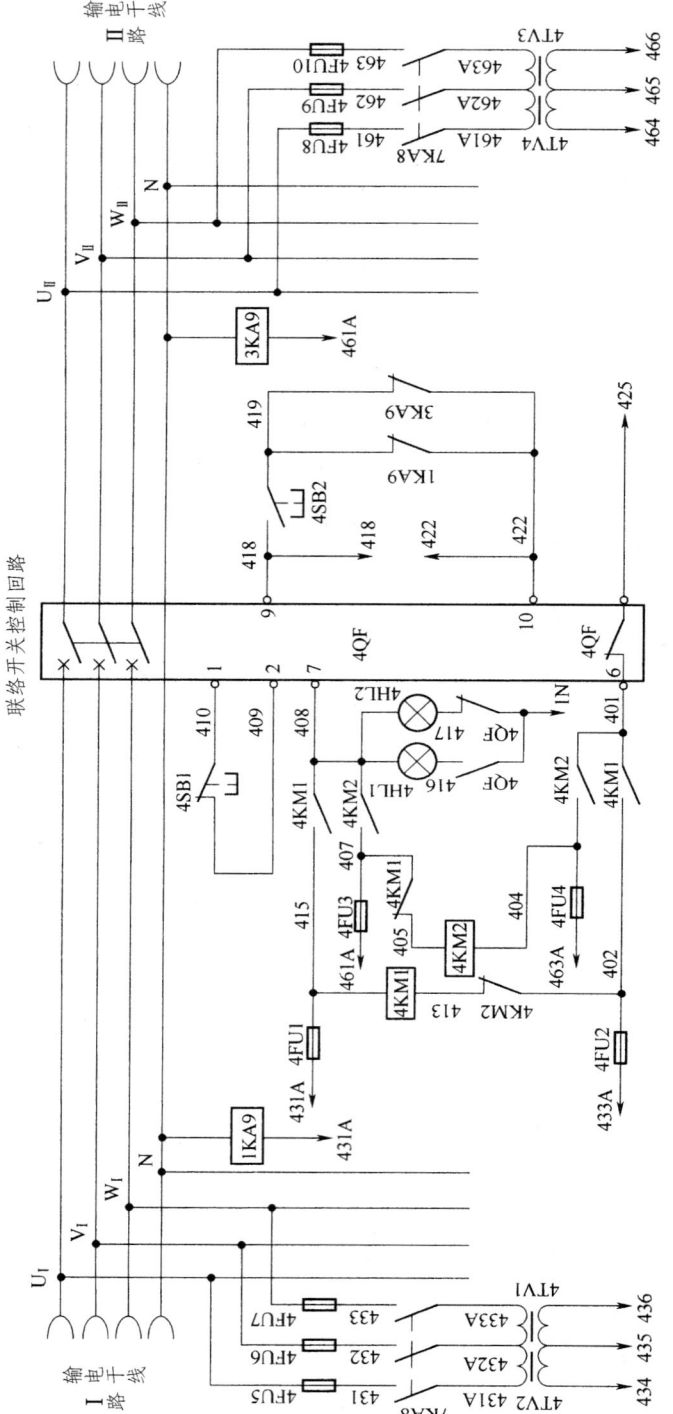

图 3-13 联络开关电路

U_I→4FU5→431→7KA8（常开闭合）→431A→4FU1→415→4KM1 线圈→413→4KM2（常闭）→402→4FU2→433A→7KA8（常开闭合）→433→4FU7→W_I。

接触器 4KM1 线圈得电，415 与 408 间常开触点闭合，U 相电引入联络开关 7 号接线端子，同时接通 4HL2 指示灯（红灯）；接触器 4KM1 的 402 与 401 间常开触点闭合，W 相电引入联络开关的 6 号接线端子；同时 405 与 407 间 4KM1 接触器常闭触点断开，4KM2 线圈电路被反锁。当按下合闸按钮 4SB2 时，4QF 线圈得电，联络开关合闸，同时红灯灭，绿灯亮。

4．1KA9、3KA9 线圈的作用

电路中接入了 1KA9 与 3KA9 两个中间继电器，当Ⅰ路有电时，中间继电器 1KA9 的线圈得电，主开关 1QF 与 2QF1 电路中的 1KA9 常闭触点分别断开，防止了二次合闸或人为并车，同时联络开关 4QF 合闸电路中的 1KA9 常闭触点断开；当Ⅱ路有电时，2QF2 与 3QF 主开关电路中的 3KA9 常闭触点分别断开，同时联络开关 4QF 合闸电路中的 3KA9 常闭触点断开。当两路同时有电时，联络开关电路中 1KA9 与 3KA9 常闭触点同时断开，联络开关合闸电路被切断，防止了两路同时供电时人为闭合联络开关而并车。

四、冷却风扇控制电路

柴油机循环冷却水的冷却靠电动机驱动冷却风扇来实现，即吸风式水冷却系统。

散热器为铜管带式水散热器，每台机组采用 14 组，两侧 V 形排列装于冷却坑道内，散热器中间安装冷却风扇，散热器两侧对应车体侧墙上开设可调百叶窗吸风，经散热器将热量通过风扇由车顶排出车外使柴油机冷却。

视频

PPT
发电车冷却风扇电路

由于冷却风扇功率消耗大，采用 18.5 kW 的三相异步电动机，启动电流大，为限制启动电流，选用双速电动机，在须高速运转时，必须经低速启动，延时 10 s 后转为高速运转，使柴油机冷却水温保持在 65～85 ℃。

为减小劳动强度，设有自动位，并设有手动位，一旦自动位失灵，转为手动位，冷却风扇仍能正常工作。电路图如图 3-14 所示。

冷却风机电路从功能上可实现手动与自动的控制、手动实现高速与低速的切换，还可实现欠压保护。该电路按功能可分为 4 部分：风扇电机主电路、风机手动与自动电路、风机高速与低速转换电路以及风机保护电路。

（一）风扇电机主电路

风扇电机主电路相对较简单，由于风机采用双绕组电机，故当空气开关 1QF2 合闸后，只要 1KM2 或 1KM1 两个交流接触器触点中的一个闭合，就能实现风机的转动。

（二）风机的手动与自动控制电路

发电车上冷却风机的手动与自动控制功能由 1SA2 转换开关的状态决定。

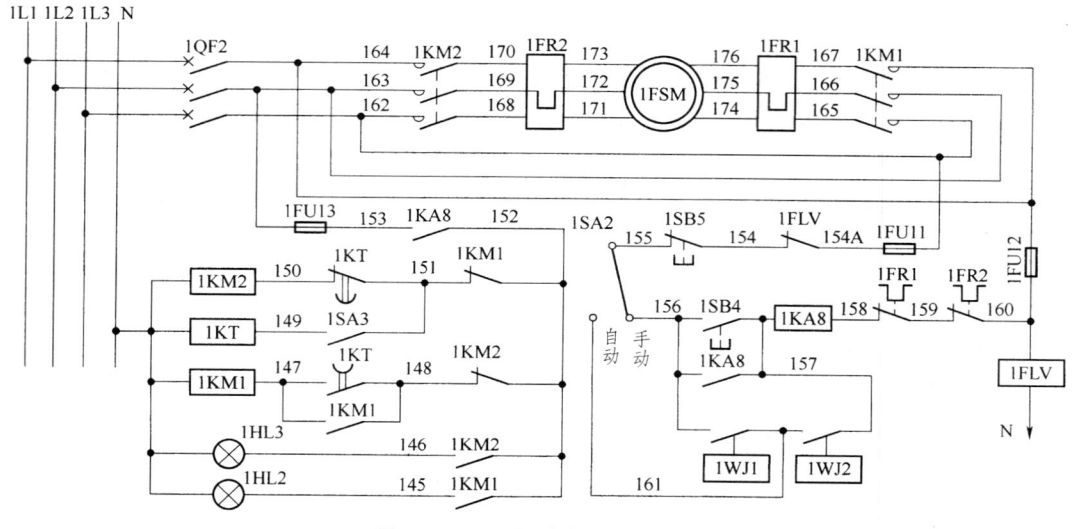

图 3-14　Ⅰ号冷却风机电路

1. 手动控制运转

闭合空气开关 1QF2，转换开关 1SA2 打到手动位，接通 155 与 156 号线，按下风机启动按钮 1SB4，风机就可启动。中间继电器 1KA8 线圈通路如下：1L3→1QF2（闭合）→162→1FU11→154A→1FLV→154→1SB5（常闭）→155→1SA2（手动位）→156→1SB4（按下）→157→1KA8 线圈→158→1FR1→159→1FR2→160→1FU12→164→1QF2→1L1。

1KA8 线圈得电后，156 与 157 号线间的常开触点闭合，形成自锁，以防止 1SB4 释放而造成 1KA8 线圈断电。同时 152 与 153 号线间的常开触点闭合，交流接触器 1KM2 或 1KM1 线圈电路、时间继电器 1KT 线圈电路和相应的指示灯电路接通。

2. 自动控制运转

自动与手动的动作原理基本相似，手动位是通过按钮使 1KA8 线圈得电，而自动位是通过高低温传感器使线圈得电。

转换开关 1SA2 打自动位，155 与 161 号线接通。当冷却水温度超过 65 ℃时，低温控制器 1WJ1 的动合触点闭合，当水温达到 85 ℃左右时，高温控制器 1WJ2 的动合触点闭合，接通中间继电器 1KA8 的线圈通路，从而使冷却风机进入运转状态，冷却水温开始下降。当冷却水出水温度低于 85 ℃后，虽然高温控制器动合触点复位，但低温控制器的动合触点仍闭合，通过中间继电器 1KA8 的自锁触点，使继电器线圈保持通电状态，冷却风机继续运转。当冷却水温低于 65 ℃左右时，低温控制器的动合触点也复位，从而切断了中间继电器 1KA8 的线圈的电路，中间继电器复位，冷却风机停止运转。当冷却水温度再次升至 85 ℃左右时冷却风机又投入运转。电气通路如下：

1L3→1QF2（闭合）→162→1FU11→154A→1FLV（常闭）→154→1SB5（常闭）→155→1SA2（自动位）→161→1WJ1（65 ℃）→156→1KA8（常开自锁触点）→157→1KA8 线圈→158

　　　　　　　　→1WJ2（85 ℃）

→1FR1→159→1FR2→160→1FU12→164→1QF2→1L1。

3. 高低速电路

发电车冷却风扇电路中，由于风机采用双绕组双速电机，可以通过向不同绕组供电而实现高低速运行。冷却风扇的高低速运行是通过高低速转换开关 1SA3 来实现的。当 1SA3 闭合时，风机高速运转。

1）风机低速运转

当 1SA3 断开时，由于中间继电器 1KA8 上的 152 与 153 常开触点已经闭合，故交流接触器 1KM2 线圈得电，其电气通路为：1L2→1QF2（闭合）→163→1FU13→153→1KA8（常开闭合）→152→1KM1（常闭）→151→1KT（常闭）→150→1KM2 线圈→N。

接触器 1KM2 线圈得电后：146 与 152 号线间常开触点闭合，1HL3 低速指示灯点亮；148 与 152 号线间的常闭触点断开，接触器 1KM1 线圈电路被反锁，以防止双绕组同时供电而烧损电机；同时，1KM2 主触点闭合，风机低速运行。

2）风机高速运转

当柴油机负载较大或环境温度较高时，风机需高速运行，此时应闭合高低速转换开关 1SA3。闭合 1SA3 后，在接触器 1KM2 线圈得电的同时时间继电器 1KT 线圈也得电，但由于 1KT 是一个延时继电器，它需延时一段时间后相应的触点才会动作。当 1KT 线圈动作后，150 与 151 号线间的常闭触点断开，接触器 1KM2 线圈电路被切断，风机改为惯性运行；同时，147 与 148 号线间的常开触点闭合，接触器 1KM1 线圈所在的电路被接通，风机转入高速运行。风机高速运行时按先低速后高速的模式，可减少风机的启动电流，延长风机的使用寿命。

当前部分运用中的发电车在温度控制器设置上已作了一定的改进，取消了 65 ℃ 温度控制器，改由安装在 85 ℃ 温度控制器旁的 75 ℃ 温度控制器代替，使冷却风机的运行状态更为合理；也有部分发电车取消了原来的 90 ℃ 高水温预报警传感器，而采用柴油机自带的 102 ℃ 的传感器，停机则采用 106 ℃ 传感器。

五、并车电路

发电车采用三相四线制分两路向各节车厢供电，通常情况下对每一路只能用一台机组供电，但当出现以下两种情况时，会发现这种供电方式存在的不足：

一是外部用电量接近或超过柴油发电机组单机组功率时，会影响柴油机的运行，严重时还会损坏柴油机；二是在运行途中，当正在供电的机组因某种原因要停机而更换机组供电时，会造成全列车暂时停电，直接影响其他设备的运行。

针对以上不足，在发电车上设置了并车电路。并车也就是并机，即让两台发电机同时向其中一路供电。并车供电可以提高供电的可靠性和供电质量，提高机组运行的灵活性。根据电工学电压公式：$U=U_m\sin(\omega t+\varphi)$，两台机组并机供电的条件为：

（1）两台机组的 U_m 相等或相近，即两机组的电压最大值相等或相近。

（2）两台机组的 ω 相等或相近，即两机组的运行频率相等或相近。

（3）两台机组的 φ 相等或相近，即两机组的初相位相等或相近。

并车有自同期与准同期两种法，发电车上采用准同期与同步指示器配合的方法。准同期并车法是指当待并发电机组的电压、频率和相位与网电一致（相近）时，合上并车主开关，将待并发电机投入使用。同步指示器常用的指示方法有两种，即同步指示灯法与同步表指示法。同步指示灯法是在要检测的两干线间接上一盏指示灯，两线间电压大于一定数值时，指示灯点亮，指示灯熄灭表示此两线电压已一致；同步表法是用仪表指针来指示两线间的相位关系，当相位相同时，指针指向中间。

目前并车电路的应用并不广泛，下面以配以康明斯调速器的发电车并车电路（见图3-15）为例分析并车电路的基本情况

在该电路中，主要用到两个重要器件，即同步指示表（S）和自动同步器（PIG21）。当并车条件满足，并处于自动并车位时，PIG21自动接通主开关合闸电路，完成并车；若处于手动并车位，则可按下手动接通按钮，完成并车。自动同步器（PIG21）又叫同步脉冲继电器，它是电路中最终实现并车功能的部件。PIG21可以比较网电与待并发电机的输出频率和相位关系，当符合并车条件时，在滑差电压过零时PIG21会发出一个合闸脉冲，使发电机主开关合闸。

该并车电路共有5种并车方式可供选择，分别是：并1QF、2QF1、2QF2、3QF和4QF。5种并车方式的电路工作过程是相似的，下面以Ⅰ路有电并1QF为例分析并车电路的工作原理。

当需并1QF时，将并车选择转换开关打至1QF位，待并Ⅰ号机组的三相电压经电压互感器1TV1、1TV2降为100 V后，通过4SA1相应通路送往同步表S的A、B、C三个接线柱，188号线与455号线接通，中间继电器4KA1得电吸合，同步表与同步指示灯投入工作，同时PIG21进入并车准备状态。按下并车接通按钮4SB3，继电器4KA6得电吸合并形成自锁，并车指示灯4HL9点亮。继电器4KA6常开触点闭合时，将网电与待并电送入PIG21，如符合并车条件，PIG21自动接通490与491线，也就是接通181与189两线，主开关1QF合闸。当并车完成后，由于主开关1QF上的49与50号线间触点断开，188线断电（见图3-11），继电器4KA1线圈断电，其常开点断开，并车线圈4KA6断电，并车电路复位。

在按下并车接通按钮4SB3后，当系统处于调整过程而没有完成并车时，可通过按并车取消按钮4SB4取消并车。完成并车后，可通过分闸取消并车。

六、电压、电流、功率、功率因数、频率表电路

1. 三相电压、电流测量电路（见图3-16）

通过转换开关1SA1由1PV电压表分别测量三相线电压。

1TA1、1TA2、1TA3为800 A/5 A的电流互感器；用1PA1、1PA2、1PA3三只电流表分别测量U、V、W三相线电流。

2. 三相功率测量电路

1TV1、1TV2为380 V/100 V的电压互感器；图3-16中，1W为功率表。

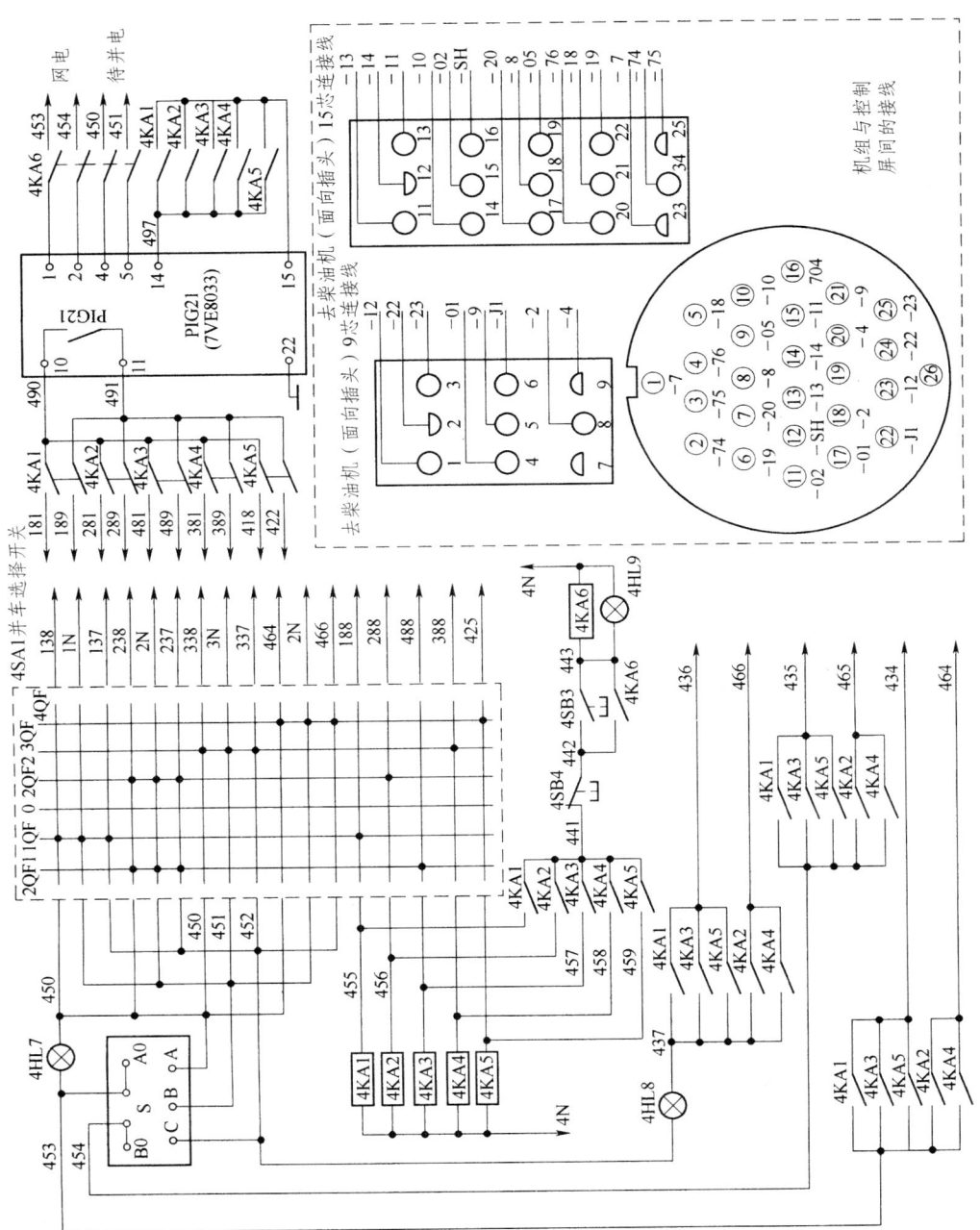

图 3-15 发电车并车电路

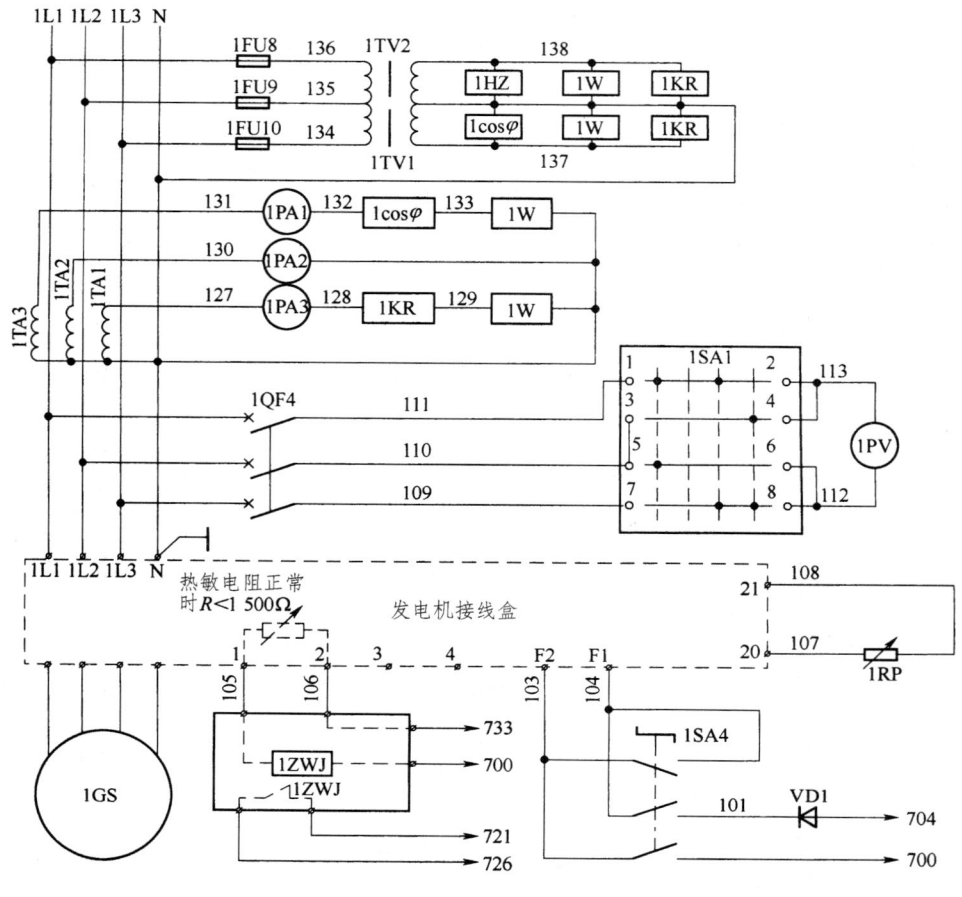

图 3-16　仪表连接电路

3. 功率因数测量电路

图 3-16 中，1cosφ 为功率因数表。

4. 频率测量电路

图 3-16 中，1HZ 为频率表。

七、本车用电电路

本车用电电路是指发电车自身用电设备的供电电路，它包括本车用电电源选择电路、全列空调客车的通风机与空调用电集中控制电路、发电车交流燃油泵电机电路、车载充电机用电电路、发电车机房顶排风扇电机电路以及本车空调、照明、走廊通风机、燃油锅炉、各类电加热、控制屏内通风机等设备的用电电路。具体电路如图 3-17 所示。

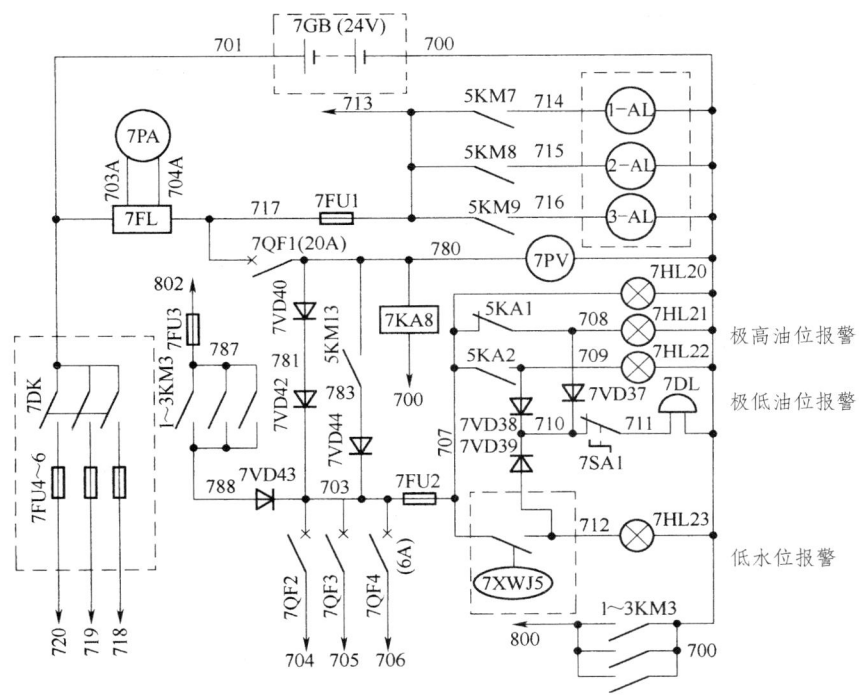

图 3-17 本车用电电路

1. 本车用电电源选择电路

本车用电共有 5 种方式：Ⅰ机供电、Ⅱ机供电、Ⅲ机供电、车底外接供电和Ⅰ路外接供电。在不同情况下，可分别选择不同的供电方式，具体使用时，可通过转换开关 5SA1 加以选择。下面以Ⅰ机供电为例，分析电路的基本工作过程。

当需Ⅰ机供电时，合上电压检测回路中的空气开关 1QF4，109、110、111 三线有电，将本车用电电源选择开关 5SA1 打到Ⅰ机供电位，转换开关的 1 号与 2 号触点接通，使欠电压保护线圈 4FLV 得电，欠电压保护投入使用，防止当机组供电欠电压时本车设备用电，从而保护发电车的用电设备。同时转换开关的 7 号与 8 号端子接通 109 与 500 号线，使交流接触器 5KM1 线圈得电。该线圈的电气通路如下：

109（W）→5SA1（7）→5SA1（8）→500→5KM2 常闭→501→5KM3 常闭→502→5KM4 常闭→503→5KM5 常闭→504→5KM1 线圈→541→4FLV（常闭）→545→5FU4→4N。

接触器 5KM1 线圈得电后，505 与 506、510 与 511、515 与 516、600 与 601 四对常闭触点断开，接触器 5KM2、5KM3、5KM4、5KM5 线圈电路被反锁；5KM1 主触点闭合，从 109、110、111 三线送电至 U4、V4、W4，从而使本车电力干线有电，本车电源指示灯 5HL9 点亮。

在本电路中，还有一部分与 DC 24 V 电池充电相关的电路，当本车采用Ⅰ号、Ⅱ号或Ⅲ机组中的任一台供电且车载充电机不对 DC 24 V 电池充电时，5KM7、5KM8、5KM9 三个接触器中对应的一个得电吸合，从而使机组自带的 DC 24 V 充电机对 DC 24 V 电池充电。

2. 集中控制电路

为了减轻全列空调乘务员的工作量，并使减员增效成为可能，在发电车上还设置了远程控制电路，用于各节车厢内通风机和空调装置的远程控制（即集中控制），但在实际运用中，一般不使用此项功能。

3. 交流燃油泵电路

油泵是发电车为将下油箱的柴油抽到上油箱而设置的，发电车上一般设有两个交流油泵和一个手动油泵，每个交流油泵都是由一台交流电机驱动的。运用中的发电车油泵电路各异，图 3-17 所示的交流油泵电路是功能较为完善的一类油泵电路。

视频　　　PPT
发电车交流燃油泵电路

发电车上共有 RYM1 与 RYM2 两个交流燃油泵，两个油泵每次只能运行其中的一个，可通过转换开关 5AS1 加以选择。闭合空气开关 5QF2，当接触器 5KM6 与 5KM16 其中一个得电吸合时，油泵即启动，同时相应的油泵指示灯点亮。

图 3-17 中油泵电路有手动与自动两种控制方式。手动控制又叫应急控制，在自动位故障时可使用手动控制功能。下面以Ⅰ号油泵为例，分析手动位时的电气通路。闭合空气开关 5QF2，将转换开关 5SA4 置Ⅰ号位，转换开关 5SA3 置手动位（将开关闭合），按下按钮 5SB2，此时接触器 5KM16 线圈电气通路为：

→5KM6（常闭）→674→5KM16线→675→5FR5→678→5SA4（Ⅰ号）→4N

接触器 5KM16 得电吸合后：667 与 668 号线接通，形成自锁；671 与 672 号线断开，控制Ⅱ号油泵接触器 5KM6 线圈电路被反锁断开；同时 5KM16 主触点闭合，Ⅰ号油泵启动。

油泵的自动控制是通过安装在发电车上油箱中的二副浮子开关来自动控制启停的。自动位时，只需将手自动转换开关 5SA3 置自动位（即断开 5SA3），当油位改变时，能自动控制油泵电路的通断，各种状态如表 3-3 所示：

表 3-3　油箱油位状态表

油位状态		UWX1	UWX3	5KM16 线圈	油泵
油位下降	>H	断开	断开	没电	不转
	<H	断开	闭合	没电	不转
	<L	闭合	闭合	得电	运转
油位上升	>L	断开	闭合	得电	运转
	>H	断开	断开	没电	不转

自动位时，接触器 5KM16 线圈通路为：

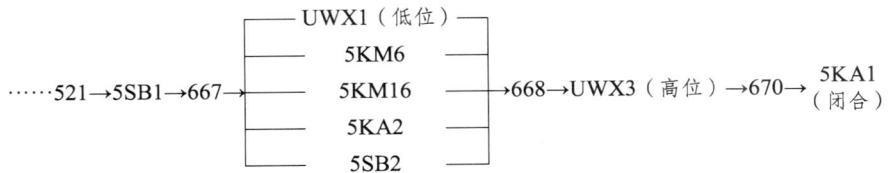

→671→5KM6（常闭）→674→5KM16线圈→675→5FR5→678→5SA4（I号）→4N

接触器 5KM16 得电吸合后，电路的状态与手动位相同。

由于上油箱容积有限，而康明斯柴油机的回油量较大（近80%的回油量），油泵的启停较为频繁，故上油箱内的浮子开关容易损坏而变形，从而造成油泵无法自动启动或无法自动停止，因此在上述油泵电路中，设置了极高油位与极低油位两级保护。极低油位保护，通过设置在油箱中的最低位浮子开关 UWX2 控制电路中的中间继电器 5KA2 的得失电。当 UWX1 发生故障无法闭合时，油泵无法自动泵油，上油箱油位下降，油位降至极低油位 UWX2 以下时，UWX2 闭合，5KA2 线圈电路接通，667 与 668 号线间的常开触点闭合，5KM6（5KM16）线圈电路被接通，油泵实现自动启动。5KM6（5KM16）线圈得电的同时，707 与 709 线间的常开触点闭合，7HL22 和 7DL 电路接通，实现声光双报警（见图 3-18）。

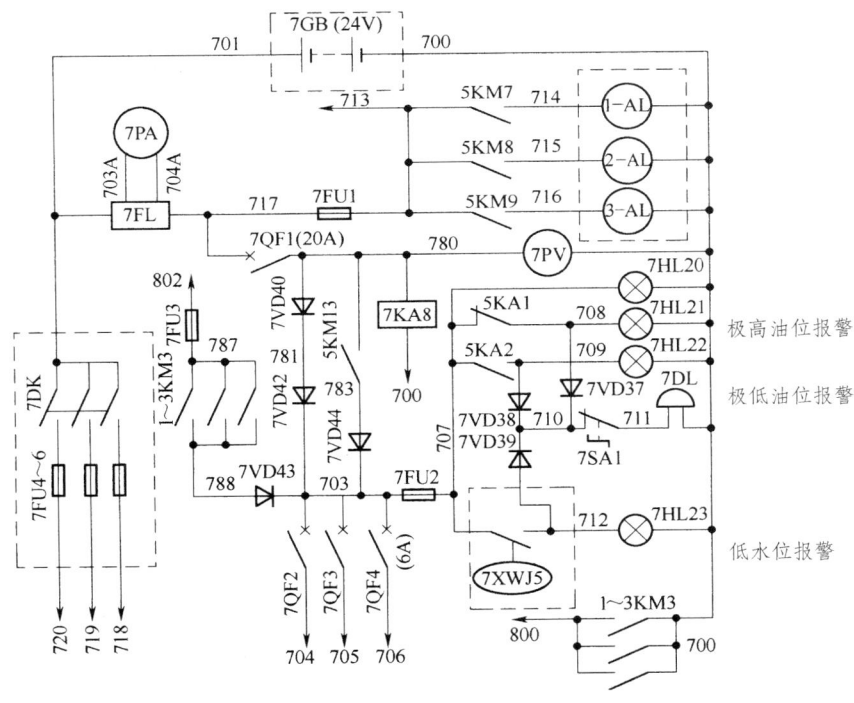

图 3-18 DC 24 V 电源电路

当高油位浮子开关出现故障无法及时断开时，油箱油位会继续上升，如果不及时停止会造成柴油过满而溢出，故在上油箱高油位上方又设置了极高油位浮子开关（UWX4）。当油位高于极高油位时，UWX4 断开，中间继电器 5KA1 线圈失电，670 与 671 号线间的常开触点断开，5KM6（5KM16）线圈电路被切断，油泵自动停止泵油；同时 707 与 708 号线接通，电路实现声光双报警（见图 3-18）。

八、直流电路

(一) 直流 24 V 电源电路

直流 24 V 电路在康明斯发电车中是非常重要的，发电车的停车电磁阀、发电车报警电路、电子调速器和柴油机的起机均由直流 24 V 电源供电。

直流 24 V 电源电路如图 3-18 所示，主要由以下几个部分组成。

1. DC 24 V 本车充电电路

DC 24 V 本车充电电路的主要作用是：利用三台康明斯柴油机自带的 24 V 硅整流直流发电机中的一台对发电车的 DC 24 V 蓄电池充电。

2. 电子调速器供电电路

电子调速器供电电路中，闭合 7QF1（DC 24 V 直流总开关）和 3 台机组相应的电源开关（Ⅰ号机组-7QF2，Ⅱ号机组-7QF3，Ⅲ号机组-7QF4），相应机组的报警电路、调速器电路、起机电路等都将正常投入工作。电路中的 7V40 与 7V42 为降压二极管，它们的主要作用是，通过两个二极管的电压降，适当降低调速器的电压，以防因过压而损坏调速器。另外，本电路还设置了 5KM13 常开触点与 7V44 降压二极管，当 24 V 蓄电池停止充电时，可提高调速器的电压。

3. 报警电路

图 3-19 中有三个发电车的报警电路单元，分别是：极高油位报警、极低油位报警和低水位报警。当油位或水位出现问题时，报警灯和 7DL 电路被接通而发出声光双报警。

4. DC 48 V/DC 24 V 转换电路

早期发电车电路中未设置 DC 48 V/DC 24 V 转换电路，当柴油机起机时，由于电机启动耗电较大，蓄电池端电压下降较多，当电池性能不良或电量不足时，可能会因启动时调速器直流电压过低（低于 19 V）而造成调速故障，影响机组正常运行。

在 DC 48 V/DC 24 V 转换电路中，802 号线是 DC 48 V 蓄电池（4 个电池串联）的中心抽头，它与参考接地点间的电压为 24 V。当启动电机得电时，接触器 1-3KM3 常开触点中的二副触点闭合，787 与 788，700 与 800 号线被接通，将 DC 48 V 电源的一半（24 V）接入 24 V 电源电路，保证了调速器和其他 DC 24 V 电路的正常工作。

5. 启动电机供电电路

柴油机起机，手动闭合三相闸刀开关 7DK，718，719，720 三线得电，为启动电机提供电源。

6. 其他电路

直流 24 V 电源电路还包括中间继电器 7KA8 电路、DC 24 V 总电压表 7PV 和 DC 24 V 电源指示电路。当 DC 24 V 总电源开关 7QF1 闭合时，7KA8 线圈得电，其常开触点闭合

（见图3-19），为联络开关电路提供控制电源和为并车电路提供网电。当DC 24 V不供电时，7KA8断电释放，此时可测干线绝缘。

（二）发电车直流报警保护电路

发电车Ⅰ号机组直流报警保护电路如图3-19所示。该电路可以实现过流预报警、过流脱扣报警、逆功率脱扣报警、绕组高温报警和高水温报警，另外还可以进行电路的试报警及报警时的消音、报警故障处理后的复位等操作。发电车3台机组的报警保护电路原理相同，其中Ⅰ号机组几个报警保护电路的工作过程分析如下。

视频　　　　PPT
发电车直流报警保护电路

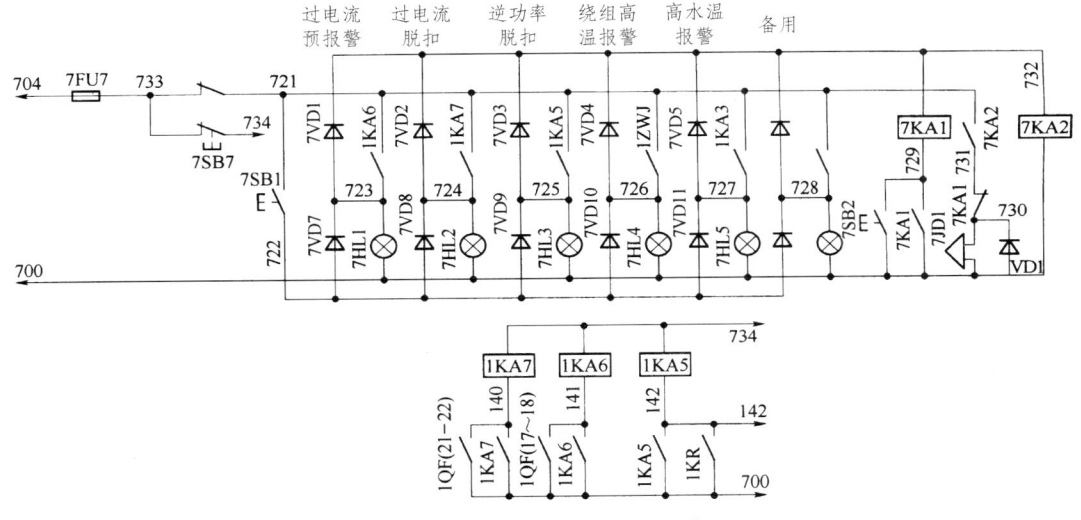

图3-19　报警保护电路电路

1. 过流预报警

当Ⅰ号发电机输出线电流超过预报警电流600 A时，1QF主开关的17与18号端子间的微动开关闭合，使141与700号线接通，继电器1KA6得电吸合，接通报警电路中的721号线与723号线间常开触点，报警指示灯7HL1点亮，同时，继电器7KA2得电吸合，电铃电路接通，电路实现声光双报警。相应的电气通路如下：

指示灯7HL1电路（光报警）：704（+）→7FU7→733→721→1KA6（闭合）→723→7HL1灯→700。

7KA2线圈电路：704（+）→7FU7→733→721→1KA6（闭合）→723→7V1→732→7KA2线圈→700。

电警笛电路：704（+）→7FU7→733→721→7KA2（闭合）→731→7KA1（常闭）→730→7JD1→700。电路中的VD1为续流二极管，它可以释放7JD1中的线圈在通电与断电时所产生的感应电流，以防止影响其他电路的正常工作。

消音电路：当出现报警后，按下消音按钮7SB2，7KA1线圈得电，其常闭触点断开，电警笛电路被切断，电警笛停止工作。

2. 过流脱扣报警

当Ⅰ号发电机输出线电流超过脱扣（分闸）电流 2 000 A 时，主开关 1QF 自动分闸，电路实现脱扣功能，同时主开关上的 21 与 22 接线端间微动开关闭合，140 与 700 号线接通（见图 3-11），继电器 1KA7 得电吸合，接通报警电路中的 721 号线与 724 号线间常开触点，报警指示灯 7 HL2 及报警动作继电器 7KA2 得电，电路实现声光双报警。

3. 逆功率脱扣报警

当双机并车或因其他原因造成Ⅰ号机组功率倒灌（逆功率）时，如果不及时分闸，将会使发电机绕组烧损，引起严重后果。当发电机输出干线上出现大于 10%的逆功率时，1KR 线圈将动作，142 与 700 号线接通，继电器 1KA5 得电吸合，195 与 186 线间 1KA5 的常开触点闭合，主开关的分闸电路被接通而实现自动分闸（见图 3-11），同时 721 与 725 号线间常开触点接通，电路实现声光双报警。

4. 绕组高温报警

当发电机电枢绕组内部由于某种原因温度过高（超过 155 ℃）时，绕组高温继电器 1ZWJ 动作，721 号线与 726 号线间触点接通，报警电路发出声光报警。绕组高温报警后应立即减载或停止供电，待查明原因并作相应处理后才可恢复正常供电。

5. 高水温报警

当柴油机的水温超过 90 ℃ 时，继电器 1KA3 得电吸合，报警电路中的 721 号线与 727 号线接通，电路实现声光双报警。由于报警电路较为重要，在机组使用前须进行报警试验，以检查系统是否正常。按下试报警按钮 7SB1，正常时报警指示灯应全部亮，同时电警笛响。

（三）DC 48 V 电路

DC 48 V 电路如图 3-20 所示。发电车上，DC 48 V 设备包括：水位显示仪、上下油箱油位显示仪、控制屏内照明灯、轴温报警装置、机房角灯等。部分发电车上还包括直流油泵及柴油机油水加热装置等。

（四）直流充电电路

发电车上直流电路是由铅蓄电池供电的，无论 DC 24 V 电源还是 DC 48 V 电源，都采用 6Q-195 型酸性铅蓄电池。其中 DC 24 V 的 4 只电池（每只 12 V）采用两两串联后再并联的连接方式，而 DC 48 V 电池则由 4 只铅蓄电池串联而成。

发电车上，有两组蓄电池充电设备：一组是柴油机自带的 DC 24 V 硅整流直流充电机（每台机组自带一台），它们只能在机组运行时才能对蓄电池充电，而且只能对 DC 24 V 电池充电，这种由柴油机自带的充电机向 24 V 电池充电的方式称本车充电；另一组是车载整流充电设备，它利用发电车上的 AC 380 V 电源，经变压整流后对电池充电，这种充电方式又叫车载充电或充电柜充电，车载充电既可对 DC 24 V 电池充电，也可对 DC 48 V 电池充电。

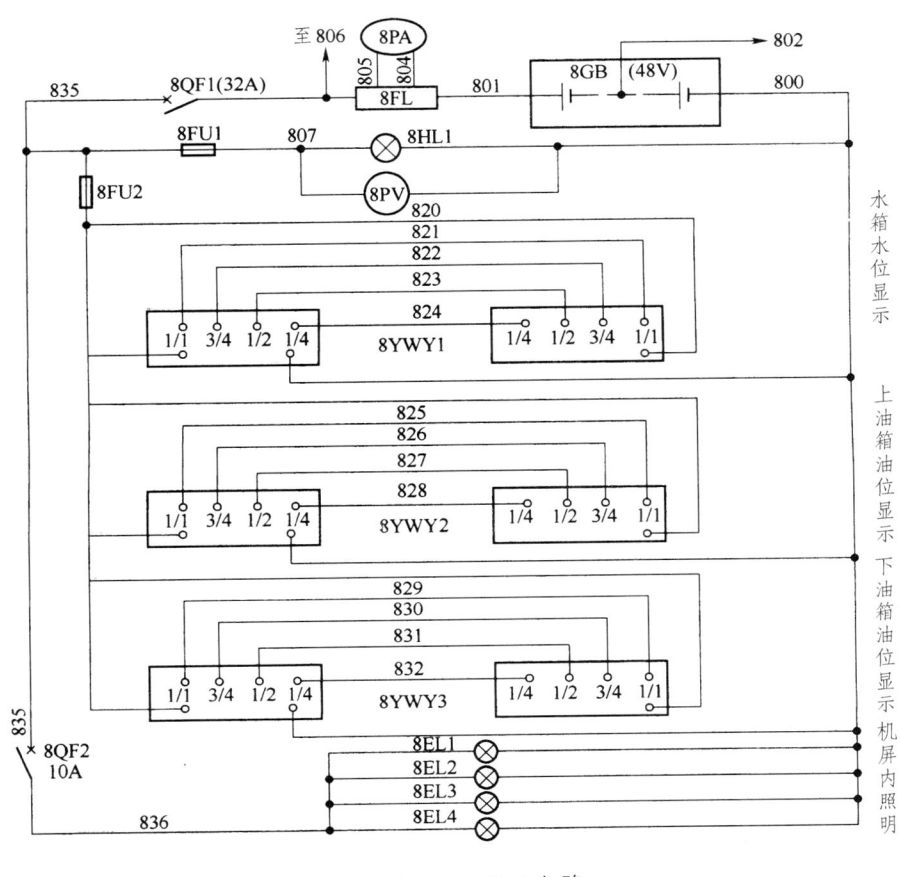

图 3-20　DC 48V 电路

1. 本车充电

本车充电电路参见图 3-17 和图 3-18，以本车用 Ⅰ 号发电机组供电时为例，对本车充电电路分析如下：

当本车用电电源选择开关 5SA1 置 Ⅰ 机位时，500 号线有电，继电器 5KM7 线圈电气通路为：500（U）→5KM7 线圈→542→KM（常闭）→541→4FLV（常闭）→545→5FU4→4N。5KM7 得电吸合后，535 与 536 号线接通，Ⅰ 机充电指示灯 5HL3 点亮，同时 713 与 714 号线接通，1—AL 的电源经 7FU1→717→分流元件 7FL（充电电流表 7PA）→向 DC 24 V 蓄电池充电。

2. 车载充电

发电车上还配置了一个变压整流柜，利用变压整流柜可分别向 DC 24 V 电池和 DC 48 V 电池充电。变压整流柜面板与内部元件的布置如图 3-21 所示，其电气原理如图 3-22 所示。

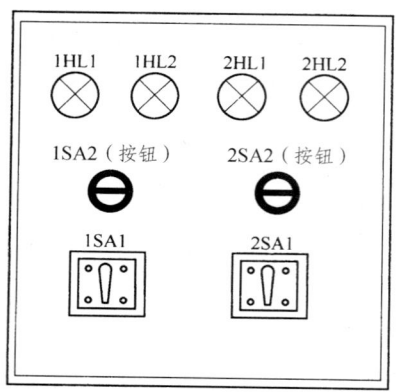
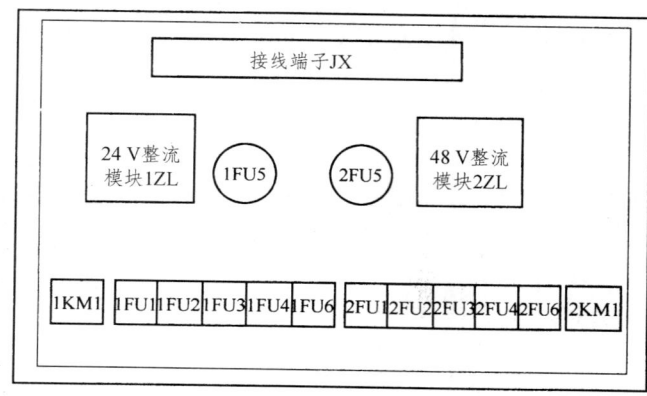

图 3-21 变压整流柜面板与内部元件布置图

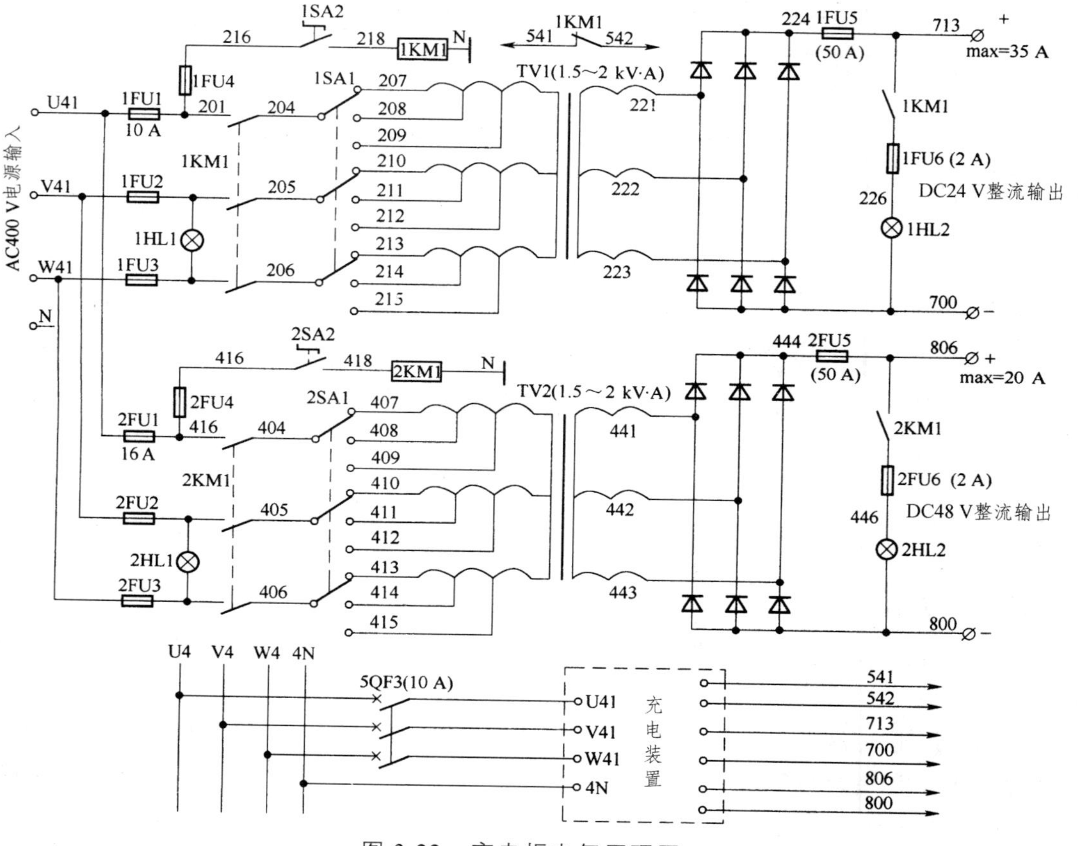

图 3-22 充电柜电气原理图

DC 24 V 电池充电：闭合本车用电控制屏上空气开关 5QF3，接通充电机交流电源，供电指示灯（白）点亮。按下 DC 24 V 充电启动开关 1SA2，接触器 1KM1 得电吸合，三相电源送至变压器 TV1，通过三相全波整流器将交流整流成直流后，通过 713 与 700 号线向 24 V 电池进行充电。1KM1 得电吸合的同时，541 与 542 号线断开，接触器 5KM7 断电释放，本车充电电路被自动切断。24 V 电池充电时，通过调节电压选择转换开关 1SA1，可调整充电机的输出电压，实现 DC 24 V 电池的慢充、正常充与快充。

DC 48 V 电池充电：按下 DC 48 V 充电启动开关 2SA2，接触器 2KM1 得电吸合，三相电源送至变压器 TV2，通过三相全波整流器将交流电整流成直流电后可向 48 V 电池进行充电。

任务六　发电车的常见故障

知识要点

- 发电车常见故障的现象及故障原因。
- 发电车常见故障的排除方法。

知识储备

当发电车出现故障时，应从故障现象着手，结合柴油机的结构与电气控制系统的原理，从理论上对故障可能的原因进行分析，查找和处理故障时应结合实践经验，从故障发生概率较高的部位入手，对故障进行分析和处理。

一、排气冒黑烟

柴油机运转时排气管排放的黑烟是由于柴油燃烧不完全产生的游离碳随废气排出而形成的。故障原因如表 3-4 所示。

表 3-4　柴油机排气管黑烟的故障原因

故障位置或现象	故障原因	故障位置或现象	故障原因
进气系统故障	进排气不通畅，如空气滤清器脏堵	燃油系统故障（油燃烧不充分）	喷油量过多，未充分燃烧
	废气涡轮增压器故障		燃油质量差
	外界温度太高或气压太低		喷油器喷油雾化不良
			喷油准时不当
气缸压缩压力过低	汽缸漏气严重	柴油机超负荷运行	
	柴油机转速过低		
	机体温度过低		

二、柴油机运转时有不正常杂声

（1）活塞销与连杆小头衬套孔配合过松：运转时有轻微而尖锐的响声，该类响声在怠速运转时尤其清晰。

（2）活塞与缸套间隙过大：运转时在汽缸体外壁能听到撞击声，转速较高时此撞击声加剧。

（3）连杆轴瓦磨损使配合间隙过大：运转时，在曲轴箱内能听到机件撞击声，转速突然降低时可以听到沉重而有力的撞击声。

（4）曲轴轴颈与轴承的间隙过大：运转中发出不正常声音。

（5）曲轴前、后推力轴承磨损，轴向间隙过大，导致曲轴游动：柴油机怠速时，能听到曲轴游动的碰撞声。

（6）气门弹簧折断，挺杆弯曲，推杆磨损：在汽缸盖处发出有节奏的轻微敲击声。

（7）气门碰撞活塞：运转中汽缸盖处发出沉重且均匀而有节奏的敲击声，用手指轻按罩壳有碰撞感觉。

（8）传动齿轮磨损，齿隙过大：在前盖板处发出不正常声音，突然降速时可听到撞击声。

（9）摇臂调节螺钉与推杆的环面座之间无机油：在缸盖处能听到干摩擦发出的吱吱响声。

（10）进、排气门间隙过大：在汽缸盖处可听到有节奏的声响。

（11）涡轮增压器运转时的不正常摩擦声。

三、油底壳机油平面升高

油底壳机油平面升高的主要原因是机油中渗入了冷却水或柴油，其原因如表3-5所示。

表3-5 油底壳机油平面升高的主要原因

油底壳进水	油底壳进柴油
汽缸盖密封垫坏或汽缸盖开裂	汽缸盖开裂，使柴油道和机油道相通
汽缸套"O"形密封圈损坏或穴蚀穿孔	喷油器下"O"形密封圈损坏，柴油通过汽缸下渗
机油冷却器开裂，使油水混合	喷油器雾化较差（如开裂滴油等），使柴油未燃而流入油底壳
冷却水泵密封圈损坏	汽缸内燃烧不良，使未燃燃油沿缸壁下流
空气中间冷却器开裂	停车后未关闭机组进油阀，并且电磁阀、执行器等关闭不严，使上油箱柴油由于重力作用通过进油通路流入汽缸
机体有砂眼孔与机内相通	
消音器挡水圈坏	

四、柴油机游车

柴油机游车是指柴油机转速忽快忽慢呈规律性的变化，其原因如表3-6所示。

表3-6 柴油机游车的故障原因

序号	故障现象	故障原因
1	燃油供给不稳定	燃油中混有空气 燃油中混有水或杂质 燃油滤清器脏堵或油路不通畅
2	PT泵工作不正常	PT泵齿轮调压阀不正常 调速机构故障 执行器转动不良或磨损超标 执行器控制线信号干扰大

续表

序号	故障现象	故障原因
3	柴油机温度过低,燃烧不稳定	
4	电气故障	DC 24 V 电池电压低于 19 V 电子调速器失效或增益与转速降调整不当 测速传感器故障

五、活塞拉缸

所谓拉缸,是指在汽缸壁表面,沿活塞移动方向出现一些深浅不同的沟纹、拉毛、擦伤现象,汽缸与活塞失去原有的配合间隙。活塞拉缸是由于活塞或活塞环某个部位与汽缸壁之间失去润滑油膜而出现干摩擦造成的,当发展到一定程度时,将会在金属表面产生熔着而造成更严重的后果。活塞拉缸后,可能会出现以下现象,可作为判断依据,拉缸的主要原因如表 3-7 所示。

表 3-7 活塞拉缸的现象及原因

序号	拉缸后可能出现的现象	拉缸原因
1	相应缸有剧烈摩擦声	活塞组与汽缸壁间隙过小、活塞环压力过大、开口过小或折断等
2	功率明显下降	活塞销卡簧滑出或活塞销滑出
3	排气冒蓝烟或黑烟(黑烟可能性大)	活塞组与汽缸间的润滑不足
4	油底壳由于进柴油而使机油平面上升	柴油机过热
5	曲轴箱通风口、加油口或油标尺处冒黑烟	冷却水温过高
6	排气温度上升,温度过高时排气管将发红	活塞冷却喷嘴堵或喷嘴喷油压力低
7	拉缸严重时还将引起机体喘振,甚至引起连杆折断而机破	进气过脏

六、冷却水温过高

柴油机中冷却水的作用是从高温部件吸收热量,然后通过循环向外界放热,正常时水温为 74~91 °C。冷却水温过高的原因主要有:
(1)冷却水不足或水中有空气。
(2)冷却水泵故障或水循环通路脏堵使流量下降。
(3)节温器故障使大循环不能正常工作。
(4)柴油机负载过高,或部件温度过高。
(5)散热器叶片倒伏或脏堵。
(6)冷却风扇转速不足或反转。
(7)冷却室百叶窗未打开。

（8）外界环境温度过高，散热不良。
（9）温度传感器损坏造成误报。

七、发电机输出电压过低

1. 励磁系统故障

励磁系统故障可能的原因有：

（1）AVR 可控硅损坏：将 AVR 的 1 脚或 5 脚的连线断开，发电机电压达 432～456 V，说明 AVR 已损坏。

（2）电压整定器 RP 短路：发电机端电压约为 360 V 且不可调整时，电压整定电位 RP 可能已短路。

（3）静止整流模块 V1 损坏：可用万用表测量其正反向电阻值加以判断。

（4）变压器 T6 匝间短路或绕阻断开：变压器匝间 T6 短路或绕阻断开，将造成励磁电压低或缺相，励磁电流将减小，发电机输出电压下降。

（5）L1 绕阻断路、缺相或 C1 漏电：当 L1 绕阻断路、缺相或 C1 漏电时，断开 AVR 的 1 脚或 5 脚后，发电机输出电压很低。

2. 转子部分故障

在 F1-F2 端加 DC 24 V 电压，发电机端电压很低且与空载特性不相符，则可判断电压低的原因是转子出现了故障，此时应停机检查。

（1）压敏电阻 VR 短路：在 F1-F2 端通入 DC 24 V 电压，若压敏电阻 VR 发热、冒烟，说明 VR 已短路。

（2）旋转整流模块 V2 短路：检查时，可分别拆下三块整流模块，用万用表测量其正反向电阻加以判断（二极管正向电阻：单管 40 kΩ；双管 85 kΩ）。

（3）励磁机 G2 定子或转子线圈短路：可用双臂电桥分别测量定、转子三相绕阻的电阻值加以判断（正常值：定子 12.8 Ω；转子 0.29 Ω）。

（4）主机 G2 定子或转子线圈短路：可用双臂电桥分别测量定子和转子三相绕阻的电阻值进行判断。

八、空载时电压正常，加载后电压下降明显

1FC5 系列发电机空载时电压正常，但加载后，尤其当功率超过 100 kW（或电流超过 200 A）时，端电压明显下降，且调整电位计无效。

（1）该现象可能是发电机的电枢反应现象，由发电机内阻压降过大而造成的。可检查电流互感器 T1、T2、T3 原副边及相关连线，但当此三个元件相差线路出故障时，一般只有当电流变大时故障现象才会明显，如一般当电流超过 200 A 时，现象较明显。

（2）如果加载后端电压立即下降，则可能是整流块中有一个或多个二极管开路，检查时可用万用表的 R×10 Ω 档测量。

（3）当出现加载后发电机端电压正常，但随着时间的延长，发电机端电压下降的现象时，可能是静止整流器或 AVR 内部参数发生变化，属软故障。

复习思考题

1. KTA19-G2 型柴油机的缸径、活塞行程都是 159 mm，计算该柴油机的总排量是多少升？（计算结果保留小数点后 1 位数，并写出计算过程。）
2. 简述单缸四冲程柴油机（非增压）的工作过程。
3. PT 燃油系统有哪些主要部件？该系统有哪些优点？
4. 康明斯柴油机用电子调速器有哪些组成部分，其工作过程是怎样的？
5. 写出康明斯发电车柴油机的型号及型号含义。
6. 简述电子调速的基本原理。
7. 写出Ⅰ号机正常运行时电磁阀的电气通路并说明柴油机停机保护的类别。
8. 康明斯调速控制箱内有哪几个调节旋钮？它们的作用是什么？
9. 画出发电车对外供电示意图，并分析对外供电方式。
10. 画出发电车对外供电示意图，并分析对外供电方式。

项目四　25G、25K 型客车电气系统

项目描述

25G、25K 型客车是早期的空调客车，采用发电车集中供电，车厢设电源控制柜和照明控制柜，配备应急供电的蓄电池组和充电机。本项目主要学习电源控制柜和照明控制柜的工作原理、应急电源的原理和维护使用。

学习目标

1. 知识目标：掌握电源控制柜和照明控制柜的工作原理。
2. 能力目标：能进行电源控制柜的操作、应急电源的使用操作。
3. 素质目标：养成爱护设备的良好习惯；养成安全生产及规范作业的意识；养成善于沟通的团队意识。

相关案例

2015 年 3 月 23 日，三棵树车辆段配属的 K7023 次客车运行至牡丹江到爱河间，机后 6 位硬卧车 $YW_{25G}669057$ 发生火灾，列车长拉阀停车。构成铁路交通一般 B 类事故。根据消防专家勘察鉴定结论，这起事故的直接原因是沈阳客车厂在对 $YW_{25G}669057$ 进行厂修时，违反《铁道客车配线布线规则》的规定，电源控制柜与墙板间的布线不规范，线束互相挤压，由电源控制柜至车辆 2 位端排便筒电伴热的电源线发生金属性短路所致。哈尔滨局三棵树车辆段在 2015 年 1 月 27 日至 2 月 2 日对该车进行段修时，没有严格执行《25 型客车段修规程》第 8.2.1.9 条"控制柜检修后须测定其绝缘电阻，各线间、线与箱体间阻值不小于 2 MΩ"的规定，查阅该车段修记录，没有各线间、线与箱体间绝缘电阻的检测结果。事故责任：沈阳局沈阳客车厂主要责任，哈尔滨三棵树车辆段次要责任。

任务一 电源控制柜与照明控制柜

> **知识要点**
> ·客车车厢电源控制柜与照明控制柜的基本结构及使用操作。
> ·车厢电源控制柜与照明控制柜的电气工作原理。

> **知识储备**

早期制造目前仍在运用中的 25G、25K 型空调客车均采用集中供电方式，通过车端电力连接器和车下主干线，将发电车的电源传输到列车中的各辆客车。双路主干线供电采用 AC 380 V/220 V，频率 50 Hz 三相四线制供电模式。每车应急电源箱与蓄电池共同构成本车直流 DC 48 V 供电系统。

25G、25K 型空调客车电气装置基本相同，按所在车辆的不同位置，可分为车底电气装置，如敷设于内绝缘线管的两路供电干线与接线箱、轴报传感器及其配线、防滑速度传感器与防滑阀及其配线、蓄电池及其配线；车端电气装置，如 KC20A 电力连接器、KTL-15G 集控连接器、播音连接器，车端的 1、4 位各设一个尾灯插座；车内电气装置与控制系统，主要包括照明系统、播音系统的主干线和分支线等，还包括照明、轴报控制单元、电源控制单元、应急电源和空调控制单元等。

按用电装置供电电压制式，可分为交流（AC 380 V/220 V）用电装置，如空调机组、通风机、电茶炉、电热温水箱等；直流（DC 48 V）用电装置，如轴温报警装置、防滑器、应急灯、尾灯和共线电话电源等。

25G、25K 型全列空调客车中电气设备较多，本任务将主要介绍电源控制柜、照明控制柜和应急电源等主要电气设备的组成与原理。

一、电源控制柜

客车电源控制柜的主要作用是对来自发电车的 Ⅰ 路和 Ⅱ 路供电进行选择，并分配输出交流电供空调控制柜、应急电源箱、照明控制箱、电热、电茶炉、排风扇、电插座等用电负载使

视频

PPT

电源控制柜工作原理

用，具有过载、短路、机械互锁保护以及电流和电压指示功能。为防止短路，输入切换采用 KM1、KM2 主接触器辅助触头互锁和 KA1 转换开关互锁，同时对两路输入分别加入空气开关加以隔离和保护。电源控制柜主回路电源为三相交流 380 V/50 Hz，控制回路电源为单相交流 220 V/50 Hz，其组成与原理（长春轨道客车股份有限公司 YZ$_{25K}$ 型客车）如图 4-1 所示。柜内各主要电气元件的型号规格见表 4-1。

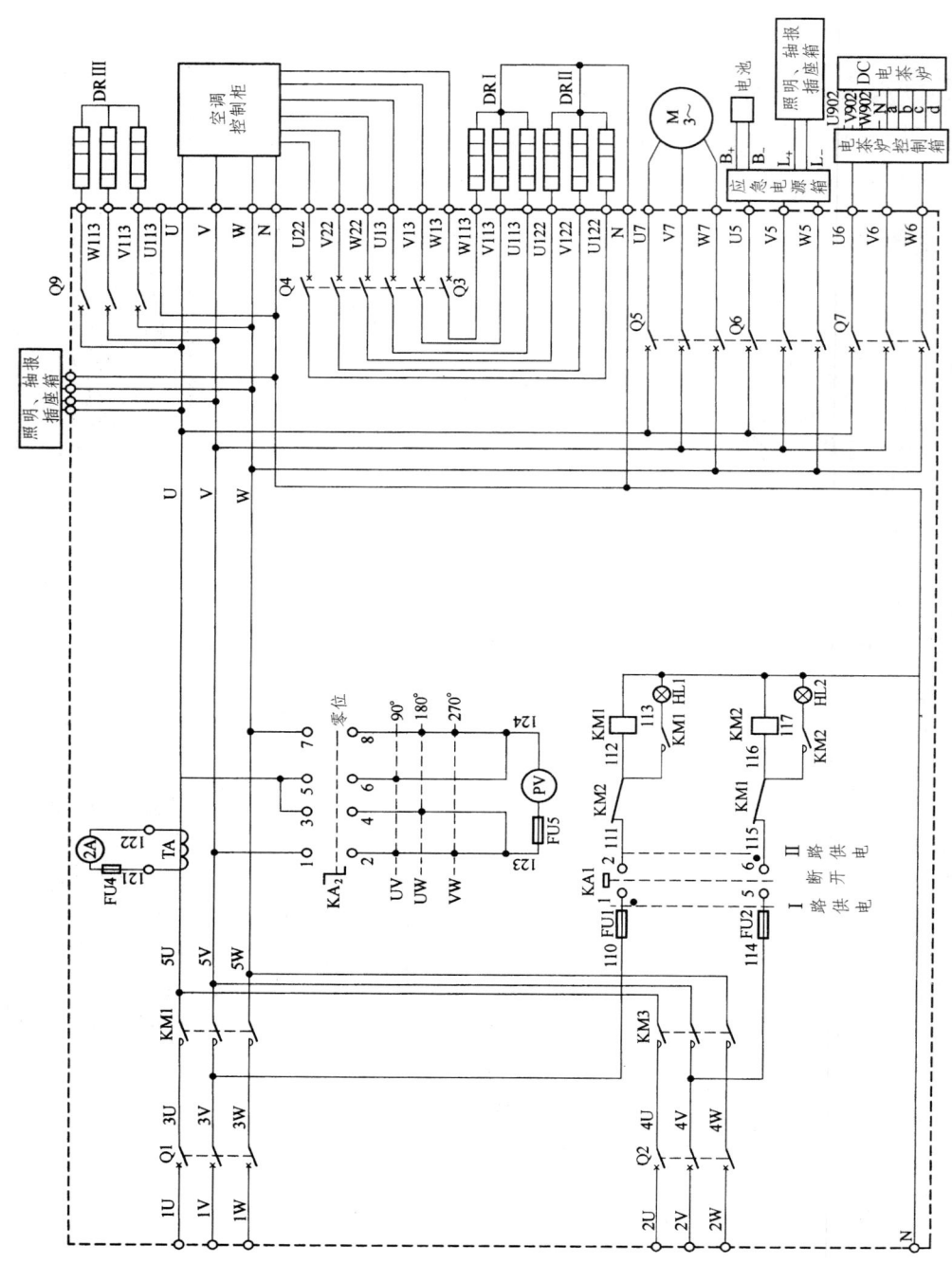

图 4-1 电源控制柜原理图

表 4-1 电源控制柜主要电气元件的型号和规格

顺号	代号	名称	数量	型号规格	附注
1	KA1	万能转换开关	1	LW12	
2	KA2	万能转换开关	1	LW12	
3	PA	交流电流表	1	441-A　0～100 A	
4	PV	交流电压表	1	441-V　0～400 V	
5	TA	电流互感器	1	1N1-05　100/5 A	
6	KM1、KM2	交流接触器	2	3TF50　AC 220 V	无水 213 厂
7	FU1、FU2、FU4、FU5	熔断器	4	熔断体 1A　RT18 型	
8	HL1、HL2	指示灯	2	AD11，220 V	绿色
9	Q9	空气开关	1	C45N3P　25 A	
10	Q1、Q2	空气开关	2	NC100H3P　100 A	
11	Q3、Q4	空气开关	2	C45N3P　16 A	
12	Q5	空气开关	1	C45AD3P　1 A	
13	Q6	空气开关	1	C45N3P　10 A	
14	Q7	空气开关	1	C45N3P　16 A	
15	DC	电开水炉	1	5 kW	
16	DRⅠ、DRⅡ	客室电热器Ⅰ、Ⅱ		各 6.05 kW	
17	M	排风异步电动机	1	90 W	

使用时按以下方法操作

（1）闭合空气开关 Q1、Q2，将Ⅰ、Ⅱ路供电选择开关 KA1 置Ⅰ路供电位或Ⅱ路供电位。Ⅰ路供电时，接触器 KM1 得电吸合，指示灯 HL1 点亮；Ⅱ路供电时，接触器 KM2 得电吸合，指示灯 HL2 点亮。

（2）当选择Ⅰ或Ⅱ路供电时，将电压测量选择开关 KA2 打到相应位置，可实现Ⅰ路或Ⅱ路电压测量。

（3）闭合空气开关 Q3，Ⅰ路电热器工作；闭合空气开关 Q4，Ⅱ路电热器工作；Q3、Q4 同时闭合，Ⅰ、Ⅱ路电热器同时工作。配属北方路局的客车另外增加了一路电热器即电热Ⅲ路，闭合空气开关 Q9，Ⅲ路电热器工作。

（4）闭合空气开关 Q5，排风机工作；闭合空气开关 Q6，给应急电源提供交流电源；闭合空气开关 Q7，向开水炉供电。

二、照明控制柜

长春轨道客车股份有限公司生产的 YZ$_{25K}$ 型客车，照明控制柜组成与原理如图 4-2 所示。其主要电气元件的型号和规格见表 4-2。

视频

PPT

照明控制柜工作原理

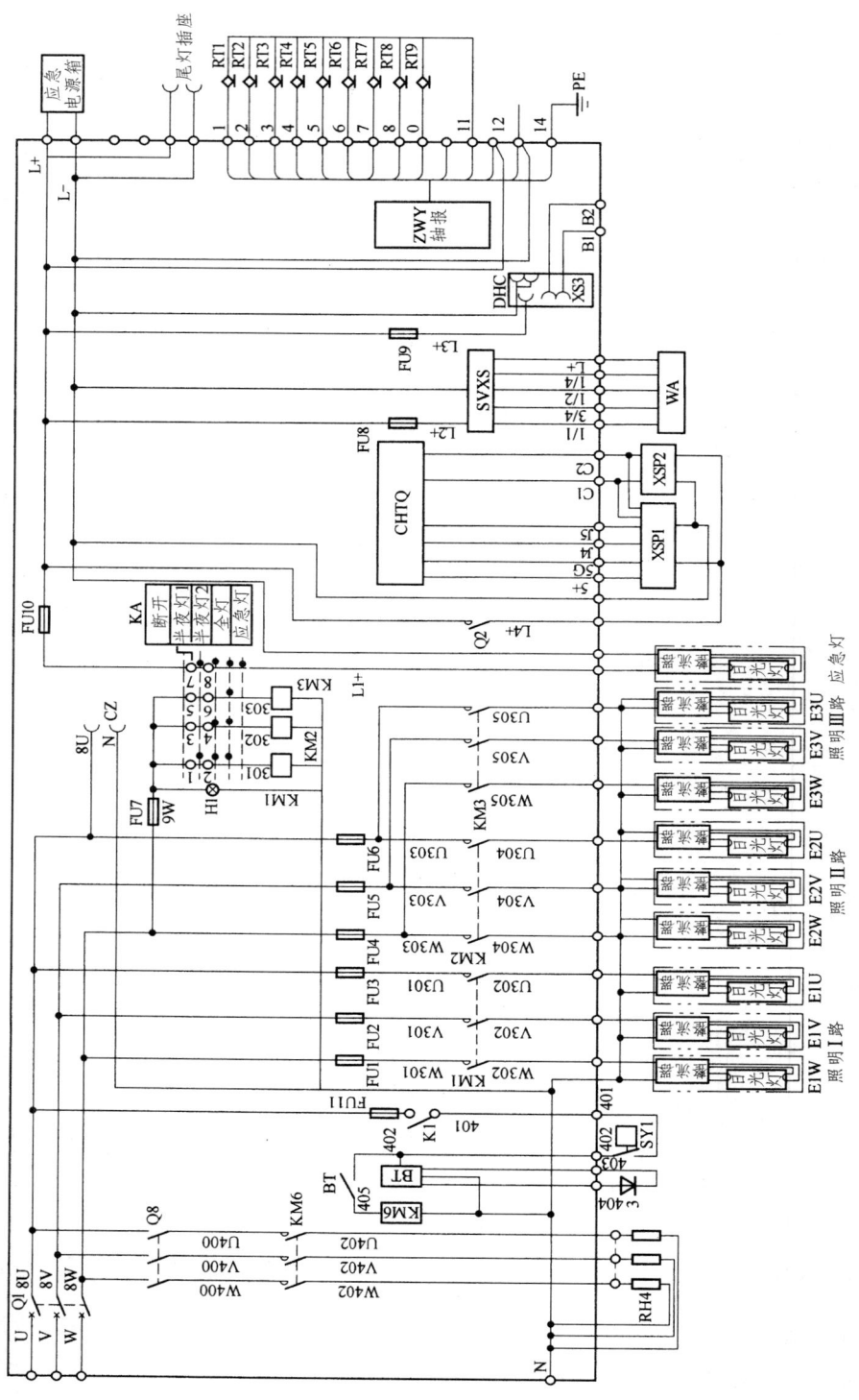

图 4-2 照明控制箱原理图

表 4-2 照明控制箱主要电气元件型号和规格

顺号	代号	名称	型号	数量	附注
1	KM1，KM2，KM3	交流接触器	LC1-LC12	3	
2	Q1	自动空气开关	C45N-3P（16 A）	1	
3	Q2	自动空气开关	C45N-C-1P（3 A）	1	
4	BT	温水器温度调节器		1	
5	FU$_1$~FU$_9$	保险器	RT18 系列（3 A）	10	
6	B	温度传感器		1	与 BT 配套
7	KA	照明控制开关	LW12 系列	1	
8	HL1	指示灯	AD11	1	绿色
9	SVXS	水位检测装置		1	
10	Q8	空气开关	C45N3P（3 A）	1	梅兰日兰
11	KM6	交流接触器 3TF50	AC 220 V	1	
12	ZWY	轴温警报器		1	
13	RI1—RI9	感温头		9	
14	CZ	单相插座		1	
15	RH4	温水电热元件	共 900 W	3	
16	DHC	电话插座		1	
17	XSP1	一位端信息显示屏		1	
18	XSP2	二位端信息显示屏		1	
19	CHTQ	车厢号调节器		1	
20	K1	纽子开关	KN3-3	1	
21	SY1	液位继电器	JYF-01	1	
22	FU11	熔断器	熔断体 1 A　RT18 型	1	
23	FU10	熔断器	熔断体 10 A　RT18 型	1	

照明控制箱电路主要包括交流 AC 380 V/220 V 照明、温水箱用电负载电路和直流 DC 48 V 轴报、水位检测、显示屏等用电负载电路两大部分。操作与控制原理如下：

（1）照明电路：闭合空气开关 Q1，三相干线有电，电源指示灯 H1 亮。照明转换开关 KA 置断开位，照明灯无电熄灭；KA 置半灯 1 位时，交流接触器 KM1 及应急电路接通，通过台、走廊、乘务员室、配电室、洗脸间、厕所等处灯亮，客室 8 支 40 W 荧光灯亮，本工作位适于深夜行车使用；KA 置半灯 2 位时，交流接触器 KM1、KM2 及应急电路接通，通过台、走廊、乘务员室、配电室、洗脸室、厕所等处灯亮，客室 14 支 40 W 荧光灯亮；KA 置全灯位时，KM1、KM2、KM3 及应急电路都接通，全部照明灯亮，本位适于夜间正常照明使用。当正常照明电源有故障间断供电，且非白天运行（这时照明转换开关 KA 不在断开位）时，应急照明灯保持继续点亮，以保持客室最低照明。

（2）温水箱电路：主电路由空气开关 Q8、交流接触器 KM6 主触点和温水电热元件 RH4 组成；控制电路由钮子开关 K1、液位继电器 SY1、温水箱温度调节器 BT 和接触器 KM6（线圈）组成。当温水箱内有水时，水位开关 SY1 闭合。在水温低于设定值时，温控器 BT 触头闭合。此时，闭合 Q8、K1，KM6 线圈得电，其常开触头闭合，电热元件 RH4 得电工作，温水箱开始加热。调节温控器 BT 可设置水温。

（3）直流负载电路：由应急电源箱供电。闭合空气开关 Q2，显示屏得电工作，其他直流负载均直接连在直流主电路上。

（4）各用电负载均设有过载或短路保护。

任务二　统型应急电源概况与整流器

知识要点

· 客车应急电源的基本结构框图。
· 整流器的原理。

知识储备

视频　　　PPT

统型应急电源概况

一、概况

在全列空调客车中，直流负载可分为一般直流负载和应急负载两类。一般直流负载是指在本车交流断电后不再用电的 DC 48 V 用电器，如厕所有无人显示器、水位显示器等；应急负载是指在本车断电后仍需用电的 DC 48 V 用电器，如应急灯、轴温报警装置、尾灯插座等。

应急电源由应急电源箱和蓄电池组两部分组成。客车运行中，当本车交流有电时，应急电源可以将交流电整流成 48 V 直流电，并向一般直流负载和应急负载供电，同时还能向蓄电池充电。当本车交流断电时，由蓄电池向应急负载供电。

目前，在 25G、25K 等空调客车中装备的多为统型应急电源。统型应急电源控制箱与外部蓄电池组构成空调客车 DC 48 V 供电系统。统型应急电源中的蓄电池采用的是全密闭免维护型铅酸电池，控制箱则由整流器、充电机和应急控制系统三部分组成。控制箱的外形有立式和卧式两种结构。

统型应急电源的结构原理如图 4-3 所示，其电气原理如附图 A-4（a）与 A-4（b）所示。当本车 AC 380 V/220 V 正常时，由整流器将 AV 380 V 交流电转换成 DC 48 V 向所有直流负载供电，同时充电机将 AC 220 V 交流电转换为直流电向 DC 48 V 蓄电池充电；当交流断电时，电池在应急控制系统的控制下向轴温报警装置、应急灯、尾灯插座等需应急工作的直流负载供电。

统型应急电源主要技术指标如表 4-3 所示。

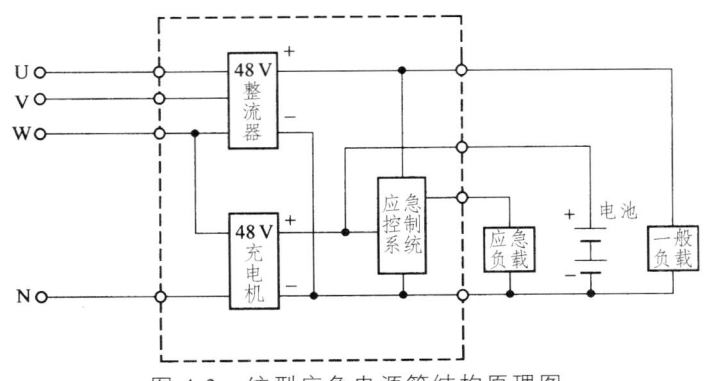

图 4-3 统型应急电源箱结构原理图

表 4-3 统型应急电源的主要技术指标

设备	项目	技术指标
整流器	输入电源	三相 AC 380 V　50 Hz
	额定输出电压	DC 48 V
	额定输出电流	5 A（961 型、981 型）/10 A（962 型、982 型）
充电机	输入电压	AC 220 V　50 Hz
	充电电流	5 A（961 型、981 型）/10 A（962 型、982 型）
	过充保护	55 V/59 V 两档（54～56 V/58～60 V）
应急控制系统	欠压保护	（42±1）V
	过高压保护	（64±1）V

二、整流器

统型应急电源控制箱中的整流器采用抽屉式的结构，主要元器件有：空气开关 Q2、降压变压器 B2、整流模块 U2、电感器 L2 和电容器 C101 等。整流器的工作原理如图 4-4 所示。

三相 380 V 交流电源从接线端子排 JX1 的 1、2、3 号接线柱经整流器插座、插头 CZ2、CT2 的 1-2、4-5、11-12 输入，通过空气断路器 Q2 加到 △/Y 连接的三相降压变压器 B2，三相变压器的次级接到整流模块 U2。整流模块 U2 内部为三相桥式整流电路，低压交流电源经 U2 整流后输出 DC 48 V 直流电。DC 48 V 直流电源经电感器 L2、电容器 C101 滤波，然后由整流器插头、插座 CT2、CZ2 的 7-10 和 16-18 向外输出 DC 48 V 直流电源。

如附图 A-4（a）所示，整流器输出的 DC 48V 直流电源可向一般直流负载、应急负载及控制箱面板上的正常指示灯供电。其中：

向一般直流负载供电的通路为：整流器插座 CZ2 的 7-10→熔断器 RD7→接线端子排 JX1 的 11 号接线端子→一般直流负载→接线端子排 JX1 的 8 号接线端子→接线端子排 JX1 的 7 号接线端子→整流器插座 CZ2 的 16-18。

向应急直流负载供电的通路为：整流器插座 CZ2 的 7-10→接触器 KM2 常开触点→熔断器 RD6→接线端子排 JX1 的 10 号接线端子→应急负载→接线端子排 JX1 的 8 号接线端子→接线端子排 JX1 的 7 号接线端子→整流器插座 CZ2 的 16-18。

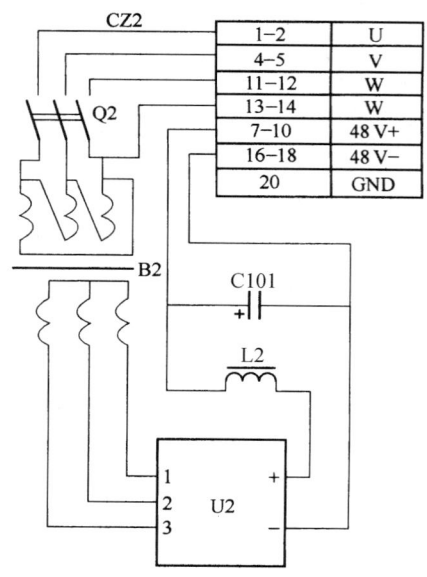

图 4-4 统型应急电源整流器原理图

向正常指示灯供电的通路为：整流器插座 CZ2 的 7-10→接触器 KM2 常开触点→熔断器 RD6→接触器 KM2 常开触点→正常指示灯 D104→电阻 R43→应急控制系统电路板插座 CZ3 的 B19、B20→整流器插座 CZ2 的 16-18。

任务三　统型应急电源充电机

知识要点

- 应急电源充电机的主电路。
- 应急电源充电机的工作原理。

视频　　　　PPT
统型应急电源充电机

知识储备

统型应急电源控制箱中的充电机采用的也是一种抽屉式的结构，主要元器件有：变压器 B1、熔断器 RD1、电压表 PV、过充保护选择开关 KK1、充电电流检测电阻 R103、充电机有电指示灯 D106、半控整流桥（由晶闸管 SCR1、SCR2 和二极管 D107、D108 组成）、续流二极管 D109、电流表 PA、电感器 L1、熔断器 RD2 和充电机印刷电路板等。

一、充电机主电路

充电机是一种单相半控桥式整流充电装置，其主电路如图 4-5 所示。

在充电机主电路中，变压器 B1 次级的 3-4 绕组输出低压交流电，经晶闸管整流器的

SCR1、SCR2，电流表（PA），阻流圈（L1），熔断器（RD2），至 48 V 电池正极。充电电流从电池负极经电流检测电阻 R103、二极管 D107、D108 回到变压器次级。图 4-5 中，D109 为续流二极管。

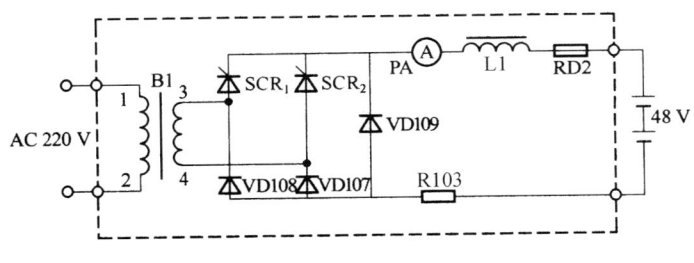

图 4-5 充电机主电路图

在充电主电路中，单相半控桥式整流电路输出电压、电流的平均值，即充电电压为

$$U_充 = 0.9 U_次 \frac{1+\cos\alpha}{2}$$

充电电流为

$$I_充 = \frac{U_充}{R_L} = 0.9 \frac{U_次}{R_L} \frac{1+\cos\alpha}{2}$$

式中，R_L 为充电回路的负载电阻；α 为晶闸管的控制角。

控制晶闸管 SCR 的控制角 α 的大小，便可实现对输出充电电流的大小及输出电压的高低控制，加上反馈控制便可实现恒压恒流充电。

二、光电耦合控制触发脉冲电路

光电耦合控制触发电路[见附图 A-4（b）右上角]主要由光电耦合器 TIL-113、三极管 VT18、电阻 R14～R18、电容器 C5～C8 和二极管 VD5～VD8 等组成。TIL-113 的作用之一是传递触发信号，光耦合器件得电导通时，VT18 通过电阻 R15、R16 给晶闸管 SCR 提供同步移相触发脉冲；作用之二是电位隔离，因控制电路电压与晶闸管控制极电压（可控整流输出电压+电阻 R17 或 R18 上的分压）之间电位差可达 80～90 V，所以必须用电位隔离的耦合电路来传递触发信号。当光耦合器件截止时，VT18 也截止，就没有触发脉冲产生。总之，TIL-113 导通时间↑→SCR 导通角↑→充电电压和电流↑，反之亦然。变压器次级绕组 5-6、二极管 VD5～VD8、电容器 C7～C8 组成本电路的辅助电源（约 7 V）。

三、同步移相控制触发信号电路

正常供电时，充电机能根据蓄电池的工况，自动控制恒压恒流充电过程。其控制电路主要包括：电压基准电路、误差放大器、电压电流反馈电路、与电网同步的锯齿波产生电路、移相比较电路、光电耦合控制 SCR 触发脉冲电路和控制电路用低压辅助电源电路等。

其中，电压基准电路、误差放大器、锯齿波产生电路和移相比较电路的电路功能主要由开关集成电路 U1（LM3524）完成。

1. 开关集成电路 LM3524

该集成电路内部包含 5 V 基准电压稳压器、误差放大器、振荡器、脉冲宽度调制比较器（PWM）、相位分离触发器（T 触发器）、交变输出晶体管对、限流电路（CL）和关闭控制电路等。在目前的晶闸管整流充电机中，相位分离、限流电路和关闭控制等功能没有用到。当把输出晶体管对的集电极、发射极分别并联，等效成一个晶体管，将限流电路和关闭电路的输入端（4、5、10）接参考地，上述没有用到的功能即消失。

LM3524 内部振荡器的振荡频率由外接定时电阻（RT）和定时电容（CT）确定，并在定时电容上形成一个锯齿波电压。在目前的应用中，该振荡器的作用是作为锯齿波发生器，RT、CT 仍用以控制锯齿波频率，同时在电网电压过零时强迫 CT 放电来控制锯齿波起点，以保证锯齿波与电网同步。

当前使用中，LM3524 内部框图如图 4-6 所示。

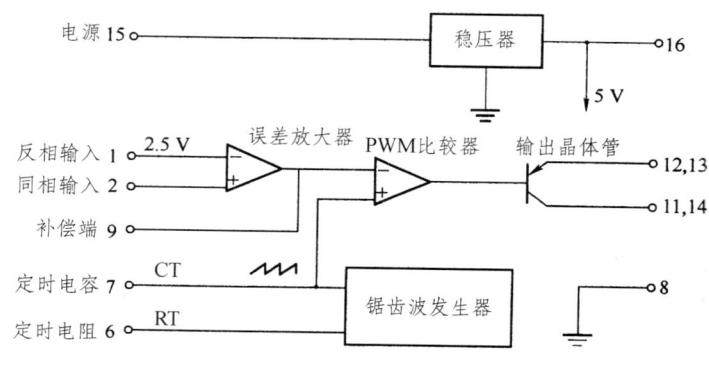

图 4-6 LM3524 内部框图

2. 同步与移相

同步移相触发是晶闸管整流器正常工作的必需条件。同步是保证当正弦交流电过零点时，晶闸管可靠关断，移相是控制晶闸管在半个周期内导通的起始时间，如此才能达到控制输出电压、电流大小的目的。移相多少通常用移相角 α 表示，即加到晶闸管整流器控制极的触发脉冲的前沿至电网电压过零点的电角度称为移相角（也称控制角），当负载为纯电阻时，晶闸管整流器的导通角 $\beta=180°-\alpha$，波形如图 4-7 所示。

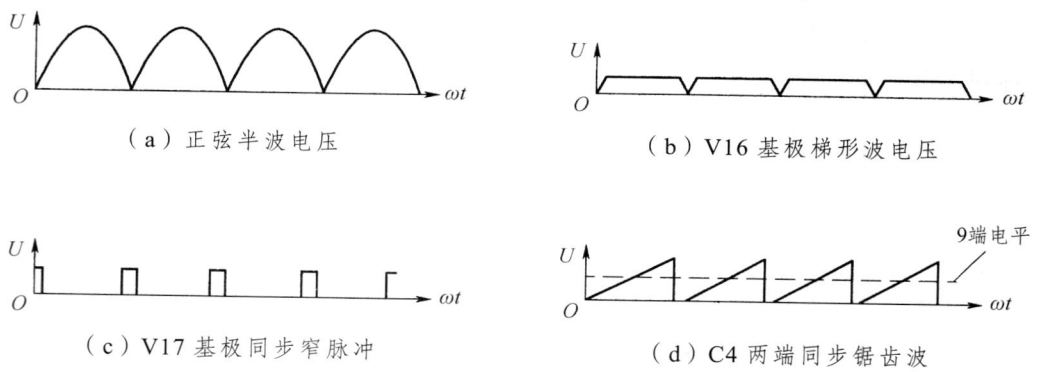

（a）正弦半波电压　　　　　　　　（b）V16 基极梯形波电压

（c）V17 基极同步窄脉冲　　　　　（d）C4 两端同步锯齿波

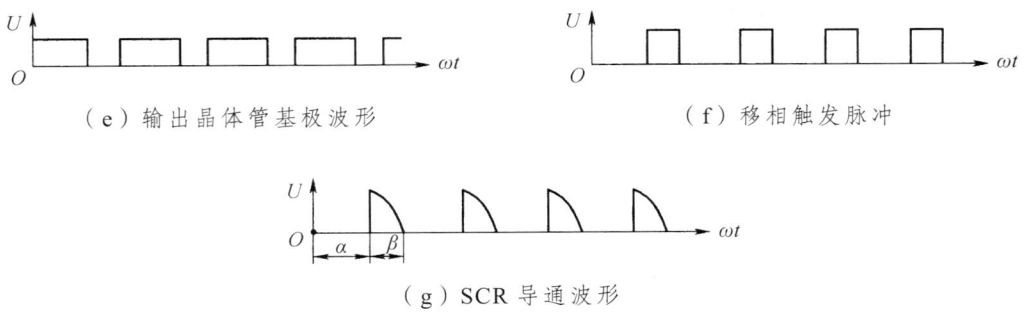

（e）输出晶体管基极波形　　　　　（f）移相触发脉冲

（g）SCR 导通波形

图 4-7　同步与移相电路波形图

原理分析：参见图 4-7 及附图 A-4（b）所示，B1 变压器次级辅助绕组 7-8-9 与二极管 VD1、VD2 组成单相全波整流电路，输出 100 Hz 正弦半波电压如图 4-7（a）所示，此电压经过电阻 R3 加到三极管 VT16 发射结上，VT16 导通，其基极形成梯形波电压，如图 4-7（b）所示。VT16 集电极接三极管 VT17 基极，当半波电压瞬时值小于 0.7 V 时，VT16 截止 VT17 导通，故在 VT17 基极形成与电网过零同步的窄脉冲，如图 4-7（c）所示，该脉冲期间 VT17 导通，强迫定时电容 C4 放电，得到与电网同步的锯齿波电压，如图 4-7（d）所示。PWM 比较器将锯齿波参考电压与误差放大器输出信号电平（即 9 脚电平）相比较，当 $U_9 > U_{锯}$ 时，输出低电平，PNP 型晶体管对导通，反之截止，如此可得到输出晶体管的 U_{eb} 波形，如图 4-7（e）所示。因 LM3524 内部输出晶体管接成集电极输出并与外部 TIL-113 光耦合器的发光二极管并联，所以晶体管对导通时，发光二极管截止，没有触发信号产生，晶体管对截止时，发光二极管导通，产生触发信号，即得到触发脉冲波形如图 4-7（f）所示，此脉冲通常称为移相触发脉冲，其宽度依 9 脚电平而变。电阻负载时，SCR 导通波形如 4-7（g）所示。

四、恒流恒压充电控制电路

1. 电流反馈与恒流

电流信号从串联在充电回路中的电阻 R103 获取。电阻 R103 上的压降很小，为了使反馈端（LM3524-2）与基准端电压差不致过大，该信号通过接到 5 V 电压的分压器 R5、R6、RP1 加到 LM3524 的 2 端。RP1 用来调整 LM3524 的 1-2 端之间的压差，从而调整充电电流的大小。

充电电流由于电池电压或电网电压的影响变大时，电阻 R103 的压降升高，LM3524 的 2 端电位高于 1 端，放大器输出电平增高，触发脉冲相移增大，SCR 导通角减小，充电电流减小。反之亦然，这样系统就达到了恒流充电的目的。

2. 电压反馈与恒压

电池电压经 VD15～VD10、R7、RP2、R8 接至参考地。电池电压取样信号从 RP2 滑动臂经二极管 VD9 加至误差放大器反馈端。电池电压低时，VD9 不导通，不影响恒流充电特性。电池电压升到某一定值时，VD9 正偏，电压信号加到反馈端使充电电流开始减小。随着电池电压进一步升高，充电电流最终将减至零，从而获得恒压性能。

调试时，通过闭合开关 KK1，将 VD13~VD15 短路，当电池电压为 55 V 时，调整 RP2 使充电电流下降为零。在充电过程中，电池电压升到约 53 V 时，充电电流开始减小，电池电压达到 55 V 时，充电电流下降为零。由于 VD13~VD15 的压降为 4 V，故 KK1 断开时，电池电压的最高值将增加 4 V，即 59 V。

在附图 A-4（b）中，二极管 VD4，稳压管 VD15 用以保护误差放大器。

五、辅助电路

1. 辅助电源

VD1、VD2 整流后的脉动电压，经 VD3，R1 给电容器 C1 充电，C1 即得到脉动极小的 17.5 V 直流电压，该电压作为供给控制电路的辅助电源。同时，该电压经电阻 R19 给控制箱面板上的充电机有电指示灯 D106 供电。另外 17.5 V 辅助电源还通过充电机插头插座向应急控制系统供电。

2. 基准电压

LM3524 第 16 脚输出稳定的 5 V 标准电压，经电阻 R9、R10 分压后加到误差放大器反相输入端（LM3524-1），形成反馈系统基准电压，电压值约为 2.5 V。

3. 缓启动电路

LM3524-16 的 5 V 标准电压通过电阻 R11、电容器 C3 接至补偿端 9，这样开机时 9 端电平将抬高，触发脉冲消失，随着电容 C3 充电，9 端电平慢慢降低，移相角从 180°逐渐减小，SCR 导通角从零缓慢增大，实现充电电流缓启动。此外，R11、C3 降低了误差放大器交流增益，使系统工作稳定。

任务四　统型应急电源应急控制系统

知识要点

· 应急电源应急控制基本功能。
· 应急控制电路工作原理。

知识储备

应急控制部分包括下述功能：

（1）整流器工作正常时，由整流器输出 48 V 直流电供给所有直流负载，并切断电池向应急负载供电的通路。

（2）整流器突然断电时，自动转换成电池向应急负载供电。

视频
统型应急电源应急控制系统工作原理

PPT

（3）为保护电池，在电池放电时，当其电压降至（42±1）V时切断电池放电通路。

（4）电池电压过高时，切断电池向外供电。

（5）控制电路故障时，通过对接触器绕组供电进行强迫合闸。

一、直流 48 V 供电自动转换

如附图 A-4（a）所示，当本车交流有电时，由整流器输出 48 V 直流电供给所有直流负载。同时，由于接触器 KM2 得电吸合，其常闭辅助触点断开，接触器 KM1 处于断电释放状态，电池向应急负载供电的通路被切断。

附图 A-4（a）中，接触器 KM1 线圈一端通过接触器 KM2 常闭辅助触点接电池正极，另一端通过 VD31、VT33 接电池负极，只要 VT33 导通，KM1 即得电吸合，电池通过 KM1 主触点及熔断器 RD6、JX1-10 向应急负载供电。同时，接触器 KM1 辅助常开触点接通，发光二极管 VD103 指示应急工作。

当本车交流有电时，整流器插座 CZ2 的 7-10 输出 48 V 直流电，经电阻 R21、R22、二极管 VD22 向电容器 C21-C22 充电；同时，来自充电机的 17.5 V 辅助电源通过电阻 R23-R24、二极管 VD24 也向电容器 C21-C22 充电。另外，整流器插座 CZ2 的 7-10 输出 48 V 直流电，经电阻 R21、R22、二极管 VD21、VD28、电阻 R32 向电容器 C24 充电；同时，来自充电机的 17.5 V 辅助电源通过电阻 R23-R24、二极管 VD23、VD28、R32 也向电容器 C24 充电。当本车断电时，电容器 C21-C22、C24 分别向 U3A 输入基准电压与比较电压，U3A 输出高电平，三极管 VT33 导通，接触器 KM1 得电吸合，电池开始放电，实现 DC 48 V 供电的自动转换。

附图 4-4（a）中，与按钮 AQ 并联的是接触器 KM1 的自锁触点。

二、手控应急通断与过放保护

电池能否供电取决于三极管 VT33 的通断，而 VT33 的通断除受 AQ、AT 控制外，还受电池过放检测和电池电压过高检测电路的控制。电压的检测由比较器 U3A 和 U3B 完成。

电池正极经 AQ、AT、VD26 提供给控制电路作三种用途：辅助电源、电池过放检测分压信号和电池电压过高分压信号。

1. 辅助电源

R25、R26、VD27、C21、C22 构成 12 V 稳压电源供 U3A（LM358），同时，R27、R28 分出 6 V 电压给两个比较器反相端（2、6）作基准电压。

2. 过放检测分压器

电池电压由 R29、R30、RP3、R31 分压，经 RP3 滑动臂输出至 U3A 同相输入端（3）与 6 V 基准比较，当电池电压低于 42 V，U3A 输出低电平，VT33 截止，KM1 断电释放，电池停止向外供电。R33、VD30 接 U3A 的 1、3 之间构成正反馈，这样只有电池电压高于 47 V 时才可能恢复向外供电。

3. 电池电压过高分压器

R37、VD35、R38、RP4、R39 构成电池电压过高检测电路。调整 RP4 使得在电池电压为（64±1）V 时，U3b-5 端电平高于 6 端（6 端接 6 V 基准）。U3b-7 输出高电平，VT34 导通，C24 放电，对过放比较而言，等效于电池过放，结果 KM1 断开。R40、VD29 也是正反馈电路，保护动作后电池电压回落至 60 V 以下，方可重新合闸。

综上所述：

（1）RP3 是调整过放点（42 V）电位器，RP4 是调整过高点（64 V）电位器。
（2）电池电压正常时，可按 AQ 接通应急输出，按 AT 切断应急输出。
（3）电池电压过高、过低保护动作后不能自动恢复供电。

三、电池反接指示

电池反接时，对应急电源系统的损害是充电机充电熔断器 RD2 熔断，这是因为充电机中的续流二极管 VD109、熔断器 RD2 对电池构成短路状态。RD2 熔断后，接在电池两端的 VD36、R45、VD102 流过电流，电池反接指示 H102 点亮。

一旦发现电池反接应及时处理，电池极性纠正后，应检查并更换充电机的充电熔断器。

四、强迫合闸

当应急控制系统中电路板出现故障使电池不能放电时，拆下接线端子排 JX1 的 9 号接线并将其接入 8 号接线柱，可使接触器 KM1 得电吸合，从而使电池放电。但强迫合闸后，系统不能执行电池电压过高、过低保护动作。

任务五　统型应急电源的故障与维修

知识要点

·常见应急电源的故障现象。
·应急电源常见故障的处方法。

知识储备

一、整流器

1. 合闸时，空气断路器跳闸

（1）有短路现象：检查负载，整流模块 U2，输出电容是否短路。
（2）瞬态冲击电流引起跳闸：合闸时要轻推，多合几次。

2. 接通负载时，输出电压低

（1）电网电压低。
（2）超载。
（3）缺相：配电箱熔断器熔断，引线脱落，变压器接线脱焊等。
（4）整流模块内部损坏。若变压器次级电压正常，而整流电压低，可能是因为整流模块内部个别二极管开路，应断开 U2 至变压器次级连线后对 U2 进行测量判断。

3. 三相整流变压器参数（线电压）

初级：380 V。
次级：空载 40.3 V；满载：38 V。

二、充电机

充电机维修时，首先检查判断 220 V 电源及电池的连接线状况、电池是否损坏、保险丝是否熔断等。当充电电流不正常时，首选采取更换印制板的方法，其次是更换备用充电机，判断故障大致处所后再作进一步的检修。

1. 电池状态的检查

电池是易损器材，当 4 只电池串联使用，若有一只损坏，即表现为 4 只电池都损坏。电池变质后，往往表现为充不进放不出。以下情况应更换免维护密封铅酸电池：
（1）电池漏液。
（2）电池组各电池端电压异常。
（3）停止充电时，电池电压很快下降。
（4）充电时，电池电压很快升至限压值，放电时其容量大于对应环境温度下应有的容量。
（5）充、放电时，电池温升异常。
（6）电池外壳机械损坏：变形、裂纹等。

2. 无充电电流

（1）检查保险丝是否熔断。
（2）检查电池是否变质。
（3）检查 AC 220 V 输入是否正常；拔出充电机，测量 CZ1 的 1-2 与 11-12 之间有无 220 V 电压。
（4）检查印制板上辅助电源是否正常，测量 C1 及 C7、C8 两端电压，正常值分别为 (17.5 ± 1.5) V 和 6～10 V。
（5）其他元件故障或脱焊，特别是印制板上 R1、RP1、RP2、V11、V12、V18 等元件。
（6）正常时 LM3524 各引出端电压：除 5 V 基准电压端（16）是由内部电路决定外，其他端电压均与外部元件或充电机工作状态，包括充电电流大小、电池电压及交流 220 V 电压的高低有关。如 RP1、RP2 损坏可使 2 端电压升高或降低；VD11、VD12 短路可使 1、2 端电压升高等。

在不接电池（空载）情况下，检测 LM3524 各引脚电压，正常电压值可参考表 4-4。

表 4-4　LM3524 各引脚电压

管脚号	1	2	6	7	9	11、13	15	16
接有 C9 时	2.5 V	2.5 V	3.8 V	1.7 V	3.2 V	0.4 V	17.5 V	5 V
未接 C9 时	3.4 V	3.8 V	3.8 V	1.7 V	0.15 V	1 V	17.5 V	5 V

注：部分印制板未接 C9，充电机空载时电压表指示大于 60 V，接有 C9 时，电压表指示小于 20 V。

（7）主回路故障引起无充电电流：

① 测量变压器电压是否正常，正常值如表 4-5 所示：

表 4-5　测量变压器正常电压值

引出头编号	1-2	3-4	5-6	7-8-9
空载电压	220 V	76 V	7 V	2×14 V
负载电压	220 V	72 V	6.8 V	2×12.5 V

② 检查变压器 5-6 端电压是否加到主整流桥。

③ 检查整流桥正、负端至插座 CZ1 有关连线是否断开，包括电感 L1、电流表 PA、电阻 R103 等是否开路。

④ 检查电流表是否损坏。当电流表开路时将无充电电流；当电流表偏转线圈开路时，有充电电流，但指针不动。

3. 充电电流抖动

（1）同步电路故障：当锯齿波与电源频率不同步时，SCR 导通角忽大忽小，造成充电电流不稳。检查相关电路元件（R3，R4，R12，C4，VD16，VD17 等）。

（2）缓冲电路损坏：检查 R11，C3 是否变质或脱焊。

（3）SCR 变质：SCR 一好一坏，会造成充电电流减小且不稳定。

4. 充电电流过大

电流过大，是指充电电流大于技术指标规定的额定值且不受控制。造成充电电流过大的主要原因有 R103、RP1、RP2、U1、U2 或 VD16 损坏等。下述方法可快速判断故障部件：

将充电机取出，测量 VT18 各电极之间，光电耦合器 U2 的 4-5-6 之间是否短路，在确认未短路的情况下，将充电机空载通电，这时电流表指示为零，电压表指示在 20 V 以内（或 60 V 以上，未接 C9 时），以该电压为初始电压值，依下列次序分别短路相应元件使 SCR 触发脉冲消失，电压表应指示为零，否则可判断该元件损坏。

（1）短路 VT18 的 B、E 极，使之截止。

（2）短路 U2 的 1、2 脚，发光二极管部分被短路，U2 三极管部分截止，VT18 截止。

（3）将 U1 的 9 脚接 16 脚，U1 的 9 脚接 5 V 电源后，PWM 比较器的比较端电压高于锯齿波峰值，U1 内部输出三极管饱和导通，SCR 无触发脉冲。

（4）用一个电阻值为 2 kΩ 的电阻并联到 R5 上，使 U1 误差放大器 2 端电压高于 1 端电压。

以上短路应仔细进行，不能短错。短路线去除后，电压表指示经过一个暂态（往往是电压表指示很大）再回到其初始值。

5. 保险丝断

1）RD1（交流）

变压器短路或 SCR1-2、D107-D109 短路。

2）RD2（直流）

（1）电池接反。

（2）U1 及其周围元件损坏，造成电流过大。

（3）熔断器座氧化，接触电阻大，造成温升过高。现象是充电机工作一段时间后 RD2 熔断，且现象可重复。

6. 充电机简易判断和调校

1）充电电流调校

将充电机输出端子短路，调整 RP1 使电流表指示为规定值（5 A 或 10 A）。

2）过充保护调校

用一只电容（其耐压不小于 100 V，容量不小于 100 μF）和一个电阻（3 kΩ/2 W）并联代替电池接在充电输出端，通电后，调整 RP2 使电容上电压等于所需的数值，该电压值即为充电电流下降为零时，电池可能充到的最大值。

三、应急控制系统

应急控制系统的故障主要表现在：应急无输出、按键通断不起作用、不能自动转换、指示灯不亮等。

1. 按键通断不起作用

（1）电池电压过低：检查电池好坏，及时更换电池。

（2）按键 AQ、AT 损坏。

（3）串联在 KM1 线圈中的 KM2 常闭接点接触不良。

（4）达林顿三极管 VT33 损坏。

（5）VD27 损坏，12 V 电源不正常。

（6）U3A 损坏。

（7）接触器 KM1 损坏。

（8）C24 漏电严重，U3A 第 3 脚电压变低（正常值约为 6 V）。

2. 应急不能自动转换

整流器供电或电池供电不能自动转换的原因，除上述按键通断不起作用中所述的原因外，由 R21、R22、VD22、R23、C22 组成的暂态电源因元件损坏、焊接不好等原因不能建立或维持时间过短使 U3A 不正常，从而使 KM1 不能闭合。

VD34 损坏，影响过放比较器工作不正常也是原因之一。

3. 应急无输出

（1）KM1 合不上，造成应急无输出。
（2）熔断器 RD6 熔断。

4. 指示灯不亮

（1）KM1、KM2 常开触点接触不良。
（2）有关引线脱开。
（3）发光二极管损坏。

5. 控制电路板调校

调校控制电路板，需有可调电源（可调范围至少为 40～65 V）、万用表等，将可调电源的正端接 CZ3-B13、B14，负端接 CZ3-B19、B20。接通电源后检查以下数据：

（1）稳压管 V27 两端电压（12 V）。
（2）U3-2、6 端电压（6 V）。
（3）在外加电源为 48 V 时，U3 好坏的检查：U3-3 端电压高于 6 V，U3-1 大于 10 V；U3-5 低于 6 V，U3-7 小于 0.7 V；短路 R31，U3-1 电压将小于 0.7 V，短路 R28，U3-7 电压将升高且大于 10 V。

以上试验可检查 U3 是否完好。

（4）电压表接 U3-1，然后将电源电压从 48 V 调低，观察 U3-1 变为低电位时对应的电源电压值，该电压应为（42±1）V，否则可调整 RP3 以满足过放保护要求，U3-1 输出为低电平后，再升高外接电源电压，在电压恢复至 47 V 左右时，U3-1 输出高电平，过放整定完成。若恢复高电平电压误差太大，应检查 R32、R33、C24 是否有问题。

（5）继续升高可调电源，检查 U3-7 输出高电平对应的外接电压，该电压正常为（64±1）V，恢复低电平电压为（60V±1）V，超出保护范围可调整 RP4。

任务六　车体配线

知识要点

- 车体配线的原理图和实际结构。
- 车端连接装置的结构与操作。

知识储备

目前我国 25G、25K 型空调客车集中供电系统多采用在车列前端或尾端加挂一辆柴油发电车，车上安装柴油发电机组，通过电力电缆和车端电力连接器，将电能输送到各节客车上。有的车辆具有遥测遥控电缆，以便将各车的测温信号以及空调机组故障显示信号传送至乘务发电车，并将值班人员发出的控制指令传送到各节客车上。由于这种供电方式输送的是 380 V/220 V 三相交流电，电压较高，因此，对于这类客车的车体配线在绝缘、配线工艺等方面都有较高的要求。下面以长春轨道客车股份有限公司生产的 YZ_{25K} 型空调客车为例,介绍车体配线情况。

我国长春轨道客车股份有限公司生产的 YZ_{25K} 型空调客车的车体配线,包括车下配线、车上配线、连接器三大部分。

一、车下配线

车下配线包括输送三相交流电的主线、电力连接器线及车下各负载支线等。车下主线用来沟通发电车与各车辆间的电力系统,同时供给本车用电。由于空调客车用电量较大,每辆车耗电约为 30 kW 左右,为了使远离发电车的车辆的输入电压保持恒定,故要求车下正、负主线应有足够的截面面积,以减小主线上的电压损失,保证各辆车都得到较均衡的输入电压。

在满足导线截面面积的条件下,车下主线采用两路并联的方法,同时每路中的三相导线各用三根 DCYH-1-750V 的电线并联组成,并将它们敷设在钢管内,以增加强度。

图 4-8 所示为车下配线图,其一路三相主线敷设在 1 位侧,而另一路三相主线则敷设在 2 位侧。这两路主线可以将三相交流电同时送至车上的配电盘,以保证各负载的用电。车下有 $J_1 \sim J_4$ 4 个干线接线箱,$J_5 \sim J_7$ 3 个电空制动线接线箱,另外还有 $J_8 \sim J_{19}$,共 12 个接线盒,其中轴温传感器 4 个感温头的导线引至 $J_8 \sim J_{11}$,制动系统中 4 个轴上的速度传感器的引线接至 $J_{12} \sim J_{15}$,轴温传感器的导线与速度传感器的导线均由 1 位端 1 位侧引上车,制动电子防滑器的引线接至 $J_{16} \sim J_{19}$。1 位侧的零线横跨车底架,引至 1 位侧与 2 位端零线连接后直接接地。供本车用电的两路三相导线共 6 根都是由 1 位端 2 位侧引上车。

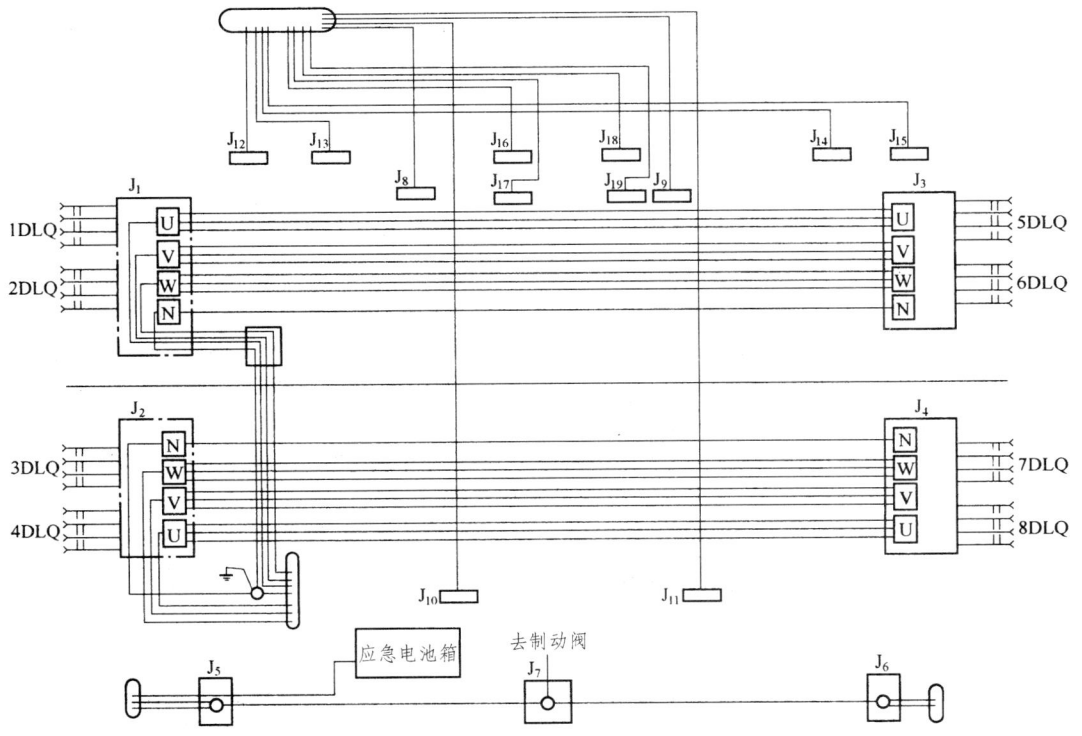

图 4-8 长春轨道客车股份有限公司 YZ_{25K} 型空调客车车下配线图

二、车上配线

由车下主线输入的三相交流电，由 1 位端接线板 JXH1 引至控制柜，经电源控制柜引向空调机组控制柜、照明控制箱等电气设备。

车内的负载按电压可分下列三种：

（1）三相 380 V 交流对称负载：空调机组各种电机、废气排风机、新风机、客室电热器、电茶炉。

（2）单相 220 V 交流负载：车内照明、各种控制回路。

（3）DC 48 V 直流负载：轴温报警器、侧灯、应急灯、电话插座、广播、水位显示、温水箱加热、信息显示等。

按负载的性质及用途，车上配线包括动力配线、照明配线、播音配线、电话配线及遥测控制线等。各种配线均敷设在顶棚或侧墙内，其布置如附图 A-5 所示。

1. 动力配线

空调机组的动力干线由空调控制柜 KTG 引出，一路在配电室引至一位端走廊顶棚上与一位机组插头 1KTCT 连接；另一路从一位端引至一位侧，分布在一位侧交流线槽内，沿着一位侧至二位端后，在二位端引至二位侧分别与二位空调机组插头 2KTCT 及排风扇电机 PFS 连接。电茶炉 DCL 的动力干线由电茶炉控制箱引出，在一位端一位侧引至二位侧，与电茶炉 DCL 连接。空调控制柜与电茶炉控制箱的电源均由电源控制柜提供。

2. 照明配线

客室内由 30 盏 40 W 荧光灯组成两条光带作为客室主照明：每条光带中设一根 40 W 荧光灯（12EGD 和 29EGD）用于应急照明。通过台脚蹬上方各设一个 2×15 W 吸顶灯；两端走廊、乘务员室各设一个部统型 2×15 W 吸顶灯；洗脸室、配电室、厕所各设一个 15 W 部统型壁灯；配电室、乘务员室走廊各设一个 15 W 灯用于应急照明。另外，客室 1、2 位端头上设信息显示屏。照明干线从乘务员室的照明控制箱引出，自 1 位端引向 2 位侧，分布在 2 位侧交流线槽内。

3. 播音配线

沿着车体长度方向在客室顶部均布四个扬声器 1YQ-4YQ。播音干线布置在客室二位侧直流线槽内，两端分别引至接线板，然后与车端播音连接器的插头和插座相连。扬声器的支线上不设开关，均由广播室控制。

三、连接器

25K 型空调客车采用 KC20 型电力连接器和 JL1 型集控连接器。

（一）KC20 型电力连接器

KC20 型电力连接器是由南京浦镇车辆有限公司与江苏康尼公司合作开发的新产品。

用于铁路空调客车传送三相动力电源，其具有接触电阻小、承载电流大、温升低、磨损小、寿命长、操作方便省力等优点。该连接器的安装尺寸和操作方式与原有铁路客车用 JL2 型连接器完全一致。

1. 结构

KC20 型电力连接器的结构如图 4-9 所示。主要由插头、插座和操作机构（防护盖，摇臂）组成。插头与插座相应安装有四套自锁紧锥形接触对，每个插销都可以自由浮动，每个插套都设置一个圆柱压缩弹簧，因此在插合时，能保证接触对准确、稳定、牢靠地连接。

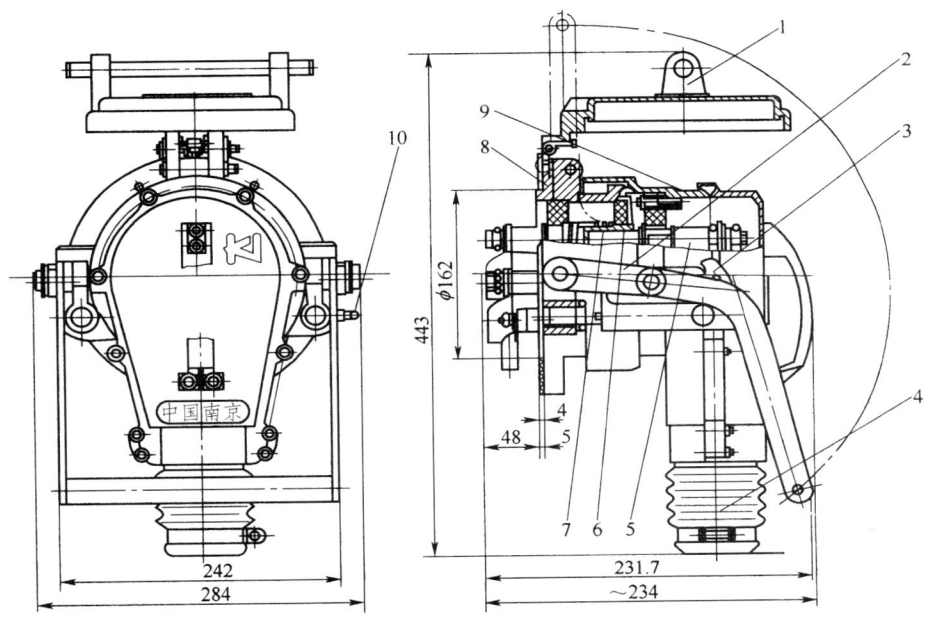

1—插座防护盖；2—摇臂；3—拉钩；4—防护套；5—插销；6—插套；7—圆柱压缩弹簧；
8—插座；9—插头；10—保险钩。

图 4-9　KC20 型电力连接器

2. 使用方法

（1）插入：掀起插座防护盖将摇臂上推至极限位置，把插头放入两侧拉钩上，压下摇臂至下极限位置，各接触对可同时获得可靠稳定的接触状态，保险钩 10 可自动钩住摇臂。

（2）拔出：掀起并扣住插座防护盖，脱开保险钩，将摇臂向上推的同时稍加冲击至上极限位置，解除接触对自锁状态，插头、插座即可轻易分离。

3. 注意事项

（1）严禁带电操作。

（2）电缆与插头或插座连接之前，应检查电缆接头端子的贴接平面是否平整，若有碰伤等造成的突起或毛刺，应修平后再连接。

（3）严禁在插头插座处于结合状态下，紧固或松开插销或插套连接电缆的铜螺母。

（4）压紧电缆端子的铜螺母，应使用专用扳手，控制扭矩在 50 N·m 左右。

（5）必须分别按插头、插座胶木安装板上所示接线标记，正确连接电缆。三相电极标记分别为 R1、S2、T3（对应于原有标记 U、V、W），中性极标记为 N。

（6）严格防止碰伤插销、插套的结合面，结合面上不允许有沙尘、油污等杂物。接触对结合前，必须用干净棉纱等软织物仔细清洁销、孔表面。

（7）连接好电缆套管的橡胶防护套，并用喉箍扎紧。

（二）JL1 型集控连接器

JL1 型集控连接器是用来沟通各客车的空调机组集控电源，以便于在发电车上实现集中控制。它由插头和插座两部分组成，其结构如图 4-10 所示，是一种防水、直插、机械锁紧的插头和插座，质量为 2.6 kg。

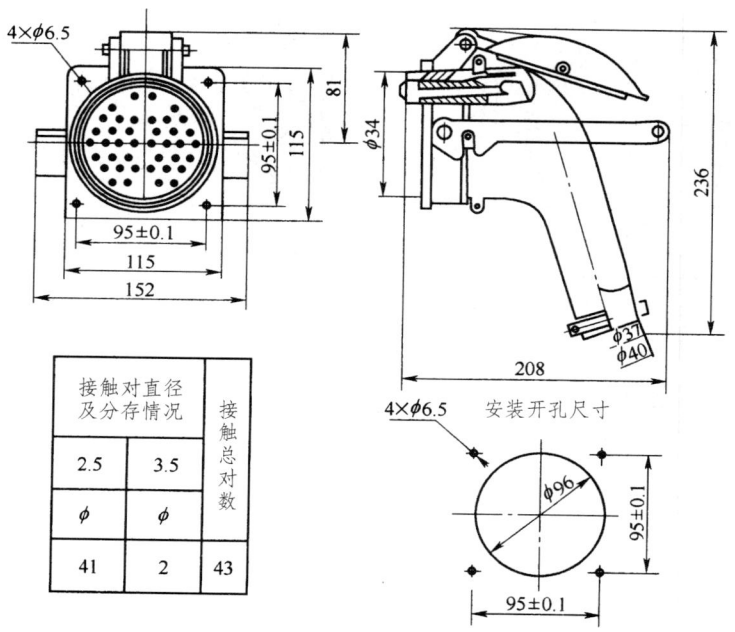

图 4-10　JL1 型集控连接器

连接器的主要技术参数如表 4-6 所示。

表 4-6　连接器的主要技术参数

项目	工作电压	工作电流	接触电阻	常温下绝缘电阻	试验电压
参数	500 V	接触对直径为 2.5 mm，25 A；接触对直径为 3.5 mm，40 A	ϕ2.5 mm，≯0.002 Ω；ϕ3.5 mm，≯0.001 Ω	≤500 MΩ	常态下 AC 50 Hz，1 500 V（1 min）；温湿试验后 AC 50 Hz，1 000 V（1 min）

续表

项目	使用环境温度	相对湿度	震动试验	碰撞试验	寿命
参数	−50 ～ +50 ℃	93%（+40 ℃）	振频：10～33 Hz，振幅：3 mm； 振频：30～55 Hz，振幅：1 mm； 扫描：2 h； 瞬断时间：≥1 ms	25 g 1 min 10～40 次，碰撞 4000 次，瞬断时间≥1 ms	500 次

◆ 复习思考题

1. 试述 25K 电源控制柜的工作原理。
2. 试述 25K 照明控制柜的工作原理。
3. 统型应急电源由哪几部分组成？
4. 统型应急电源的作用是什么？
5. 试述统型应急电源的结构原理。
6. 统型应急电源有哪些主要参数？
7. 试述统型应急电源整流器的工作原理。
8. 画出统型应急电源充电主电路，并说明二极管 VD109 的作用。
9. 统型应急电源充电主电路中，控制充电电流的主要元件是什么？
10. 试述统型应急电源控制箱中三极管 VT18 与晶闸管 SCR1 和 SCR2 的控制关系。
11. 试述统型应急电源控制箱中光电耦合器 U2 与三极管 VT18 的控制关系。
12. 试述统型应急电源控制箱中开关集成电路 LM3524 的基本工作情况。
13. 统型应急电源控制箱中 17.5 V 直流电源是如何获取的？
14. 试画出同步与移相电路波形图，并说明其含义。
15. 统型应急电源控制箱中电位器 RP1 的作用是什么？为什么？
16. 统型应急电源控制箱中电位器 RP2 的作用是什么？为什么？
17. 统型应急电源控制箱中元件 C3 和 R11 的作用是什么？
18. 试述统型应急电源控制箱过放保护工作原理。
19. 统型应急电源控制箱过高压保护工作原理。
20. 统型应急电源控制箱中，电位器 RP3、RP4 的作用分别是什么？
21. 统型应急电源控制箱的整流器突然断电时，电池如何自动向应急负载供电？
22. 在什么情况下应更换免维护密封铅酸电池？
23. 统型应急电源无充电电流的原因有哪些？
24. 统型应急电源充电电流过大的原因有哪些？
25. 统型应急电源充电电流抖动的原因有哪些？
26. 统型应急电源按键通断不起作用的原因有哪些？
27. 统型应急电源应急不能自动转换的原因有哪些？
28. 对照 25K 型客车车体配线图说明车下及车上配线走向。

项目五　BSP客车电气系统

项目描述

BSP是四方青岛-庞巴迪-鲍尔铁路运输设备有限公司的简称，公司采用欧洲的电气标准，早期生产的车辆主要在广州至深圳的线上运营，后来生产的青藏铁路客车也采用相关标准设计。本项目主要学习BSP客车的供电控制系统、照明与视听系统的工作原理，蓄电池充电机维护使用。

学习目标

1. 知识目标：掌握BSP电源控制柜和照明控制柜的工作原理。
2. 能力目标：能进行电源控制柜的操作、应急电源的使用操作。
3. 素质目标：养成爱护设备的良好习惯；养成安全生产及规范作业的意识；养成善于沟通的团队意识。

教学案例

2015年7月22日，青藏公司西宁车辆段担当的K378次（西宁—上海，编组18辆）旅客列车，在西宁客技站内本属技检作业时，逐辆进行加载至机后6位$YW_{25}G678669$时，发现该车单车显示绝缘故障，车下电源不工作，甩开车上DC 600 V、AC 380 V车上负载后，故障未消除，库内临时更换车辆后出库，始发晚点43分，影响本列。经调查，故障车AC 380 V滤波器作用不良，造成单车绝缘故障，逆变器不工作。定西宁车辆段责任。

任务一　概　述

知识要点

- BSP客车主要电气装置。
- BSP电气系统分类与电气元件的代号。

> **知识储备**

BSP 新型客车的供电形式为集中供电，电压为 AC 380 V/220 V，50 Hz，三相四线制。客车供电电源来自发电车或机车的三相 380 V/220 V、50 Hz 交流电源。供电线路为车下两路干线，设有电力连接器，控制电路干线及其连接器，车上通信干线及其通信连接器。客车设有蓄电池充电器及低压供电电源，可向车上用电器提供 48 V 直流电。

一、主要电气装置

1. 车内主要电气装置

目前运用中的 BSP 客车有卧车和座车两种类型。其中，卧车以模块为基础，设有 9 个包间、1 个乘务员室、1 个配电室和 1 个茶炉室。座车主要有 A 型和 B 型两种车型：A 型有 78 个座椅，B 型有 72 个座椅加 1 个播音室和 1 个小推车贮藏间。

不管哪种车型，车内主要电气设备基本相同，设有：1、2 位端车体内部分线箱、电气控制柜、温水箱、电茶炉、空调机组、信息显示器、广播及乘务员呼叫系统、内部通信、客室自动门、地板电加热器等。车内（以卧车为例）主要电气装置的具体布置如下：

（1）四人卧铺包间内设有：含夜灯及应急灯在内的照明灯具、顶板上装有一个可调空调出风口、广播系统音量控制装置、室内温度控制装置、每个卧铺设有一盏阅读灯以及呼叫乘务员装置。

（2）乘务员室设有：呼叫乘务员系统、灯具、控制和开关板、备用电源插座、通信装置和信息显示控制装置。

（3）卫生间设有：呼叫乘务员按钮、灯具、冲水系统等。

（4）配电室设有：电源控制屏、断路器、控制柜、采暖、通风、空调控制装置、AC 220 V 备用电源插座、DC 48 V 备用电源插座、电子防滑控制器和轴温报警器。

（5）茶炉间：位于 1 位端 2 位侧，设电热式开水炉。

（6）走廊：大走廊内，电热取暖器安装在靠近地板的侧墙上、每端各设一个备用电源插座。

（7）照明：由顶灯和应急灯及个人阅读灯为乘客区提供照明。顶灯采用 AC 220 V、50 Hz 日光灯。乘务员室、客室两端、配电室和端部走廊应急灯的电源为蓄电池，可在车上断电时提供 DC 48 V 照明用电。

2. 车端电气装置

车端电气设备有：电力连接器插座（8 个/辆）、集控连接器插座（4 个/辆）、电控制动连接器插座（4 个/辆）、通信连接器插座（4 个/辆）、尾端红灯连接器插座（2 个/辆）、带线电力连接器插头（4 条/辆）、带线集控连接器插头（2 条/辆）、带线通信连接器插头（2 条/辆）、带线电控制动连接器插头（2 条/辆）。

各类连接器插座分设在车厢两端，中间由相应的电缆相连接，从而构成整个列车的供电、集控、通信及电控制动网络。

3. 车底架电气装置

车底架电气设备主要有：设在车底左右两侧贯穿全列车的走线钢槽、四角的四个电力线分线箱、ROX 密封进线系统、蓄电池箱、蓄电池充电器箱、电控防滑系统的排风阀（每轴 1 个）、电控制动控制箱和电伴热等。

4. 转向架电气装置

转向架电气设备有：电控防滑系统的 1、3、5、7 轴位上的速度传感器、每个轴位上的轴温传感器，接地集流装置，轴箱与构架短接线，以及转向架与车体短接线等。

二、电气系统分类

BSP 客车电气系统的分类如表 5-1 所示。

表 5-1　BSP 客车电气系统的分类

电气系统名称	系统代码	线号的分配
供电系统	100 系列	AC 380 V/220V 电力线：U、V、W、N 系列 显示、控制线：100 系列 DC 48（12）V 正极：PB 系列 DC 48（12）V 负极：NB 系列
照明系统	200 系列	2000～2999
空调系统	300 系列	3000～3999
轴报及制动系统	400 系列	4000～4999
视听系统	600 系列	6000～6999
门控系统	700 系列	7000～7999
厕所和盥洗间	1100 系列	1100～1199
水循环系统	1200 系列	1200～1299

三、电气元件的代号

BSP 客车电气件的代号根据 IEC 标准编排，如表 5-2 所示。

表 5-2　BSP 客车电气件的代号

元件代码	电气元件	元件代码	电气元件
A	组件	P	监测仪表
B	空调温度传感器，压力开关	Q	自动空气断路器
E	照明，加热装置	S	开关或按钮
F	熔断器	T	变压器
H	指示灯，喇叭	U	变换器
K	继电器，接触器	X	端子排
M	电动机		

任务二 BSP 客车供电系统

知识要点

· BSP 电气控制柜的结构。
· BSP 电气控制柜的电气原理。

知识储备

BSP 客车 1 位端小走廊安装有集中式电气控制柜,如图 5-1 所示。电气控制柜由低电压监控屏(见图 5-2)、AC 380 V/220 V 监控屏(见图 5-3)、空调系统控制屏、通风小风扇、广播、呼叫控制器、防滑控制器、交流方便插座、直流方便插座、应急照明接触器等组成。

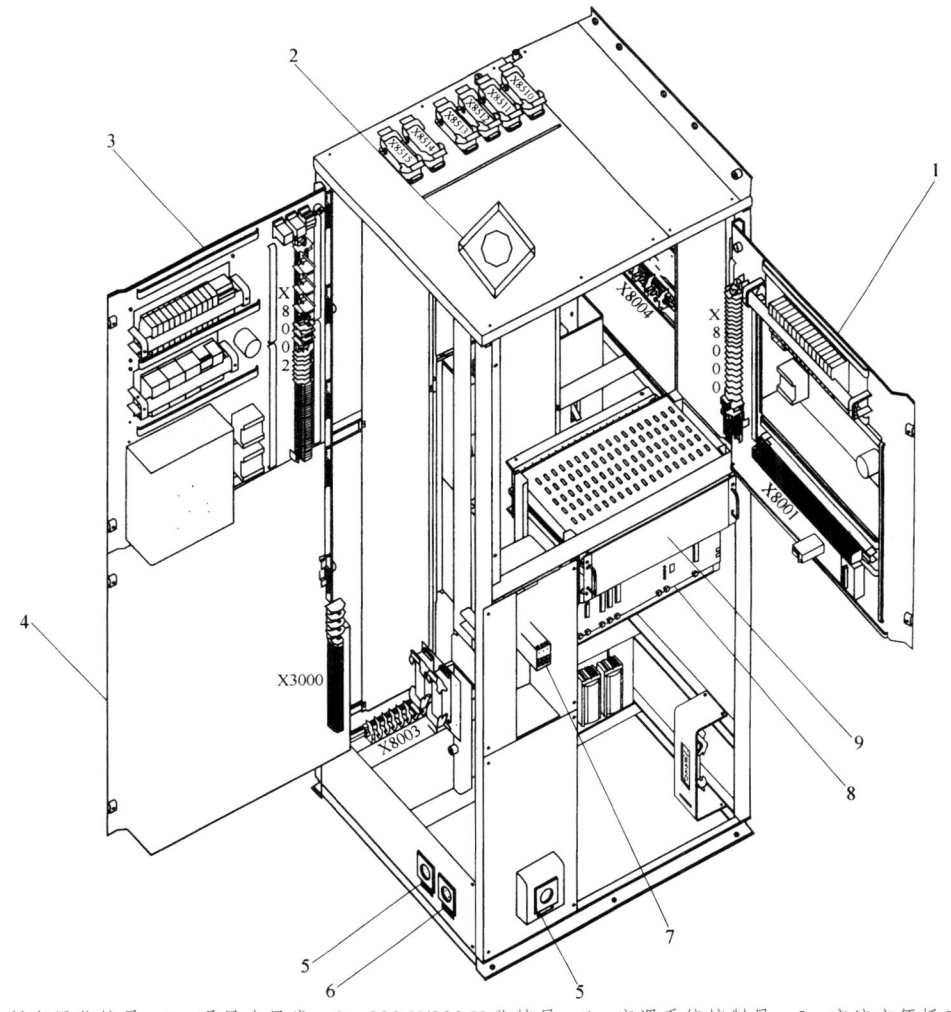

1—低电压监控屏;2—通风小风扇;3—380 V/220 V 监控屏;4—空调系统控制屏;5—交流方便插座;
6—直流方便插座;7—应急照明接触器;8—防滑控制器;9—广播、呼叫控制器。

图 5-1 集中式电气控制柜结构图

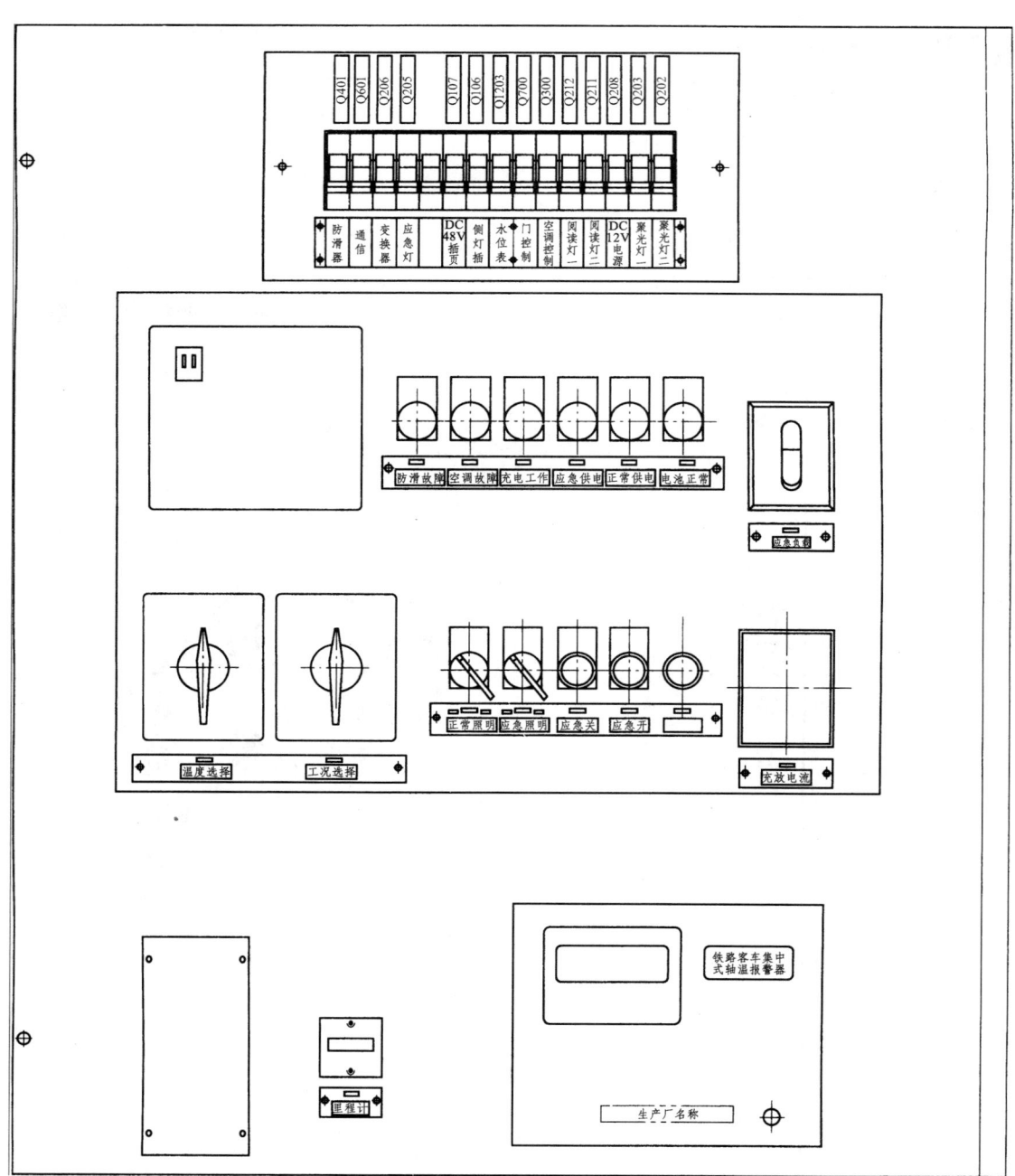

图 5-2 低电压监控屏

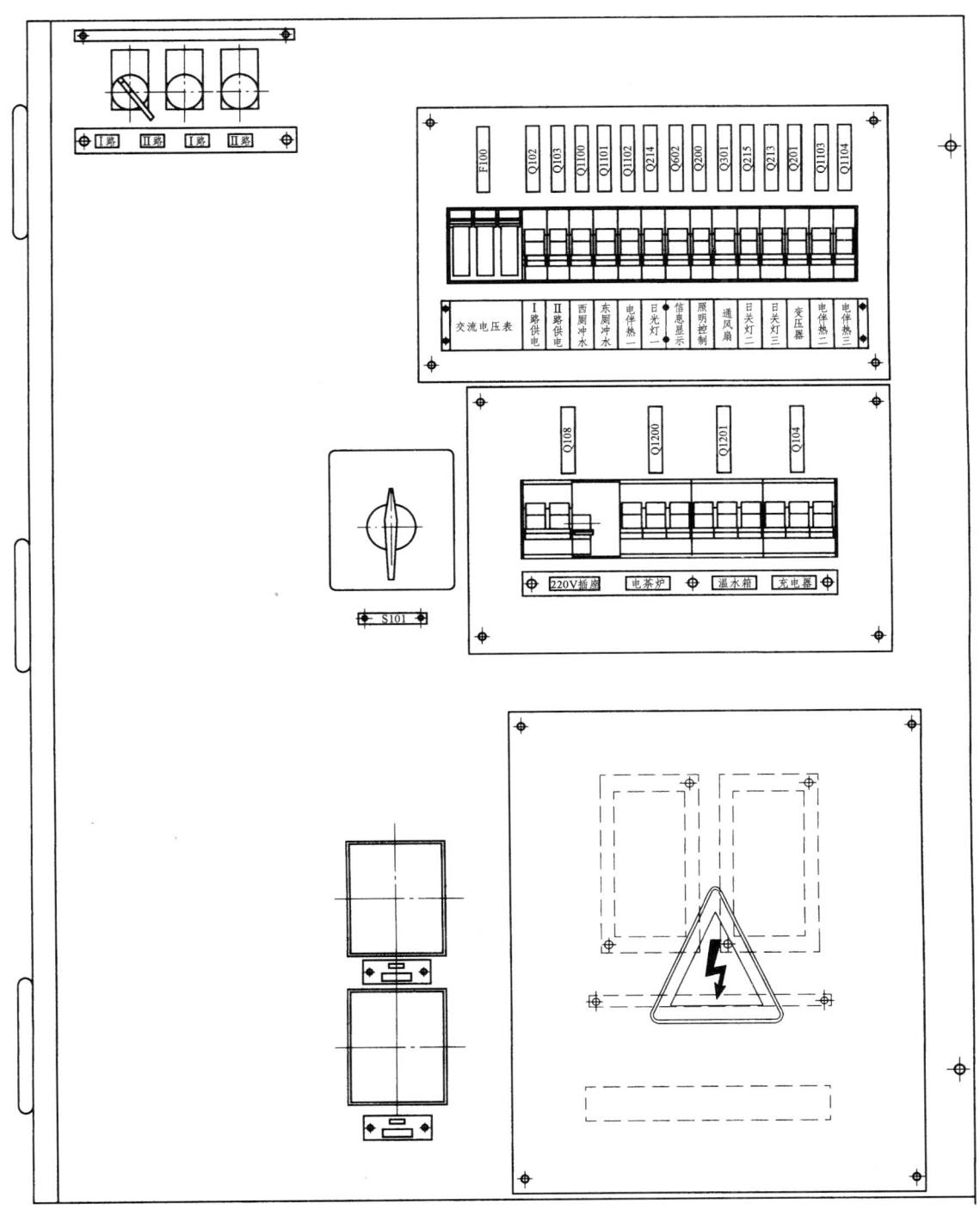

图 5-3 AC 380 V/220 V 监控屏

集中式电气控制柜中，电气件采用多层立体安装方式以充分利用其空间。在 1 位端小走廊和乘务员室两个方向可对电气控制柜进行操作和维修。电气控制柜的低电压监控屏面向乘务员室，其操作开关板凸向乘务员室，乘务员不必打开间壁门即可操作该面板。面板上装有：DC 48 V、DC 12 V、AC 12 V、AC 27 V 单相自动断路器、工作状态指示灯、应急负载开关、照明开关、空调控制开关、车号调节器。低电压监控屏上还安装有水位表、里程计、轴温报警控制器，可以通过间壁玻璃观察这些仪表，如需对其操作则必需打开间壁门。

AC 380 V/220 V 监控屏面向小走廊，操作开关时需打开面向小走廊的电气柜门。此门在监控屏的对应位置安装有玻璃窗，可观察到面板上自动空气断路器、指示灯和仪表的工作状态。车辆正常运用时无需对该控制屏进行操作。监控屏上主要安装有：AC 380 V/220 V 单相和三相自动空气断路器、Ⅰ路和Ⅱ路供电选择开关及指示灯、交流电压表和电流表等。

一、Ⅰ、Ⅱ路双路供电

BSP 客车系发电车或机车集中供电，客车所需电源由发电车或机车集中供给，采用Ⅰ、Ⅱ路双路供电，根据需要可自由选择Ⅰ路或Ⅱ路供电，1 位侧为Ⅰ路输电线，2 位侧为Ⅱ路输电线。1 位端每侧上下两个电力连接器（代号如表 5-3 所示），每相各引出 1 根 120 mm² 电缆，N 线为 1 根 50 mm² 电缆，相线和 N 线电缆接至每侧底架电力分线箱并联后经车底线槽贯穿全车至 2 位端底架左、右侧电力分线箱，然后从 2 位端底架左、右侧电力分线箱再接至每侧上下两个电力连接器。同时从 1 位端左、右电力分线箱引出 50 mm² 电力线，由车下 ROX 密封系统引入车上电气控制柜接线端子排 X8003。Ⅰ路和Ⅱ路供电的基本原理如附图 A-6 所示。

表 5-3 电力连接器的代号

Ⅰ位端			Ⅱ位端		
连接器代号	位置	线号	连接器代号	位置	线号
X100	右上	U001、V001、W001、N001	X104	右上	U001、V001、W001、N001
X101	右下	U001、V001、W001、N001	X105	右下	U001、V001、W001、N001
X102	左上	U001、V001、W001、N001	X106	左上	U001、V001、W001、N001
X103	左下	U001、V001、W001、N001	X107	左下	U001、V001、W001、N001

1. Ⅰ路供电

前期工作：闭合空气断路器 Q100、Q102。

操作开关：转换开关 S100 置Ⅰ路供电位。

控制回路：接线端子排 X8003→空气断路器 Q100→空气断路器 Q102→转换开关 S100 的 1、2 触点→接触器 K101 常闭触点→接触器 K100 得电吸合。

主回路：接线端子排 X8003→空气断路器 Q100→接触器 K100 主触点→端子排 X8004。在端子排 X8004，三相电源分配给各个用电设备。

供电指示回路：接线端子排 X8003→空气断路器 Q100→空气断路器 Q102→转换开关 S100 的 1、2 触点→接触器 K100 辅助常开触点→Ⅰ路供电指示灯 H100 点亮。

2．Ⅱ路供电

前期工作：闭合空气断路器 Q101，Q103。

操作开关：转换开关 S100 置Ⅱ路供电位。

控制回路：接线端子排 X8003→空气断路器 Q101→空气断路器 Q103→转换开关 S100 的 3、4 触点→接触器 K100 常闭触点→接触器 K101 得电吸合。

主回路：接线端子排 X8003→空气断路器 Q101→接触器 K101 主触点→端子排 X8004。在端子排 X8004，三相电源分配给各个用电设备。

供电指示回路：接线端子排 X8003→空气断路器 Q101→空气断路器 Q103→转换开关 S100 的 3、4 触点→接触器 K101 辅助常开触点→Ⅱ路供电指示灯 H101 点亮。

3．电压、电流检测

通过电压显示选择开关 S101 从电压表 P101 上可读出每一相的电压，互感器 T100 和电流表 P100 配套，从电流表 P100 可读出 U 相电流值。

二、AC 380 V 供电线路

AC 380 V 供电原理如附图 A-6 所示。三相电源 U005B、V005B、W005B 从接线端子排 X8004 引至接线端子排 X8002。

闭合空气断路器 Q1200：温水箱得电；

闭合空气断路器 Q1201：电开水炉得电；

闭合空气断路器 Q104：蓄电池充电机得电；

闭合空气断路器 Q201：三相变压器得电。

三、AC 220 V 供电线路

AC 220 V 供电原理如附图 A-6 所示。

闭合空气断路器 Q1100：给西式厕所冲水系统送电；

闭合空气断路器 Q1101：给东式厕所冲水系统送电；

闭合空气断路器 Q1102：洗手间排水管电伴热得电工作；

闭合空气断路器 Q602：给客室信息显示屏送电；

闭合空气断路器 Q200：给正常照明控制回路送电；

闭合空气断路器 Q301：电气柜小排风扇得电工作；

闭合空气断路器 Q1103：东式厕所排水管电伴热得电工作；

闭合空气断路器 Q1104：西式厕所排水管电伴热得电工作；

闭合漏电保护开关 Q108：AC 220 V 方便插座 X114 和 X115、走廊方便插座和洗脸间插座得电。

四、交流变压器二次侧供电线路

闭合空气断路器 Q201，三相变压器 T200 得电，如附图 A-6 所示。三相变压器降压后二次侧输出供聚光灯及阅读灯用电。交流变压器二次侧供电原理如附图 A-7 所示。

闭合空气断路器 Q202、Q203：向走廊和包间照明聚光灯供电，此时聚光灯能否得电还取决于接触器 K203、K204 如附图 A-6 所示的工作情况。

闭合空气断路器 Q212：给包间阅读灯供电。

五、DC 48 V 负载供电线路

为保证列车突然断电时车辆的安全运行，车下安装有充电机箱和蓄电池箱，可用于向车内应急 DC 48 V 用电设备提供电能，蓄电池容量为 60 A·h。如图 5-4 所示，在车下蓄电池箱内安装有用于检修时所需的蓄电池隔离开关 S102 和保护熔断器 F101。F101 正常工作时蓄电池通过其辅助常闭触点为电气柜上电池正常指示灯 H105 供电。车下充电机箱内还配有变压整流装置，可将 AC 380 V 变压整流为 DC 48 V，在列车有交流电源时给所有 DC 48 V 用电设备（应急负载+正常负载）供电。充电机箱的输入、输出由车下 ROX 密封系统引入车上电气控制柜。

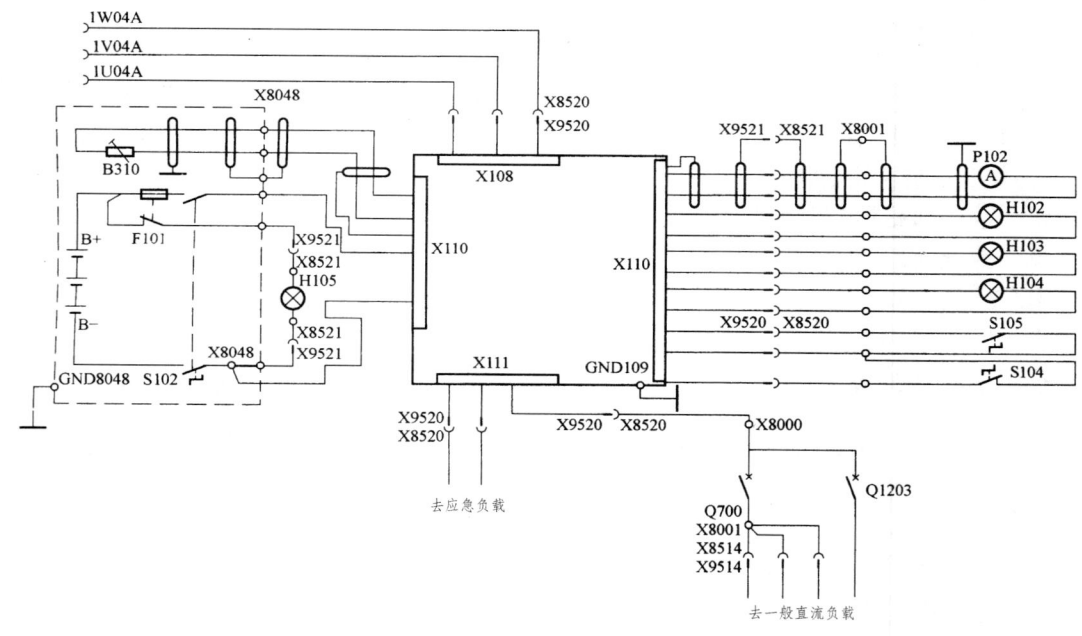

图 5-4 蓄电池充电机连线图

为便于对充电机箱的监控和维修调试，车下充电机箱设有控制面板，面板上的监控元件与车上低电压监控屏上的监控元件完全并联使用：

指示灯 H102，橘黄色，指示充电器运行正常；

指示灯 H103，红色，指示应急负载由蓄电池供电；

指示灯 H104，绿色，指示变压整流装置供正常负载用电；

按钮 S105，绿色，无交流电源时，按下该按钮，蓄电池给应急负载供电；
按钮 S104，红色，应急供电时，按下该按钮，切断应急负载电源。
当列车突然断电时，充电机箱自动控制应急负载由变压整流装置供电转为由蓄电池供电。

六、DC 48 V 正常负载供电线路

如附图 A-7 所示，闭合空气断路器 Q700 给厕所有无人显示控制回路供电；闭合空气断路器 Q1203 给电子式水位表供电。

七、DC 48 V 应急负载供电线路

DC 48 V 应急负载供电线路如附图 A-7 所示：
闭合空气断路器 Q300：空调 CPU 中央控制单元得电。
闭合空气断路器 Q601：洗手间、东式厕所、包间呼叫系统得电，此时按压乘务员呼叫按钮有效；广播、乘务员呼叫控制器得电；共线电话得电。
闭合空气断路器 Q106：1、2 位端尾端红灯连接器插座得电。
闭合空气断路器 Q701：塞拉门控制装置得电。
闭合空气断路器 Q801：防滑控制器得电。
闭合空气断路器 Q206：向 DC 48 V/DC 12 V 直流变换器供电。
闭合空气断路器 Q208：DC 48 V/DC 12 V 直流变换器输出侧供电。
闭合空气断路器 Q205：应急照明控制回路得电。
闭合空气断路器 Q107：DC 48 V 方便插座 X118 得电。

任务三　BSP 客车照明与视听系统

知识要点

· BSP 客车照明与视听系统电气控制原理。
· BSP 客车照明与视听系统的操作。

知识储备

一、照明控制系统

BSP 客车采用多种照明形式以满足不同时间段、不同运用情况下的要求。座车的日光灯布置在天花板左右两侧，为非直接照明，其光线柔和，可用于旅客拿取行李时的照明；聚光灯布置在客室天花板中轴线上，即客室走廊顶部及厕所、洗脸间和乘务员室天花板上，为这些区域的乘客提供照明；阅读灯布置在行李架下盖板上，每个座位上方对应一盏阅读

灯和灯开关，为每个乘客提供独立的私人照明区。BSP 卧车则采用聚光灯和阅读灯两种照明形式，聚光灯布置在包间、厕所、洗脸间和乘务员室天花板上和客室走廊顶部，阅读灯布置在包间床头。下面以卧车为例，介绍照明控制情况。

（一）聚光灯控制

1. 聚光灯正常照明

聚光灯正常照明控制原理如附图 A-6 及附图 A-7 所示。

前期准备：闭合空气断路器 Q200、Q201、Q202、Q203。

操作开关：转换开关 S202 置"FULL"位。

控制回路：U 相→空气断路器 Q200→转换开关 S202→接触器 K203、K204 得电吸合。

执行回路：三相电源→空气断路器 Q201→变压器 T200 一次侧线圈得电→变压器 T200 二次侧线圈得电→空气断路器 Q202、Q203→接触器 K203、K204 主触点→走廊聚光灯、包间聚光灯。

当转换开关 S202 置"NIGHT"位时，接触器 K203 不能得电吸合，因此走廊聚光灯将不得电。

走廊与包间聚光灯接线如附图 A-8 与附图 A-9 所示。

2. 聚光灯应急照明

聚光灯应急照明控制原理如附图 A-6 及附图 A-7 所示。

前期准备：闭合空气断路器 Q205、Q206、Q208。

操作开关：转换开关 S202 置"FULL"位。

控制回路：+48 V→空气断路器 Q205→转换开关 S202→接触器 K202 得电吸合。

执行回路：+48 V→空气断路器 Q206→接触器 K202 常开触点→DC 48 V/DC 12 V 直流变换器 U101→空气断路器 Q208→应急聚光灯。

车辆正常运用时，应将正常照明和应急照明开关同时闭合，使所有聚光灯点亮。应急聚光灯接线如附图 A-8 与附图 A-9 所示。

（二）阅读灯安装与控制

阅读灯照明控制原理如附图 A-6 及附图 A-7 所示。

前期准备：闭合空气断路器 Q201、Q212。

执行回路：三相电源→空气断路器 Q201→变压器 T200 一次侧线圈得电→变压器 T200 二次侧线圈得电→空气断路器 Q212→包间阅读灯。

阅读灯接线如附图 A-8 与附图 A-9 所示。

二、视听系统

1. 广播、乘务员呼叫系统

广播及乘务员呼叫系统由中央控制器、扬声器组件、扬声器控制按钮、乘务员呼叫按钮及乘务员呼叫指示等组成。控制器安装在电气柜面向乘务员室侧，可通过间壁上的开孔操作其面板上的按钮。控制器工作电源为 DC 48 V，它有两种功能：从车端通信连接器接收来自播音车的播音信号并分配给车上扬声器；接收包间、洗手间、厕所模块的呼叫信号启动声光报警。按下乘务员呼叫按钮，在给中央控制器输入闭合信号的同时，给按钮内指示灯和每个模块外门盖板上的指示灯供电。再次按压乘务员呼叫按钮，按钮复位、呼叫信号复位。广播及乘务员呼叫中央控制器具体线路如附图 A-10 所示。

2. 信息显示系统

在客室走廊端部顶板下方安装有 2 个完全相同的客车信息显示屏，面向 1、2 位端的乘客均可看到显示屏的内容。显示屏工作电压为 AC 220 V，它可同时显示三种信息：接收车号调节器的信息，显示本车车号；显示从车端通信连接器接收的来自播音车主控站的动态信息；厕所有无人显示。东、西式厕所门框内对应锁的位置安装有行程开关，当东、西式厕所门同时锁闭时，行程开关闭合，显示屏上厕所指示灯点亮。

3. 内部共线电话

乘务员室小桌上方的电话盖板上安装有内部共线电话，工作电压为 DC 48 V，使用车端 15 芯通信连接器的 1、2 芯传输内部通信信息。

任务四　BSP 客车蓄电池充电机

知识要点

- BSP 客车蓄电池充电机的结构及技术指标。
- BSP 客车蓄电池充电机的电气工作原理。

知识储备

BSP 客车中，一般直流负载主要有门控制、水位表等，应急直流负载主要包括应急照明、防滑器、轴报器等。BSP 客车充电机与统型应急电源一样，它也具有三路输出：三相整流电路为一般直流负载和应急负载提供 48 V 直流电源；充电电路为蓄电池提供充电电源；当交流电源停电时，设备可自动转换为由蓄电池向应急负载供电。

一、主要技术指标（见表 5-4）

表 5-4　BSP 客车充电机主要技术指标

项目	交流输入	额定频率/Hz	额定电压/V	一般直流负载
参数	三相三线	50（1±5%）	380（1±10%）	电压：48 V 电流：25 A

续表

项目	应急负载	充电器	效率	
参数	电压：48 V 电流：19 A	电压：58.2 V（20 ℃） 电流：12 A	>80%	

二、电路原理

1. 主要部件

BSP 客车充电机电路原理如图 5-5 所示，其主要部件及名称如表 5-5 所示。

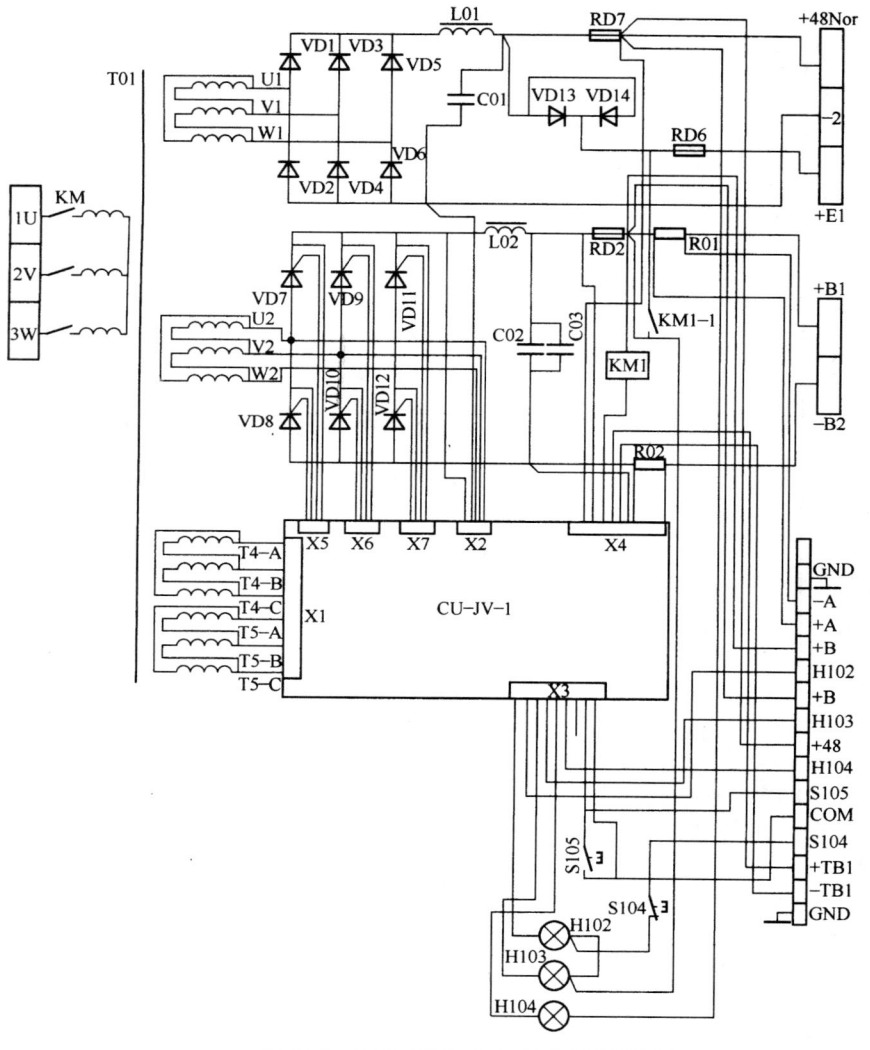

图 5-5　BSP 客车充电机电路原理图

2. 主电路

在主电路中，三相电源通过交流断路器 KM 连接 T01 的输入端，整流器部分和充电器部分通过隔离变压器 T01 实现与三相电源的连接。T01 既可实现整流电路和充电电路的直流回路与交流回路的隔离，又可保持三相电源与整流电路的输入电压相匹配。

一般直流负载和应急负载是由二极管组成的三相桥式整流电路提供电源的，其稳压精度与 380 V 交流电源稳压精度一致。RD7 为一般直流负载输出熔断器，RD6 为应急负载输出熔断器。当 AC 380 V 交流失电时，接通 S105 可使应急负载输出接到蓄电池上，按下 S104 可切断应急负载输出。

充电器为 6 脉冲晶闸管三相桥式整流电路，输出自动稳压稳流，最大输出充电电流限定在 12 A（可调整）。控制电路设有温度补偿电路，可根据环境温度的变化，自动连续调节充电器的输出电压。图 5-5 中，RD2 为充电器输出熔断器。

指示灯 H102 为橘黄色，用于指示充电器输出正常。指示灯 H103 为红色，用于指示 AC 380 V 交流失电，应急输出由蓄电池供电。指示灯 H104 为绿色，用于指示 DC 48 V 输出正常。

3. 控制电路

控制电路包括：
（1）过压、过流、欠压保护电路。
（2）自动切换控制电路。
（3）稳压，稳流调节电路。
（4）脉冲形成、隔离驱动电路。

表 5-5　BSP 客车充电机电路主要部件及名称

主要部件	名称	主要部件	名称
RD2、RD6、RD7	输出熔断器	C01	整流模块滤波电容
KM	交流断路器	C02，C03	充电器整流电路滤波电容
T01	隔离变压器	KM1	直流接触器
V1-V6	整流模块组件	H102，H103，H104	直流输出指示灯
V7-V12	充电器整流电路元件	S104，S105	应急负载开关通断按钮
V13，V14	隔离二极管	R01	30 A/75 mV 分流器
L01	二极管整流电路滤波电感	R02	15 A/75 mV 分流器
L02	充电器整流电路滤波电感		

如图 5-6 所示，在控制电路板上共有 10 个电位器，其中，RP1 为 3381 型，RP2～RP10 均为 3296 型。控制电路板电位器的作用与调试方法如下：

RP1：调整输出电流反馈大小，顺时针增大反馈，逆时针减小。
RP3：调整电流给定，顺时针增大，逆时针减小。
（RP1 与 RP3 要互相配合，一起调整，调节不当会影响系统性能。）
RP2：调节输出电压大小，顺时针减小，逆时针增大。

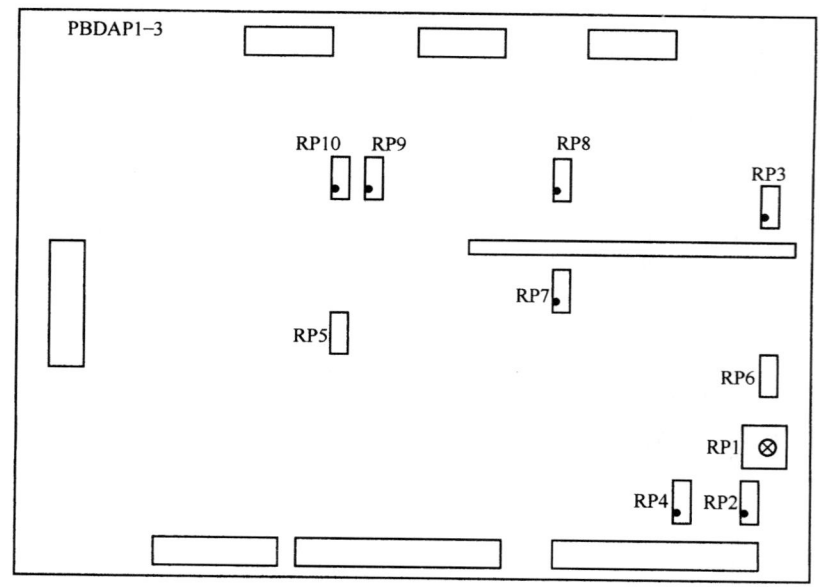

图 5-6 BSP 客车充电机电路板电位器布置图

RP4：调节温度补偿电压反馈度，逆时针增大，顺时针减小。

RP5：调节蓄电池放电欠压保护值，顺时针增大欠压保护值，反之减小。

RP6：调节充电器输出过压保护点电压，顺时针增大，逆时针减小。

RP7：调节充电器输出过流保护值，逆时针增大，顺时针减小。

RP8、RP9、RP10：调节 A、B、C 三相触发脉冲平衡度，无定向的调节，只在出厂调试时整定。

三、故障与维修

BSP 客车充电机的常见故障与维修措施如表 5-6 所示。

表 5-6 BSP 客车充电机的常见故障与维修措施

故障现象	可能引起故障的原因	维修措施
1. 充电机无充电电流（首先应排除电池已充满电的正常状态）	（1）充电支路熔断器 RD2(RL8-20A) 芯断。 （2）充电机控制板上个别电子元器件坏。 （3）接插件有松动。 （4）蓄电池箱内的熔断器是否正常，断路器是否合上。 （5）蓄电池箱内的温度传感器坏	（1）更换新的熔断器芯。 （2）检查控制板上接线端子是否有松动脱落；更换新的充电机控制板，若更换后充电正常则说明控制板有问题。 （3）检查主电路导线有无松动脱落。 （4）更换蓄电池箱内的熔断器或合上断路器。 （5）更换蓄电池箱内的温度传感器

续表

故障现象	可能引起故障的原因	维修措施
2. 应急供电不能自动切换	（1）主电路中直流接触器不吸合。 （2）充电机控制板上个别电子元器件坏。 （3）接线有松动。 （4）检查蓄电池电压是否在DC42V以上。 （5）检查蓄电池箱内的熔断器和断路器是否合上	（1）更换直流接触器。 （2）更换直流接触器无明显改善则更换充电机控制板。 （3）检查充电机箱内连线及充电机与车上连线有无松动。 （4）给蓄电池充电。 （5）更换熔断器或合上断路器

BSP客车充电机在使用时应注意：正常使用条件下不要随意调整充电器控制板上的电位器，否则容易引起充电机不稳压、不限流等故障，使充电机不能正常工作。车辆到站入库后停电时，在断掉输入交流电后，按一下"应急关"按钮，切断应急供电，否则断掉交流电后，由于自动切换的作用，应急供电一直保持工作状态，充电机箱内的直流接触器一直保持吸合，将影响其使用寿命。在需要使用应急供电时，可按下"应急开"按钮。在车辆整备长期放置不用时，尽量每隔一个月给蓄电池充一次电，并注意将蓄电池箱内的断路器断开。充电机装车后应保持箱内断路器始终为闭合状态。

复习思考题

1. BSP客车内有哪些主要电气设备？
2. 试述BSP客车Ⅰ路和Ⅱ路供电工作原理。
3. BSP客车Ⅱ路或Ⅱ路不能供电的原因有哪些？为什么？
4. 试述BSP客车（卧车）聚光灯正常照明控制原理。
5. BSP客车（卧车）正常照明聚光灯不能点亮的原因有哪些？为什么？
6. 试述BSP客车（卧车）聚光灯应急照明控制原理。
7. BSP客车（卧车）应急照明聚光灯不能点亮的原因有哪些？为什么？
8. 试述BSP客车（卧车）阅读灯照明控制原理。
9. BSP客车（卧车）阅读灯不能点亮的原因有哪些？为什么？
10. BSP客车蓄电池充电机有哪些主要参数？
11. BSP客车蓄电池充电机电路控制板上各电位器的作用是什么？如何调试？

项目六　接触网供电

项目描述

由接触网集中向全列车供电，是现代客车的发展方向，具有高效、环保、节能等优点。本项目主要学习接触网向列车供电的方案、电力机车供电装置工作原理等。

学习目标

1. 知识目标：掌握电力机车供电装置的工作原理。
2. 能力目标：能进行电力机车升降弓操作。
3. 素质目标：养成爱护设备的良好习惯；养成安全生产及规范作业的意识；养成善于沟通的团队意识。

相关案例

2015年4月10日，兰州局兰州车辆段担当的T295次（兰州—乌鲁木齐南，编组18辆）旅客列车，运行至兰新线河口南至大路间，机后16位YW$_{25K}$672035空调机组顶盖脱落，造成接触网停电。经初步调查，该列车于4月10日在兰州客整所进行春季整修时，作业人员对事故车空调机组进行开盖整修后，拆下的顶盖放置在车顶上没有安装。构成铁路交通一般C（C12）类事故。定兰州车辆段全部责任。

任务一　接触网向列车供电方案

知识要点

- 我国接触网向列车供电的供电方案。
- 接触网向列车供电的关键技术。

视频
接触网向列车供电方案

PPT

▶ **知识储备**

我国由接触网供电的旅客列车的电源,采用客运电力机车主变压器增设的两个辅助绕组供给,容量为 800 kV·A、电压为 3 000 V 或 1 500 V。车辆上的三相异步电动机电源需通过变流装置变换为三相工频 380 V/220 V 交流电压。随着自动控制和电力电子技术发展,变流技术日益完善,成本也越来越低,因此采用电气化接触网供电有着广泛的前景,将作为未来铁路客车的主要供电方式。

DC 600 V 供电制式的空调客运列车在电气化区段运行时,采用电力机车集中供电(DC 600 V)、客车分散变流供电方式。在非电气化区段运行时,东风 11 客运大功率内燃机车本身带有辅助发电机,既可采用 AC 380 V 柴油发电机组集中供电,也可将发电机组输出整流以 DC 600 V 方式向客车供电,当实现电气化牵引后,采用 DC 600 V 供电,这就是 AC 380 V/DC 600 V 兼容供电系统。DC 600 V 供电系统工作原理框图如图 6-1 所示。

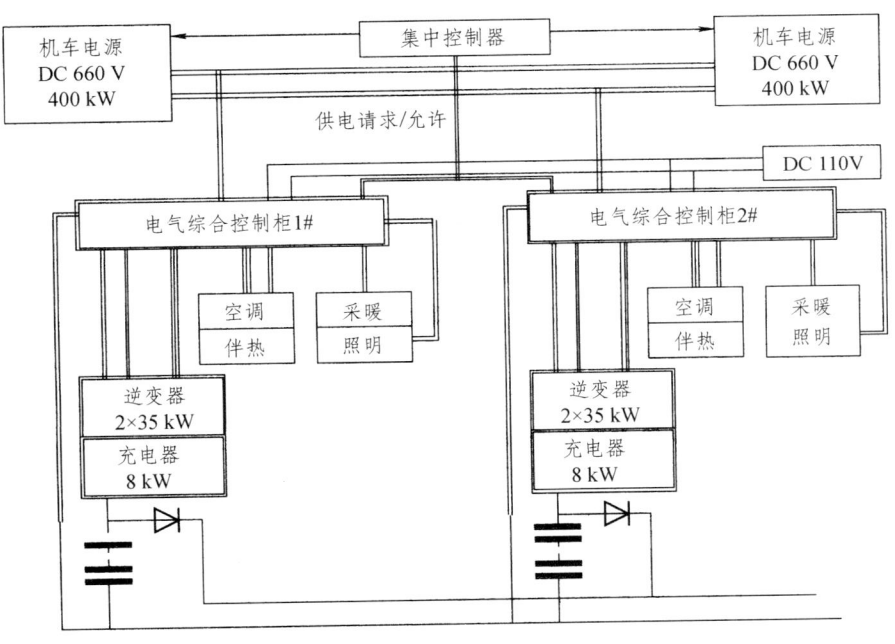

图 6-1 DC 600 V 供电系统工作原理框图

一、电气化区段系统运行方式

电气化区段,新研制的客运(SS8、SS7、SS9)电力机车的列车辅助供电装置将受电弓接受的 25 kV 单相高压交流电降压、整流、滤波成 600 V 直流电。机车上安装了两套 DC 600 V 电源装置,两套装置分两路通过 KC20D 连接器向空调客车供电。空调客车通过综合控制柜自动(按车厢号分奇偶选择)将其中一路 600 V 直流电送入空调逆变电源装置(简称逆变器)及 DC 110 V 电源装置(简称充电器)。空调逆变电源将 600 V 直流电逆变成三相 50 Hz 交流电,向空调装置、电开水炉等三相交流用电负载供电。DC 110 V 供电装置将 600 V 直流电变换成 DC 110 V 直流电，给蓄电池组充电的同时向照明、供电控制等负载供电。客室电热采用 DC 600 V 直接加热。

二、非电气化区段系统运行方式

非电气化区段，内燃机车牵引的 DC 600 V/AC 380 V 兼容空调客车既可采用大功率柴油发电机组供电，也可采用将发电机组交流输出整流成 DC 600 V 供电。如果发电机组的输出为二路三相 50 Hz、380 V 交流电，空调客车通过综合控制柜自动选择其中一路的三相交流电直接向空调装置、电开水炉等三相用电负载供电；通过 DC 110 V 电源装置将三相 AC 380 V 变换成 110 V 直流电，给蓄电池组充电的同时向照明、供电控制等负载供电。如果发电机组以整流方式输出为二路 600 V 直流电，空调客车通过配电柜供电选择开关将其中一路的 600 V 直流电送入空调逆变电源装置及 DC 110 V 电源装置。空调逆变电源将 600 V 直流电逆变成三相 50 Hz 交流电，向三相用电负载供电。DC 110 V 电源装置将 600 V 直流电变换成 110 V 直流电，给蓄电池充电的同时向 110V 直流用电负载供电。

25T 型 AC 380 V/DC 600 V 兼容客车，在主要考虑目前的 AC 380 V 集中供电同时兼顾了 DC 600 V 供电系统，即兼容供电系统不仅可以运用在柴油发电机组集中 AC 380 V 供电系统，在电气化区段也可以直接用于 DC 600 V 供电系统。

尽管可以由柴油发电机组集中供电，但由于要兼顾 DC 600 V 供电，因此 AC 380 V/DC 600 V 兼容供电 25T 型客车的照明和控制系统采用 DC 110 V 供电，车下安装中倍率碱性蓄电池和 AC380 V/DC600 V-DC 110 V 充电器，而空调机组、客室电加热、开水炉、温水器伴热等主电路全部采用 AC 380 V 供电，控制电路则采用 DC 110 V 控制。

三、关键技术

1. 电压制式的确定

DC 600 V 供电电压制式的选择参照了国外供电制式并结合了我国国情和技术现状。高压供电从经济性考虑无疑具备优势，但是，采用高压供电系统必定将降压、整流和逆变器全部集中在客车上，其安装和配重难度较大。而机车集中整流后向客车供电，在技术上没有太大的困难。

基于我国逆变器技术的现状，确定了 600 V 电压等级，因为 AC 380 V 三相交流电压整流后的电压为 540 V，而直/交变换存在电压利用率问题，输出交流要达到 380 V，要求电压应在 600 V 左右。国外有 540 V、600 V、660 V、720 V 甚至 750 V 等级。我国采用 DC 600 V 电压等级，一方面可以提高逆变器的可靠性，另一方面这个等级的电压，实际在绝缘、耐压等方面与 AC 380 V 基本一致，安全性好。

2. 逆变技术

将交流电变成直流电的过程称为整流，将直流电变成交流电的过程称为逆变。电力机车接触网电压是单相供电而且供电品质很差，不能降压后直接供给列车的用电负载，因而必须用到逆变技术,将单相交流电变成直流电后再逆变成三相交流电供给客车负载。近几年,国内逆变技术已达到实用化程度,为 DC 600 V 列车供电提供了技术基础。

客车空调逆变器的基本原理为:在每个正弦波周期内,将直流电压分割成若干个脉冲,这些脉冲的面积,正好等于正弦波的面积。通常情况下,一个周期内脉冲的个数乘以 50 即为调制频率,调制频率越高,输出的脉冲个数越多,在没有滤波器时,电动机负载的电流越接近于正弦波,而如果有滤波器,则滤波器的体积可以减小,输出电压波形的谐波成分越低。调制频率越高,对 IGBT 的驱动和保护要求越高,技术难度大。

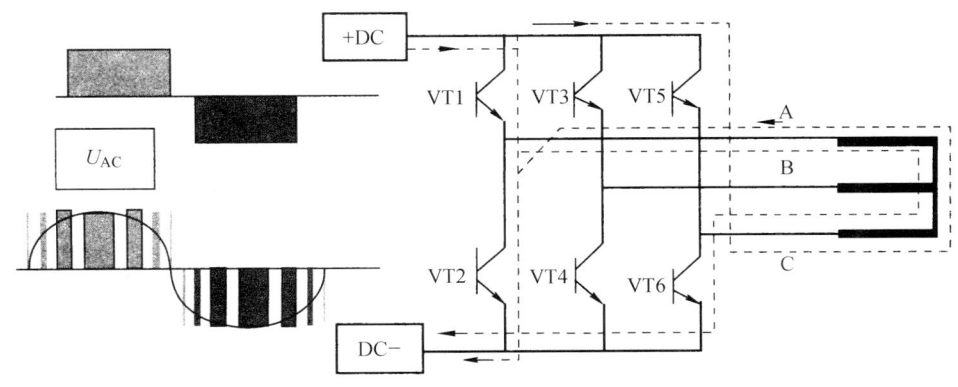

图 6-2 逆变器工作原理

图 6-2 中由 6 只 IGBT 构成三相桥式逆变器,A、B、C 为电动机的三相绕组。当 VT1、VT6 导通,其他管子截止时,电流由正极经 A 相流过 C 相到负极,则 U_{AC} 正相波形如电压波形图的上半周所示;VT2、VT5 导通时,电流由正极经 C 相流过 A 相到负极,则 U_{AC} 反相波形如波形图下半周所示。

3. 变频变压(VVVF)技术

如果按正弦波规律控制 IGBT 的导通和关断,则可输出调制波形。

电动机在启动时,存在 7 倍左右的电流冲击,如果不采取软启动方式,逆变器必须有 7 倍以上的额定容量,显然极不经济,同时机车电源也要承受启动电流冲击。如果能做到启动电流较小或基本与额定电流一样,则比较经济而且可靠性高。采用输出电压(U)和输出频率(f)同时变化并保证 $U/f=C$(常数)即可实现软启动。

电动机有两个基本公式:

$$U = C_e \Phi f \qquad (6\text{-}1)$$

$$M = C_m \Phi I \qquad (6\text{-}2)$$

上述两个公式中,C_e、C_m 为常数。由式(6-1)可以看出,电压 U 降低而频率保持不变,则磁通 Φ 减小,而根据式(6-2),磁通减小,必然要增大电流才能保证启动转矩。而如果保证在电压变化时,频率也保持同步变化,即 U/f 等于常数,则启动过程中磁通保持不变,在保证启动转矩的同时,可以使启动电流减小,这就是软启动的原理。负载直接启动而不实行 VVVF 启动的方式称为强迫启动或突投,如图 6-3 所示。

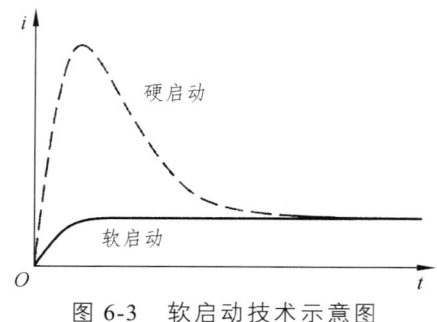

图 6-3 软启动技术示意图

任务二 电力机车供电装置工作原理

> **知识要点**
> - 电力机车供电装置主电路原理。
> - 电力机车过分相时的技术。

> **知识储备**

视频　　　　PPT
电力机车供电装置工作原理

一、电力机车供电原理简介

接触网通过电力机车向空调列车供电，如图 6-4 所示。机车主变压器设置两个列车供电绕组，将受电弓接收的 25 kV 单相交流高压电降压，利用两套独立工作的单相半控整流装置，将单相交流电整流成直流，分别向列车供电。

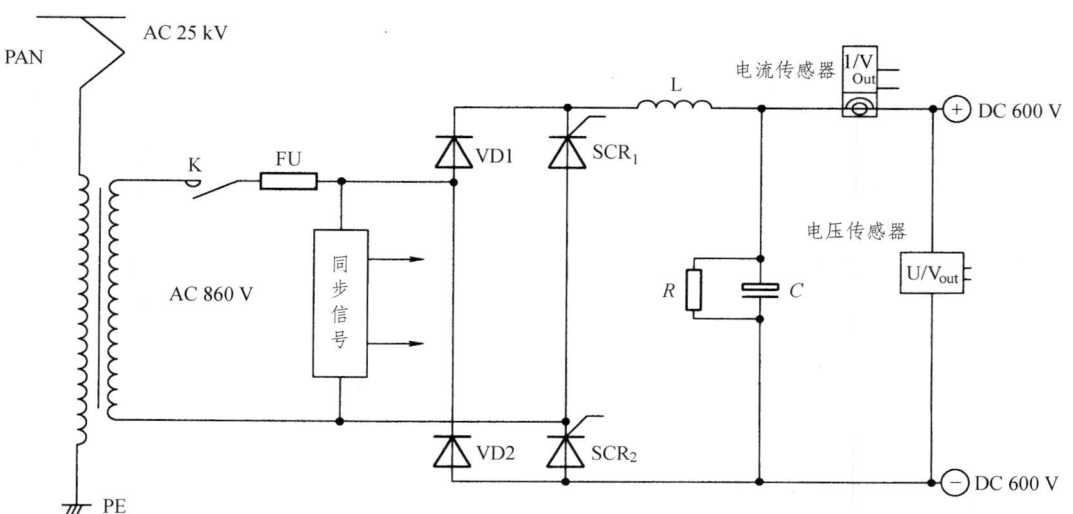

图 6-4 电力机车 DC 600 V 供电系统主电路原理图

电力机车供电装置主电路原理图如图 6-5 所示。供电绕组 a7-X7、a8-X8 从主变压器抽头输出，每绕组输出额定电压 870 V、电流 600 A，功率 522 kW。

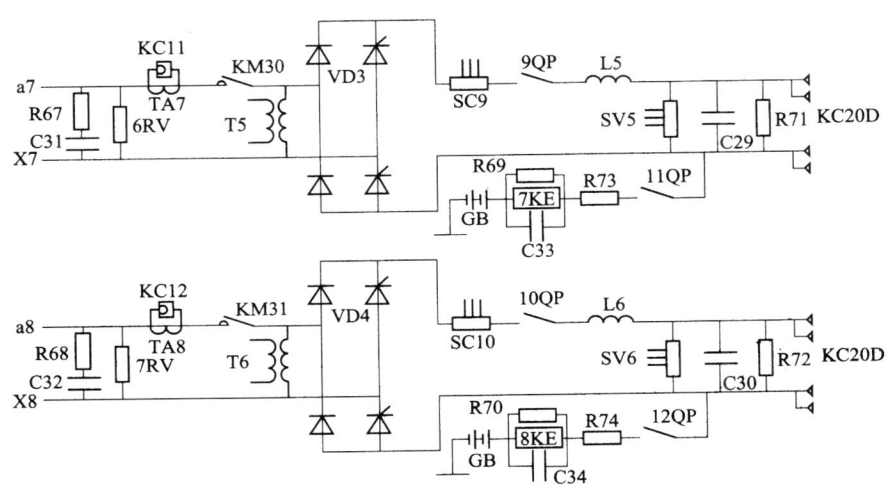

图 6-5　SS8 电力机车供电装置主电路原理图

交流真空接触器 KM30、KM31 是供电装置总开关；同步变压器 T5、T6 提供整流用同步移相电压信号及整流器投入或停止的电压提示信号。

整流器 VD3、VD4 采用单相半控桥式整流，额定输出电压 600 V、电流 670 A、容量 400 kW。滤波电抗 L5、L6 分别与电容 C29、C30 构成滤波电路，电抗值为 9 mH，电容值为 10 400 μF，滤波后输出电流脉动率小于 30%；R71、R72 分别为电容 C29、C30 的放电电阻，接触器 KM30、KM31 断开后，端电压由 600 V 降至 50 V 需要 30 s。

电阻 R67、R68 分别与电容 C31、C32 组成过压保护电路；TA7、TA8 分别与 KC11、KC12 构成交流侧过流保护装置，过流整定值为 1 000×（1±0.1）A；电流互感器 SC9、SC10 及电压互感器 SV5、SV6 构成直流侧恒压限流控制及过流保护控制。

主电路的接地采用传统的有缘保护，接地继电器与机车蓄电池串联后与直流输出干线的负载相连。

为保证 DC 600 V 与 AC 380 V 兼容的安全性，机车加装供电集控器。司机台上设有供电钥匙，由司机通过该钥匙来控制交流真空接触器的闭合与分断。主司机台上显示屏中显示列车供电时的工作状态和故障状态，副司机台左侧电流电压表分别显示两路电输出的电流值、电压值。供电输出插座 KC20D 位于机车两端。

电力动车组动力车供电装置主电路除容量外均与 SS8 机车相同。

二、电源装置使用中注意的问题

电力机车 DC 600 V 电源本身的工作原理与控制系统完全区别于发电车集中供电，而且安装在机车上，出现问题时车辆乘务人员无法进行操作和维护。根据动车组的运用经验，车辆随车工程师应重点注意以下几个问题。

（1）机车 DC 600 V 供电装置的输出品质。机车 DC 600 V 电源是供电系统的关键，如果电源出现故障，没有 600 V 输出，客车上的主要用电设备将无法工作。DC 600 V 电源装置早在 20 世纪 90 年代就研制出来了，尽管电路结构非常简单，但是由于受客车负载的随机变化、网压波形的畸变和受电弓抖动造成的瞬间离线等因素影响，实际运用中存在很多问题。实际运用中供电系统发生过因参数不匹配而产生的低频振荡，也发生过多次因电源故障而影响客车供电的事故，因此应合理地选择机车电源的滤波参数，消除供电系统可能出现的低频振荡；新造 25T 客车的综合控制柜能够记录 DC 600 V 电源的输出参数，而且在主控站的显示屏上可以即时观察电源输出波形的时间曲线，发现电源异常时，可进行相应的切换处理。

（2）机车电源的输出失控可能造成毁灭性的破坏。DC 600 V 电源的输出电压有时或长时间达到 1 000 V 以上，这种故障是由于 SCR 全导通，可控整流变成全波不可控整流。由于客车上的逆变器充电器大多采用 1 200 V 的 IGBT，因此容易引起功率器件的损坏。此外，客车综合控制柜和逆变器充电器使用的直流接触器在进行电源隔离时，断弧困难，触点容易损坏。

（3）机车 DC 600 V 输出的电力连接器和控制连接器由于形式不统一，给电力连接器和供电控制连接器的操作带来一定的困难。

三、接地保护问题

SS_{7C}、SS_{7D}、SS_{7E}、SS_8、SS_9 为有源接地（见图 6-6），SS_9 改、DF_{11} 为中点接地（见图 6-7），客车为不接地系统。

有源接地与中点接地相比缺点是：不隔离供电的负载对地电压相对较高，DC 600 V 正线及交流负载线对地电压为 710 V，提高了对绝缘的要求，绝缘利用不对称，EMI（电抗干扰）效果差。

中点接地与有源接地相比的优点是：各线对地电压对称（为正、负 300 V）可以充分利用绝缘，EMI 效果好。推荐采用中点接地方式，机车接地保护电流动作值为 150～180 mA，客车为 100～150 mA。

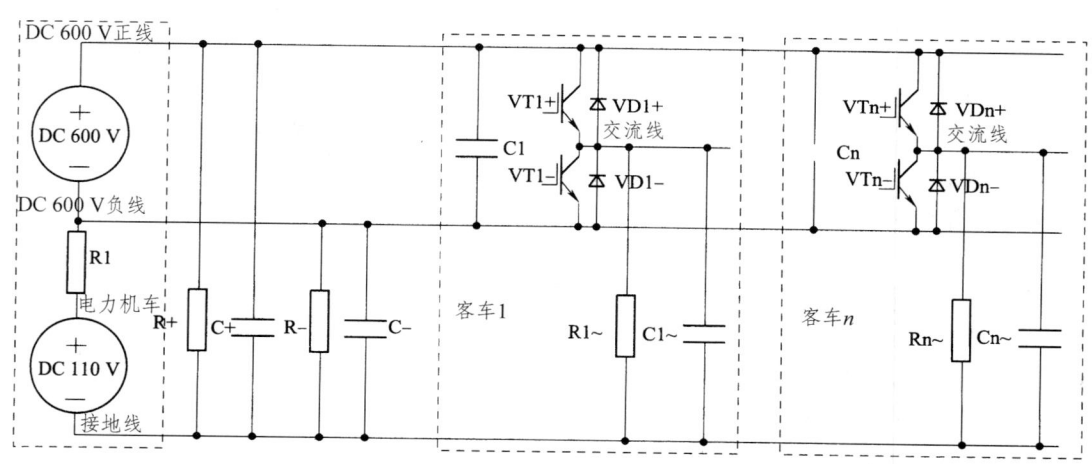

图 6-6　DC 600 V 供电系统有源接地示意图

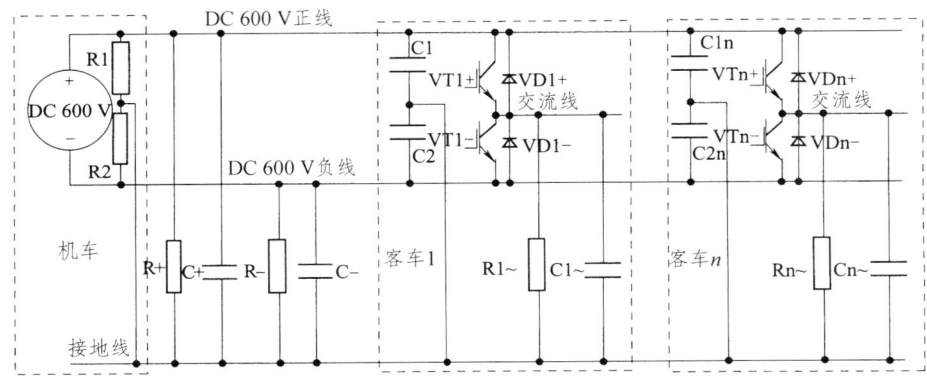

图 6-7 DC 600 V 供电系统中点接地示意图

为与不同机车编组，客车采用不接地系统进行保护。客车保护既考虑了直流保护，同时考虑了交流负载保护。在不接地系统中，由于电位浮地，系统不同设备（车厢间）的串扰较大。客车漏电流设置为软件 100 mA 动作，硬件 150 mA 动作。

四、供电回路原理

电力机车 DC 600 V 电源，通过 KC20D 电气连接器向列车母线供电。在车厢内，两路 DC 600 V 首先进入电气综合控制柜，电气综合控制柜设有供电选择电路，可以选择 I 路或 II 路 DC 600 V 电源，同时还设有漏电检测装置，当本车厢 DC 600 V 电路和 AC 380 V 电路有漏电时，可以切除本车 DC 600 V 电源。电气综合控制柜将输入的 DC 600 V 电源进行分配，供给逆变器和充电器。逆变器将 DC 600 V 电源，变换成 AC 380 V 电源，并输出到电气综合控制柜，供给空调机组。充电器将 DC 600 V 电源变换成 DC 119 V 供本车蓄电池充电和照明等其他用电负载用。

五、过分相区问题

由于电力机车牵引每 50 km 存在分相区，过分相区时，受电弓失电，DC 600 V 电源没有输出，逆变器也停止向空调机组供电，为了防止过分相时，控制接触器频繁吸放，控制系统采用 DC 110 V 供电。过分相时控制系统和照明的电源来自于 DC 110 V 蓄电池。

电力机车经过分相区的最短时间约为 10 s（200 km/h），对空调机组的启动是否产生影响？通过大量的模拟试验和实际运用证明，仅仅是制冷量稍有损失，而由于逆变器采用 VVVF 启动，空调机组的电流冲击并不存在。首先，过分相区的时间加上 DC 600 V 的缓启动时间及逆变器的缓冲、延时和软启动时间，至少在 30 s 以上，空调机组有足够的时间来平衡压力，因此，没有必要在空调机组内进行旁通控制。电力机车过分相时，电源输出波形如图 6-8 所示。

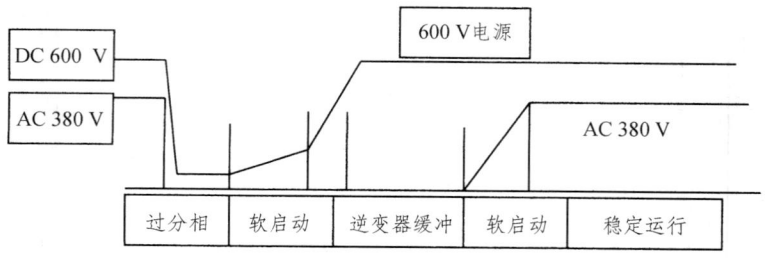

图 6-8 过分相电源输出波形

复习思考题

1. 画出 DC 600 V 供电系统原理框图。
2. 在非电气化区段列车如何供电？
3. 简述电力机车供电装置工作原理。
4. 接触网供电的列车控制电源为什么采用 DC 110 V？

项目七　25T 型客车电气系统 ▶▶▶

项目描述

25T 型客车电气系统，通过电力机车集中供 600 V 直流电，车厢分散变流。本项目主要学习综合控制柜的工作原理、逆变器工作原理、充电机、单相逆变电源工作原理，电气系统的操作与故障处理。

学习目标

1. 知识目标：掌握电源控制柜和照明控制柜的工作原理。
2. 能力目标：能进行电源控制柜的操作、应急电源的使用操作。
3. 素质目标：养成爱护设备的良好习惯；养成安全生产及规范作业的意识；养成善于沟通的团队意识。

相关案例

2015 年 7 月 10 日 19 时 23 分，新乡运用车间担当新乡开往郑州的 K7971 次旅客列车新乡站正点开车（机车 HX3C0086）。19 时 28 分，列车长通知车辆乘务长 14 号车厢空调故障。车辆乘务长立即通知车电乘务员并赶往查看，发现机车 2 路供电不稳定，存在供电电压时有时无的现象。20 时 20 分，K7971 次正点到达郑州站，折返开行 2150 次（郑州至日照）。21 时 05 分 2150 次郑州站开车（机车 HX3C0962，图定 21 时开，非车辆原因导致）。21 时 58 分，2150 次到达新乡站（折角运行，更换机车，出发机车 HX0099），新乡运用车间派人上站协助乘务员处理，22 时 37 分新乡站正点开车。23 时 05 分，故障确认为机后 9 位 YZ_{25G}351640 车逆变器故障，采取单逆变供电，本车半载供电，其他车恢复正常供电。K7971 次 7 月 12 日返程入新乡客整所检查确认故障为 YW_{25G}351640 车隔离变压器严重烧损。

任务一 综合控制柜概况

> **知识要点**
> - 客车电气综合控制柜的基本作用。
> - 客车电气综合控制柜的特点。

> **知识储备**

视频　　　　PPT

综合控制柜概况

25T 型客车为 AC 380 V/DC 600 V 兼容供电客车。客车 DC 600 V 供电时，供电系统采用电力机车集中供电，客车分散变流的方式。

25T 型客车采用 2×35 kW 逆变器，主要从两方面考虑：一是 25T 型客车由于新增加了许多设备，单车负载容量较大；另一方面是为适应新的运行方式，增加供电系统的可靠性和安全性。两个逆变器其中一个主要给空调机组供电，另一个给开水炉、伴热器等交流负载供电，正常情况下，两个逆变器相互独立，互为热备份。当其中一个发生故障时，由另一个负责继续向负载供电，但部分负载要减载运行（如空调机组转入半冷或半热工况）。客室电热器、温水器等电阻性负载采用 DC 600 V 直接加热的方式，一方面减轻了逆变器的冬季负载，另一方面减轻了电阻性负载引起的漏电流。

由于电气化区段每隔 50 km 左右便有一个分相区（不同变压器之间换相）即无电区，DC 600 V 电源装置在过分相区时停止输出，因此逆变器也没有三相交流输出。为了避免照明负载的频繁断电，照明采用 DC 100 V 供电，在牵引区段，由充电器向照明负载供电，而过无电区时则由安装在车下的蓄电池供电。同样，为了保证空调等控制电路的控制电器不频繁吸合和释放，控制电路也采用 DC 110 V 供电。

为了防止本车蓄电池过放电或故障，保证重要负载（如轴温报警器等）的供电，全列蓄电池通过阻断二极管并联。尾灯、电话等设施从延续性的角度考虑仍采用 DC 48 V 供电。

国产 25T 型客车采用 TKDT 型铁路客车电气综合控制柜，简称综合控制柜。综合控制柜是集电源转换与控制、空调机组控制、照明控制、蓄电池欠压保护等功能单元于一体的智能型综合控制柜。综合控制柜的控制单元由可编程序控制器（以下简称 PLC）、CPU 单元及其扩展 I/O 单元和触摸屏组成。

综合控制柜的控制核心采用可编程序控制器 PLC 通过微型可编程序终端（以下简称显示触摸屏）接收各种指令并自动执行相应的操作步骤，对电气系统运行中出现的各种故障及时进行诊断、指示并保护。综合控制柜具有检测、控制、诊断保护、信息提示、联网通信功能，实现供电及控制系统的综合控制，可进行车对车通信，并逐步实现车对地、地对车的计算机联网通信。在触摸屏上可以设置车厢号、车辆编号，设置电源和空调机组的保护值，设置制冷、采暖的转换温度，显示逆变器充电器的工作状态、输入输出参数和故障诊断信息；可以记录电源的运行状态和参数、空调机组的工况和运行参数，记录压缩机、电热器的运行时间和电流参数，可以根据温度传感器自动控制空调装置的工况转换；可以记录电气系统内出现的故障；可以通过触摸屏控制其他车辆的电源和空调状态。

AC 380 V/DC 600 V 兼容供电客车，除具备 DC 600 V 供电系统的功能外，还增加了直流、交流电源的自动转换、识别和手动选择，通过电压传感器、频率传感器的采样，区分直流供电和交流供电，并自动进行转换和运行参数的记录等。

一、主要特点

（1）综合控制柜实现了客车电气控制系统的小型化、智能化、集成化和系统化。

（2）综合控制柜根据预设参数实现自动控制，减轻了操作人员的工作强度，避免了人为操作引起的事故，便于操作和维护。

（3）综合控制柜对整车电气系统参数进行实时监测，出现故障时及时进行保护动作，避免了由于保护不及时而引起的严重后果。

（4）综合控制柜可对轴温、防滑器、烟火报警器、车门的状态进行监视和显示。

（5）综合控制柜充分考虑了整车各个电气功能部件的协调工作，整个电气系统工作更加安全可靠。

（6）根据《铁道客车配线布线规则》和实际存在的问题，不同系统、不同电压等级、不同电流类别的导线尽量相互隔离，减少相互间的电磁干扰。

（7）综合控制柜的控制方案以自动为主，同时考虑控制系统故障的应急措施，包括极端情况下的手动应急措施。

（8）综合控制柜主要具备六大功能：电源转换与控制功能；空调机组控制功能；蓄电池欠压保护功能；照明供电功能；轴温、防滑器、烟火报警器、车门及电源箱状态监视功能；联网通信功能。

二、技术规格

（一）主要技术参数及功能

1. 综合控制柜控制单元

综合控制柜控制单元由 PLC 主机单元（CPM2A-CPU61）、12/8 点的 I/O 扩展模块（CPM1A-20EDR1）、OMRON 公司的信息显示触摸屏（NT31－ST121-EV2）组成。

1）PLC 主机单元

PLC 是可编程序控制器的缩写，用于整个电气系统自动控制；电气系统运行中的参数监测与分析；对出现的故障进行自动处理；通过显示触摸屏实现人机对话，响应显示触摸屏输入的命令、参数；将故障信息、运行记录通过显示触摸屏显示等。其规格和主要参数如表 7-1 所示。

表 7-1 综合控制柜中 PLC 的规格和技术参数

内容	参数	内容	参数
模拟量输入点	17 点（DC 0~10 V）	开关量输出点	24 点（继电器输出）
温度输入点	1 点（PT100）	输出端最大开关功能	2 A，AC 250 V（$\cos\phi=1$）； 2 A，DC 24 V
开关量输入点	24 点（DC 24 V，8 mA）	输出端最小开关功能	10 mA，DC 5 V

2）信息显示触摸屏

信息显示触摸屏是一种微型可编程终端，采用全中文液晶显示触摸屏（带背光），具有字符类型和图像类型显示，由通信接口和PLC的外设接口进行通信。主要功能是现场参数设定、电源转换、空调机组等功能单元运行工况的人为控制、运行工况参数的显示、实时显示各功能单元的运行状态及实时报告故障现象。其规格和主要参数为如下：

字符、图像类型显示：不少于20×15个汉字。

LCD规格：不少于320×240点。

2. 交、直流电源

1）主电路电源

主电路由两路电源母线中的其中一路提供电源，向温水箱、逆变器、充电器供电，并由逆变器Ⅰ、逆变器Ⅱ变换成AC 380 V，向车内空调、伴热等交流负载供电，主电路主要参数见表7-2。

表7-2 综合控制柜主电路的技术参数

项目	参数	项目	参数
直流主电源	DC 600 V	额定工作电压	三相交流380 V
额定工作电压	DC 600 V	电压波动范围	三相交流323~437 V
电压波动范围	DC 500~660 V	额定工作频率	（50±1）Hz
交流主电源	AC 380 V		

2）蓄电池

DC 110 V电源全列贯通，各车厢蓄电池及充电器通过逆流二极管与DC 110 V干线并联。蓄电池在充电机停止或故障时，向本车照明、水位显示、塞拉门、车下电源箱控制、温水箱控制、开水炉控制等负载供电。其电池欠压保护动作值为（91±1）V，恢复值为（97±1）V。

3）直流控制电源（见表7-3）

应急灯、轴温报警器、防滑器、PLC等重要负载由列车直流110 V母线供电；照明、车下电源箱、温水箱、开水炉、水位显示等负载的控制电源由本车直流110 V电源提供；控制柜内的DC/DC电源模块将DC 110 V电源转换成DC 24 V向PLC、显示触摸屏、网关、安全用电记录仪供电，转换成DC 12 V向传感器供电；DC 110 V/DC 48 V电源将DC 110 V转换成DC 48 V向尾灯、电话插供电。

表7-3 直流控制电源参数

直流电器控制电路		PLC、触摸屏电路		信号采集电路（传感器）	
额定工作电压	DC 110 V	额定工作电压	DC 24 V	额定工作电压	DC 12 V
电压波动范围	DC 77~135 V	电压波动范围	DC 20.4~26.4 V	电压波动范围	DC 11.4~12.6 V
				输出电压范围	DC 0~10 V；0~5 V

4）PLC、触摸屏及传感器供电电源（见表7-4）

表 7-4 PLC、触摸屏及传感器供电电源参数

内容	参数	内容	参数
额定输入电压	DC 110 V	电压调整率	不大于1%
输入电压波动范围	DC 77~135 V	电流调整率	不大于1%
额定输出电压	DC 24 V，±5%	额定输出电流	DC 24 V 不小于 3 A
	DC 12 V，±5%		DC 12 V 不小于 1 A

5）尾灯、电话插座供电电源（见表 7-5）

表 7-5 尾灯、电话插座供电电源参数

内容	参数	内容	参数
额定输入电压	DC 110 V	额定输出电流	不小于1 A
输入电压波动范围	DC 77~135 V	电压调整率	不大于1%
额定输出电压	DC 48 V，±5%	电流调整率	不大于1%

（二）WG 型网关规格

WG 型网关包括 PLC 网关、轴温报警器网关、防滑器网关、烟火报警器网关。这些网关一方面通过各种通信接口实现 PLC 到安全记录仪之间、轴温报警器到 PLC 之间、防滑器到 PLC 之间、烟火报警器到 PLC 之间的数据传递，另一方面通过 Lonworks 接口及列车总线实现车辆间的信息和命令传递。

额定输入电压： DC 24 V。
输入电压波动范围： DC 20~27 V。

（三）DL-Ⅱ代理节点

代理节点是连接列车和车厢的桥梁，它有 2 个独立的 Lonworks 通信接口。上行 Lonworks 通信接口负责列车级网络通信，接收列车主机的信息，并将信息转发给下行 Lonworks 通信模块。下行 Lonworks 通信接口负责车厢级网络通信，转发集中控制命令，接收车厢各应用节点传输的参数、工作状态等信息。

额定输入电压： DC 24 V。
输入电压波动范围： DC 20~27 V。

三、系统功能

1. **触摸屏功能**

触摸屏的功能包括：现场参数的设定、电源供电的转换、空调机组运行等功能单元运行工况的操作、运行状态和主要参数的实时显示。通过触摸屏可以调出 3 h 以内的各种工作状态和运行参数。

2. 电源供电转换功能

综合控制柜的供电电源有 AC 380 V 和 DC 600 V 两种。当选择"交流供电"时，供电系统为发电车集中供电；当选择"直流供电"时，供电系统为机车集中向客车供电。

3. 空调机组控制功能

通过空调工况转换开关可将空调机组控制设置为"自动""试验冷"或"试验暖"位。PLC 因故障停止工作时，可将空调工况转换开关置于"试验暖"或"试验冷"位，手动控制空调机组运行。"试验冷"可实现强通风、半冷和全冷工况；"试验暖"可实现弱风、半暖和全暖三种工况。

4. 照明控制功能

照明采用 DC 110 V 供电，照明的控制方式为手动控制。照明控制开关设在乘务员室内（特殊要求除外），通过控制开关可实现车内照明的控制。

5. 网络功能

本车轴温信息、防滑器信息、车门状态信息、烟火报警器信息等通过网络连接，在触摸屏上集中显示。

列车设两路双绞屏蔽网络线，通过综合控制柜内网线转换开关与柜内网关连接，可实现全列集中监视和控制。

通过网络实现全列监视，即在任何一节车厢的触摸屏上可以查看其他车厢的供电、空调、轴温信息、防滑器信息、车门状态信息、烟火报警器信息等设备的运行状态及参数。

通过网络实现全列集中控制，即在任何一节车厢的触摸屏上可以控制其他车厢的供电和空调运行。

任务二　综合控制柜的工作原理

知识要点

- 客车的供电控制与转换。
- 综合控制柜的电气工作原理。

知识储备

视频　　　PPT
25T 型客车的供电控制与转换

铁路客车电气综合控制柜在 25G 客车上已经推广应用，25T 客车电气综合控制柜许多控制逻辑和控制流程与 25G 客车相同，不同的是 25T 客车的电气系统监控更丰富些。25T 综合控制柜从原理上可分为几大功能单元，其工作原理如附图 A-11 所示。

一、客车的供电控制与转换

综合控制柜的电源有两路供电，分"自动"和"试验Ⅰ路""试验Ⅱ路"位。正常情况下，选择开关置于"自动"位，自动控制流程如图 7-1 所示。

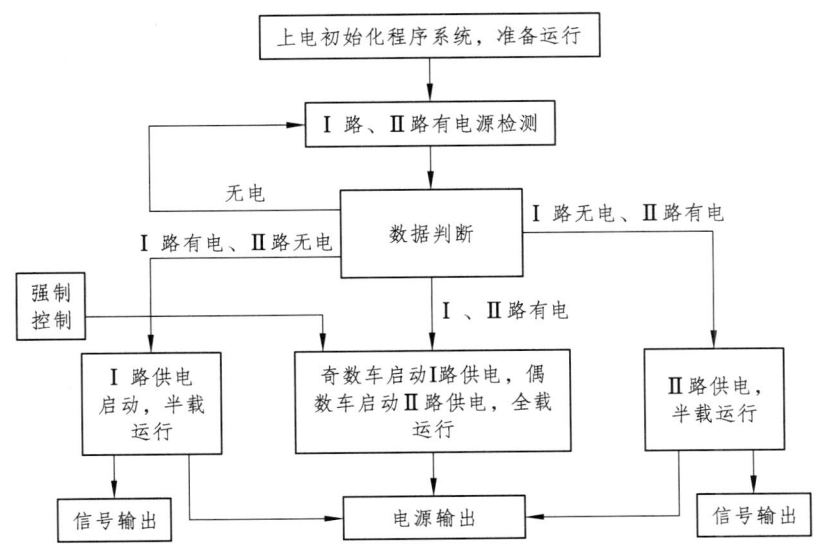

图 7-1　综合控制柜自动控制流程

1. 正常情况下，转换开关 SA1 置于"自动"位

当Ⅰ路、Ⅱ路均有电时，设定车厢号后，PLC 按照均衡供电原则，奇数号车厢选择Ⅰ路供电、偶数号车厢选择Ⅱ路供电，Ⅰ路和Ⅱ路在软件和硬件上互锁，显示屏显示相应信息，电源指示灯亮。

当电池电压高于 96～98 V 时，欠压保护板输出一个 DC 110 V 正极性信号（311）使 KM4 吸合；依次合上 Q20、Q30、Q19、Q18，此时 PLC、触摸屏、传感器、网关、安全记录仪等得电工作，+113 有电，KM3 得电吸合，其得电通路为：+113→Q18→+141→VD1→41→SB2→198→FU10→+199→KM3 线圈→-111。

KM3 得电吸合后，断开 Q19。

依次合上 Q1、Q2，+601/-601，+602/-602 之间有电，电压传感器 JK1 输出 A1/AGND，电压传感器 JK2 输出 A2/AGND，触摸屏得电显示Ⅰ路、Ⅱ路供电是否正常，如果正常，先合上 Q39，充电机、逆变器控制得电，然后合上 Q3，将供电转换开关 SA1 置于"自动位"。

奇数号车厢选择Ⅰ路供电，KA10 线圈得电，其得电通路为：

+190→SA1（5—6）→540C→PLC（540）→SA1-2→KM2 常闭触点→+191→ KA10 线圈→-111。

KA10 的常开触点闭合，KM1 线圈得电，其得电通路为：

+111→KA10 的常开触点→+151→KM1 线圈→-111。

KM1 的常开触点闭合，实现Ⅰ路供电。

偶数号车厢选择Ⅱ路供电，KA20 线圈得电，其得电通路为：

+190→SA1（5—6）→541→PLC（541）→SA1-8→KM1 常闭触点→+192→KA20 线圈→-111。

KA20 的常开触点闭合，KM2 线圈得电，其得电通路为：

+111→KA20 的常开触点→+152→KM2 线圈→-111。

KM2 的常开触点闭合，实现Ⅱ路供电。

如果Ⅰ路有电、Ⅱ路无电，所有车厢 PLC 通过检测可自动选择Ⅰ路供电，负载减半运行。如果Ⅱ路重新供电，则偶数车厢 PLC 通过检测可重新选择Ⅱ路供电。

如果Ⅱ路有电、Ⅰ路无电，所有车厢 PLC 通过检测可自动选择Ⅱ路供电，负载减半运行。此时如果Ⅰ路重新供电，则奇数车厢 PLC 通过检测可重新选择Ⅰ路供电。

可以通过触摸屏的电源控制菜单和提示选择或转换供电回路。

在Ⅰ路、Ⅱ路都有电，奇数号车厢Ⅰ路供电、偶数号车厢Ⅱ路供电的情况下，如果Ⅰ路（Ⅱ路）电源出现故障（如过压），PLC 自动转换到另一路电源供电，同时负载减半运行。

当故障恢复正常，通过触摸屏操作解除故障保护或电源重新供电，通过 PLC 检测后，PLC 自动转换回原供电回路，负载恢复全载运行。两路供电回路重新供电时，PLC 将自动解除保护，转换到原供电回路。

在一路有电，另一路无电，所有车厢都是同一路供电的情况下，如果供电回路出现故障，则 PLC 停止供电，不进行转换。

在一路正常，另一路存在故障未消除，车厢供电已经进行了一次转换的情况下，如果供电回路再出现故障，则 PLC 停止供电，不进行转换。

故障排除后，可以通过触摸屏上的"电源控制"菜单，按下"停止供电"或"自动供电"触摸开关解除故障保护。通过 PLC 检测后，PLC 自动转换回原供电回路，负载恢复全载运行。

故障排除后也可以通过转换开关由"停止"位转换到"自动"位，PLC 自动解除保护，转换回原供电回路，通过 PLC 检测后，负载恢复全载运行。

出现过压故障，恢复正常后，两路供电回路重新供电时，PLC 将自动解除保护转换到原供电回路，恢复全载运行。

2. 试验位时，可将转换开关置于"试验Ⅰ路"或"试验Ⅱ路"，人为选择Ⅰ路供电或Ⅱ路供电，此时 PLC 只进行检测报警，不能进行电源回路的转换

将转换开关置于"试验Ⅰ路"时，KA10 线圈得电，其得电通路为：

+111→SA1（1—2）→540→KM2 常闭触点→+191→KA10 线圈→-111。

KA10 的常开触点闭合，KM1 线圈得电，KM1 的常开触点闭合，实现Ⅰ路供电。

将转换开关置于"试验Ⅱ路"时，KA20 线圈得电，其得电通路为：

+111→SA1（7—8）→541→KM1 常闭触点→+192→KA20 线圈→-111。

KA20 的常开触点闭合，KM2 线圈得电，KM2 的常开触点闭合，实现Ⅱ路供电。

主电路中接有电压传感器 JK1、JK2 和漏电流传感器 JK8，并设有绝缘检测装置 JYJC（6~150 mA 可调），显示触摸屏上可显示主电路的电压、电流、DC 110 V 母线电压、本车蓄电池电压、电源状态、逆变器输出电压等信息，当某路电源出现过压、绝缘等故障时，显示触摸屏显示故障提示，相应电源故障灯亮。

正常供电时，合上 Q7，DC 600 V 电源通过+600、熔断器 FU3、+609 给温水箱供电；合上 Q15、Q25，DC 600 V 电源通过+600、熔断器 FU1 给客室电热Ⅰ及端部电热Ⅰ供电；合上 Q16、Q26，DC 600 V 电源通过+600、熔断器 FU2 给客室电热Ⅱ及端部电热Ⅰ供电，35 kV·A 逆变器 NBQ1 通过 U1、V1、W1 给空调负载供电；合上 Q6，另一台 35 kV·A 逆变器 NBQ2 通过 U2、V2、W2 向电开水炉 DKSL 供电；合上 Q5、Q17、Q22，通过 U3、V3、W3 向通风机 PFJ、伴热 1、伴热 2 等交流负载供电；两台逆变器互相热备份，当一台故障时，向 PLC 发出半载信号，PLC 切换到半载工况，负载由正常工作的逆变器供电；电伴热、交流插座、通风机、水泵、风口调节器等负载由 10 kV·A 隔离变压器供电；单相逆变器为音视系统供电。DC 110 V 电源向照明、车下电源箱控制、轴温报警器、防滑器、水位显示仪等供电。

二、空调机组控制

空调机组控制原理在《客车空调装置》中具体阐述，此处从略。

三、蓄电池欠压保护

为保护蓄电池，综合控制柜设蓄电池欠压提示功能，当 PLC 检测到本车蓄电池电压低于欠压保护设定值（90～92 V 断开，96～98 V 闭合），触摸屏应显示相应故障信息，提示用户。蓄电池欠压保护功能判断信号由车下电源给出，当蓄电池欠压时，车下电源给出信号切断相应负载。

四、照明控制

照明控制功能通过转换开关 SA4 分为"半灯""全灯""停止"。

将 SA4 置于"半灯"位，SA4 的 3-4、5-6 触点闭合，KM6、KM7 线圈得电，其得电通路为：

+110→+113→SA4（3-4）→KM6 线圈→-111→-110。

+110→+113→SA4（5-6）→KM7 线圈→-111→-110。

KM6、KM7 的常开触点闭合，使得终夜灯和应急灯工作。

将 SA4 置于"全灯"位，SA4 的 1-2、3-4、5-6 触点闭合，KM5、KM6、KM7 线圈得电，KM5 得电通路为：

+110→+113→SA4（1-2）→KM5 线圈→-111→-110。

KM5、KM6、KM7 的常开触点闭合，使得终夜灯、半夜灯和应急灯工作。

五、轴温、防滑器、烟火报警器、车门及车下电源箱状态监视

通过 WG 型网关可以将轴温、防滑器、烟火报警器、车门、车下电源箱的状态送给 PLC，并在触摸屏上显示。通过主画面上的"本车网络"触摸开关可以查询本车轴温、防滑器、烟火报警器、车门的详细信息。

六、网络通信

代理节点能实现车辆间的通信。各个车厢的 PLC 通过代理节点将本车信息发送给其他车厢的命令传送到列车总线上，供其他车厢调用。本车 PLC 可以通过代理节点读取列车总线上其他任一节车厢的信息；接收其他车厢发给本车的命令并执行。PLC 上的 PORT 口的拨动开关置于 OFF。

任务三　综合控制柜的使用、维护与检修

知识要点

· 正确操作综合控制柜的参数设置。
· 综合控制柜的日常静态使用。

知识储备

视频　　　　PPT
综合控制柜的使用

一、使用

（一）系统参数设定

综合控制柜使用前，必须合理地设定系统参数，否则综合控制柜将无法正常工作。这些参数应该在综合控制柜出厂、装车、车辆编组前进行设定、检验，一经设定不得随意更改。

操作步骤如下：按下"管理界面"触摸开关，调出"密码"画面（见图7-2），按"口令"触摸开关调出键盘，即点击"000"处，出现键盘画面（见图7-3），输入管理员密码"837"，按回车键，再点击"关闭键盘"，点击"确认"进入参数设定画面（见图7-4），在参数设定画面可以进行参数设定操作。用手轻触数字显示处，调出"键盘"，利用键盘设定空调机组制冷（压缩机）、制暖（空气预热器）设定值、直流漏电保护值、电池欠压保护值、欠压恢复值、车厢号、车号、空调制冷、制热设定值。输入值确认后按回车键输入设定值，完成后按下"关闭键盘"触摸开关即可关闭键盘。按下"返回"触摸开关返回密码画面。

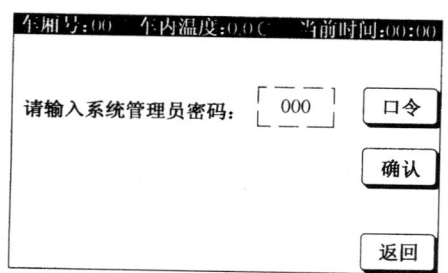

图7-2　管理人员进入密码画面

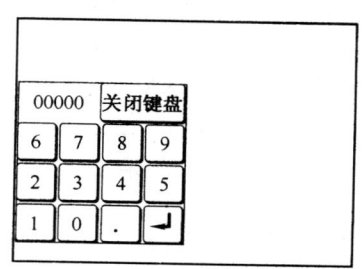

图7-3　键盘画面

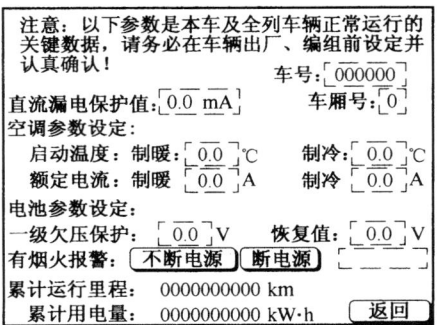

图 7-4 参数设定画面

总电源绝缘保护值出厂时预设为 100 mA，蓄电池欠压保护值出厂时预设为 92 V，空调机组制冷（压缩机）、制暖（空气预热器）设定值按照机组型号在出厂前设定。

车厢号必须在车辆编组后，运行前按照实际车厢号在触摸屏上设定，全列车辆车厢号不得重复，加车车厢号依次顺延。例如：正常时最后一节车厢号为 17，则加 1、加 2、加 3 的车厢号在触摸屏上依次设定为 18、19、20。

空调制冷、制暖温度值可分别设定，但应保证制冷值高于制暖值，制冷、制暖值相差不小于 5 ℃。制冷温度值（T1）的设定不得低于压缩机的低温保护值（20 ℃）。

按下"断电源"或"不断电源"触摸键，选择有烟火报警时是否切断电源，设定完毕后，将 PLC 重新上电。

（二）供电人工转换

按下主画面上的"供电信息"触摸开关进入"供电系统信息"画面。

人工强制选择电源供电回路"Ⅰ路供电"或"Ⅱ路供电"，可以按下"控制"触摸开关，调出"电源控制"，根据触摸开关上的文字提示人工强制选择电源供电回路"Ⅰ路供电"或"Ⅱ路供电"。此时如果电源停止，且所选供电回路有电，则选择该路供电；如果正在此路供电则电源继续供电；如果是另一路供电则转换到此路供电。按下触摸开关"自动供电"，则自动返回 PLC 默认的供电回路，即奇数车厢Ⅰ路供电，偶数车厢Ⅱ路供电。人工强制选择电源供电回路应有特殊原因时使用，使用后如无特殊原因应转换回"自动供电"状态。

如果电源曾出现故障，确认故障排除后，可以按下"停止供电"或"自动供电"解除故障保护，通过 PLC 检测后，重新启动供电。

（三）空调人工转换

在主画面，按下"空调信息"触摸开关，进入"空调系统信息"画面。

人工强制选择空调工况，可以按下"控制"触摸开关，调出"空调控制"。"空调控制"设有 10 个触摸键：强风、弱风、半冷、半暖、全冷、全暖、全自动、电热 1 和电热 2、停空调、停电热。这些触摸开关的含义如下：

"强风""弱风""半冷""半暖""全冷""全暖"是由人工强制空调机组转换到所选择

的工况运行;"停空调"是停止空调运行;"全自动"是控制空调机组由不受温度控制的状态转换到受温度控制的自动运行状态,此时客室电热与空气预热器联动;"电热1"和"电热2"是启动客室电热器;"停电热"是关闭客室电热器。

(四) 供电、空调、车下电源运行参数、当前故障查询

在主画面按下"供电信息"触摸开关,调出"供电系统信息",显示出目前电源状态及参数;按下"空调信息"触摸开关切换到"空调系统信息",显示出目前空调机组状态及参数;按下"逆变信息"触摸开关切换到"逆变信息"画面,显示出目前车下电源转换箱状态及参数;按下"当前故障"触摸开关切换到"当前故障",显示当前电气系统存在的故障。

(五) 运行记录、故障记录、故障历史查询

在主画面,按下"故障记录"触摸开关,调出"故障记录",显示最近故障前10 min、每隔2 min 的电源及空调参数,按下"下翻"触摸开关可依次查看其他故障记录。在"当前故障"画面按下"故障历史"按钮,显示出用电系统最近出现的256个故障;在"主画面"按下"运行记录"触摸开关切换到"运行记录1",显示出一定时间前电源参数及空调机组参数,按下"下翻"触摸开关可依次查看其他运行记录,运行记录每隔10 min 记录1次,一共18幅;通过触摸屏可以调出3 h 以内的各种工作状态和运行参数,正常运行状态时平均每隔10 min 记录1次,超过3 h 后自动刷新;当出现故障时,能及时记录,并进行提示,通过故障记录可以查看故障前10 min 以内、每2 min 间隔的运行参数,用以分析故障原因。

(六) 监视全列其他车厢状态、控制全列其他车厢

按下"全列监控"触摸开关,可切换到"全列监视"画面。只要轻触监视车厢号数字显示处,调出"键盘"输入监视车厢号,所监视车厢的信息即可显示出来。按下"监视防滑"显示所监视车的防滑信息,按下"监视轴报"显示所监视车的轴报信息,按下"返回"触摸开关返回。

在"全列监视"画面,按下"全列控制"调出"全列控制"画面。根据其上的触摸开关及提示,如想控制其他车厢电源转换,可按下电源控制区内触摸开关;如想控制其他车厢空调机组转换工况,可按下空调控制区内触摸开关,触摸开关变黑为选中。按下"取消命令"可以取消选择。确认命令正确无误后,按下"发送命令"触摸开关向受控车厢发送命令,按下"返回"触摸开关返回。

(七) 更改系统时间

在主画面上,轻按右上角的时间显示处,调出"时间设定",上部显示当前时间,在下面的拨盘开关输入正确的日、时、分、秒,确认无误后按下右侧的"输入"触摸开关即

可将正确的时间输入到 PLC 中。按下"返回"触摸开关返回。

二、维护

（一）外观检查

（1）柜内应无锈蚀、变色、污染，应无灰尘和其他异物的混入；防尘密封垫、进线口防护胶圈应无龟裂、变色、变形、劣化、剥离；配线的端子部位应无过热变形痕迹或损伤；配线符号和标识不应有脱落等；柜内和柜门活动部分的导线不应有绝缘破损。

（2）各电器压接端子螺钉、电器固定螺钉、柜内电器安装板及配电柜安装螺钉等应无松动。

（3）柜门开启、关闭应灵活，锁定装置应可靠，门锁功能正常。

（4）电器安装应牢固，各种开关操作应正常。

（5）电器标识应正常。

（二）定期维护保养

定期维护保养可分为月定期维护、半年定期维护和一年定期维护。维护保养工作可结合中国国家铁路集团有限公司有关规章制度进行。

1. 月定期维护保养

检查各电器状态（如触头黏结、触头不闭合。各断路器合不上闸或不能分闸等）。检查 Q1、Q2、JYJC、Q17、Q22 及 FR11、FR12、FR14、FR15 的测试按钮动作是否正常。经过检修或更换新品，恢复设备完好状态。

2. 半年定期维护保养

（1）测试和验证断路器过流保护值。

（2）对所有电器进行检查，有疑点到试验台测试性能。

（3）对传感器进行校验。经过半年定期维护保养使控制屏各项性能达到规定的要求。

3. 一年定期维护保养

进行动态调试，各种参数重新统调，达到规定要求。

4. PLC 单元的维护

PLC 是一种工业用控制器。为使 PLC 工作在最佳状态，务必实行日常或定期检查。PLC 的主要系统部件都是半导体，它含有少数有限寿命的部件，不良的环境条件可导致电气部件损坏，所以必须进行定期维护。维护检验的标准周期是 6 个月～1 年。

检验项目包括：

（1）电源电压是否在 20.4～26.4 V 范围内。

（2）环境温度是否在 0～55 ℃ 范围内。

（3）环境湿度是否在相对湿度 10%~85% 范围内且无凝露。

（4）输入端电压是否在 20.4~26.4 V 范围内，输出端电压不高于 DC 137.5 V。

（5）所有单元安装是否可靠，接线是否牢固，接线螺丝有否松动，连接电缆有否磨损。

PLC 的外壳为塑料制品，工作中应防止机械冲击及油污等化学物品的腐蚀。PLC 的程序及内部资料主要靠锂离子电池保存，电池的使用寿命为自 PLC 出厂时起 5 年，5 年后应及时更换电池，电池的型号为 CPM2A-BAT01。

5. 显示触摸屏的维护

显示触摸屏为液晶显示屏，使用过程中防止表面与硬、尖锐的物体接触以免损伤。

如果显示触摸屏脏得难以看清，可用一柔软干布擦拭显示触摸屏。如果特别脏，用干布擦除脏物可能损伤面板表面，在这种情况下，用含中性洗涤液的湿抹布绞干后擦拭显示触摸屏。

为确保显示触摸屏始终能在最佳状态下使用要进行定期维护工作。正常的环境下，维护检验的标准周期是 8 个月~1 年。

检验项目包括：

（1）电源电压是否在 20.4~26.4 V 范围内。

（2）环境温度是否在 0~50 ℃ 范围内。

（3）环境湿度是否在相对湿度 35%~85% 范围内且无凝露。

（4）所有单元安装是否可靠，接线是否牢固，接线螺丝有否松动，连接电缆有否磨损。

（5）更换背灯。在正常的条件下，背灯保证可使用 25 000 h，当显示中的背灯变暗并且画面不易读时，更换背灯。背灯型号为 NT31C-CFL01。在更换背灯前应注意先关断 NT31/NT31C 电源。否则可能会触电，关断电源后不要马上碰背灯，以免高温引起灼伤。

（6）更换电池：显示触摸屏使用锂电池保存内容。在 25 ℃ 的环境温度下使用显示触摸屏，电池的寿命大约为 5 年，如果环境温度高于 25 ℃，那么电池的寿命就会缩短。建议根据客车运行环境提前更换电池以免造成损失，可更换电池的型号为：3G2A9-BAT08。在以下情况下必须更换电池：

① 新电池已装了 5 年。

② 当运行灯为橘黄色（工作期间）或为红色（停止工作）。

③ 显示触摸屏上电或重新启动时显示"电压太低"信息。

任务四　TGF23 系列逆变器的组成、参数与原理

> **知识要点**
>
> ·客车逆变器的组成、参数。
> ·客车逆变器的工作原理。

视频

PPT

25T 客车逆变器的工作原理

> 知识储备

一、结构组成

TGF23 系列 25T 客车逆变器箱适用于具有 DC 600 V 供电电压的动车组、车辆或其他具有相应供电制式及功率等级的设备。该逆变器箱包括 2 台 35 kV·A 的逆变电源装置和 1 台不小于 10 kV·A 的变压器。逆变电源为空调、电加热器以及其他车载交流 380 V 用电设备供电，变压器为 AC 220 V 用电设备供电。

TGF23 系列包括提供给长客厂的 TGP23 型及 TGF23D 型（高寒高包车用）、提供给长春轨道客车股份有限公司的 TGF23A 型（软硬车用）、TGF23B（高包车用）、TGF23C（餐车用）。TGF23D 型逆变器箱与其余 4 种的主要区别在于其三相变压器容量为 15 kV·A。其余 4 种之间的主要区别体现在柜体吊装和出线规划方面的差异。

TGF23、TGF23A、TGF23B 及 TGF23C 4 种型号对应的用户型号为 25T-2×35 kV·A+12 kV·A，TGF23D 型对应用户的型号为 25T-2×35 kV·A+15 kV·A。

TGF23 系列 5 种型号客车逆变器箱电气原理完全相同，均采用 DC-AC 变换技术，由 2 路 35 kV·A 逆变器及 1 路 12 kV·A/15 kV·A 三相四线变压器构成。两路逆变器之间可以互转换，互为冗余。

该逆变器箱体采用耐候钢结构，箱体为全密封结构，并装有防飞石装置。功率电缆出线采用菲尼克斯接线端子，控制线采用万可接线端子控。控制装置位于箱体中间腔体前部。逆变器模块位于箱体中间腔体后部，控制箱的后面，正弦滤波器、EMC 滤波器、变压器及输出接触器位于箱体两侧腔体。

二、主要技术参数

该系列逆变器的主要技术参数如表 7-6 所示。

表 7-6 逆变器的主要技术参数

额定输出电压/V	输入 DC 600 V 电压		控制电源电压	
三相交流电压有效值：380 V，±5%（准正弦波输出，谐波含量<10%）	额定电压	DC 600 V	额定工作电压：DC 110 V	额定输出容量：2×35 kV·A
单相交流电压有效值：220 V，±5%（准正弦波输出，谐波含量<10%）	最高电压	DC 660 V	最高工作电压：DC 130 V	额定输出频率：（50±1）Hz
	最低电压	DC 500 V	最低工作电压：DC 77 V	三相四线变压器输出容量：≥10 kV·A

三、25T-2×35 kVA+12 kVA 逆变器工作原理

（一）主电路的组成

25T 客车采用 2×35 kV·A 逆变器供电方式，两个逆变器的工作原理是相同的。

25T 客车逆变器箱主电路为三相桥式电压型电路，采用 IGBT 作为开关器件，具有开关频率高、驱动简单、损耗低的特点。其控制采用 SPWM 调制技术，依据 $U/f=C$（常数）实现软启动。输出端配有正弦波滤波器及 EMC 滤波器，以保证输出电压谐波含量小于 10% 及减小电磁干扰，并具有输入输出隔离接触器及转换接触器，当出现故障时，可以自动实现电气上的完全隔离和故障转换。过无电区时，逆变器失电停止工作，过无电区 30 s 后能自动软启动。控制装置采用单片机控制技术，对外部指令识别、系统状态判定、故障诊断及显示实行全面的管理、控制，通过 RS485 接口与 LONWORKS 网关相连，实现与列车网络系统的互联，可方便地进行网络集中控制和信息查询，与外部进行信息交换。该逆变器采用模块化设计，整体散热、全密封结构，可用于环境较恶劣的场合。

逆变器主电路原理如图 7-5 所示。逆变器主电路包括以下几部分。

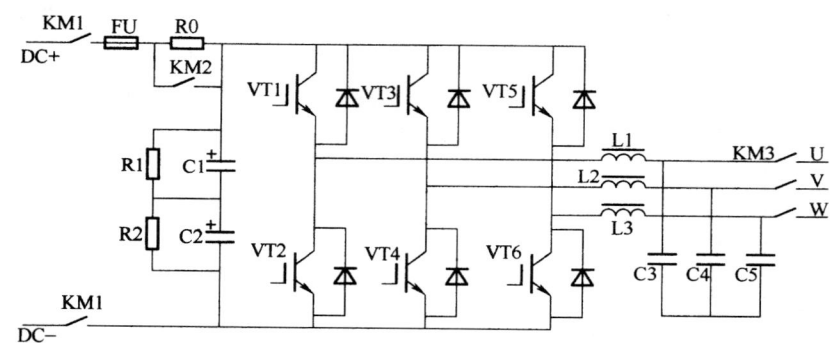

图 7-5 逆变器主电路原理

1. 输入输出隔离电路

图 7-5 中的 KM1、KM3 电磁接触器，其主要功能是在逆变器、输入电路或输出负载发生故障时实施隔离，防止故障扩散。

2. 中间支撑电路

中间支撑电路主要由滤波电容 C1、C2 组成。其主要功能是滤平输入电路的电压纹波，当负载变化时，使直流电压平稳。由于逆变器功率较大，因此滤波电容的容量较大，一般使用电解电容。但由于电解电容的电压等级限制（一般最高工作电压为 450 V），需要两个电容串联后再并联。由于电容自身参数的离散，使得串联的两个电容电压无法完全一致，因此采用电容两端并联均压电阻的方法，如图 7-5 中的 R1 和 R2。R1 和 R2 的另一个作用是在逆变器停止工作时，将电容上的电压放掉。

3. 缓冲电路

缓冲电路由 R0 和 KM2 组成。电容的特性是电压不能突变，因此在合闸瞬间，电容的电压很低，基本可以认为瞬间短路，因此对电源造成很大的冲击电流，这个电流足以使保护熔断器熔断，因此逆变器电流一般都有输入缓冲电路。其工作原理为：在输入端施加电压时，先通过缓冲电阻 R0 对电容充电，当电容电压充到一定值时（比如 540 V），KM2 吸合，将 R0 短路。只有在电阻 R0 短路后，三相逆变电路才能启动工作。

4. 桥式三相逆变电路

由 VT1~VT6 组成的桥式三相逆变主电路是逆变器的核心电路，目前大部分逆变器采用 IGBT 和 IPM 作为开关器件。IGBT 是 MOSFET 和 GTR 复合的产物，具有 GTR 的导通特性和 MOSFET 的驱动特性，驱动简单、功率小，开关频率高，通态压降低、损耗功率小。IPM 是一种智能型模块，是把 IGBT 的驱动电路、保护电路及部分接口电路和功率电路集成于一体的功率器件。35 kV·A 等级的 DC 600 V 逆变器一般采用 1 200 V/300 A 的模块，IGBT 和 IPM 分为单单元和双单元，所谓双单元是指一个模块上包含上下桥臂的两个 IGBT（或 IPM）。6 只单单元器件或 3 只双单元模块可构成三相逆变器的主电路。IGBT 或 IPM 内部都集成了续流二极管，如图 7-6 所示。IPM 元件构成的主电路结构和控制相对简单，但因为驱动和保护模式固定，降低了控制电路设计的灵活性。

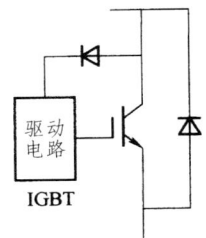

图 7-6　IGBT 内部集成续流二极管

5. 交流滤波电路

交流滤波电路由 L1~L3 和 C1~C3 组成，主要是将逆变器输出的 PWM 波变成准正弦波。早期的逆变器输出波形 PWM 波，谐波含量高，很多负载无法适应。根据铁路新的技术条件要求，25T 客车使用的逆变器输出为正弦波。由于驱动和保护技术的不断完善，使逆变器的调制频率提高，最高可达到 6~8 kHz，因而滤波电感和电容的体积并不太大。

（二）主电路的工作原理

三相逆变器的主电路如图 7-7 所示。

图 7-7 中，输入端为 A、B，输出为 U、V、W，右上角为 VT1~VT6 的导通顺序，阴影部分为各个 IGBT 的导通时间，每一格的时间为 $\pi/3$。根据各 IGBT 的导通顺序，可以绘出 U、V、W 的线电压波形。

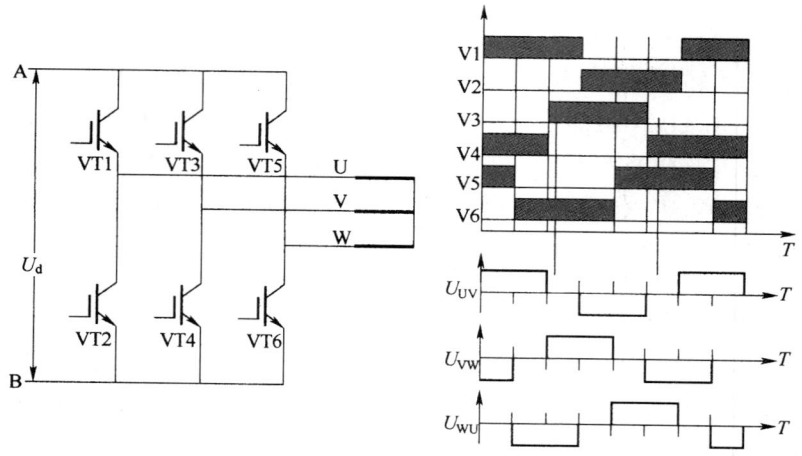

图 7-7　三相逆变器的主电路图

（1）$T_1 \sim T_2$ 时间内，VT1、VT4 同时导通，U 为+，V 为-，U_{UV} 为+且 $U_m=U_d$。
（2）$T_4 \sim T_5$ 时间内，VT2、VT3 同时导通，U 为-，V 为+，U_{UV} 为-且 $U_m=-U_d$。
（3）$T_3 \sim T_4$ 时间内，VT3、VT6 同时导通，V 为+，W 为-，U_{VW} 为+且 $U_m=U_d$。
（4）$T_6 \sim T_1$ 时间内，VT4、VT5 同时导通，V 为-，W 为+，U_{VW} 为-且 $U_m=-U_d$。
（5）$T_5 \sim T_6$ 时间内，VT5、VT2 同时导通，W 为+，U 为-，U_{WU} 为+且 $U_m=U_d$。
（6）$T_2 \sim T_3$ 时间内，VT1、VT6 同时导通，W 为-，U 为+，U_{WU} 为-且 $U_m=-U_d$。

三相线电压之间的相位差为 $2\pi/3$，幅值与直流电压 U_d 相等，只要按照一定的顺序控制 6 个逆变管的导通与截止，就可以把直流电逆变成三相交流电。

实际上由于 IGBT 的开通与关断特性的影响，同一桥臂中的两个 IGBT 在关断与开通之间有一定的时间延迟，即死区保护，主要是防止同一桥臂的上下 IGBT 同时导通，造成所谓的桥臂贯穿短路。

按照上述原理，我们把方波电压按照正弦波的规律调制成一系列脉冲，即使脉冲系列的占空比按正弦规律排列，当正弦值为最大时，脉冲的宽度也最大；反之，当正弦值为最小时，脉冲的宽度也最小。把脉冲的宽度调制得越细，即一个周期内脉冲的个数越多，调制后输出的波形越好，电动机负载的电流波形越接近于正弦波。

（三）逆变器的保护功能

通常逆变器具有输入过压、欠压保护，输出过流、过载、短路保护，IGBT 过流、过热路保护等功能。

1. 过压保护

输入电源、电动机的突然停止和线路感抗等是引起逆变器过压的原因。对于输入电源的短时过压，逆变器一般进行检测后，自动停止工作，当电源恢复正常后，逆变器可以自动重新工作，但对于输入电源的长时间过压，则逆变器将切断输入电路进行隔离保护；对于电动机的突然停止，由逆变器本身的中间支撑电容和系统内其他负载消化；对于线路感抗产生的过电压，则依靠逆变器自身的吸收电路来解决。

2. 欠压保护

由于接触网电压的波动,有可能造成输出欠压,但在这种情况下逆变器可以不停止工作,而是采取降频降压的方式工作,即当输入电压低于 540 V 时,逆变器按照 $U/F=C$ 的规律降频降压工作。电力机车由于存在过分相的问题,因此欠压保护可以不考虑保护,而只是进行提示。

3. 过流保护

逆变器在下列情况下会出现过流:
(1)负载尤其是电动机负载的冲击。
(2)输出侧短路。
(3)自身工作不正常,如逆变桥臂中某个 IGBT 损坏、上下桥臂同时导通等。

25T 客车用的逆变器在技术要求中已明确要求逆变器具备承受电动机负载突加与突减的能力;当输出侧和负载发生短路时,逆变器能立即封锁脉冲输出,并停止工作,这种保护是一次性的,必须在故障清除后,逆变器才能重新工作。逆变器在三相输出侧都安装了电流检测传感器,传感器的输出信号既做输出电流的监测,又用于过流和过载保护;逆变器的内部过流保护一般依靠 IGBT 的驱动模块或 IPM 的内部电流检测电路来实现,其原理是检测 IGBT 或 IPM 导通时的管压降 U_{ce},当器件故障时,U_{ce} 会发生变化,根据变化来判断是否过流并采取保护对策,如减低驱动脉冲的幅值、封锁脉冲等。

4. 过载保护

由于某种原因,使逆变器的输出超过其自身的输出能力,称为过载。逆变器的过载检测由输出侧的电流传感器或输入侧的直流电流传感器完成。一般情况下逆变器的过载保护为反时限特性,即设定过载电流为额定电流的 1.5 倍持续 1 min 后保护,低于 1.5 倍可延长保护动作时间,高于 1.5 倍时则保护动作的时间小于 1 min。

5. 过热保护

IGBT 工作时,产生各种损耗,其中主要包括导通过程损耗、通态损耗和关断时的损耗,这些损耗以热量的形式通过散热器向外传送。当调制频率低即 IGBT 的开关频率低时,通态损耗占主要成分,散热器的温升不会太高,而当开关频率增高后,IGBT 的开关损耗便不可忽略,因此散热器温升相对升高。半导体器件工作在较高的温度环境下,性能、寿命、可靠性等都受到影响,因此需要对 IGBT 进行过热保护。25T 客车使用的逆变器开关频率比较高,靠散热器的自然冷却有一定的难度,因此大都采用风扇强迫冷却,当散热器的温度达到一定值时(设置为 65～80 ℃ 不等),风扇启动。当散热器温度超过允许温度时,安装在散热器上的热保护继电器给出信号,逆变器的控制电路自动封锁脉冲,逆变器停止工作。

(四)逆变器输出波形对负载的影响及改进

DC 600 V 供电系统在试验运用阶段,逆变器的输出波形为 PWM 调制波,这种波形在运用中出现几个比较突出的问题:

（1）逆变器输出端到空调机组有约 20 m 长的导线，由线路阻抗引起的脉冲尖锋电压（高达 1 000 V）施加在小电动机上，影响电动机的绝缘，烧毁电机。

（2）脉冲调制波形输出，使客室电加热的漏电流增大，导致机车电源的接地保护动作，影响 DC 600 V 供电，调制频率越高，等效阻抗越小，漏电流越大。

（3）民用负载基本无法适应这种供电品质。

（4）调制频率低、滤波器体积大的问题，给车下安装带来一定的难度。此外，电源工作时产生的高频噪声也影响到旅客乘车的舒适度。

铁标 TB/T 3063—2002《旅客列车 DC 600 V 供电技术条件》明确规定了逆变器输出电压波形的谐波总含量不大于 10%。25T 客车使用的逆变器的输出与以前相比有以下改善：

（1）改善逆变器的输出品质，直接输出正弦波，提高逆变器的无故障运行时间，解决电动机端电压脉冲的问题和电动机因谐波影响温升的问题。

（2）提高逆变器的开关频率，减小滤波器的体积和重量，降低工作时的噪声。

（3）实现主电路和控制电路的一体化，减少车上车下的电气连线。

（4）完善逆变器的故障诊断，逆变器的运行信息和故障诊断与充电器进行通信，通过充电器的通信接口连接到综合控制柜的 PLC 并在显示屏上显示。

（五）逆变器故障时的对策

逆变器的可靠性对保障客车空调系统的正常工作至关重要，在提高逆变器的可靠性要求的同时，应当考虑故障情况下的对策。25T 客车采用两个 35 kV·A 逆变器，其中一个专门为空调机组供电，而另一个为其他三相负载供电，在一个逆变器出现故障时，通过控制系统可以转换到无故障电源，同时空调机组减半载运行，如图 7-8 所示。

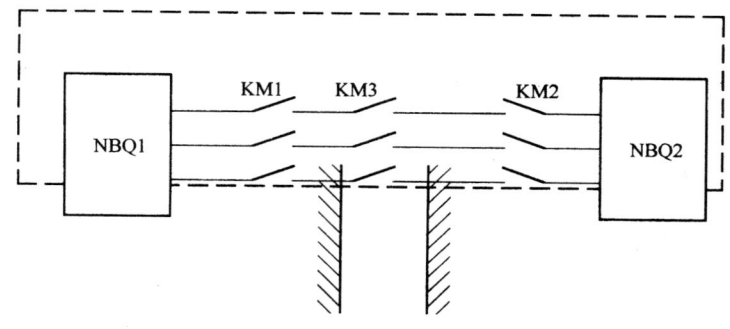

图 7-8　逆变器故障时的对策

任务五　25T–2×35 kVA+12 kVA 逆变器的使用与故障

知识要点

·客车逆变器的日常使用。

·客车逆变器的操作与维护。

> 知识储备

一、使用

逆变器作为一种比较复杂的电力电子设备,包含了强电弱电控制技术、微电子技术、计算机控制和网络通信等技术,使用和维护比较困难,一般维修更需要专业人员和专用工具。

(一)使用中应注意的基本问题

(1)必须注意输入 DC 600 V 和 DC 110 V 的极性不能接反。
(2)两个逆变器的输出不能并联,逆变器的输出三相禁止接入其他电源。
(3)逆变器工作之前,最好能测量负载三相是否平衡,是否存在短路。
(4)启动时先合 DC 110 V 控制电源再合主电源,停止时先断主电路电源,再断控制电源,禁止工作中突然断开控制电源。
(5)避免逆变器在空载输出情况下,突加全部空调负载(控制电源正常,空调主电路开关由断开状态突然合闸)。
(6)模拟量控制线、数字信号线和通信线采用屏蔽线,屏蔽层靠近逆变器的一端接在控制电路的公共端(COM),另一端悬空。
(7)开关量、控制信号线可以不用屏蔽线,但同一信号的进出两根线尽可能绞在一起。
(8)两台逆变器分别接地,不允许两逆变器的地线连接后再接地,见图 7-9 所示。

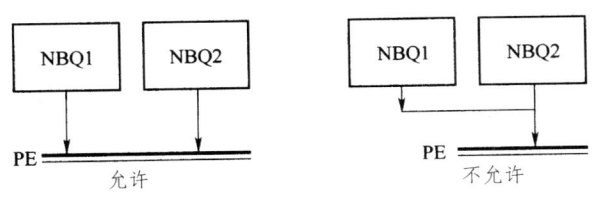

图 7-9 两逆变器的地线连接

(二)逆变器使用中的问题

客车用的逆变器属于静态辅助电源(SIV),控制方案和控制精度比变频调速系统要简单得多,但在使用中,客车逆变器却不是那么简单。单纯的变频器,控制的负载单一,而客车逆变器供电的负载却非常复杂,有风机类、压缩机类、电阻性负载、容性负载等,电源要适应或满足上述不同负载的要求,因此,逆变器的设计和应用相对困难些。

1. 逆变器工作时对母线电压的影响

所有的逆变器都更关注输出电压波形,而忽视了逆变器工作时对直流母线电压波形的影响。实际上,逆变器和充电器工作时,由于线路阻抗的存在,换流时产生很高的脉冲电压,这些脉冲电压直接反馈到直流母线上,使母线电压波形叠加了很多高频脉冲成分。当几个逆变器并联在母线上时,母线电压波形便含有大量的高频脉动成分。这种脉动一方面对挂在母线上的电源装置产生影响，另一方面可能对机车电源的工作产生影响。目前逆变器所使用的 IGBT 或 IPM 对过电压有一定的承受能力，因此大多数逆变器仅采用在桥臂上并联高频电容的简单吸收电路，这种吸收对电源本身没有太大的问题，但对系统的影响却很大。

2. 电热器、PTC 元件的漏电问题

1998 年的首列 DC 600 V 供电列车和部分动车组，存在一个比较大的问题是电加热器漏电。当时的客室电加热器采用板式电加热器，由逆变器输出的 PWM 波供电，后改成管式电加热器，有的逆变器输出增加了滤波。PWM 波形下的板式电加热器产生漏电的原因在于：板式电加热器由于结构和材料的问题，对地存在等效电容，在频率不高的情况下，对地电容通过的电流非常小，而频率较高的情况下，通过等效电容的漏电流便无法忽略。

板式电加热器的等效电路如图 7-10 所示。

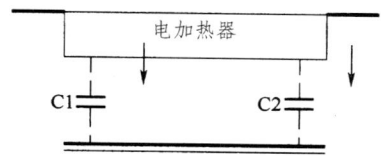

图 7-10 板式电加热器的等效电路

等效电容的容抗为：$X_C = 1/(2\pi f C)$

则通过电容上的电流为：

$$I = U/X_C = U(2\pi f C)$$

可见，尽管 C 很小，但当 f 较高时，漏电流是无法忽略的。

25T 客车和 2003 年部备 25G 型 DC 600 V 列车的客室电热采用 DC 600 V 加热的方式，由于直流电的频率为 0，因此客室电加热的漏电流几乎为 0，但是由于使用了大量的 PTC 伴热元件，使得漏电流问题仍然很突出。从特性上分析，PTC 元件的等效电路如图 7-11 所示。

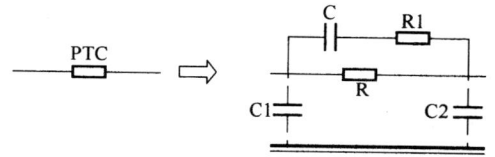

图 7-11 PTC 元件的等效电路

PTC 元件在市电 AC 220 V 工作时存在 3 次及以上谐波，在逆变器供电时，尤其是逆变器的开关频率很高时显得更加突出，而且对地漏电流也很大，对地漏电流的谐波成分较多。

3. 电磁干扰（EMI）问题

电力电子技术的发展使得高频化、大功率逆变器和充电器的应用更加普及，但是高频化和大功率使电力电子装置内部的电压、电流发生剧变，不但使器件承受很大的电压电流应力，还在逆变装置的输入输出引线周围空间产生高频电磁噪声，引发电气设备的误动作，这种公害称为电磁干扰（EMI）。

逆变器对外的高次谐波干扰主要分为直接传导、感应和辐射三种。由于逆变器的输出是超过几千赫的高频电压脉冲，其输出线对地以及负载对地之间都存在有分布电容，并由此产生高次谐波电流。在民用上，谐波电流的存在使通用的漏电断路器经常跳闸，因此民用上必须使用带有抑制高次谐波能力的漏电断路器。

高次谐波干扰的直接传导体现在输入直流回路中存在大量的高次谐波电流，使系统的漏电流增加；控制设备的 I/O 接口、低压测量回路和显示回路则受到高次谐波的感应而产生干扰或误动作；逆变器工作时产生的电磁干扰，对客车内部的电子装置、控制设备和网络通信的正常工作产生不良影响，电子装置尤其应当在设计上采取抑制措施。

二、维护与检修

根据机车车辆的一般检修体制并考虑到 25T 客车逆变器箱的特点，本逆变器的修程分为入库检修、日常维护、一级检修 A1、二级检修 A2、三级检修 A3、四级检修 A4。

检修周期定义：

一级检修 A1：30 万 km。

二级检修 A2：60 万 km。

三级检修 A3：120 万 km。

四级检修 A4：240 万 km。

1．出、入库检查

检查各吊装螺丝是否松动及门锁是否锁紧。检查电源系统是否正常，接入 DC 600 V 应能正常工作。

2．日常维护

该客车逆变器箱正常运行情况下不需要维护。但为保证其正常安全运行，应经常检查箱体安装螺丝、各部分紧固螺丝及门锁，确保没有松动。

A1～A4 修根据表 7-7 进行。

表 7-7　25T 客车逆变器 A1～A4 检修

部位	检查项目	检查内容	判断依据及相应对策	A1修	A2修	A3修	A4修
逆变器箱体	骨架	变形、伤痕、裂纹	裂纹、变形、伤痕等情况已影响辅助电源的密封和使用，需修复或更换		√	√	√
	柜门	变形、伤痕、裂纹	裂纹、变形、伤痕等情况已影响辅助电源的密封和使用，需修复或更换		√	√	√
	控制线插头	变形、伤痕、裂纹、松动	裂纹、变形、伤痕等情况已影响辅助电源的密封和使用，需修复或更换，有松动情况需要重新拧紧或更换	√	√	√	√
逆变器箱内部检查	布线	老化、破损	更换老化严重及破损的导线		√	√	√
		接线端子、密封套、连接器	变形、破损、脱扣、生锈，更换		√	√	√

续表

部位	检查项目	检查内容	判断依据及相应对策	A1修	A2修	A3修	A4修
逆变器箱内部检查	逆变器模块	紧固螺钉	松动、脱落	重新拧紧		√	√	√
		布线检查 紧固件检查	布线情况及紧固件如出现上述问题则采取相应对策		√	√	√
		密封圈	存在永久变形或弹性差时需更换		√	√	√
		散热器检查	检查积灰情况并除尘		√	√	√
		电容组件	电容漏液或塌陷时更换电容或组件	√	√	√	√
		IGBT元件	元件有裂纹或放电痕迹时查明原因并更换相应元件	√	√	√	√
	控制箱	外观检查	变形、伤痕、腐蚀等情况已影响电源变换箱的使用,需修复或更换。紧固件、连接件是否有松动及损坏,需修复		√	√	√
		控制插件检查	检查积灰情况并除尘		√	√	√
	电阻、滤波器、电流/电压传感器	外观检查	表面如积灰,需清扫干净,脱色或损坏,需更换	√	√	√	√
		接线端子检查	有松动的连接部分重新紧固,更换有裂纹或变形的部分		√	√	√
		LC滤波器	检查风扇转动情况,不正常则更换	√	√	√	√
逆变器箱内部检查	接触器	通电动作情况	触头是否有连跳、卡死、粘连,出现任何异常必须更换	√	√	√	√
		触头表面颜色或磨损	触头表面颜色发黑或磨损超过1.5 mm,更换接触器。	√	√	√	√
	散热风扇	外观检查	若有破损,需更换	√	√	√	√
		通电动作情况	通电情况下,动作不正常,需更换	√	√	√	√
	绝缘检测	高压端对地 低压端对地 高低压之间	用500 V摇表测量			√	√
	试验	控制系统整机功能	依据使用说明书分别进行弱电、强电实验	√	√	√	√

三、调试试验

调试的原则是先弱电,后强电,先轻载,后重载。

此项试验需要另外配套提供稳定的不小于70 kW的DC 110 V动力电源和不小于200 W的DC 110 V控制电源、能测量逆变器的输出基波电压、电流及输出基波频率的谐波表,以及相应负载。

1. 弱电试验

仅给控制箱提供 DC 110 V 直流电压，逆变器的开关电源插件控制开关置合（ON）位，开关电源应能正常工作。此时逆变器的主控板 4A 灯闪烁，逆变器板 6A 灯闪烁。检查逆变器的主控板、逆变器控制板上的指示灯，除主控板 27A 灯周期性闪烁外应无任何红色指示灯亮。若有红色指示灯亮，表明系统有故障，应排除故障后方可进行后续试验。

2. 空载试验

系统接入 DC 600 V 电源，逆变器应能正常启动，待稳定后测量逆变器和变压器的三相输出电压、输出电压的上升率、输出电压峰值，测量值应符合技术要求。

3. 轻载试验

系统接入 DC 600 V 电源，给逆变器带上小风机（1~3 kW）、变压器带小负载，应能正常启动，输出电流、电压、频率应符合技术要求。

4. 额定负载试验

系统接入 DC 600 V 电源，给逆变器和变压器带上额定负载运行，应能正常启动，输出电流、电压、频率应符合技术要求。

四、常见故障分析及处理

在正常情况下，从置于车上的信息灯查看到逆变器正常的信号显示，表示逆变器正常。另外，显示屏还可以查看到有关逆变器的更详细的信息。

一般情况下，当客车逆变器发生故障时，在置于车上的显示屏上会有相应的故障显示或故障提示。检修时，可根据故障提示进行有针对性的检查、试验和处理，从而确定具体故障点。在故障处理或检修结束后，应进行通电试验，以确保电源状态完好。利用本装置控制箱插件面板上信号灯及机车显示屏信息可对故障进行判断及排除，如表 7-8 所示。

表 7-8 逆变器故障处理

序号	现象			描述
	输入输出板	主控板	逆变器控制板	
1	3B 灯亮、3A 灯不亮	29A 灯亮		K1 触头卡位合不上
2	4B 灯亮、4A 灯不亮	29A 灯亮		K2 触头卡位合不上
3	5B 灯亮、5A 灯不亮	29A 灯亮		K5（K6）触头卡位合不上
4	6B 灯亮、6A 灯不亮	29A 灯亮		K4 触头卡位合不上
5	3B 灯不亮、3A 灯亮	29A 灯亮		K1 触头卡位断不开
6	4B 灯不亮、4A 灯亮	29A 灯亮		K2 触头卡位断不开
7	5B 灯不亮、5A 灯亮	29A 灯亮		K5（K6）触头卡位断不开
8	6B 灯不亮、6A 灯亮	29A 灯亮		K4 触头卡位断不开

续表

序号	现象			描述
	输入输出板	主控板	逆变器控制板	
9	1B 灯亮、1A 灯不亮	29A 灯亮		K7 触头卡位合不上
10	2B 灯亮、2A 灯不亮	29A 灯亮		K8 触头卡位合不上
11	1B 灯不亮、6A 灯亮	29A 灯亮		K7 触头卡位断不开
12	2B 灯不亮、6A 灯亮	29A 灯亮		K8 触头卡位断不开
13	9B 灯亮	28A 灯亮	2A 和 3B 红灯同时亮，若故障消灭 2A 灯灭	逆变器模块故障，应更换故障模块
14	9B 灯亮	28A 灯亮	2A 和 3A 红灯同时亮，若故障消灭 2A 灯灭	逆变器模块过流，应重点检查负载和电流传感器
15	9B 灯亮	28A 灯亮	2A 和 4A 红灯同时亮，若故障消灭 2A 灯灭	逆变器模块三相输出电流不平衡，此时应重点检查负载和电流传感器
16	9B 灯亮	28A 灯亮	2A、3A 和 3B 红灯同时都亮	检查逆变器模块控制板插头是否松动和逆变器的门极控制板是否故障
17	9B 灯亮	28A 灯亮	2A 和 2B 红灯同时亮，若故障消灭 2A 灯灭	逆变器输入过压，测量逆变器控制板 33A 中间直流电压值 1 V/100 V

任务六　25T 型充电器概况与基本原理

> **知识要点**

- 25T 客车充电器的概况。
- 25T 客车充电器的工作原理。

> **知识储备**

视频　　　PPT
25T 型客车充电器的基本原理

一、概况

25T 型客车充电器整个系统由 TCP4-008/600（L）型 DC 110 V 充电机和 TKB2-0035D/110（L）型单相逆变器组成。TCP4-008/600（L）型 DC 110 V 充电机的作用是将 DC 600 V（AC 380 V）的输入变换成 DC 110 V，供给客车照明、110 V 蓄电池充电及其他 110 V 负载。TKB2-0035D/110（L）型单相逆变器的作用是将 DC 110 V 的输入变换成单相 AC 220 V/50 Hz 输出，供给单相负载使用。

25T 型客车充电器包括 TDK1H-CB 型、TDK1H-CBL 型、TDK1J-CB 型、TDK1J-CBL 型、TDK1K-CB 型、TDK1K-CBL 型、TDK1L-CB 型、TDK1L-CBL 型 8 种型号。TDK1H-CB 型、TDK1J-CB 型、TDK1K-CB 型、TDK1L-CB 型充电机及单相逆变器箱的工作环境温度为 −25～+45 ℃；TDK1H-CBL 型、TDK1J-CBL 型、TDK1K-CBL 型、TDK1L-CBL 型充电机及单相逆变器箱的工作环境温度为 −40～+45 ℃。其中：

TDK1H-CBL 型及 TDK1J-CBL 型充电机及单相逆变器箱系统接线如图 7-12 所示；TDK1K-CBL 型及 TDK1L-CBL 型充电机及单相逆变器箱系统接线图如图 7-13 所示。

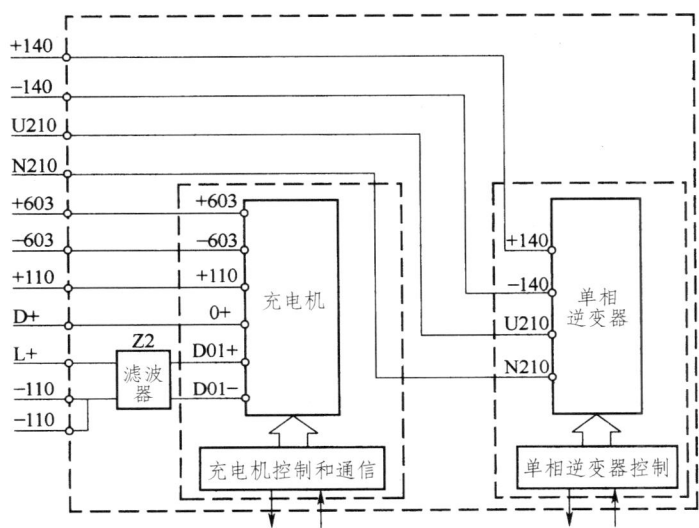

图 7-12　TDK1H-CB（L）型及 TDK1J-CB（L）型充电机及单相逆变器箱系统接线图

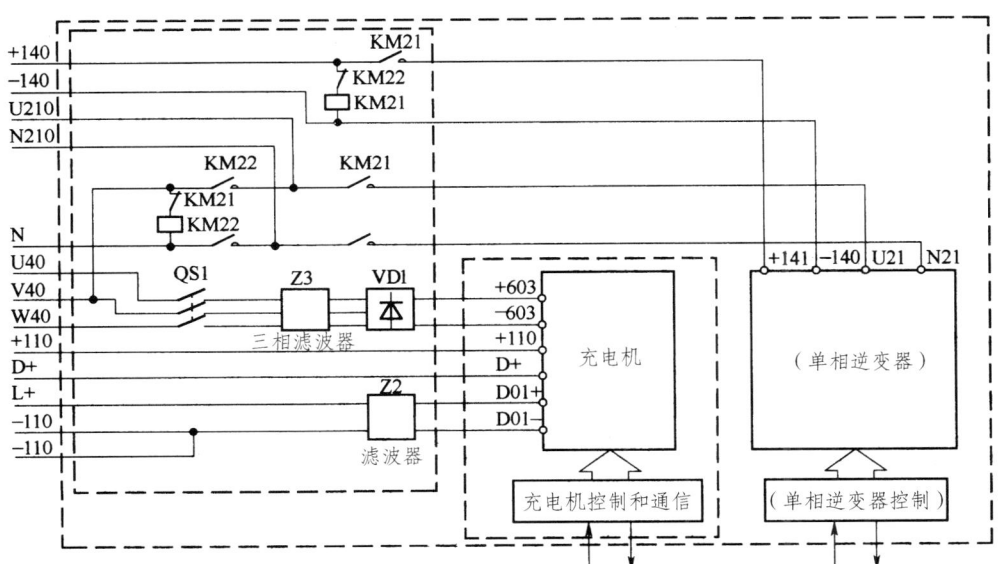

图 7-13　TDK1K-CB（L）型及 TDK1L-CB（L）型充电机及单相逆变器箱系统接线图

25T 型客车充电器的主要技术参数如表 7-9 所示。

表 7-9 25T 型客车充电器的主要技术参数

项目	参数	项目	参数
输入 DC 600 V 电压	额定电压 DC 600 V	输入 AC 380 V 电压	额定电压：三相 AC 380 V
	最高电压 DC 660 V		最高电压：三相 AC 440 V
	最低电压 DC 500 V		最低电压：三相 AC 340 V
控制电源电压	额定工作电压 DC 110 V		额定频率：（50±1）Hz
	最高工作电压 DC 130 V	额定输出电压	DC 119～123 V（可调）
	最低工作电压 DC 77 V	输出电压稳态调整率	≤±1%
输出电压纹波	峰-谷值≤10 V（与蓄电池并联）	输出容量	≥8 kW
充电器变换效率	≥92%（额定输出负载）	欠压保护	蓄电池电压低于 90 V

DC 600 V 供电系统中的充电器是供蓄电池充电及照明控制等系统用电的重要设备，由于输入为 DC 600 V（或兼容 AC 380 V 整流后），因此必须采用 DC/DC 变换技术。为了减小充电器的体积和防止高压窜入低压系统，采用高频绝缘式 DC/DC 变换器，如图 7-14 所示。

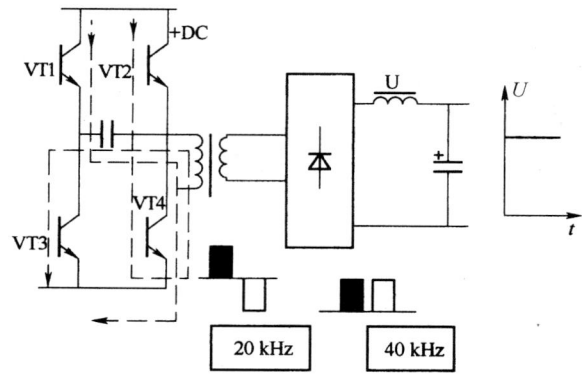

图 7-14 高频绝缘式 DC/DC 变换

按反相控制规律分别控制 VT1、VT4 和 VT2、VT3，即 VT1、VT4 导通时，VT2、VT3 截止，而 VT2、VT3 导通时，VT1、VT4 截止，这样就可以在变压器副边感应出高频脉冲电压，该电压通过整流滤波，得到 DC 110 V 输出。

高频绝缘式充电器在铁路上的应用，其技术已达到国外先进水平，主要关键技术有：
（1）采用电压电流双闭环控制，实现蓄电池恒流定压充电。
（2）采用软开关技术，减小 IGBT 高频开关损耗，效率达到 92%。
（3）采用先进的非晶态铁心制造变压器、电抗器，减小充电器的体积。
（4）IGBT 的开关频率达到 20 kHz 以上，避开了音频区域，减小充电器的电磁噪声。

二、充电器基本原理

25T 客车无论兼容供电还是 DC 600 V 供电，都需要充电器，将 DC 600 V 或 AC 380 V

变换成 DC 110 V 供给蓄电池和照明等负载。从系统的安全性和可靠性来考虑，充电器是供电系统中最重要的设备之一，一旦充电器发生故障，蓄电池将无法充电，电压会放到很低，有可能使本车挂在蓄电池上的所有设备都无法启动和工作。

基于 DC 600 V 的输入电压和大于 8 kW 的功率等级，客车用大功率 DC/DC 变换的主电路一般采用适应高压变换的半桥或全桥结构，如图 7-15 所示。

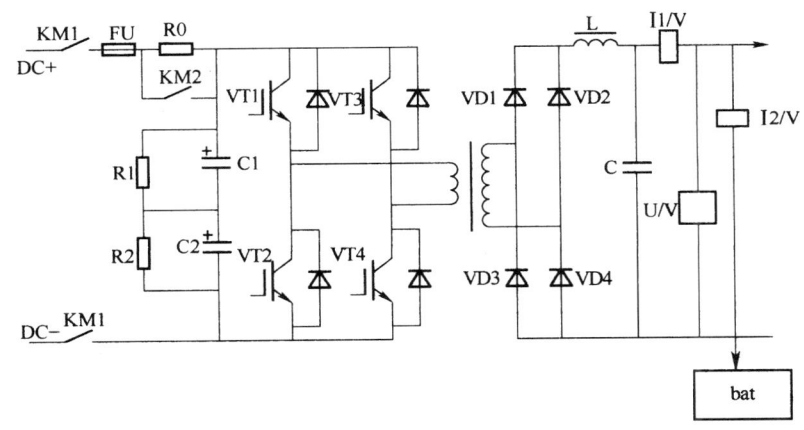

图 7-15　PWM 桥式 DC/DC 变换电路

充电器的输入隔离、滤波和缓冲电路与逆变器相同。逆变桥由 4 只 IGBT 组成，功率的传输靠高频变压器传递，变压器的输出经过高频整流和滤波后，供给直流负载和蓄电池。

（一）高频桥式逆变主电路

VT1～VT4 构成 DC/DC 变换的主电路，VT1～VT4 的控制逻辑和变压器原副边电压波形如图 7-16 所示。

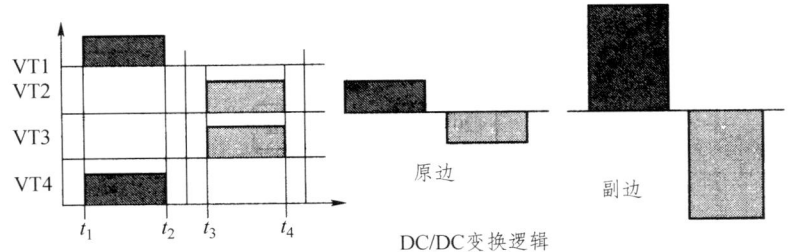

图 7-16　VT1～VT4 的控制逻辑和变压器原副边电压波形

t_1～t_2 区间内，VT1 和 VT4 导通，变压器原边电压为正相电压；
t_3～t_4 区间内，VT2 和 VT3 导通，变压器原边电压为反相电压。

我们注意到 t_2～t_3 区间内任何一只 IGBT 都不导通，这段时间称为"死区"，主要是考虑防止上下桥臂的两只 IGBT 同时造成桥臂的"贯通"短路。

充电器用的 IGBT 一般采用双单元，即一个模块上集成了上下桥臂的两个 IGBT，电路结构简单，但因为 IGBT 工作在 20 kHz 左右，因此其开关损耗大，散热困难。为解决高频的开关损耗问题，采用移相技术实现 IGBT 的准软开关控制，如图 7-17 所示。

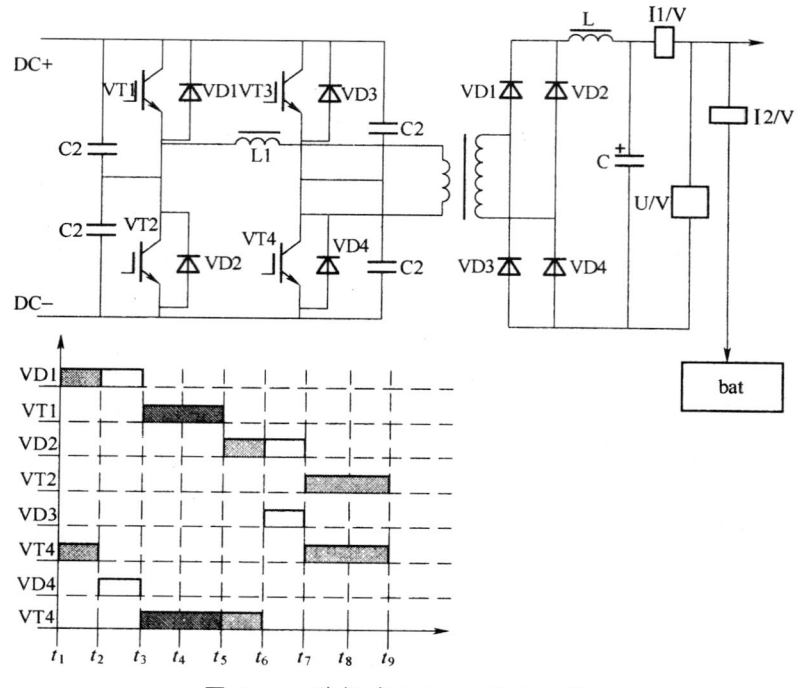

图 7-17　移相式 DC/DC 变换电路

电桥两个桥臂的上下两个开关管（V1—V2，V3—V4）被施加 180°互补的驱动信号，上下两管 180°互补导通。因此除上下两管导通的死区外，电路中总有两个开关管同时导通，共有 4 种导通组合，即 VT1—VT4，VT4—VT2，VT2—VT3，VT3—VT1，并按此顺序周而复始。其中 VT1—VT4，VT2—VT3 组合导通（即对角线导通）时，全桥电路给出能量，而 VT3—VT1，VT4—VT2 组合导通（即上桥臂两管或下桥臂两管同时导通）时，全桥电路处于续流状态不输出能量。调节这两种组合的时间比例，即移相角，变压器得到一个交变的 PWM 电压，以此实现对输出电压、电流的调整。

移相控制的原理是利用变压器漏感和 IGBT 结间的电容谐振，漏感 LK 储能向电容 C 释放过程中，使电容 C 的电压逐步下降到 0，二极管 D 开通，创造 0 电压开关（ZVS）条件，电路中的其他电感、电容元件是为获得可靠的零电压开关而设置。

（二）电压变换的实现

DC 600 V 供电客车的 DC/DC 变换，主要是通过 IGBT 桥式逆变电路将 DC 600 V 电压变换成占空比可调的高频方波电压，经变压器隔离后整流滤波成 DC 110 V 电压；兼容供电客车则是先将 AC 380 V 整流后，变成 DC 540 V，然后采取与 DC 600 V 相同的 DC/DC 变换。所谓占空比是指一个半波内，驱动 IGBT 的脉冲宽度占整个半波周期的比例，为了调整输出电压，占空比是可变化的，属于脉冲宽度可调模式即 PWM 方式。在这种控制方式下，脉冲的幅值是不变的，当负载发生变化时，依靠改变脉冲的宽度来保证输出电压的稳定；如果输入电压发生变化，也可以通过改变脉冲宽度来保证输出的稳定，如图 7-18 所示。

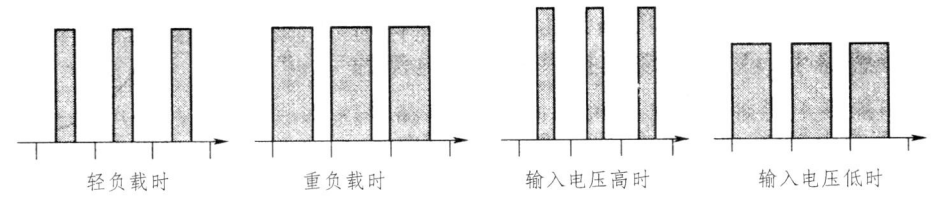

图 7-18 脉冲宽度

由 VD1～VD4 四只高频快速二极管组成的整流电路,对变压器副边输出的脉冲电压进行整流,并有电抗器 L 和电容 C 进行滤波。高频整流对二极管的要求与一般交流整流电路不一样,除了要求较小的通态压降以减小导通损耗外,还要求具有快速的导通和关断能力,以减小开关损耗,因为在高频条件下,二极管的开通和反向恢复时间引起的损耗在总损耗中占有明显的比例。

(三) 高频的影响

采用 20 kHz 的工作频率主要是为了减小变压器、滤波器的体积。变压器的原边或副边的感应电压有一个基本公式:$U=kfW_1BS$,其中 U 为变压器线圈端电压,f 为工作频率,W_1 为线圈匝数,B 为磁通密度,S 为磁路面积。

从公式 $U=kfW_1BS$ 中可以看出,相同的输出电压和磁密时,当频率 f 提高,W_1 和 S 可相对减小,W_1 的减小即线圈绕组的匝数减少,亦即变压器的铜重可以减小;S 减小即变压器铁心面积减小,亦即铁重减少,而铜线和铁心是决定变压器的有效体积和重量。当频率提高到 20 kHz 时,变压器的铁心非常小,线圈匝数大幅减小。同样,高频输出脉冲(对应 40 kHz)的滤波电感和电容也明显减小,这就是高频化的效果。高频带来的负面影响就是损耗的增加。IGBT、变压器、整流二极管、滤波电抗等在高频时的损耗都明显增加。

(四) DC/DC 变换器的功能和保护

DC/DC 充电器的主要功能是将输入 DC 600 V 或 AC 380 V 变换成适合蓄电池充电和直流负载使用的 DC 110 V,并在输入电压和负载变化时保持输出稳定,即稳压功能。DC/DC 充电器的输入保护和工作原理与逆变器相同,如图 7-19 所示。

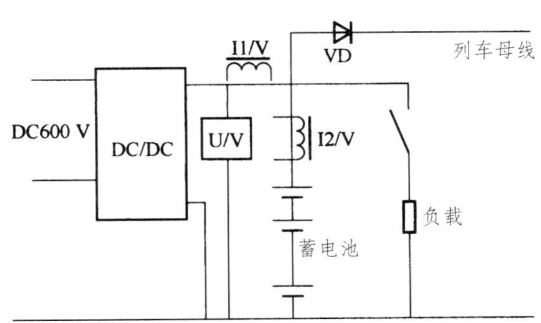

图 7-19 DC/DC 充电器的工作原理图

为减小充电器启动时的冲击，充电器 IGBT 的驱动脉冲在启动时也采用"软"启动方式。如图 7-20 所示，脉冲宽度逐渐增加，输出电压逐渐升高，当升高到一定值时，电压反馈或电流反馈起作用。

(a) 脉冲宽度　　　　　　　　(b) 输出电压变化曲线

图 7-20　脉冲宽度与输出电压变化曲线图

DC/DC 变换器采用双闭环即电流环和电压环控制。图 7-19 中，电压反馈靠电压传感器 U/V 输出测量信号，充电电流反馈靠电流传感器 I2/V 的输出信号，而电流传感器 I1/V 的反馈则提供输出总电流的检测信号。

限流定压充电功能：25T 客车采用碱性中倍率电池，碱性电池充电的要求应符合马氏曲线（见图 7-21），即蓄电池在电压低时采取恒流充电的方式，在电压充到一定程度时采取恒压浮充的方式。

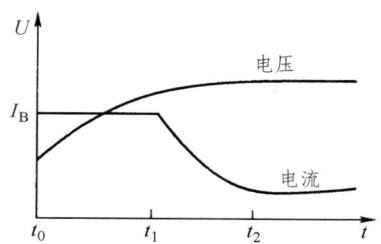

图 7-21　限流恒压充电的电压电流曲线

根据铁标要求，限流充电值为 $0.2C_5$，25T 客车用蓄电池为 120 A·h，5 h 放电电流为 24 A，因此恒流充电电流限制在 25×(1+10%) A。碱性中倍率电池浮充的终止电压为 1.5 V，25T 客车蓄电池总共装有 80 节，充电电压应为 120 V，考虑到大多数低压电器线圈电压上限值为 121 V，因此充电电压可能偏低，运用中如果有问题可以适当减少 1 或 2 只蓄电池。

输出限流功能：充电器的输出电流分三个部分：一部分向本车蓄电池充电；另一部分供给本车照明、控制等负载；还有一部分通过二极管向列车母线供电。电流传感器 I1/V 是测量充电器输出总电流的传感器，当充电器的输出电流超过其允许电流（如 70 A）时，控制 IGBT 的驱动脉冲变窄，使输出电压降低，输出电压降低后充电器不会向其他客车输出电流，同时还可以减小蓄电池电流，以使总的输出电流降低。

要注意的是：由于全列蓄电池、充电器通过二极管并联，因此各个客车的充电器的输出电压尽可能地保持一致，否则电压调整高的充电器要向列车母线提供更多的电流。

任务七　TCP4-008/600（L）型 DC 110 V 充电机

> **知识要点**
> - DC 110 V 充电机的结构参数。
> - DC 110 V 充电机的工作原理。

> **知识储备**

TCP4－008/600（L）型 DC 110 V 充电机将 DC 600 V 变换成 DC 110 V，并向客车照明、110 V 蓄电池及其他 110 V 负载供电。

一、主要技术参数（见表 7-10）

表 7-10　DC 110 V 充电机主要技术参数

项目	参数	项目	参数
输入回路	标称输入电压 DC 600 V	输出回路	标称输出电压 DC 119～123 V（随温度补偿可调）
	输入电压变化范围 DC 500～600 V		标称输出功率　8 kW
	输入电压波动±5%		输出总电流　68 A
控制电源	DC 77～137.5 V		充电电流最大值　25 A

二、充电机的结构设计和工作原理

1. 结构设计

该充电机采用模块化设计，安装方便，维护简单。所有元器件都安装在一块铝散热器基板上，通过散热器实现对模块损耗的热传递和冷却，在散热器叶片上部装有用于冷却的风机。

2. 工作原理

原理框图和原理图分别如图 7-22、图 7-23 所示。

DC 600 V 电源经过 EMI 滤波，LC 直流滤波送到由 IGBT 模块作开关管的半桥逆变电路，该电路将 DC 600 V 逆变成 15 Hz 的高频方波，高频方波经高频变压器隔离、降压，再经过全桥整流电路整流，LC 输出滤波，EMI 输出滤波、二极管输出隔离，最后输出标称 8 kW/DC 120 V，用于驱动本车负载、干线负载，以及给本车蓄电池充电。该充电机的输出特性满足免维护铅酸蓄电池的充电特性曲线，同时具有充电温度补偿特性。

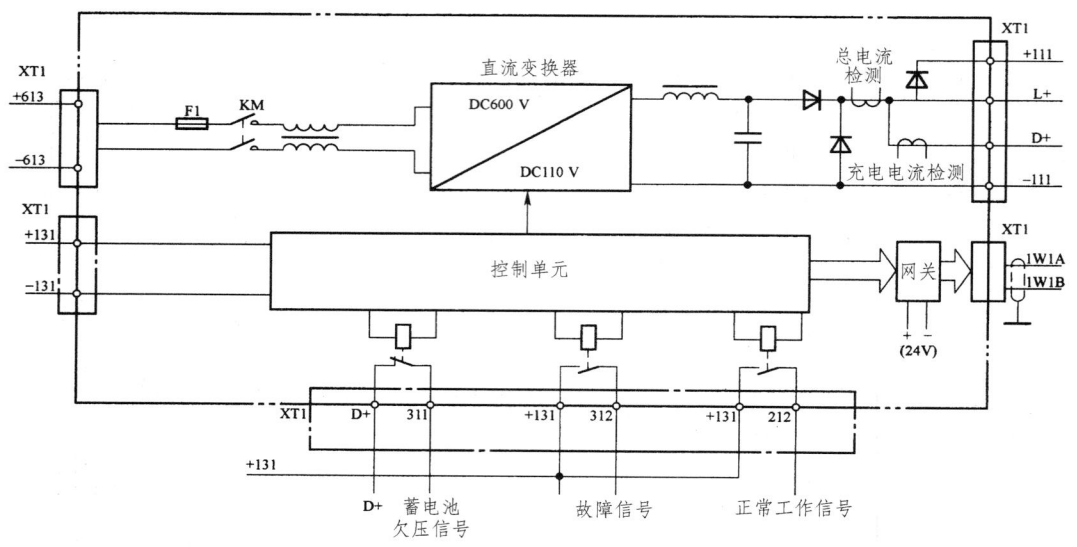

图 7-22 充电机的原理框图

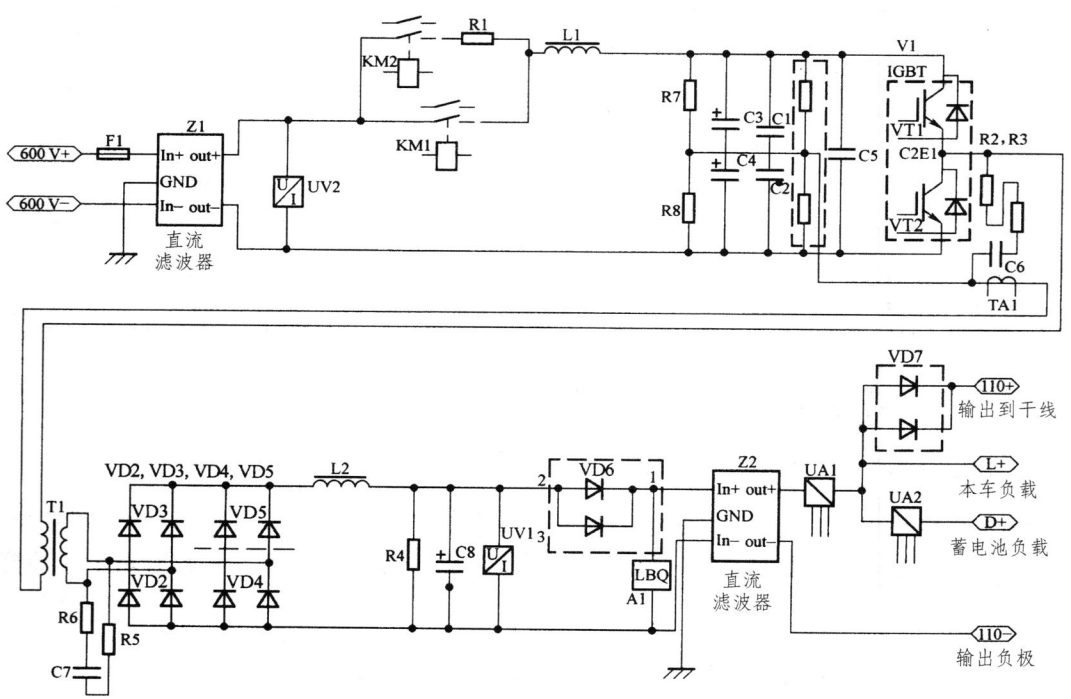

图 7-23 充电机的原理图

三、安装与调试

（1）安装前应切断 DC 600 V 和 DC 110 V 及蓄电池电源，安装后要确保螺栓固定拧紧。
（2）正确接线，确保接线无误。

（3）调试试验中遵循的原则：先弱电、后强电，先轻载、后重载。

（4）断电 1 min 后方可与模块接触，以防触电。

（5）若为地面试验，需配套提供稳定的不小于 10 kW 的 DC 600 V 电源和不小于 200 W 的 DC 110 V 电源，以及相应的 DC 110 V 负载。

（6）弱电试验：给充电机提供 DC 110 V 电源，充电机模块开始自检，稍后，VL0、VL2 和 VL5 点亮，模块内风机开始工作，表明充电机自检正常。

（7）空载试验：系统接入 DC 600 V，充电机开始启动工作，待输出稳定后测量输出电压为（121±1）V。如果模块在地面进行试验，没有接温度传感器 PT100，则空载输出电压为（121±1）V。

（8）轻载试验：给充电机带上一定负载（1 kW），充电机应能正常工作，测量输出电压为（120±1）V。如果模块在地面进行试验，没有接温度传感器 PT100，则输出电压为（119±1）V。

（9）重载试验：给充电机带上 8 kW 标称负载，充电机应能正常工作。

（10）充电机开机、关机须遵循的原则：开机时先通 DC 110 V 控制电源，再通 DC 600 V 电源；关机时先关 DC 600 V 电源，再关 DC 110 V 控制电源。

四、微机板指示灯含义（见表 7-11）

表 7-11 微机版指示灯含义

指示灯状态	VL0 灭	VL0 亮	VL0 闪	
含义	表示设备工作不正常，有保护故障	表示设备工作不正常，有电参数超标现象	表示设备正常	
对应其他指示灯的含义	VL1 亮：IGBT 保护	VL1 亮：输出过压（软件）	VL1 亮：表示工作	VL1 灭：表示怠速
	VL2 亮：变压器原边过流	VL2 亮：输出欠压	VL2 亮：表示充电	VL2 灭：表示充电结束
	VL3 亮：系统过热	VL3 亮：输入欠压	VL3 灭：表示软启动结束	VL3 亮：表示软启动
	VL4 亮：输出过压（硬件）	VL4 亮：输入过压	VL4 灭：表示正常运行	VL4 亮：表示降功运行
	VL5 亮：接触器 KM2 故障	VL5 亮：输出过流	VL5 灭：表示通信故障	VL5 闪：表示通信正常（亮—接收；灭—发送）
	VL6 亮：接触器 KM1 故障	VL6 亮：充电电流过流	VL6 灭：表示通信故障	VL6 亮：表示限流
		VL7 灭：不是过分相		
		VL7 亮：过分相		

通信协议代码如表 7-12 所示。

表 7-12 通信协议代码

充电机故障代码	含义	备注
00H	正常	
01H	输入过压	
02H	输入欠压	
03H	输出过压	
04H	输出欠压	
05H	输出过流	
06H	输出过载	
07H	IGBT 故障	
08H	超低温加热启动	
09H	散热器超温	
0AH	限流充电失效	
0BH	温度补偿传感器故障	
0CH	充电接触器故障	只显示代码，不显示含义
0DH	短接接触器故障	只显示代码，不显示含义

五、维护、保养与故障处理

1. 维护及保养

（1）在规定的环境条件下储存和使用充电机。

（2）充电机长期搁置不用时，应定期通电检查。并且最好存储在环境干燥、无尘土、通风顺畅的室内。

（3）经常检查充电机对外接线及安装是否良好，并清洁散热器齿片。

（4）使用过程中定期检查充电机工作是否正常。

2. 常见故障及处理方法

运用时，可根据微机板指示灯状态判断故障现象，然后根据表 7-13 进行故障处理。

3. 安全及注意事项

（1）充电机内部有导致人身安全事故的危险高压，对充电机内部的任何操作只能在充电机断电 5 min 以后才能进行。

（2）充电机运行一段时间后散热器温度升高，应注意不要用手随意触摸散热器。

表 7-13　常见故障分析及处理

故障现象	故障原因	处理方法和步骤
无输出电压，微机板上 VL0 灭时，VL1 亮	IGBT 保护，可能 IGBT 损坏或干扰产生的误动作	1. 用万用表二极管挡测量 VD1 即 IGBT 的寄生二极管（IGBT 的 3 与 1 与 2 点）是否击穿短路； 2. 检查驱动板 A7 的插头 X2 和 X3 是否松动； 3. 检查连接 A7 的 X1 与 A6 的 XS2 的扁平电缆是否因振动而导致连接点之间的短路
无输出电压，微机板上 VL0 灭时，VL2 亮	高频变压器 T1 原边过流保护	1. 检查 VD1 即 IGBT 是否损坏； 2. 检查充电机模块输出的正负极是否短路； 3. 检查变压器次边整流二极管 VD2、VD3、VD4、VD5 是否击穿短路
输出电压较高，可能大于 135 V，微机板上 VL0 灭时，VL4 亮	输出电压超过硬件设定的输出电压最高值	1. 测量充电机空载输出电压是否大于 135 V； 2. 判断电压传感器 UV1 的接线是否松动； 3. 用万用表测量微机板 A6 上电阻 R64（150 Ω）两端电压，并根据充电机的输出电压判断 UV1 是否损坏
接触器 KM2 不吸合，无输出电压，微机板上 VL0 灭时，VL5 亮	接触器 KM2（STF4001—1XF4）故障	1. 检查接触器线圈是否短路或断路； 2. 检查接触器常开、常闭触点是否正常； 3. 检查输入输出板 A5 上的 VD9 是否击穿损坏，检查接触器线圈的反并联二极管是否击穿
接触器 KM1 不吸合，无输出电压，微机板上 VL0 灭时，VL6 亮	接触器 KM1（S193/AE）故障	1. 检查接触器线圈是否短路或断路； 2. 检查接触器常开、常闭触点是否正常； 3. 检查输入输出板 A5 上的 VD10 是否击穿损坏，检查接触器线圈的反并联二极管是否击穿
无输出电压，但散热器冷却后可以恢复工作，微机板上 VL0 灭时，VL3 亮	散热器温度超过系统设定的最高温度保护值，系统过热保护	1. 如果系统在冷却后仍出现过热保护，说明热继电器 K1[JUC-1M-85 ℃（H）]损坏； 2. 正常情况出现过热保护，等散热器温度降低后，充电机能重新启动工作
风机停转	可能 24 V 供电电源损坏，或风机被尘土堵死	1. 接通控制电源后，模块内风机 M1 工作。若出现不工作，检查 A8 上 XP6：1 与 XP6：2 之间是否有 24 V，若有，请更换风机； 2. 模块散热器冷却的风机 M2、M3、M4，在散热器温度超过（75±3）℃ 时，将开始工作，若有损坏，应更换
充电机无输出电压，辅助电源指示灯不亮	可能无 110 V 控制电源输入，或控制电源模块损坏	接通 110 V 控制电源，用万用表测量 A8 上的 XP6 插头，检查到 XP6：1 与 XP6：2 之间有 24 V，XP6：3 与 XP6：4 之间有 5 V，XP6：5 与 XP6：6 之间有 30 V，若损坏，应更换

任务八　TKB2-0035D/DC 110（L）单相逆变器

知识要点

·客车单相逆变器的技术参数。
·单相逆变器的工作原理。

知识储备

TKB2-0035D/DC110 型和 TKB2-0035D/110L 型单相逆变器（以下简称"逆变器"）将 DC 110 V 的输入变换成单相 AC 220 V/50 Hz 输出，供给单相负载使用。TKB2-0035D/110 型和 TKB2-0035D/110L 型单相逆变器除了工作环境温度范围不同外，其他方面都是相同的。

一、逆变器的主要技术参数

1．输入电压

标称输入电压：　　　　　DC 110 V
输入电压波动范围：　　　DC 77 ～ 137.5 V

2．输出电压

额定输出电压及频率：　　单相 AC 220×（1±5%）V/50×（1+1%）Hz
额定输出容量：　　　　　3.5 kV·A
过载能力：　　　　　　　120%负载大于 1 min。
额定效率：　　　　　　　≤85%

3．保护

（1）当输入电压低于（72±3）V 时，逆变器输入欠压保护动作，停止输出。
（2）当输入电压高于（144±6）V 时，逆变器输入过压保护动作，停止输出。
（3）当输出负载电流的有效值超过 19.1×（1±5%）A（1.2 倍额定输出电流）时，逆变器输出过流保护动作，停止输出，但保护特性不与上述规定的过载能力相抵触。
（4）当逆变器自身内部出现过流、短路、过欠压或过热时，逆变器应保护。

二、逆变器的工作原理

1．逆变器的结构原理

逆变器的结构原理如图 7-24 所示。
原理框图主要包括几个部分：输入滤波部分、升压斩波部分（DC/DC）、逆变部分（DC/AC）、输出滤波部分和控制单元部分。

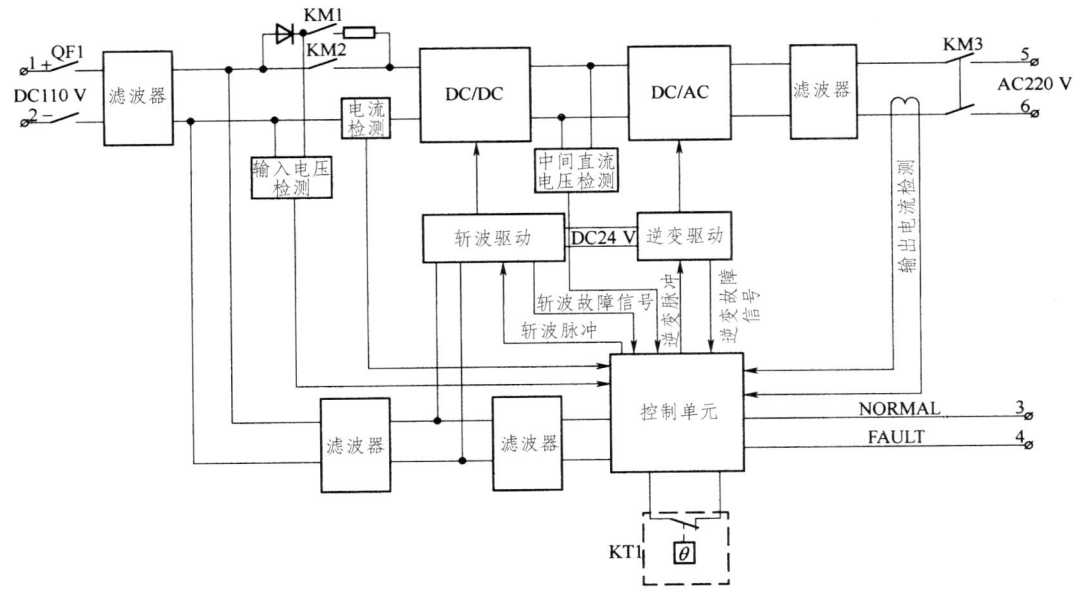

图 7-24 逆变器的原理框图

逆变器的控制采用 16 位微机控制技术。斩波驱动采用 PWM 波驱动方式,升压斩波环节保证了有适当的中间直流环节电压。中间直流环节电压信号 UDG 通过电压传感器反馈给控制单元,控制单元根据反馈值来调节斩波脉冲的占空比,从而使中间直流电压维持稳定。逆变驱动采用 SPWP 波驱动方式,逆变环节把中间直流环节电压逆变成稳定的单相交流 220 V 电压。控制单元部分对斩波故障信号 FOC、逆变故障信号 FO、输入电压信号 UING、输入电流信号 ICG、输出电流信号 IOUTG 进行检测,并根据所检测到的信号进行短路保护、过欠压保护、过流保护等,从而保证系统可靠、安全运行。KT1 是一个带常闭触点的温度继电器,当散热器温度过高时,常闭触点跳开,给出过热保护信号 OHTIN,逆变器停止输出。

2. 逆变器的内部电路

逆变器的内部电路如附图 A-12 所示。

当外部 110 V 直流电压接通后,控制单元首先对系统自检,然后闭合 KM1,通过充电电阻 R1 给主电路充电。待主电路充电完成后,主接触器 KM2 闭合,将充电电阻短接。滤波器 FILTER1 和 C1 对主电路输入电压进行滤波,滤波器 FILTER2、FILTER3 对控制电路输入电压进行滤波,V1 用以防止输入电压极性接反。KM2 闭合以后,控制电路发出斩波脉冲,由电抗器 L1、斩波管(IGBT)V2 和中间支撑电容 C3 组成的斩波电路工作,将输入直流电压升成稳定的中间直流电压(320±10)V。然后,控制电路再发出逆变脉冲,通过逆变器(IPM)V3 将中间直流电压逆变成单相 220 V、50 Hz 的 SPWM 波,再经电抗器 L2 和输出滤波板滤成正弦波。逆变器通过装在输出滤波板上的电流互感器 TA1 检测输出电流,用以实现过流保护。电路中的 UA1 是电流传感器,用以检测斩波电流,UV1 和 UV2 是电压传感器,分别用以检测输入电压和中间直流环节电压。散热器的过热保护则是通过温度继电器 KT1 来实现的。

除输出滤波板外,逆变器内部还有控制板、驱动板和 IPM 板。控制板是整个逆变器的控制核心,采用微机控制。DC 110 V 经滤波后直接进入控制板,由控制板自带的开关电源电路变换成 +5 V 和 ±15 V 供给控制电路使用。接触器由控制板直接控制,而斩波和逆变脉冲则由控制板发出后,经驱动板和 IPM 板分别驱动斩波管(IGBT)和逆变管(IPM)。驱动板上所带的开关电源电路将 DC 110 V 变换成驱动电路所需的 DC 24 V 电源,除供给驱动板自身外,还输出给 IPM 板。

三、逆变器外部接线

逆变器外部接线如图 7-25 所示。

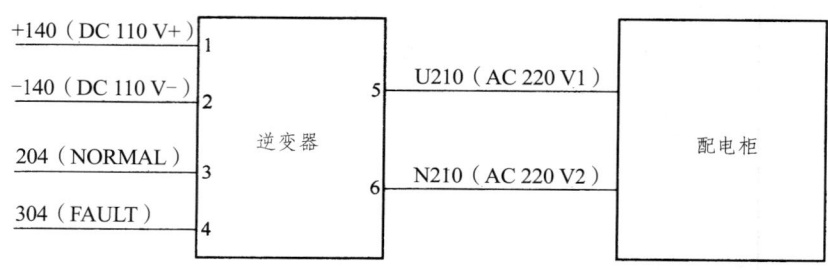

图 7-25　逆变器外部接线

逆变器共有 6 根对外接线,全部采用压接式接线端子。其中,1 和 2 号接线端子可压接的导线规格为 $0.5 \sim 10 \text{ mm}^2$;3 和 4 号接线端子可压接的导线规格为 $0.08 \sim 4 \text{ mm}^2$;5 和 6 号接线端子可压接的导线规格为 $0.2 \sim 6 \text{ mm}^2$。

1~6 号端子对应的接线如表 7-14 所示:

表 7-14　1~6 号端子对应的接线

端子号	线号	意义	说明
1	+140	DC 110 V+	DC 110 V 正线
2	-140	DC 110 V-	DC 110 V 负线
3	204	NORMAL	正常指示线,该线为 DC 110 V+ 时,表示逆变器工作正常,最大负载电流 0.2 A
4	304	FAULT	故障指示线,该线为 DC 110 V+ 时,表示逆变器有故障,最大负载电流 0.2 A
5	U210	AC 220 V1	AC 220 V 接线之一
6	N210	AC 220 V2	AC 220 V 接线之二

四、维护、保养及常见故障处理

1. 维护与保养

(1)在规定的环境条件下储存和使用逆变器。

(2)逆变器长期搁置不用时,应定期通电检查。并且最好存储在环境干燥、无尘土、通风顺畅的室内。

（3）经常检查逆变器对外接线及安装是否良好，并清洁散热器齿片。

（4）使用过程中定期检查逆变器工作是否正常。

（5）当发生故障时，故障指示灯亮，同时可通过逆变器箱内控制板上的发光二极管判断故障性质，从而判断故障位置，排除故障。

2. 常见故障处理

常见故障及其处理方法如表 7-15 所示。

表 7-15 常见故障及其处理方法

故障代码	控制板指示灯指示					故障名称	处理方法
	V5	V4	V3	V2	V1		
86	0	0	1	1	0	KM1 故障	接触器是否有卡滞现象，至接触器 KM1 上 1、2 点及 A1、A2 接线是否正常，触点本身是否正常，线包是否断路
7	0	0	1	1	1	KM2 故障	接触器是否有卡滞现象，至接触器 KM2 上 13、14 点及 A1、A2 接线是否正常，触点本身是否正常，线包是否断路
8	0	1	0	0	0	KM3 故障	接触器是否有卡滞现象，至接触器 KM3 上 1、2 点及 A1、A2 接线是否正常，触点本身是否正常，线包是否断路
9	0	1	0	0	1	充电故障	检查充电电阻 R1 是否已断路，检查电压传感器 UV2 及其接线是否正常，检查中间直流环节是否已短路
10	0	1	0	1	0	输入过流	检查外部负载是否正常，电流传感器 UA1 是否损坏，控制板是否损坏
11	0	1	0	1	1	输出过流	检查外部负载是否正常，控制板是否损坏
12	0	1	1	0	0	散热器过热	检查是否因为负载过大或者散热器上有污渍和覆盖物而导致散热器过热。若散热器温度并不高，则测量逆变器箱内温度继电器 KT1 是否跳开，KT1 到控制板上插座 XS1 对应的插头 XP1:9 的连线是否接好
13	0	1	1	0	1	输入过压	检查主电路输入电压是否正常，检查电压传感器 UV1 是否损坏，控制板是否损坏
14	0	1	1	1	0	输入欠压	检查主电路电源输入是否过低，QF1 是否合上，检查电压传感器 UV1 上的接线是否脱落及 UV1 是否损坏，插座 XS3 对应的插头 XP3 是否松动，控制板是否损坏
15	0	1	1	1	1	中间直流环节过压	检查电压传感器 UV2 是否损坏，检查控制板是否损坏

续表

故障代码	控制板指示灯指示					故障名称	处理方法
	V5	V4	V3	V2	V1		
16	1	0	0	0	0	中间直流环节欠压	检查驱动板上电源部分是否正常，检查 XS1：4 和 XS12：4 及 XS1：3 和 XS12：3 是否相通，检查控制板是否损坏，斩波管是否损坏
17	1	0	0	0	1	斩波故障	检查 XS1：1 和 XS12：2 是否相通，检查斩波管 V2：1 和驱动板上 XS11：3 是否相通，另外看斩波驱动板及斩波管是否损坏，中间直流环节是否短路

说明：

（1）控制板指示灯：指示灯亮表示"1"，指示灯灭表示"0"，V1 亮则表示"1"，V2 亮则表示"0"，V3 亮则表示"4"，V4 亮则表示"8"，V5 亮则表示"16"，相当于一个 5 位的二进制数，把 5 个发光二极管依据亮灭情况代表的数值相加即可得出故障代码。

（2）电源给电后什么反应也没有，出现这种现象应检查以下几种情况：

① 检查逆变器外部接线端子上的 1、2 脚有无电源输入。

② 检查逆变器箱体上断路器 QF1 是否合上。

③ 检查滤波器 Z2、Z3 上的接线是否接好。

④ 检查控制板上电源部分是否工作正常，表示+15 V、-15 V、+5 V 工作的指示灯 V19、V20、V21 是否点亮。

任务九　系统操作与故障处理

知识要点

- 客车综合控制柜的系统操作。
- 客车综合控制柜的常见故障处理。

知识储备

一、系统操作

1. 地面交流电源供电时的操作

（1）在地面电源开始供电前，确认供电转换开关 SA1、空调工况转换开关 SA2、端部电热转换开关 SA5 均处于"停止"位，全列供电试验开关"SB2"处于关断位，Q1、Q2、Q3 均处于断开位。如果是非冬季，Q13、Q14、Q15、Q16、Q25、Q26、Q17、Q22、Q7 处于断开位，否则这些开关应处于闭合位。

（2）依次合上 Q20、Q30、Q19、Q18，此时 PLC、触摸屏、传感器、网关、安全记录仪等得电工作，触摸屏显示主画面（见图 7-26），可以进入供电系统信息画面（见图 7-27），查看 DC 110 V 本车及母线电压。

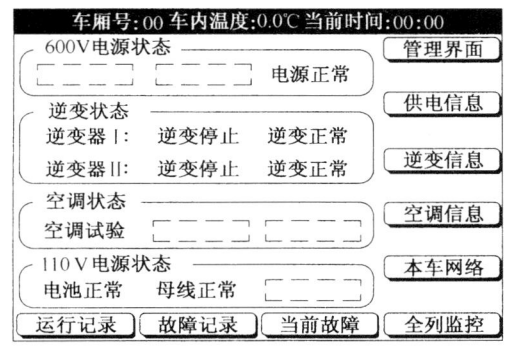

图 7-26 主画面

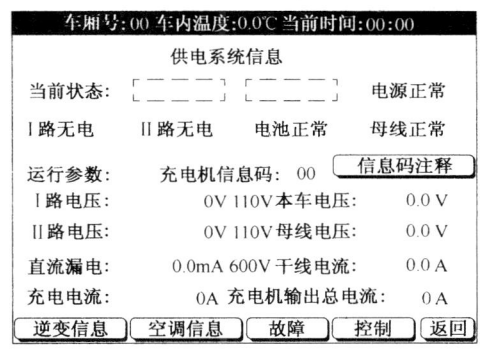

图 7-27 供电系统信息画面

（3）如果地面电源已开始供电，则 KM3 得电吸合，此时断开 Q19。如果地面电源不能提供"供电允许"信号，则闭合 SB2 制造该信号。

（4）依次合上 Q1、Q2，在触摸屏供电信息画面（见图 7-27）观察 DC 600 V Ⅰ路、Ⅱ路供电电压是否正常，如果正常，先合上 Q39，然后合上 Q3，将供电转换开关 SA1 置于"自动"位，奇数车厢 KM1 吸合，面板上"电源Ⅰ运行"绿灯亮；偶数车厢 KM2 吸合，面板上"电源Ⅱ运行"绿灯亮；充电机、逆变器启动后，面板上"车下电源箱运行"绿灯亮。同时，在触摸屏上可以观察到相应信息。

（5）确认供电正常后，合上 Q4、Q11，断开 Q41、Q42，将空调工况转换开关 SA2 置于"自动"位，PLC 将根据温度传感器的测量温度，自动控制空调机组工作，面板上"空调运行"绿灯亮。

（6）如果是冬季，应将端部电热转换开关 SA5 置于工作位。

（7）照明、单相逆变器、开水炉、排风机等负载的开关根据需要决定是否闭合。

（8）负载投入工作后，应从触摸屏供电信息画面（见图 7-28），观察 DC 600 V 总电流、漏电流、充/放电电流、充电机输出总电流、压缩机/预热器电流等信息是否正常。

（9）如果一切正常，达到出库要求后，断开 Q18，在地面电源停止供电后，确认 KM3 已断开，此时 PLC、触摸屏、传感器、网关、安全记录仪等均应停止工作。

2. 机车供电时的操作

与机车连挂后，将随车工程师办公席车综合控制柜中的 Q18 合上，此时机车应开始供电，各车厢综合控制柜的 KM3 均应吸合，PLC、触摸屏、传感器、网关、安全记录仪等均应开始工作，充电机、逆变器开始启动，空调机组工作，面板上相应的指示灯亮。负载投入工作后，应从触摸屏直流供电信息画面（见图 7-27）和空调系统信息画面（见图 7-28），观察 DC 600 V 总电流、漏电流、充/放电电流、充电机输出总电流、逆变器输出电压、压缩机/预热器电流等信息是否正常。

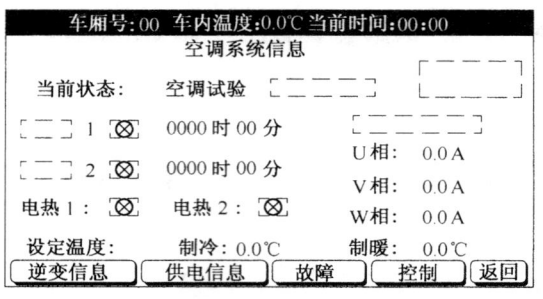

图 7-28 空调系统信息画面

3. 运行时的操作

列车运行时,可从主控站触摸屏或任一节车厢综合控制柜的触摸屏上观察各车厢的设备状态信息,同时应按规定定时巡查。

4. 摘解机车前的操作

(1)摘解机车前应将随车工程师办公席车综合控制柜中的 Q18 断开,确认 KM3 已断开,此时 PLC、触摸屏、传感器、网关、安全记录仪等均应停止工作。

(2)确认供电转换开关 SA1、空调工况转换开关 SA2、端部电热转换开关 SA5 均处于"停止"位。全列供电试验开关"SB2"处于关断位,Q1、Q2、Q3 均处于断开位。如果是非冬季,Q13、Q14、Q15、Q16、Q25、Q26、Q17、Q22、Q7 处于断开位,否则这些开关应处于闭合位。

二、操作使用注意事项

(1)列车集控系统是确保列车供电的重要环节。机车频繁摘挂、车厢摘挂等直接影响系统的可靠性。为此,对集控系统的连接可靠性、正确性必须加强检修、保养。

(2)DC 110 V 蓄电池不能过放。列车投入运行前,蓄电池电压不得低于 88 V(在 5 A 带载状态下),否则将引起集控器、配电柜、逆变器等设备的接触器吸合不上,供电系统不能正常工作。

(3)客车用电设备的绝缘性能直接影响机车向客车的正常供电。为此,对客室电加热器、伴热器、电开水炉、温水箱、照明变换器等设备的绝缘性能要加强检查,及时排除故障点。

(4)DC 600 V 供电系统和 AC 380 V/DC 600 V 兼容供电系统使用了大量的直流断路器和直流接触器,这些器件的灭弧方式均为永磁磁吹方式,电流方向不能接反,否则将引起触点的烧损,甚至产生严重后果,因此必须确保各直流供电回路的正负极性不能接反。

(5)在采用摇表或耐压仪进行全列 DC 600 V 母线绝缘测试时,必须保证控制柜内 Q1、Q2 均处于断开位。

(6)在采用摇表或耐压仪进行全列 DC 110 V 母线绝缘测试时,必须保证控制柜内 Q20、Q30 均处于断开位。

(7)在检修前必须将综合控制柜 Q1、Q2 均处于断开位,并确认车下电源箱电容已完全放电。

（8）Q15、Q16、Q25、Q26、Q7是隔离开关，严禁带载带电操作。

（9）在进行地面电源供电操作时，给车下电源箱供电必须按先供控制电，再供 DC 600 V 的顺序；断电顺序与供电顺序相反。

三、常见故障分析及处理

1. 机车跳闸或无法送电

随车工作人员应与机车联系。确认是否属于接地故障，如果是接地故障，应先查看各车厢是否曾经发生绝缘故障，综合控制柜"本车绝缘故障"红灯是否亮。如有某车厢出现故障，应将该车综合控制柜的 Q1、Q2 断开，通知机车重新合闸；然后将该车的负载全部断开，待逆变器放电结束后，方可进行检查。用万用表或摇表检查负载对地绝缘状况，发现故障点后，将该路负载切除，恢复本车供电。

检查方法：在综合控制柜接线端子处进行，重点检查电开水炉（U6、V6、W6），温水箱（+609、-609），排风机（U7、V7、W7），客室电热（+615、-615、+616、-616、+625、-625、+626、-626），车下电源箱（+603、-603、U1、V1、W1、U2、V2、W2），空调负载（U11、V11、W11、U12、V12、W12、U14、V14、W14、U15、V15、W15、U16、V16、W16、U17、V17、W17、U18、V18、W18、U19、V19、W19）。柜内配线重点检查+600、-600。在检查过程中注意相应接触器的吸合、释放状态对结果的影响。

2. 机车不能同时提供两路电源

如果综合控制柜的供电转换开关 SA1 置于"自动"位，此时控制柜会自动转换到正常的那路电源，同时将空调负载减半载运行。为避免机车电源过载，应注意各车厢的负载分配，尽量使每节车厢的总电流控制在 35 A 以下，必要时关断一些负载，优先保证充电机、通风、伴热、半冷、半暖负载工作，其他负载酌情考虑。

3. 电源故障指示灯亮

电源Ⅰ路（或电源Ⅱ路）故障指示灯红灯亮，表示该路供电有故障。如果供电转换开关 SA1 置于"自动"位，PIC 会自动切断该路供电接触器，转换到另一路供电；如果供电转换开关 SA1 置于"试验"位，因不能自动切断该路供电接触器，指示灯将显示橙色。一般此故障由电源过压造成，可观察触摸屏上供电信息画面（见图 7-27），DC 600 V 供电电压是否超过 660 V。同时，可用万用表测量+601/-601、+602/-602 之间电压，如果均已超过，应断开 Q1、Q2，并通知机车采取措施；如果触摸屏上显示 DC 600 V 供电电压超过 660 V，但实际测量电源电压正常，再用万用表直流档测量电压传感器 JK1、JK2 的输出 A1/AGND、A2/AGND，如果输出大于 8.8 V，可判断 PIC 有问题，应更换。

4. Q1、Q2 跳闸

Q1、Q2 跳闸一般由短路造成，此时一定不能立即重新合闸，必须首先观察 KM1、KM2 接触器是否因触头粘连而无法释放，并检查+601/-601 之间有无短路。如果没有触头粘连或短路，则有可能是车下电源箱预充电电路失效，可断开 Q3、Q39，其他负载恢复供电。如果 KM1（或 KM2）接触器触头已粘连，则只能合与不粘连的接触器对应的供电开关（Q1 对应 KM1，Q2 对应 KM2），另一个供电开关必须断开，维持供电。如果 KM1、KM2 接触器触头均已粘连，则只能任意选择合一路供电开关，另一个供电开关必须断开，维持供电。车辆入库后，应立即更换接触器。

5. 断路器、熔断器动作

断路器、熔断器动作后，应检查负载有无短路，相应的接触器有无粘连、烧损。如确认无异常，允许重新合闸一次。重新合闸后如果仍有问题，在故障排除前不允许重合闸。

带剩余电流保护的断路器如果动作，还应检查负载对地绝缘是否正常。

6. 本车绝缘故障指示灯亮

应先对本车绝缘进行检查，检查方法：在综合控制柜接线端子处进行，重点检查电开水炉（U6、V6、W6），温水箱（+609、-609）、排风机（U7、V7、W7），客室电热（+615、-615；+616、-616；+625、-625；+626、-626），车下电源箱（+603、-603；U1、V1、W1；U2、V2、W2），空调负载（U11、V11、W11；U12、V12、W12；U14、V14、W14；U15、V15、W15；U16、V16、W16；U17、V17、W17；U18、V18、W18；U19、V19、W19）。柜内配线重点检查+600、-600。在检查过程中注意相应接触器是否吸合对结果的影响。

如果确认本车绝缘无问题，则可先将供电选择开关 SA1 置于"试验Ⅰ路"或"试验Ⅱ路"维持供电。然后，用万用表直流挡测量电压传感器 JK8 的输出 A20/AGND、DC 600 V 绝缘检测装置的输出和 A12/AGND 的输出。如果 A20/AGND 输出大于 150 mA/5 V，说明传感器坏，应更换；如果 PLC 显示值与 A12/AGND 输出不对应，可判断是 PLC 有问题；如果 A12/AGND 输出与 A20/AGND 输出不对应，DC 600 V 绝缘检测装置有问题，应更换。

7. KM3 不吸合，综合控制柜不工作

首先检查 Q20 是否闭合，然后用万用表测量 41 号供电请求线是否有 DC 110 V，如果没有则应检查随车工程师办公席车综合控制柜中的 Q18、Q20 是否合上。如果 41 号线有电，再检查 198 号供电允许线是否有 DC 110 V，如果没有则检查 39 芯连接器是否连挂贯通，机车供电钥匙是否接通。如果 198 号线已有电，但 KM3 仍不吸合，应检查保险管 FU10 是否正常，判断 KM3 接触器是否损坏。如果确认 KM3 接触器损坏，可合上 Q19（本车供电试验开关）使综合控制柜工作，入库后更换损坏的器件。

8. 车下电源箱故障红灯亮

当逆变器输出电压高于 437 V 时，触摸屏上将显示逆变输出过压。当三相电压最大值大于 323 V 而最小电压小于 230 V 时，触摸屏上将显示逆变缺相。逆变器自身给出的故障信号不能使空调停机，只有 PLC 自身根据逆变器Ⅰ输出电压判出的故障才能使空调停机，但此时不影响客室电热的正常运行。

逆变故障信息可通过触摸屏查看。在主画面（见图 7-26）点击"逆变信息"按钮，进入"逆变信息"画面（见图 7-29）。信息码"00"表示正常，如果信息码不是"00"，

可点击"信息码注释"进入"故障代码注释"画面（见图7-30）查看对应的逆变器故障信息。

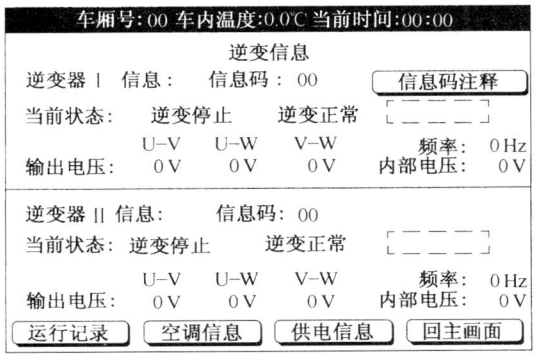

图7-29 逆变信息画面

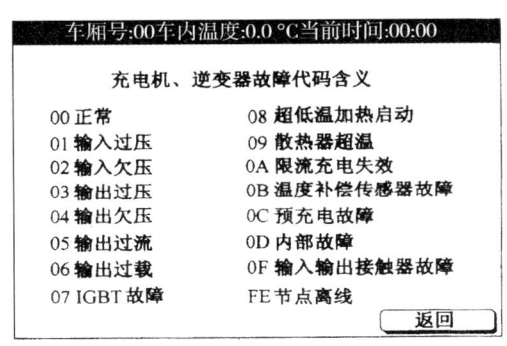

图7-30 故障代码注释画面

充电机的信息在"供电系统信息"画面（见图7-27）。信息码"00"表示正常，如果信息码不是"00"，可点击"信息码注释"查看对应的充电机故障信息。如果信息码是"02"，表示输入欠压，应检查DC 600 V电源及相应开关。

如果触摸屏上显示"逆变输出过压"或"逆变缺相"故障，应用万用表测量U1、V1、W1（U2、V2、W2）之间的电压，进一步判断传感器JK9、JK10以及PLC是否正常。

9. 本车DC 110 V欠压

如果触摸屏出现电池电压过低警告画面（见图7-31），且蜂鸣器鸣叫，应进入"供电系统信息"画面（见图7-27），查看110 V本车电压显示是否正常。如果显示值是"0.0 V"，应检查Q30是否合上，保险管FU8（1 A）是否正常，进一步判断传感器JK5及PLC是否正常。如果显示值低于电池欠压保护设定值（90~92 V），此时KM4应断开，切断半夜灯、终夜灯、单相逆变器等负载，维持重要负载的供电。KM4受充电机内部的欠压保护板控制，当电池电压高于96~98 V时，欠压保护板输出一个DC 110 V正极性信号（311）使KM4吸合；当电池电压低于90~92 V时，该信号停止输出，KM4断开。如果触摸屏上110 V本车电压显示已低于90 V，但KM4仍未断开，应用万用表测量L+与-110之间的电压是否低于90 V，从而判断问题出现在传感器还是欠压保护板。

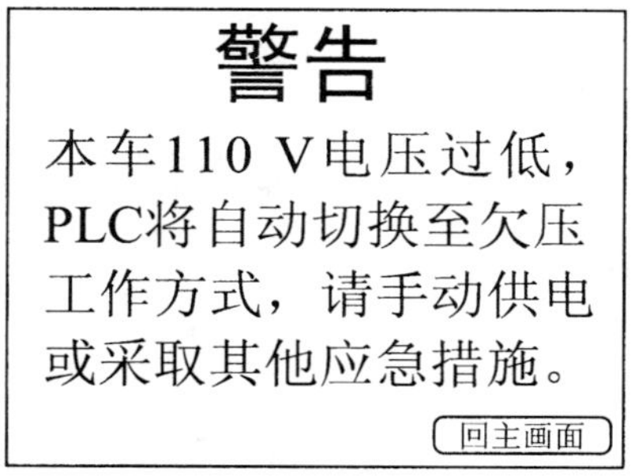

> **警告**
>
> 本车110 V电压过低，PLC将自动切换至欠压工作方式，请手动供电或采取其他应急措施。
>
> [回主画面]

图 7-31　电池电压过低警告画面

10. 整列车 DC 110 V 系统严重亏电

整列车 DC 110 V 系统严重亏电将导致列车不能供电。此时应将全列 DC 110 V 开关断开，然后将随车工程师办公席车综合控制柜中的 Q2O、Q18、Q1（或 Q2）合上，如果机车 DC 600 V 能送出，则+610/-610 或 +620/-620 应有电。此时，可将 Q1、Q2 断开，将随车工作人员携带的 DC 600 V/DC 110 V 应急电源（或外接蓄电池组）接入，先恢复充电机的控制电源，再恢复手动供电"试验Ⅰ路"或"试验Ⅱ路"。当充电机启动工作后，关掉 DC 600 V/DC 110 V 应急电源（或外接蓄电池组），逐节车厢将相应开关合上，以恢复供电。

四、应急情况对策

1. 发生火情时的操作

首先切断本车除紧急照明、轴温、防滑器供电之外的所有开关，尤其是风机电源，避免火情蔓延。扑灭电气火灾时，应使用气体或干粉类灭火器。

如果着火部位处于 Q1、Q2 之前，应将随车工程师办公席车综合控制柜中的 Q18 断开，以切除机车供电请求，断开机车供电，同时与司机联系通报情况。

2. 直流母线电压低

由于长时间放电或某些车辆蓄电池故障，致使直流母线电压低于 77 V 时，很多控制电器将无法吸合工作。此时，可以断开大部分车辆的控制系统，只保留个别或少数车辆控制系统工作，在 DC 600 V 输入正常的情况下，使该车的充电器能够启动工作，对该车蓄电池进行充电，当电池电压升到 88 V 以上时，再逐个开启其他车辆的充电器。如果蓄电池电压低到无法使任何一个充电器工作时，需要依靠外部电池使充电器工作。

3. 机车 DC 600 V 电源出现故障

当电源选择开关置于"自动"位时，PLC 可以自动进行判断并实施保护；当当电源选择开关置于"手动"位时，需要人工干预，转换到正常的供电回路，并减半载运行。当机车两路电源都不正常时，综合控制柜应停止供电，并切除部分 DC 110 V 负载，保存蓄电池能量。

任务十　DC 600 V 车下电源装置的统型工作

知识要点

- DC 600 V 车下电源装置的统型试验。
- 统型 DC 600 V 逆变器主电路原理。

知识储备

DC 600 V 车下电源装置是 DC 600 V 供电系统的重要组成部分，负责将机车提供的 DC 600 V 转化成不同制式的电压为负载供电。车下电源装置由客车空调逆变电源、充电器和单相逆变器三部分组成。在应用初期，车下电源的供应商主要有：青岛四方车辆研究所有限公司、中国铁道科学研究院机辆所、武汉正远铁路电气有限公司、新誉集团、株洲南车时代电气有限公司、南京华士电子科技有限公司。这些生产商制造的车下电源的尺寸、结构、技术路线、安装方式、器件布局等各不相同。由于不同厂家的产品及配件之间的兼容性差，也不能互换，造成运用维修不便，大大增加了日常维修、维护成本。

为了顺应铁路快速发展的趋势，克服产品不统一带来的问题，铁路部门力推车下电源统型工作。2012 年，铁道部下发了 TJ/CL 251-2012《铁路客车 DC 600 V 电源装置技术条件 V1.0》(铁运〔2012〕279 号)，对 DC 600 V 电源装置的技术参数、技术要求、电气接口、主要电路原理及元器件型号进行了相关规定。

一、统型试验

DC 600 V 车下电源统型试验主要基于以下 4 种手段的基础上进行一系列匹配、接口、通信或电气试验，试验手段详见表 7-16。

表 7-16　四种试验手段

试验手段	试验项目点	试验手段	试验项目点
模块互换	安装接口配合试验	控制板互换	安装尺寸配合试验
	通信功能试验		通信功能试验
	输入输出参数测定		额定工况运行试验
	输出电压谐波含量测定		输入过压/欠压保护
	负载冲击性能试验		电流采集试验
	模拟过分相试验		热备转换试验
	热备转换试验		温度保护试验
	连续运行试验		连续运行试验
	密封试验		短路试验

续表

试验手段	试验项目点	试验手段	试验项目点
驱动板互换	安装尺寸配合试验	电源板互换	安装尺寸配合试验
	额定工况运行试验		连续运行试验
	负载冲击性能试验		
	温度保护试验		
	连续运行试验		
	短路试验		

二、统型的内容及结果

统型车下电源的主要拓扑、电气接口、外形尺寸、内部结构、安装方式、元器件布局等保持统一，达到的成果是：

（1）外形尺寸统型，见表7-17。
（2）箱内元器件布局统型。
（3）板级外形尺寸统型。
（4）元器件统型。
（5）参数统型，见表7-18。

表7-17 主要机械参数

	客车空调逆变电源	充电器
箱体外形尺寸（L×W×H）/mm	2 100×960×700	1 700×850×700
箱体材料	箱体材料采用2 mm耐候钢（05CuPCrNi）板材	箱体材料采用2 mm耐候钢（05CuPCrNi）板材
箱体外壳防护等级	IP54	IP54
其他	外壳设一套不锈钢接地螺套	外壳设一套不锈钢接地螺套

表7-18 参数统型表

	客车空调逆变电源	充电器	单相逆变器
额定输入电压	DC 600 V	DC 600 V	DC 110 V
额定输出电压	AC 380×（1±5%）V	DC 120 V	单相 AC 220×（1±5%）V
控制回路额定电压	DC 110 V	DC 110 V	DC 110 V
变换效率/效率（额定输出负载）	不小于90%	不小于90%	不小于80%
认定输出容量	单逆变器箱：35 kV·A 双逆变器箱：2×35 kV·A	8 kW	3.5 kV·A
输出频率	—	—	（50±1）Hz
开关频率	3 kHz	≥16 kHz	
充电方式	—	蓄电池温度补偿曲线	—

三、统型 DC 600 V 逆变器主电路原理图

如附图 A-13 所示为统型后的 DC 600 V 逆变器主电路原理图，电路由上下两个完全相同的逆变器组成。

其中 Z201 是直流侧滤波器、Z202A、Z202B、Z203A 是交流侧滤波器；KN201、KM204A、KM204B 起隔离作用；FU201A、FU201B 是熔断器，起保护电路作用；TV201、TV202 是电压检测传感器，TA203U、TV203V、TV203W 是电流检测传感器；R201、KM202 组成缓冲电路；VD201 是单相二极管；由六个电容和电阻 C201、C202、R203、R204、C203、C204、R205、R206、C205、C206、R207、R208 组成直流电压支撑电路；Q201、Q202、Q203 是三组由两个串联的 IGBT 管组成的三相桥式逆变电路，将 DC 600 V 电源逆变成三相对称交流电。

四、统型充电器主电路原理图

图 7-32 为统型后的充电器主电路原理图。作用是将 DC 600 V 直流电经过 D/D 变换，变成 DC 110 V 的直流电，为直流负载和蓄电池组供电。

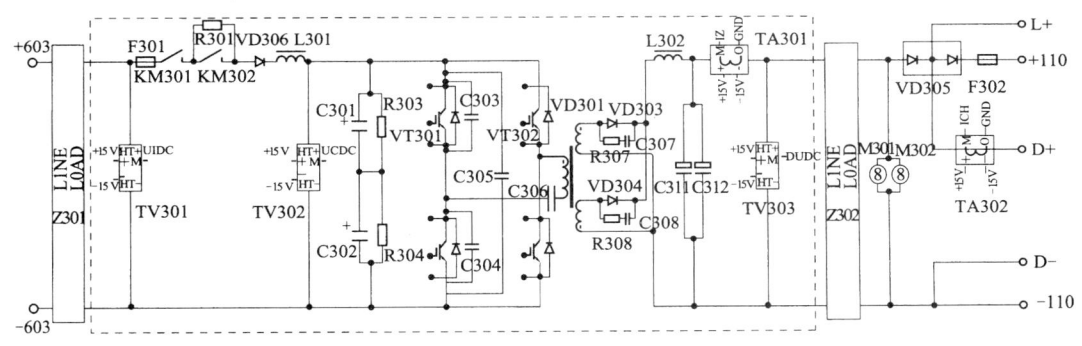

图 7-32　统型充电器主电路原理图

其中 Z301、Z302 是滤波电路；虚线框里是移项桥式 DC/DC 变换电路，输出可以调节的直流电压。

五、统型单相逆变器主电路原理图

图 7-33 所示为统型后的单相逆变器主电路原理图。作用是将 DC 110 V 的直流电，变换成 AC 220 V 的交流电输出，为客车上插座等普通交流用电器提供电源。

其中，TV101 是电压检测传感器，TV1003 是 AC 220 V 电压检测传感器，TA101 是电流传感器；FU101 是熔断器；KM102、R101 是缓冲电路；C101、C103、C104、R102 是直流支撑电路；Q101 是斩波驱动器控制的 DC/DC 变换电路；Q102、Q103 是 DC/AC 变换电路；L1002、C107、C108 组成交流滤波器电路；T101 是隔离变压器，副边输出 AC 220 V 的交流电源。

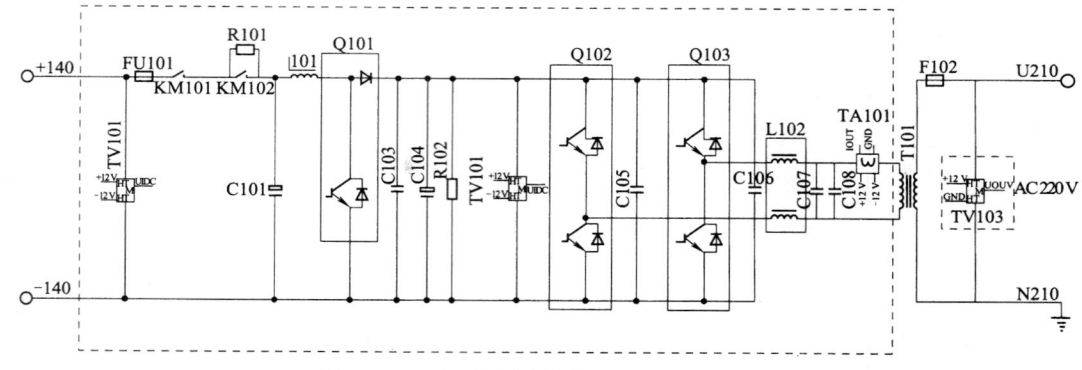

图 7-33 统型单相逆变器主电路原理图

六、移项全桥变换技术

图 7-34 所示为移项全桥变换原理图。在逆变过程中，输出电压往往受到电源电压、负载电流的影响而发生改变，为了得到可控的理想电压，要用移项变换技术进行调节，得到软开关电源。

传统的全桥 PWM 变换器适用于输出低电压（例如 5 V）、大功率（例如 1 kW）的情况，以及电源电压和负载电流变化大的场合，其特点是开关频率固定，便于控制。为了提高变换器的功率密度，减少单位输出功率的体积和重量，需要将开关频率提高到 1 MHz 级水平。为避免开关过程中的损耗随频率的增加而急剧上升，在移项控制技术的基础上，利用功率管的输出电容和输出变压器的漏电感作为谐振元件，使全桥 PWM 变换器 4 个开关管依次在零电压下导通，实现恒频软开关，这种技术成为 ZVS 零电压准谐振技术。由于减少了开关过程损耗，可保证整个变换总体效率达到 90% 以上。

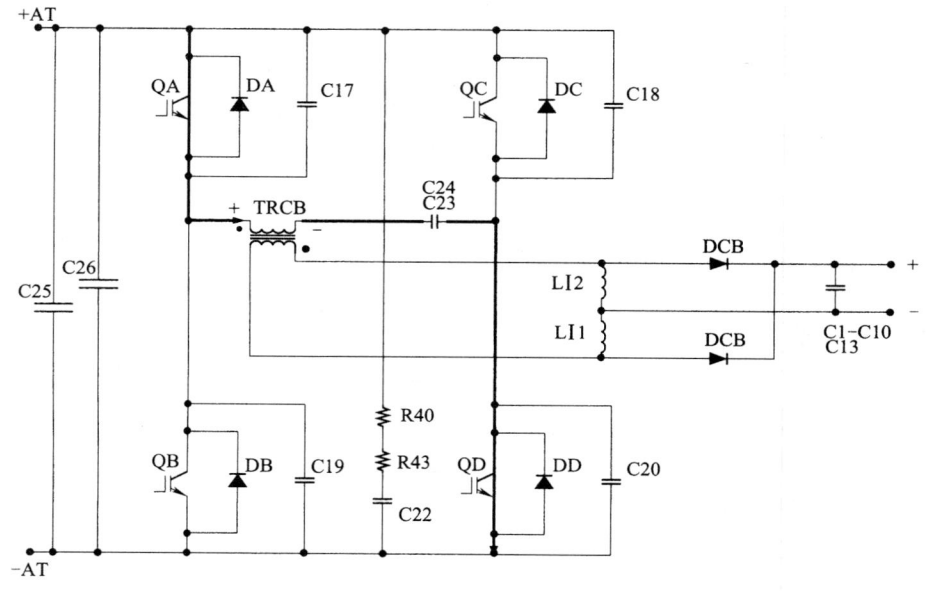

图 7-34 移项全桥变换原理图

复习思考题

1. TKDT 型铁路客车电气综合控制柜有哪些主要特点？
2. TKDT 型铁路客车电气综合控制柜具备哪六大部分功能？
3. 简述 TKDT 型铁路客车电气综合控制柜自动供电时的工作原理。
4. 简述 TKDT 型铁路客车电气综合控制柜转换开关"SA1"置于"试验Ⅰ路"时的工作原理。
5. 简述 TKDT 型铁路客车电气综合控制柜系统参数设定的操作步骤。
6. TKDT 型铁路客车电气综合控制柜 PLC 单元的维护检验项目有哪些？
7. 简述 25T 客车空调逆变器的基本原理。
8. 简述 25T–2×35 kV·A+12 kV·A 逆变器主电路的组成及工作原理。
9. 25T–2×35 kV·A+12 kV·A 逆变器具有哪些保护功能？
10. 25T–2×35 kV·A+12 kV·A 逆变器故障时有哪些对策？
11. 简述 25T 型客车充电器的基本工作原理。
12. 简述 CP4-008/600（L）型 DC 110 V 充电机的工作原理。
13. 简述 TKB2-0035D/DC110（L）单相逆变器的工作原理。
14. 为什么 25T 型客车控制电路采用直流 110 V 电源？
15. 25T 型客车电气系统检查与操作有哪些步骤？
16. 25T 型空调列车电气系统操作中应注意哪些问题？
17. 25T 型空调列车出现机车跳闸或无法送电时应如何处理？
18. 25T 型空调列车出现机车不能同时提供两路电源时应如何处理？
19. 25T 型客车出现电源故障指示灯亮时应如何处理？
20. 25T 型客车出现 Q1、Q2 跳闸时应如何处理？
21. 25T 型客车出现本车绝缘故障指示灯亮时应如何处理？
22. 25T 型客车出现 KM3 不吸合，综合控制柜不工作时应如何处理？
23. 25T 型客车出现车下电源箱故障红灯亮时应如何处理？
24. 25T 型客车出现本车 DC 110 V 欠压时应如何处理？

项目八　时速 160 km 动力集中动车组电气系统

项目描述

时速 160 km 集中动力动车组电气系统，主要由动力车电力系统、拖车电力系统和控制车电力系统组成。本项目主要学习集中动力动车组电力系统的结构、电气原理，电气控制柜的使用和维护。

学习目标

1. 知识目标：掌握集中动力动车组电力系统的结构、电气原理。
2. 能力目标：能进行电气控制柜的使用和维护等基本维修操作。
3. 素质目标：养成爱护设备的良好习惯；养成安全生产及规范作业的意识；养成善于沟通的团队意识。

相关案例

2018 年 1 月 25 日 11 时 53 分，由青岛开往杭州东的 G281 次列车运行至定远站停车时电气设备发生故障，最先发生故障的电气设备是安装于 2 号车底部的牵引变压器，导致 2 号车厢冒烟，铁路部门立即启动应急预案，组织旅客疏散，没有人员伤亡。事故造成京沪高铁上 6 趟列车停运。

任务一　动力车电气系统

知识要点

· 时速 160 km 动力集中动车组的动力车电气系统组成。
· 动力车电气系统各组成部分电路原理。

视频
CRH2 型动车组的牵引供电系统组成及原理

PPT

> 知识储备

为加快推进铁路装备现代化，充分利用既有线路和机、客车的检修资源，提高既有线铁路运输服务品质，满足中国铁路运输和经营发展要求，2016年初开始，在中国铁路总公司和中国中车统一指挥下，各机车厂、客车厂及科研院所组建联合团队，共同开展时速160 km动力集中电动车组关键技术研究及样车研制工作，2018年长、短编组样车通过试验评审。

时速160 km动力集中动车组是复兴号动车组系列的重要组成部分，是铁路旅客运输的新型运载工具，它的动力车为HXD1G或HXD3G型机车的"一般改进型"产品，拖车为25T型客车的"一般改进型"产品，控制车为25T型客车的"重大改进型"产品。2018年12月，在样车基础上，提出了113大项的优化改进意见，使国产时速160 km动力集中动车组移植高速动车组成熟理念，并进行适应性设计；与25T型车在品质和性能方面有了很大的提升（新材料、新工艺、新结构）；打造形成了面向功能需求的平台化产品、面向安全可靠性的模块化产品、面向谱系化的经济适用型产品。主要优势体现在：乘坐舒适性高，提升列车开行品质；满足地方政府及群众对开行动车的迫切需求；替换既有线开行的动力分散动车组，降低装备成本；释放枢纽和车站的能力。

时速160 km动力集中动车组指两端为动力车，或一端为动力车、另一端为控制车，中间为拖车的最高运营速度为160 km/h的电力动车组（以下简称动车组），按编组型式分为长、短编组。其中，短编组为9辆编组，1动7拖1控，全部为座车，总定员720人，2/3/4/6/7/8号车设二等座椅，9号车设一等座椅，5号车设无障碍卫生间及轮椅存放区，设餐吧区、播音室和机械师室；长编组为20辆编组，2动18拖，总定员1 102人，典型的动车组长编组由普通卧车、包间卧车、餐座合造车和普通座车组成，编组形式为：1辆动力车+4辆普通卧车+5辆包间卧车+1辆餐座合造车+2辆普通座车+6辆普通卧车+1辆动力车，动车组长编的各车种可根据运用需求灵活配置，但必须保留1辆餐座合造车或普通座车（带餐吧）作为拖车车列的信息中枢。动车组两端均设有司机室。

动力车电气系统基于HXD3G型八轴客运电力机车电气系统技术路线，增加了动车组运用需求的相关功能。网侧电路采用"双受电弓、双主断路器方案"；主传动系统、辅助电气系统采用HXD3系列机车成熟方案；采用分布式微机网络控制系统，以太网控制网络和MVB控制网络双网冗余；在控制策略上增加了紧急驾驶等功能来提高动力车的运用可靠性。

动力车电气系统由主传动系统、辅助系统、列车供电系统、微机网络控制系统、行车安全系统以及6A系统组成（见图8-1）。

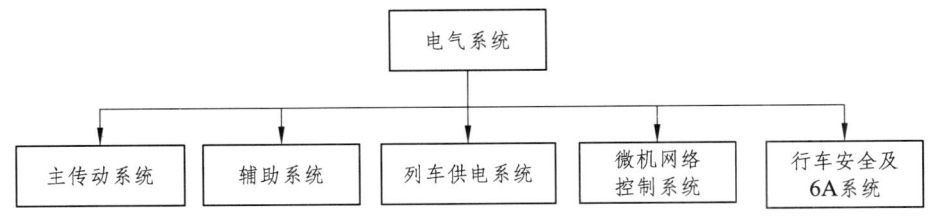

图8-1 电气系统组成

一、主传动系统构成

1. 网侧电路

网侧电路的主要功能是从网侧获取电能，由 2 台受电弓、2 台车顶避雷器、2 台主断路器、1 台接地开关装置、1 台车内避雷器、2 台高压电压互感器、1 台高压电流互感器、牵引变压器原边绕组、回流侧电流互感器和接地碳刷等组成。

牵引变压器的原边绕组通过受电弓、主断路器得电。然后由其 4 个独立的牵引绕组分别向牵引变流器供电。如图 8-2 所示。

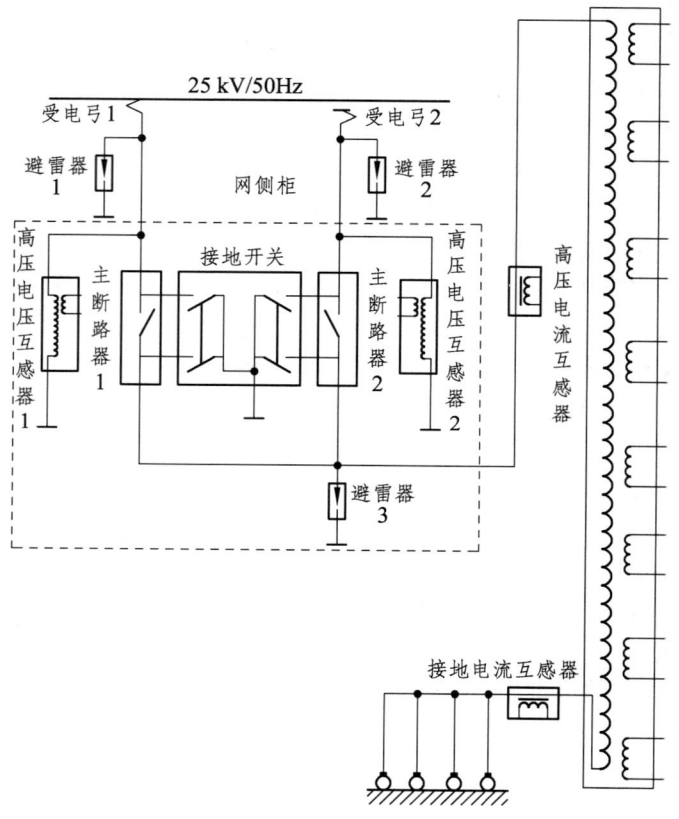

图 8-2 动车组网侧高压电路简图

2. 主电路

主电路的主要功能是将从电网获取的电能传递到牵引电机上，由牵引电机转换为动能，由 4 台牵引变流器、4 台牵引电机等组成。

每台牵引电机独立供电，由四象限整流器通过中间直流环节向牵引逆变器供电，再由逆变器驱动电机。再生制动工况下，牵引电机动能由逆变器转换为电能，通过中间直流环节、四象限整流器及网侧电路后，回馈电网。如图 8-3 所示。

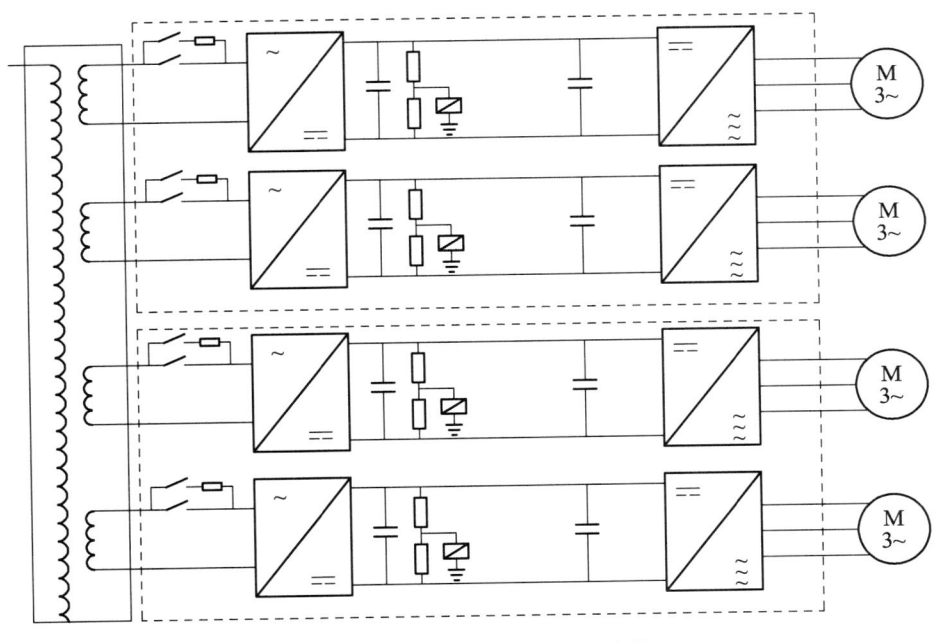

图 8-3 动车组牵引变流主电路简图

二、辅助系统构成

辅助传动系统主要由辅助变流器、辅助滤波装置、辅助接触器及辅助用电设备等组成。

辅助变流器由牵引变压器的辅助绕组供电,其输出经集成在牵引变流柜内的辅助滤波装置后向辅助用电设备供电,包括:冷却风机组、空气压缩机组、油泵、水泵、空调、蓄电池充电器等。

每台动力车包含两套辅助电源设备(辅助变流器和辅助滤波装置),分别位于两个牵引变流柜内。如图 8-4 所示。

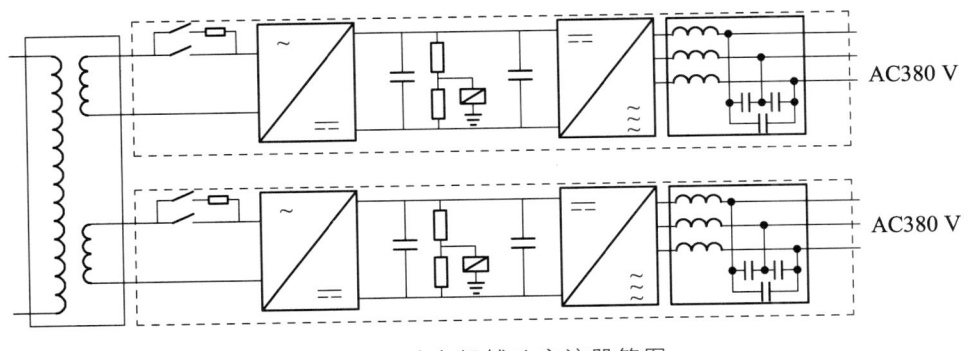

图 8-4 动车组辅助变流器简图

辅助变流器技术参数如表 8-1 所示。

表 8-1 辅助变流器技术参数

项目	参数	项目	参数
额定输入电压	AC 307 V/50 Hz	CVCF 输出电压	380 V/50 Hz/3p
额定输入电流	707 A	VVVF 输出电压	76～380 V/3p
额定输入频率	50 Hz	VVVF 输出频率	10～50 Hz
中间电压	600～650 V	控制电压	DC 110 V
标称容量	230 kV·A（240 kV·A，10 min）		

三、列供系统构成

列供系统主要由列供变流器、列供配电柜、供电连接器等组成。

每台动力车配置有两个列供变流器，分别位于两个牵引变流柜中，采用四象限整流技术，额定输出功率 200 kW，具备单路输出 300 kW 的能力。

每台动力车设置有一个列供配电柜，可根据动车组的编组形式，改变列车供电系统的输出状态，同时监视列供输出电压、电流，并进行过流、接地检测，还具备电量统计及相应的显示功能。

每台动力车的首尾端设置都配置两个 DC 600 V 供电连接器。前端为救援时使用，后端为拖车供电使用。如图 8-5 所示。

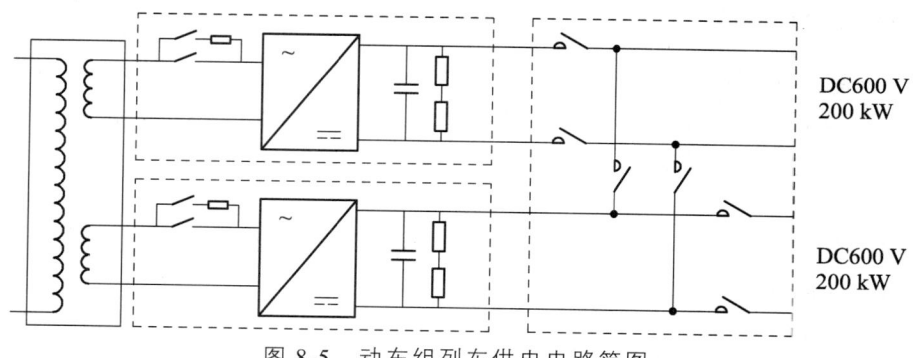

图 8-5 动车组列车供电电路简图

列供变流器技术参数如表 8-2 所示

表 8-2 列供变流器技术参数

项目	参数	项目	参数
额定输入电压	AC 214-381 V	额定输出电流	334 A
输入电压范围	AC 307 V/50 Hz	最大输出电流	1061 A
额定输出电压	DC 600 V	电压允许变化范围	DC 530～630 V

四、微机网络控制系统构成

微机网络控制系统主要以微机网络控制系统设备为中心，通过外围电气线路与其他车载电气设备连接构成，如图 8-6 所示。

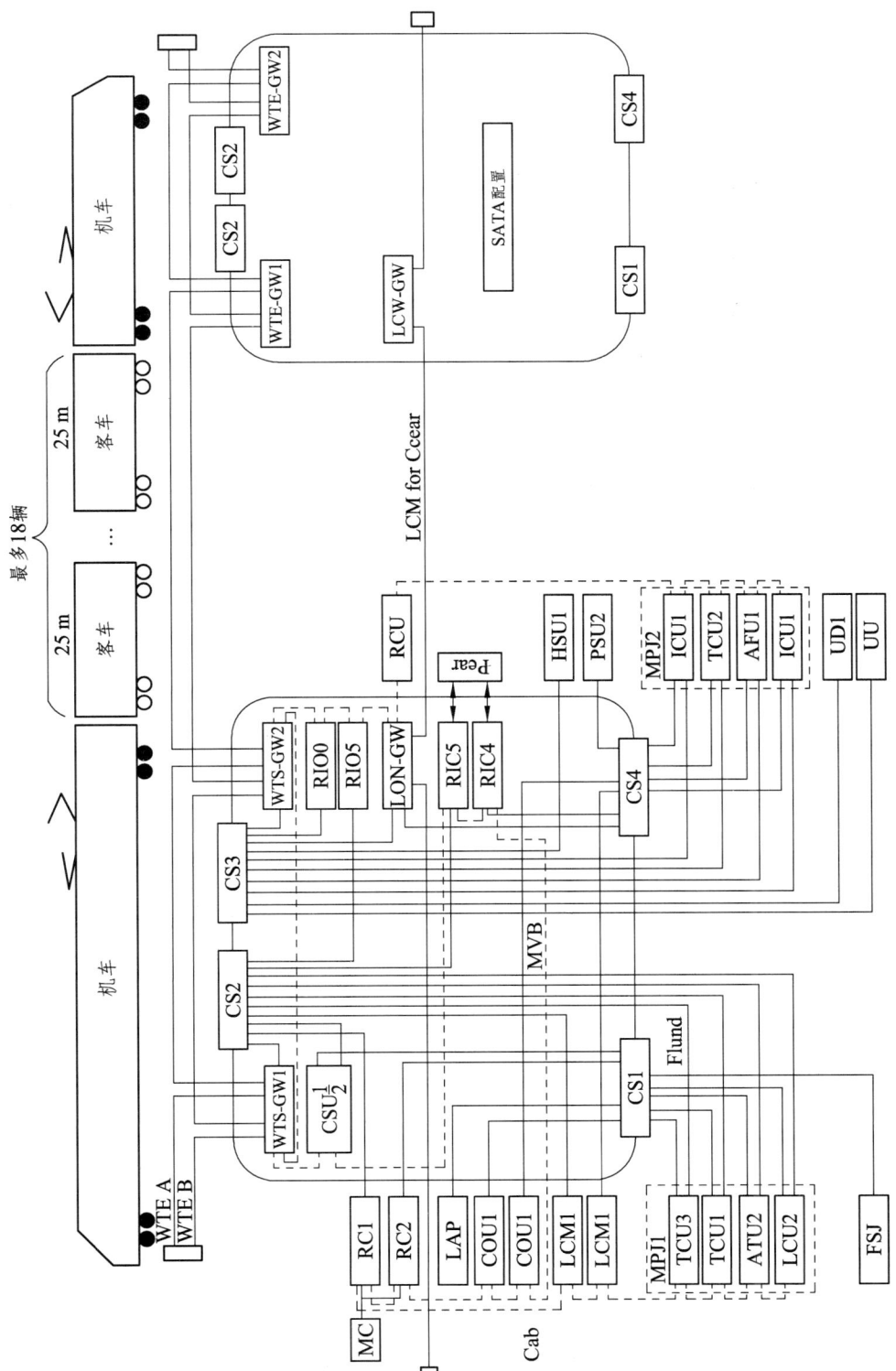

图 8-6 微机网络控制系统框图

微机网络系统实现各子系统间信息传输共享，协调中央控制系统与各子系统的控制、监视与诊断任务，汇总各子系统工作状态和故障诊断信息，提供信息显示和人机交互接口，完成整车级的控制、故障诊断、状态监视等工作。

（一）微机网络控制系统设备

微机网络控制系统设备主要由中央控制单元（CCU）、远程控制单元（RIOM）、司机室显示单元（DDU）、重联网关（GW）、以太网交换机（CS）、事件记录单元（EDRM）以及各类线缆等部件组成。

每台动力车安装有两块微机显示屏，在正常模式下一块显示制动信息，另外一块显示机车信息，当其中一块显示屏故障时，另外一个显示屏可以显示制动信息和机车信息。

通信网络：微机网络系统采用符合 IEC61375 标准的 ETH 和 TCN 网络。

列车级网络采用遵循 IEC61375-1-2007 标准的 WTB 网络，实现互联互通互控。

车辆级网络采用成熟的 MVB+ETH 双网热备方式；ETH 采用环形拓扑结构符合 IEC61375-3-4 标准，通信协议采用符合 IEC61375-2-3 Edition1.0 标准的 TRDP 协议栈实现

动力车与拖车通过 Lonworks 网络连接，6A 系统通过 VDSL2 方式通信。

（二）主要部件功能

1. 中央控制单元（CCU）

微机系统配置 2 个中央控制单元（CCU），均为 MVB 4 类设备，运行中热备冗余，一个 CCU 激活，另一个备用，激活的 CCU 发生故障时，备用的自动激活继续执行 CCU 的工作。

2. 远程控制单元（RIOM）

微机系统配置 4 个 RIOM，分别位于司机室内和低压柜内。实现对控制电路的信号采集及输出控制、所有采集信号通过两根硬线分别连接到 2 个 RIOM，实现冗余功能。

3. 重联网关（GW）

系统配置 2 个 WTB/MVB/ECN 网关，均为是 TCN 5 类设备，运行中双激活，在 WTB 上是 2 个节点，在 MVB 上也配置为不同的 2 组端口。

4. 司机室显示单元（DDU）

系统配置两个司机室显示单元，并互为冗余。主屏默认运行牵引界面，副屏默认运行制动界面；当其中一个故障时，可通过转换按键进行牵引主界面、制动主界面和合屏主界面的切换。

五、行车安全及 6A 系统

（一）行车安全系统

监控系统采用 LKJ2000+CTCS200C 的方案。LKJ2000 配置：监控主机（H1 型）、人机界面单元、TAX07 装置、总线扩展盒、传感器、GPS 信息接收装置、机车运行监测数据无线传输车载装置（TSC2）、电子标签等；CTCS-200C 配置：CTCS2-200C 型主机柜、显示终端、BTM 主机及天线等；预留 JT-C 信号系统设备安装接口。监控系统、电台系统、CTCS 系统电源各自独立，三套系统的主要设备集中安装在第三方设备柜内，如图 8-7 所示。

ATP 由 CTCS2-200C 主机柜、人机交互单元（又称屏幕显示器 DMI）、BTM 主机、BTM 天线、FSK 接线盒、FSK 传感器、速度传感器、速度信号转接盒、功能扩展盒和专用连接线缆等组成。

LKJ 由监控主机、人机交互单元（又称屏幕显示器）、GPS 接收主机、速度传感器、总线扩展盒和专用连接线缆等组成。

装设于动车组上的机车安全信息综合监测装置（TAX）、机车语音记录装置、列车运行状态信息系统车载设备（LAIS 车载设备，包括 TSC1 主机、TAL93 接线盒、车载通话器和三合一天线）、铁路车号自动识别系统（ATIS）机车车号识别设备为 LKJ 相关设备，ATP、LKJ 与 LKJ 相关设备整体组成动力车运行安全监控系统。

（二）6A 系统

动力车安装车载安全防护系统（6A 系统），包括走行部安全监测（ATDR）、防火监控（AFDR）、高压绝缘检测（AGDR）、视频监控（AVDR）、列车供电监控（APDR）、制动安全监控（ABDR），为机车的安全运用提供了保证。控制车安装：制动监测子系统、防火监测子系统、视频监测子系统、600 V 母线电压监测、中央处理平台。如图 8-8 所示。

6A 系统与 LDP 间采用工业以太网通信；动动（动控）之间的 6A 系统采用 VDSL2 通信，通过 VDSL2 总线实现重联车的数据传输。

1. 制动监测子系统功能介绍

制动监测板卡 ABDR，接受制动管路中安装的总风压力传感器、总风流量传感器（仅动力车）、均衡缸压力传感器、停放缸压力传感器（仅动力车），列车管压力传感器、均衡缸压力传感器的信号，通过中央处理平台，分析、判断、记录制动系统的工作状态，并把这些数据和故障报告给司机台的机车安全状态屏，如图 8-9 所示。

2. 防火监控子系统功能介绍

传感器探头的布置：动力车司机室监测、机械间监测、列供柜监测、低压柜监测；控制车司机室监测、设备间、电气柜监测。如图 8-10、图 8-11 所示。

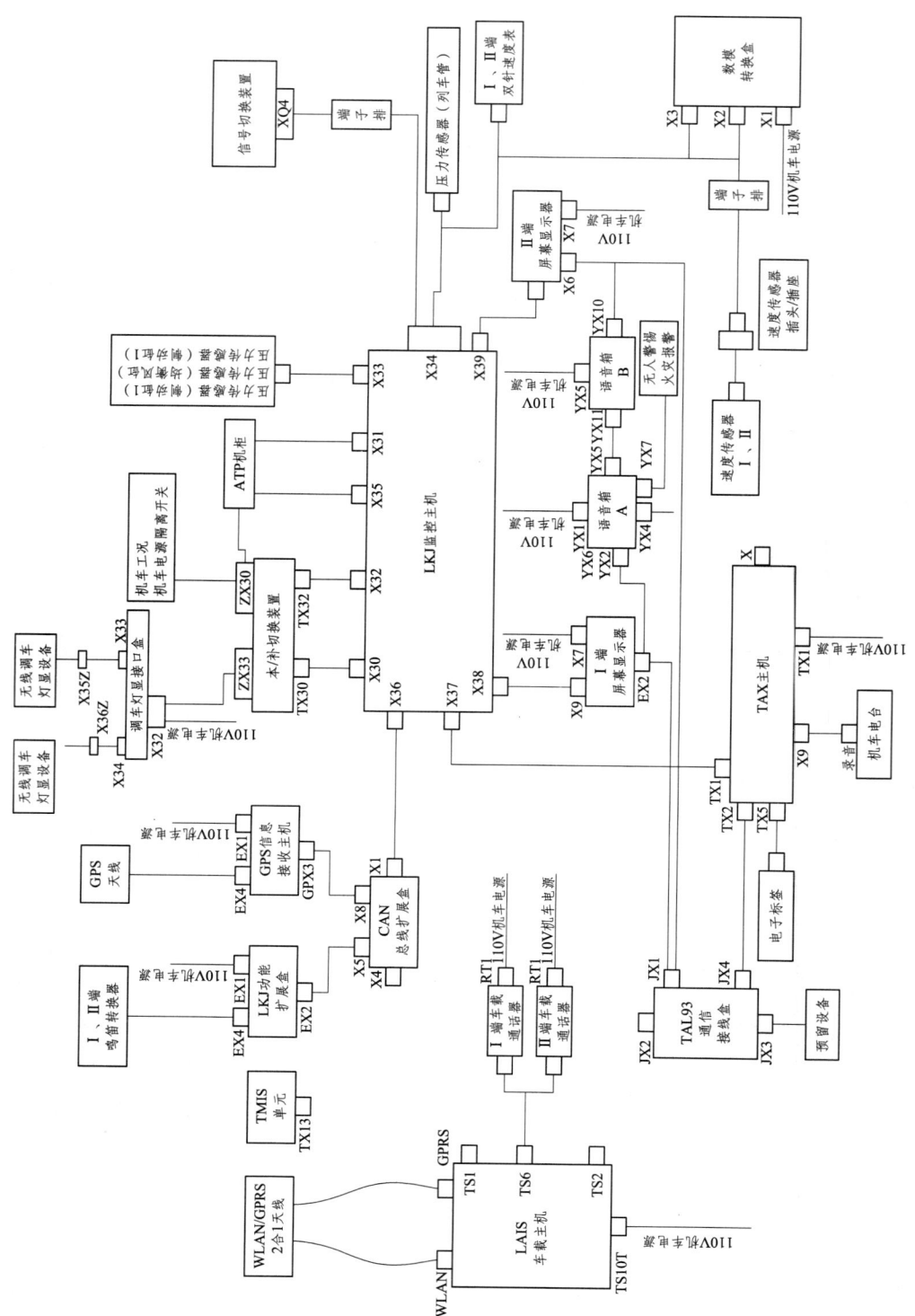

图 8-7 动力车行车安全系统简图

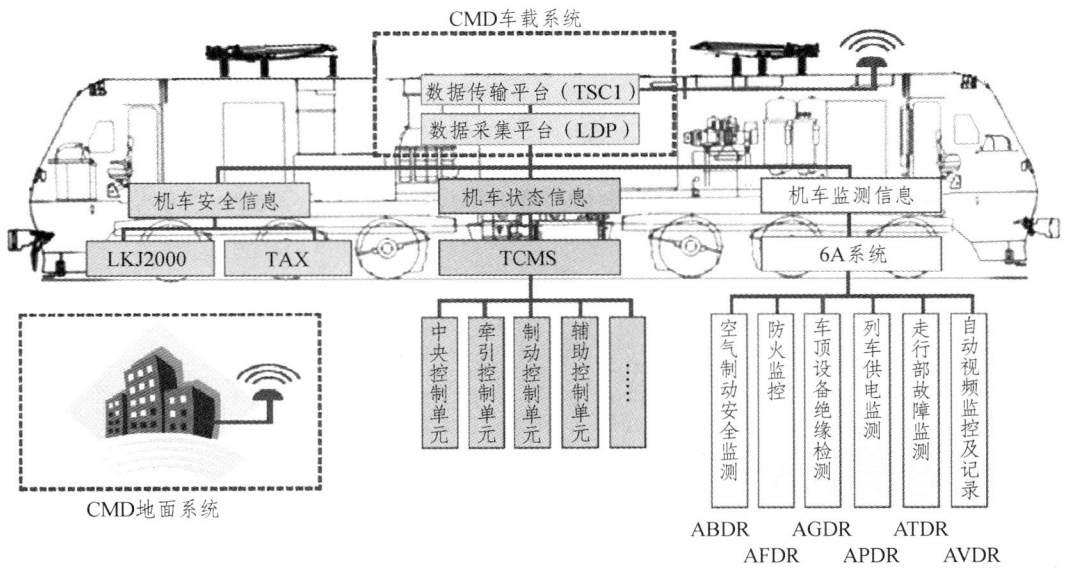

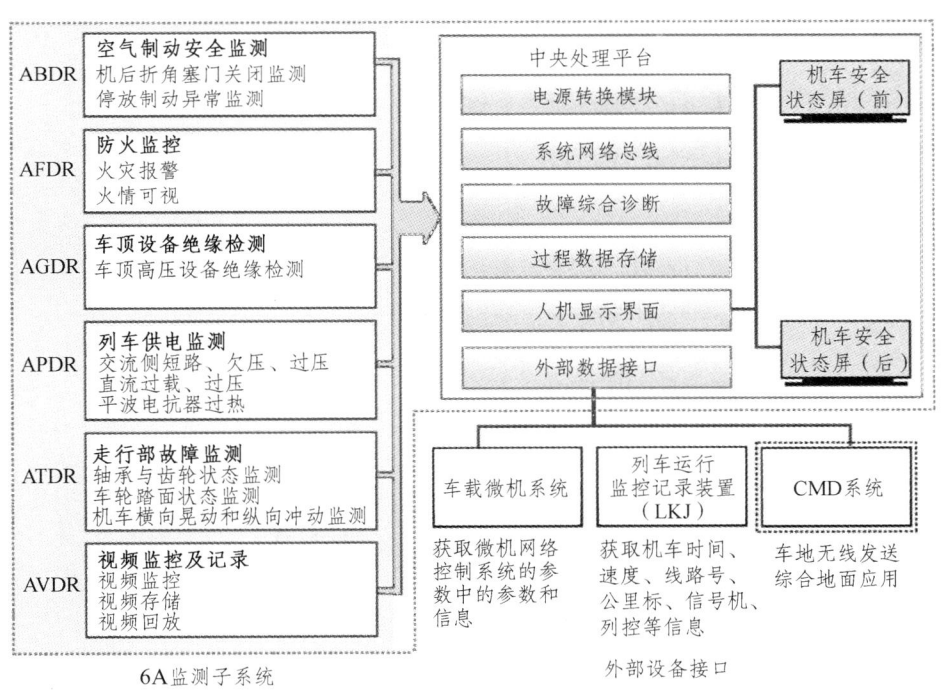

图 8-8　动力车安装车载安全防护系统（6A系统）

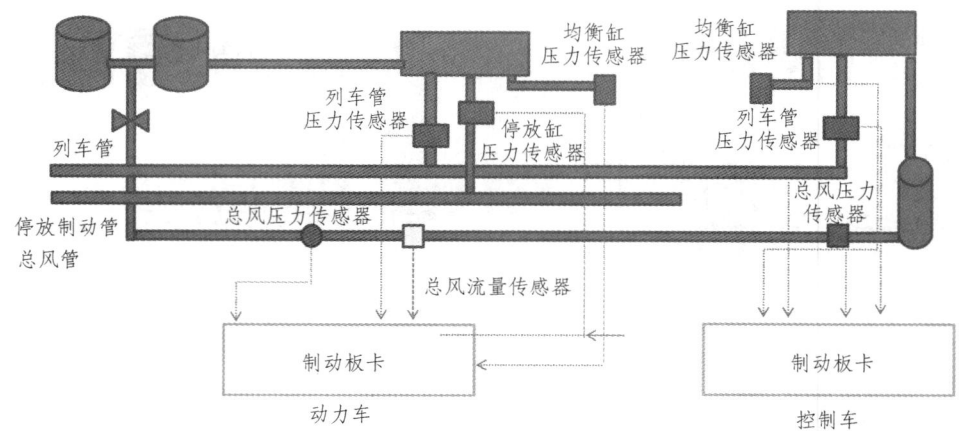

图 8-9　制动检测子系统传感器安装位置

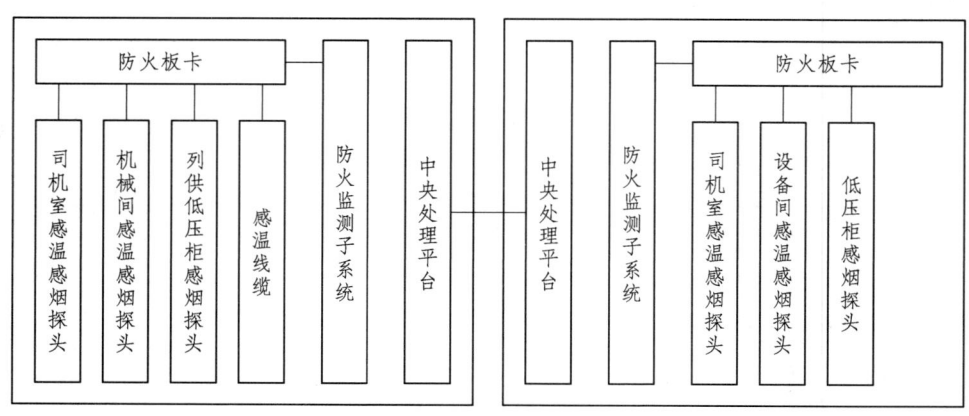

图 8-10　防火检测子系统功能框图

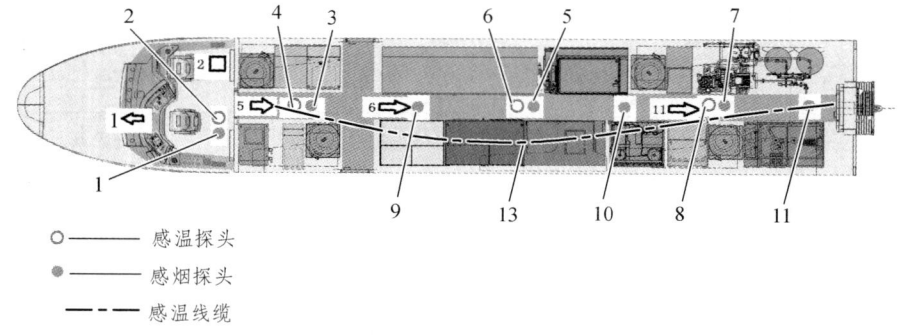

图 8-11　动力车防火监测子系统传感器布置

防火监测子系统板卡、探头、挡板全部采用 2015 年新方案，感烟探头使用粒子识别探测器。

任务二　拖车电气系统

> **知识要点**
> ·时速 160 km 动力集中动车组的拖车电气系统组成。
> ·拖车电气系统各组成部分电路原理。

> **知识储备**

视频　　　　PPT
CRH2 型动车组的辅助供电系统

拖车电气系统是在既有 25T 型客车成熟的电气系统的基础上进行升级改造完成。供配电系统平移了 25T 型客车的成熟的技术平台；优化了旅客界面系统；改进了供电 lonWorks 网络性能，增加了与动力车的信息交互；增加了安全环路系统；升级了轴温报警、火灾报警等安全监测系统；全车采用模块化布线，加强了线缆防护，消除火灾隐患。

拖车电气系统由供配电、旅客信息服务、照明、控制监测与诊断、与动力车的接口、线槽与布线 6 个子系统组成，详见图 8-12。

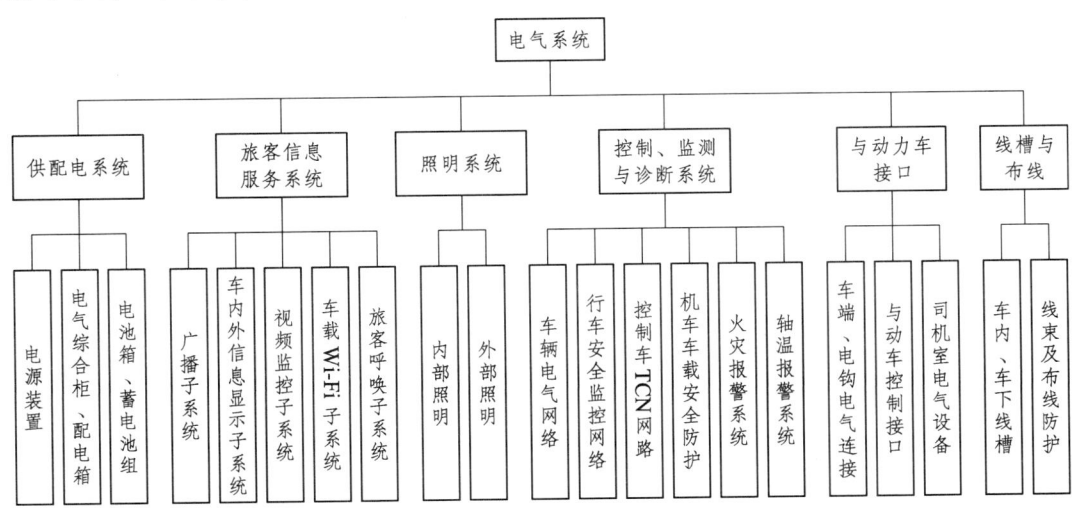

图 8-12　动力集中动车组电气系统框图

一、供配电系统

DC 600 V 供电系统采用动力车集中整流、拖车分散变流方式。动力车设双路 DC 600 V 独立供电，重联两短编组之间 DC 600 V 供电不贯通。如图 8-13 所示，为短编组列车供配电系统框图。

供电模式：长编组每个动力车采用 DC 600 V 单路供电；短编组 1 个动力车双路 DC 600 V 独立供电（重联两短编组之间 DC 600 V 供电不贯通）。

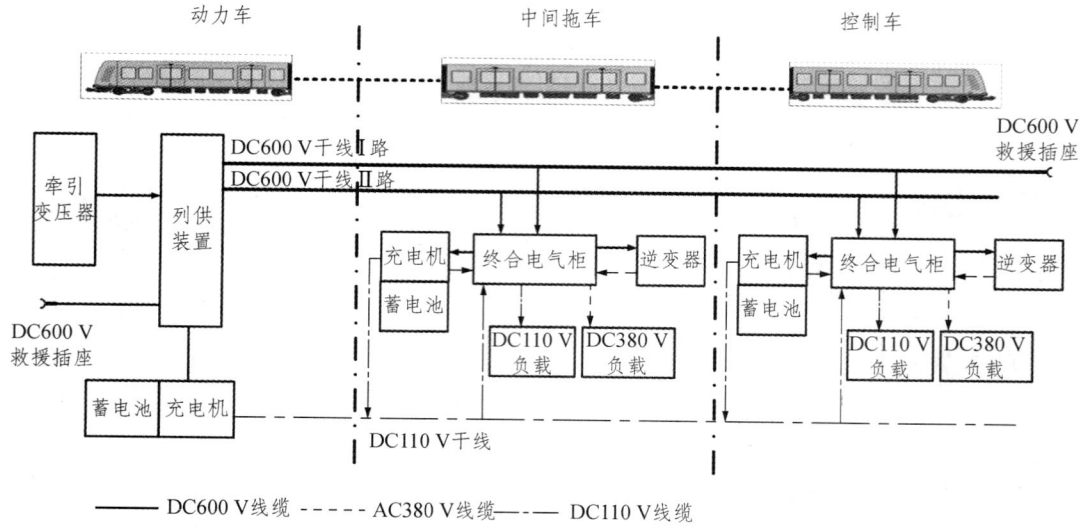

图 8-13　短编组供电系统框图

拖车采用 DC 600 V 两路独立干线传输方式。

供电功率：长编组 2×400 kW。短编组 2×200 kW。

冷态减载：全列母线功率超过机车额定功率，列车电气主控屏根据实时功率发送减载信号，拖车 PLC 根据减载信号进行减载。

对拖车 DC 110 V 负载进行分级管理：应急照明、广播、司机室等供电至少 5 h（不自动断电）。轴温、火警、视频监控、行车安全等 3 h 后断电，其他应急（PIS 等）1 h 后断电，普通负载 5 min 后断电。表 8-3 所示为拖车冷态减载顺序。

表 8-3　拖车冷态减载顺序

负载等级	断电时间	负载种类
普通负载	5 min	主灯带照明、全灯照明、液位显示、端门控制、暖风机控制开水炉控制、温水器控制、Wi-Fi 系统
三级负载	1 h	厕所门、集便器、PIS 车厢控制器、内、外信息显示屏、车下电源控制
二级负载	3 h	轴温系统、行车安全系统、火灾报警系统、呼唤系统、PIS 系统操作屏
一级负载	不断电	应急照明、控制柜及触摸屏、PIS 广播系统、控制车司机室

二、旅客信息服务系统（PIS）

PIS 系统包括车内外信息显示屏、广播播音系统、视频监控系统、Wi-Fi 系统，无障碍区域设置旅客呼叫系统，如图 8-14 所示。

时速 160 km 动力集中电动车组在原来标动 Wi-Fi 系统基础上，做了三点改进：

（1）互联网接入和乘客空间区域的无线信息网络全覆盖。

（2）无线互联网实时接入和本地娱乐。

（3）音视频点播、列车商城购物、乘务服务呼叫、列车运行信息推送。

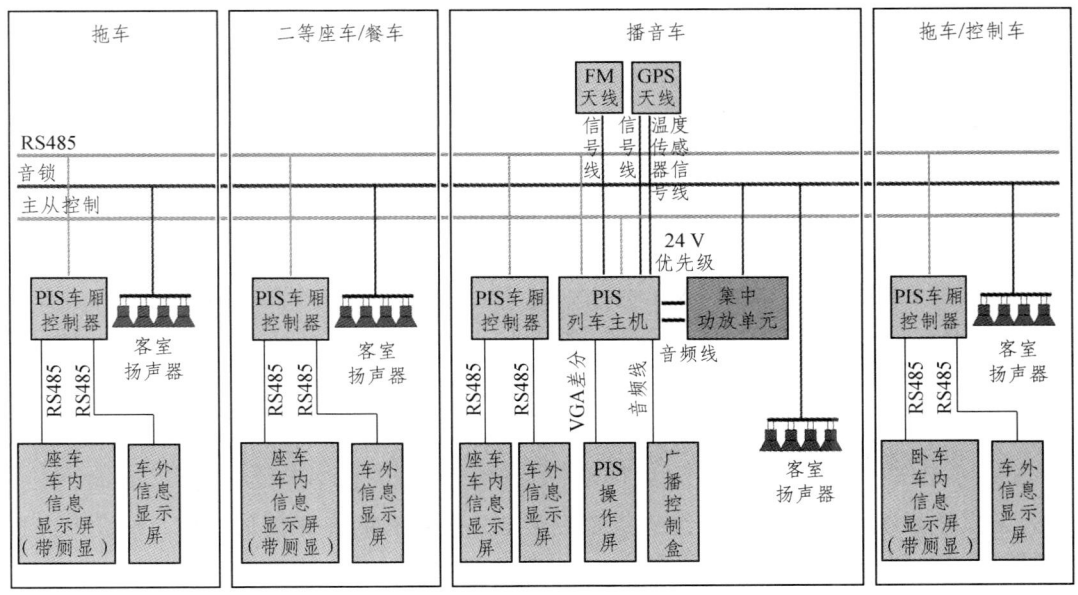

图 8-14 旅客信息服务系统（PIS）

系统主要由中心服务器、单车服务器、交换机、3G/4G 天线、AP 天线组成，列车组成车内局域网，各车对外交互数据发送至中心服务器统一对外发送和接收。与客站/车库 Wi-Fi 网络互通、认证鉴权、安全防护和系统管理维护。如图 8-15 所示。

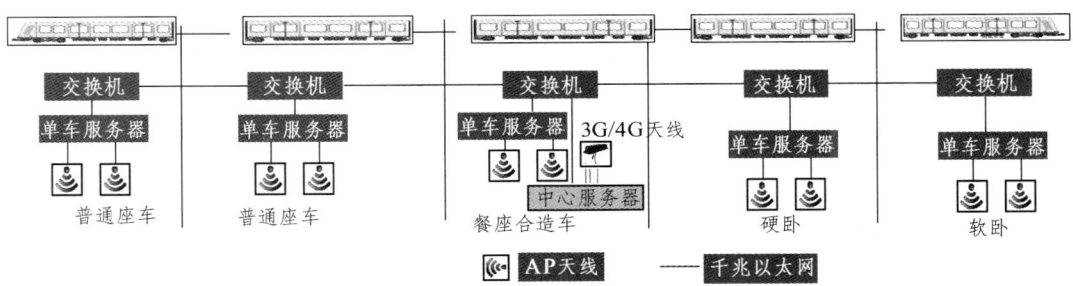

图 8-15 车载 Wi-Fi 子系统

三、照明系统

内部照明：全部采用 LED 照明，乘务员室照明控制开关可控制本车厢照明，播音室可集控全列照明。主灯带亮度可调，行李架设辅助灯带。

外部照明：控制车司机室外部设头灯，主、副司机侧标辅照灯。

播音室可对全列照明进行集控。

四、控制、监测与诊断

车辆电气监控系统由车辆控制单元、供电系统、电源装置、轴温、烟火、塞拉门、防滑器、车厢监控屏、列车级电气监控系统主机及显示屏（仅餐车）和两级 LonWorks 网络

（列车级、车辆级）等组成。

车列的控制、监测与诊断系统可监视所有拖车的供电、空调、轴温、烟火、塞拉门、制动、转向架、防滑器等运行状态；并可控制所有拖车的供电、空调等工况。控制、诊断及监测系统系统由车辆电气监控系统、行车安全监控系统、动拖车信息交换接口组成。

所有拖车的烟火、塞拉门、防滑、轴温、空调、供电信息通过网关传送至 TCDS 主机，TCDS 主机将信息传递给动力车和控制车的 MVB/LON 网关，并通过 CMD 系统与 TCDS 地面系统进行数据传输。

动力车控制网络采用 TCN（WTB+MVB）总线传输，将拖车原 LonWorks 网络升级为以太网，提升网络带宽，并与动力车监测网络采用一体化设计，形成统一的列车监测信息网。

短编组控制、监测与诊断系统拓扑图 8-16 所示：

（一）火灾报警系统

火灾报警系统增加了感温电缆火灾探测器；升级现有的探测器的结构；升级火灾报警控制器及列车网关程序，升级通信协议，如图 8-17 所示。

（二）轴温报警系统

轴温报警系统使用数模混合冗余式传感器。温度检测单元设计增加了冗余量，采用双备份机制（检测芯片、传输配线双备份），可有效防止误报、漏报，如图 8-18 所示。

（三）安全环路

动车组设置 4 个安全环路，通过安全环路实现对列车的自动控制。为保证列车运行的安全，列车总共设置 4 个安全环路，分别是车门安全环路、制动安全环路、轴报安全环路及火灾报警安全环路，如图 8-19 所示。

所有安全环隔离信息均上传至安全监测网，统一显示；

1. 车门安全环路控制逻辑

拖车采集全列拖车塞拉门全关闭信号，任一车门未关闭，输出低电平（可单门隔离）。

动力车/控制车收到低电平信号后，自动执行牵引封锁（含静止、运行状态），显示屏显示门未关闭；低电平恢复高电平时，动力车取消牵引封锁，司机操作牵引手柄回零确认后允许牵引。

隔离功能：在司机室显示单元设置整列车门环路隔离功能。

2. 制动安全环路控制逻辑

当任一拖车发生"严重缓解不良"或"严重异常制动"或"严重自然制动"报警时，安全环输出低电平，其他状态输出高电平（可在拖车隔离）。

收到低电平后，显示屏报警，微机网络控制系统通过 MVB 给制动机安全环状态信号"1"，制动机结合列车速度信号，自动实施制动至停车。

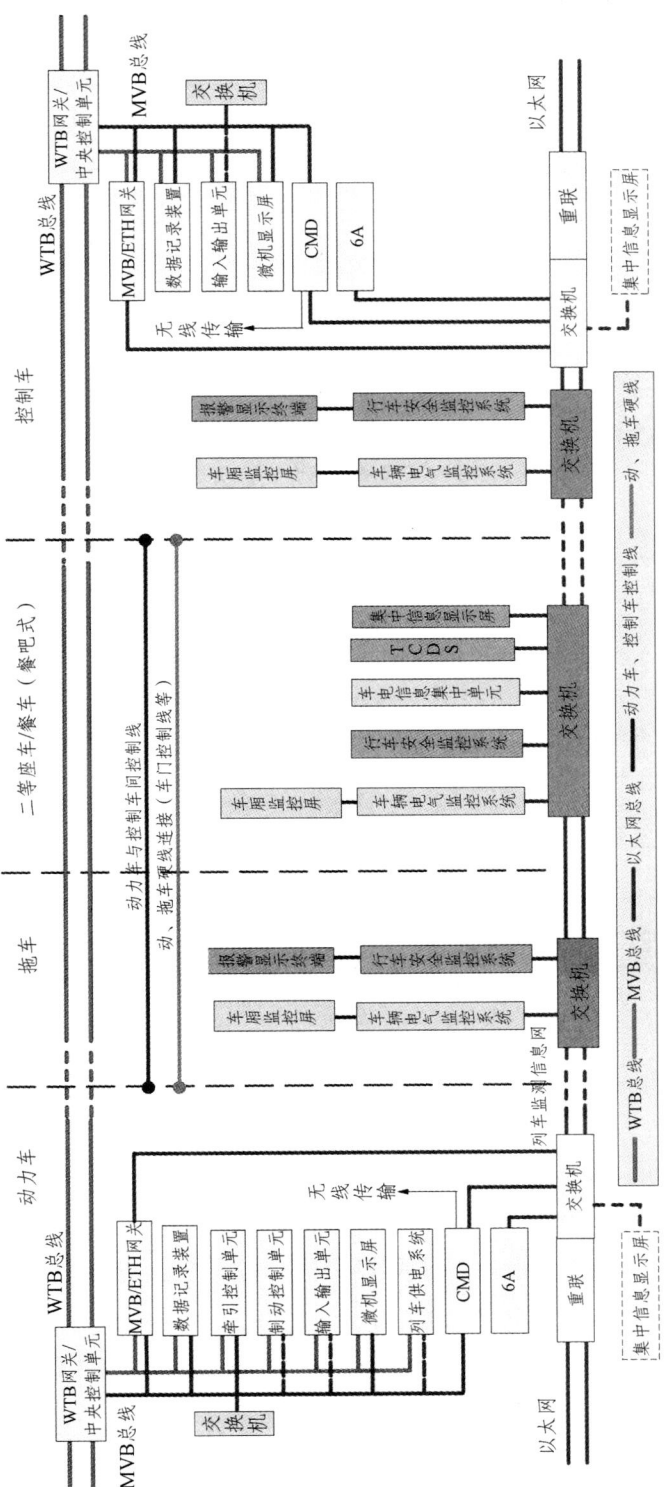

图 8-16 短编组控制、监测与诊断系统拓扑图

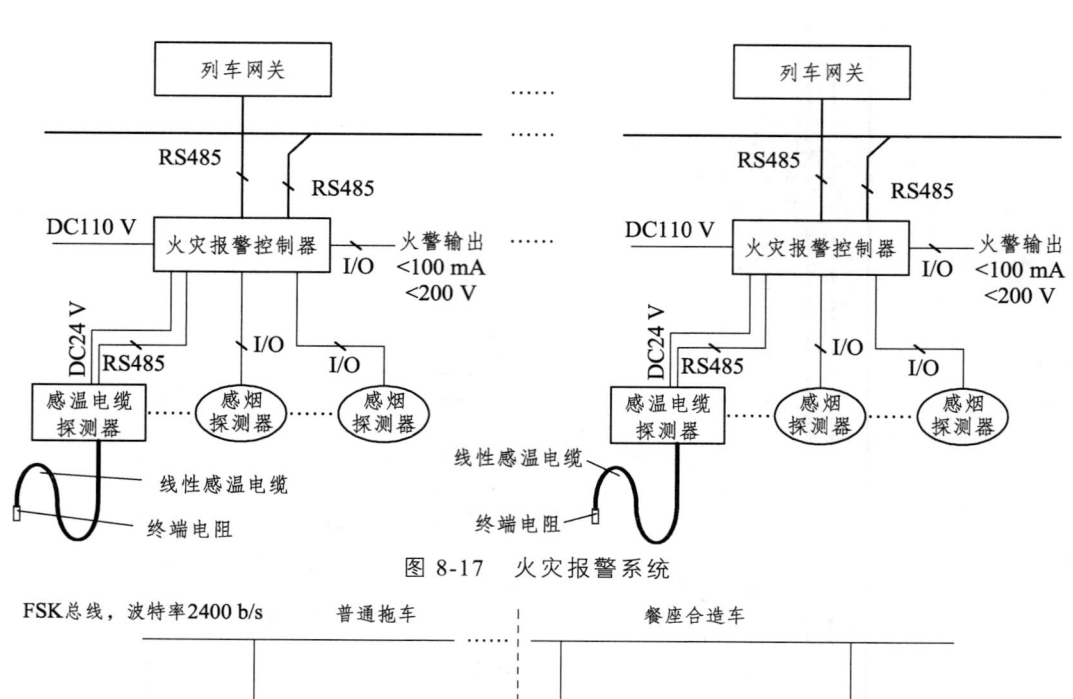

图 8-17 火灾报警系统

图 8-18 轴温报警系统

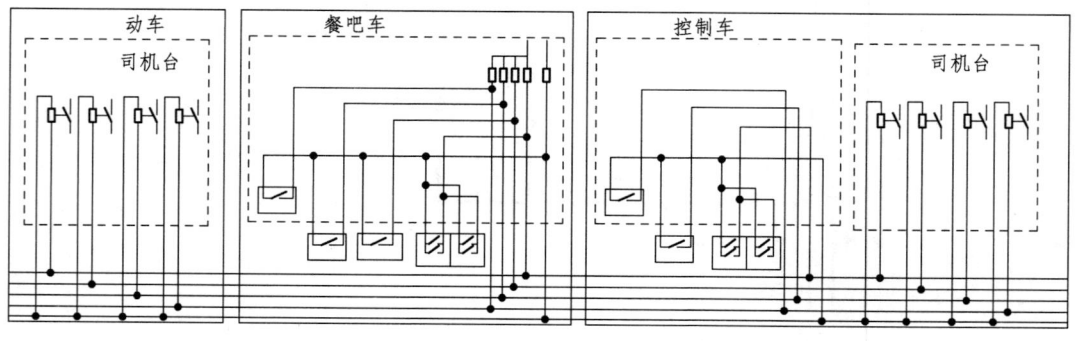

图 8-19 动车组安全环路控制系统

安全环路恢复高电平后，微机网络控制系统向制动机发送"0"，制动机实施缓解。

隔离功能：在司机室显示单元设置整列制动环路隔离功能。

3. 轴报安全环路控制逻辑

当任一拖车轴箱轴温绝对轴温超过 90 ℃，安全环输出低电平，其他状态输出高电平（可单车隔离）。

动力车收到低电平自动实施最大常用制动至停车，显示屏显示轴温报警；低电平恢复高电平时，司机操作手柄缓解制动。

隔离功能：在司机室显示单元设置整列轴报环路隔离功能。

4. 火警安全环路控制逻辑

当任一拖车火灾报警时，安全环输出低电平（可单车消音）。

动力车收到低电平指示灯闪烁、蜂鸣器响；低电平恢复高电平时，指示灯停止闪烁，蜂鸣器停止鸣响。

隔离功能：在司机室显示单元设置整列火警环路隔离功能（消音及消除闪光）。

五、与动力车接口

1. DC 600 V 供电接口

DC 600 V 电力连接器采用 25T 型客车统型结构。

2. 通信控制接口

通信控制采用 54+3 芯的新型通信（控制）连接器，集成列车通信，包括门控、火警、轴温、列车网络、安全环、照明集控、PIS 及电空制动控制等功能。

3. 重联控制接口

将动力车与控制车或动力车与动力车之间的重联信号布置于车端的 54+3 芯的重联连接器，拖车重联线仅通过。

车端设有 DC 600 V 电力连接器、DC 110 V 电力连接器、重联连接器、通信（控制）连接器 4 种。两侧的插座相互冗余，确保信息传输的可靠性。DC 600 V 电力连接器、DC 110 V 电力连接器采用 25T 型车统型结构。

六、线槽与布线

电气布线采用模块化线槽布线，设车内线槽和车下线槽。车内线槽在 25T 型客车模块化线槽、平顶线槽的基础上，增加侧墙电热线槽，加强线缆防护，减少火灾隐患。车下枕内线槽采用既有 25T 型客车的整体结构。

任务三　控制车电气系统

> **知识要点**
> - 时速 160 km 动力集中动车组的控制车电气系统组成。
> - 控制车电气系统各组成部分电路原理。

视频　　PPT
动车组列车信息控制系统

> **知识储备**

时速 160 km 动力集中电动车组控制车电气系统在拖车方案基础上增加司机室电气，司机室电气与动力车保持一致。

司机室电气参照动力车技术方案设置，由司机台、DC 110 V 供电系统、设备间电气、车下天线、车顶天线组成。其中设备间电气包括：司机室空调控制柜、低压电器柜、制动柜、控制电源柜、通信信号柜、6A 及 CMD 装置；车下天线包括：FSK 天线、BTM 天线、电子标签、多普勒雷达；车顶天线包括：CIR（多频段合路天线、GSM-R 数据天线、GPS 天线）、CMD（WLAN/3G 天线、BD 天线）、LKJ（TSC2 组合天线、GPS-2000 组合天线）、DMS（GSM-R 天线）。

1. **轴报系统**

轴温报警系统同拖车方案。

2. **旅客信息服务系统（PIS）**

控制车 PIS 系统同拖车。

3. **供电及控制**

（1）DC 600 V 客室方案同拖车方案，二位端增设外接电源。

（2）DC 110 V 客室部分同拖车方案，列车重联时，DC 110 V 不贯通；司机室部分设独立的 DC 110 V 供电系统。

4. **重联、通信控制**

（1）客室及 1 位端方案同拖车方案。

（2）2 位端方案按照与动力接口文件规定设电气钩。

5. **照明系统**

（1）内部照明：

① 客室内部照明方案、控制策略同拖车。

② 司机室内部照明方案同动力车，设备间照明参照动力车方案结合控制车内部设备布置进行优化设计。

（2）外部照明：控制车司机室照明灯具的设置与动力车完全相同。

6. 控制、监测与诊断

（1）控制车客室方案同拖车方案。

（2）控制车司机室控制、监测与诊方案与动力车方案保持一致、设6A系统，仅针对动力车特用功能进行减少相应项点。如图8-20所示。

7. 火灾报警系统

控制车火灾报警系统分为客室火灾报警系统和司机室火灾报警系统方案。

（1）客室火灾报警系统同拖车方案，拖车火灾报警系统由普通座车（餐吧车）经拖车列车网络传送至司机室。

（2）司机室设独立火灾报警系统（属6A系统），方案同动力车。

任务四　时速160 km动力集中动车组的维修

知识要点

- 时速160 km动力集中动车组的维程。
- D1修、D2修及动车组出库质量标准。

知识储备

动车组修程分为D1、D2、D3、D4、D5、D6修。实施D1修时，动力车及控制车机务设备对应实施机车一级整备，拖车和控制车（不含机务设备）对应实施客车日常检修；实施D2修时，动力车及控制车机务设备实施专项检修（对应机车二级整备、C1修、C2修、C3修），拖车和控制车（不含机务设备）对应实施客车专项检修、A1修；实施D3修时，分别对应实施机车C4修和客车A2修；实施D4修时，分别对应实施机车C5修和客车A3修；实施D5修时，分别对应实施机车C6修和客车A4修；实施D6修时，分别对应实施机车次轮C6修和客车A5修。动车组检修周期如表8-4所示。

一、D1修

（1）原则上，每运行不超过（4 000+400）km，动车组应在本属客整所实施D1修。实施D1修时，应将吸污、上水、保洁、客运整备作业纳入一体化作业管理。动车组外属入库时，原则上仅进行故障交接处理及吸污、上水、保洁、客运整备作业。

（2）动车组每次本属出库时，须符合拓展阅读中《时速160公里动力集中动车组出库质量标准》。

（3）动车组D1修的库内作业时间，一般情况下，在客整所所在地车站图定到开时间间隔不少于6 h。

（4）实施D1修时，可采用"无电-有电"作业模式，也可采用"有电-无电-有电"作业模式。

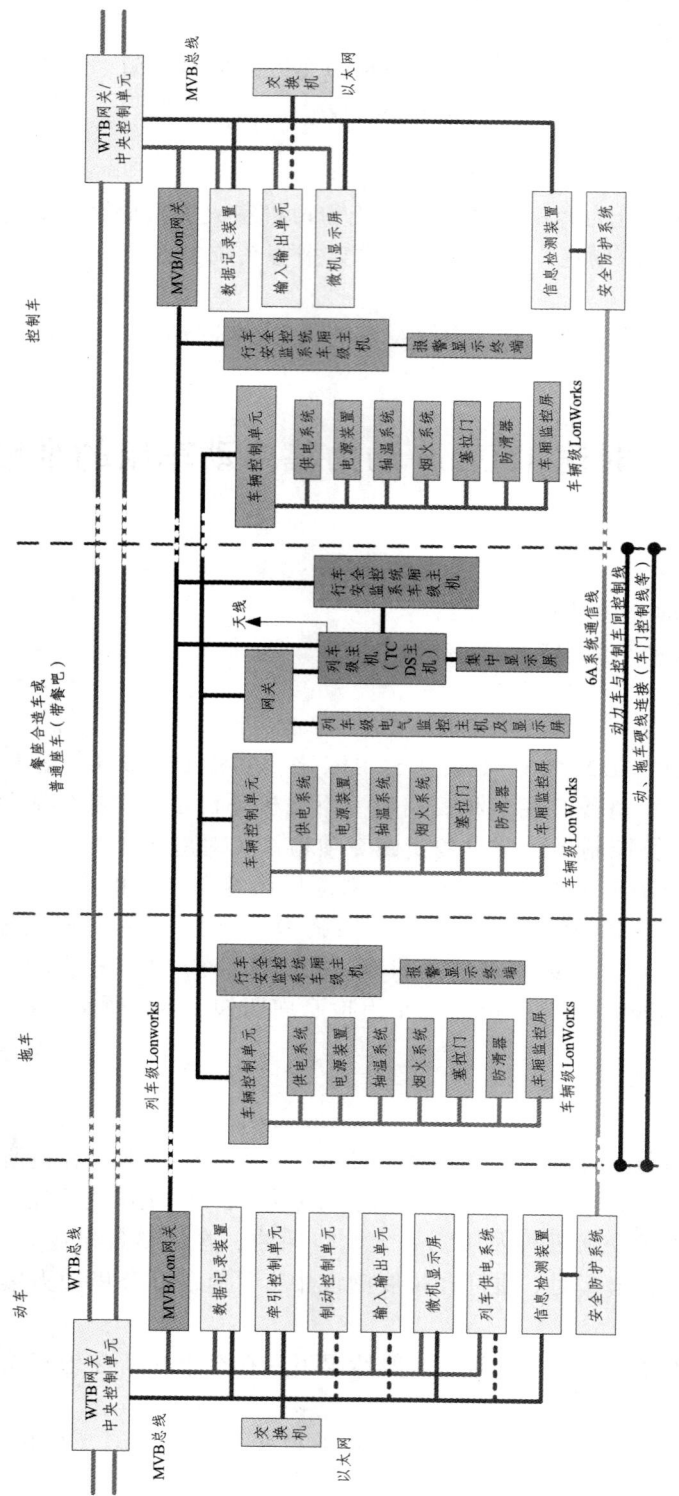

图 8-20 控制车控制、检测与诊断框图

表 8-4 动车组检修周期表

修程	与机车、客车修程对应关系	走行公里及时间周期
D1 修	机车一级整备，客车日常检修	每运行不超过（4 000+400）km
D2 修	机车二级整备、C1 修、C2 修、C3 修（本办法统称为动力车、控制车机务设备专项检修），客车专项检修和 A1 修	动力车、控制车机务设备检修周期为 1 年的专项检修项目及拖车、控制车（不含机务设备）按客车 A1 修项目：运行（30±3）万 km 或距上次 D2 修以上修程 1 年；动力车、控制车机务设备其他专项检修项目和拖车、控制车（不含机务设备）专项检修项目按附件 3 规定的时间周期
D3 修	机车 C4 修，客车 A2 修	运行（60±6）万 km 或距上次 D3 修以上修程 2 年
D4 修	机车 C5 修，客车 A3 修	运行（110±10）万 km 或距上次 D3 修 2 年
D5 修	机车 C6 修，客车 A4 修	运行（220±22）万 km 或距新造或 D6 修 8 年
D6 修	机车次轮 C6 修，客车 A5 修	运行（440±22）万 km 或距上次 D5 修 8 年

（5）在无电作业模式下进行 D1 修时：

① 车辆检修人员在 25T 型客车作业范围基础上，控制车增加开闭机构，自动过分相装置及其组件，刮雨器水箱，站台感应器，排障器，扫石器，带电气装置的 105 型车钩（10 号电钩），105A 型（15 号）车钩缓冲装置等状态检查；拖车增加旅客信息系统（PIS）；拖车和控制车均增加外风挡，站台补偿器及导流罩等状态检查。

② 机务检修人员在电力机车作业范围基础上，动力车增加开闭机构，导流罩，自动过分相装置及其组件，站台感应器，带电气装置的 105 型车钩（10 号电钩）等状态检查。

③ 电务检修人员在电力机车作业范围基础上，动力车和控制车增加机车信号设备、ATP（设有 ATP 时含轨道电路接收线圈、BTM 天线、速度传感器）等状态检查。通信设备检修按照属地铁路局集团公司动车组通信车载设备检修标准及方法执行。

（6）在有电作业模式下进行 D1 修时：

① 车辆检修人员在 25T 型客车作业范围基础上，通过机械师室显示屏确认全列 DC 600 V 和全列 DC 110 V 绝缘状态，取消 25T 型客车车列绝缘测试方式。

② 机务检修人员在电力机车作业范围基础上，通过两端司机室显示屏确认全列 DC 600 V 绝缘状态、安全环路状态。

③ 车辆检修人员、机务检修人员相互配合进行列车制动系统全部试验、塞拉门集控试验。

二、D2 修

（1）拖车、控制车（不含机务设备）和动力车、控制车机务设备实施检修时，分别按附件 3《时速 160 公里动力集中动车组专项检修项目、周期及要求》的附件 3-1《拖车及控制车（不含机务设备）专项检修项目、周期及要求》。

（2）铁路局集团公司根据动车组运用实际，对 D2 修中的专项检修项目和时间周期进行调整时，须报总公司机辆部备案。

（3）实施 D2 修时，拖车及控制车（不含机务设备）按客车 A1 修项目的检修内容，执行 25T 型客车检修标准。

> **拓展阅读**

拖车及控制车（不含机务设备）出库质量标准

一、车下电气装置

（1）车端电气连接器各插头、插座外观无变形、破损，标记清晰、正确；连接线护套无损伤；各连接器连接牢固。

（2）各分线盒（箱）、线槽、线管安装牢固；各传感器（包括制动供风系统压力传感器、车体及转向架加速度传感器、防滑器速度传感器、轴温传感器、蓄电池温度检测传感器等）、排风阀安装牢固，配线无破损，各引线套管连接良好、无抗磨；轴端接地装置固定螺栓无缺失，防松标记清晰无错位；

（3）保护电阻线、接地软连线安装紧固。保护电阻线任意一端断股 3 根及 3 根以上时原型更新。接地软连线破损时原型更新。

（4）蓄电池无松动、漏液，电解液面符合规定；接续线牢固，无硫化，导电良好；电解液比重及电压符合规定，熔断器容量符合规定，定检标记清晰；蓄电池注液口气塞排气孔通畅，排气功能良好；DC 110 V 蓄电池组放电电压不低于 92 V。蓄电池箱通风装置（通风口）、排水口无堵塞。

（5）自动过分相装置安装牢固、配件齐全，功能良好。

二、车上电气装置

（1）电气综合控制柜、照明配电箱、播音配电箱、中央监控箱等电器控制柜门锁状态良好、关闭严密；综合控制柜活动门、锁紧装置及下柜内回转架作用良好；触摸屏及指示灯正常，各开关、按钮操作灵活、接触良好；各传感器、热继电器、PLC、触摸屏、在线绝缘检测装置的设定值符合规定、作用可靠；各电气开关、接触器、继电器等电气元件安装牢固、作用良好；接线端子无松动、脱焊、烧损，感温贴齐全、无变色；各配线无外露、绝缘良好；各熔断器容量符合规定。

（2）充电器、逆变器输出电压、频率正常；充电器、逆变器与电气综合控制柜通信正常，触摸屏上显示正常信息代码；电气综合控制柜的车下电源箱指示灯显示为绿色。

（3）通电后控制柜电源转换及空调控制电气动作及指示正常，各项功能符合要求；各功能单元工作电流正常；DC 600 V 单车漏电电流不超过 100 mA；机械师室 DC 600 V 干线在线绝缘监测装置 CF 卡完好，触摸屏无故障或错误显示，任一路干线对地电压不得低于 170 V。列车级与车辆级 DC 110 V 漏电检测装置无预报警及报警，显示正常。

（4）空调装置各部配件齐全、作用良好、安装牢固；蒸发器网、回风网清洁；机组空气预热器安装牢固，无烧损；根据外温通电试验检查相应功能，系统功能作用须良好，各电机运转正常无异声。电动、手动可调风口调节功能良好。

（5）电取暖器安装牢固、作用良好，防护罩与墙板间无异物，与加热板（管）不密贴；电热温水箱、伴热装置工作正常；电热开水器出水阀无松动、漏水，加热及保护功能正常。

厕所、洗面间、通过台强制通风电取暖器作用良好。

（6）照明灯具配件齐全，型式统一，照明正常。厕显开关配件齐全，安装牢固，作用良好。废排风机、插座、呼唤系统等装置作用良好。旅客信息系统（PIS）中的PIS系统列车主机、PIS车厢控制器、车外信息显示屏、车内信息显示屏、PIS系统操作屏、广播控制盒、扬声器、GPS/FM天线、集中功放单元等配件齐全，安装牢固，作用良好；运行信息显示准确，自动触发预录的广播、手动触发预录的广播、全列人工广播及FM广播功能正常。视频监控系统、Wi-Fi系统作用良好。

（7）除微波炉、咖啡机等移动备品之外的厨房设备（冷冻、冷藏柜等）配件齐全、工作正常、无泄漏，箱体及门无破损、密封良好，换热器及滤网清洁。电子价目表外观无破损，显示功能良好，数据源符合公共传媒安全要求；展示柜无破损，功能良好。

（8）电子防滑器主机与电气综合控制柜的PLC、行车安全监测装置的车厢级主机通信正确、可靠；电气综合控制柜触摸屏上防滑器的信息显示应为正常信息代码；与塞拉门联锁信号（＜5 km/h）作用良好。

（9）轴温报警器、记录仪轴位显示准确，轴温及外温显示功能正常，声光报警可靠；同侧静态轴温温差＜5 ℃；报警器车厢顺位号、记录仪时钟、记录时间间隔设置正确；记录仪通信功能正常；报警器与电气综合控制柜中的PLC通信正常，在电气综合控制柜触摸屏上无"故障"信息显示。

（10）火灾报警系统主机声光报警功能良好，电源开关处于工作位，与电气综合控制柜中的PLC通信正常，在电气综合控制柜触摸屏上无"故障"信息显示。

（11）行车安全监测装置：车厢级电气设备监控车厢控制单元及连接件配件齐全，端子及接线正确、牢固。通电检查，各指示灯状态正常；电气综合控制柜触摸屏显示本车电气设备信息正常，车厢顺位号与实际编组相符；列车级电气设备监控网络主控站触摸屏显示正常，无离线车辆及故障信息。列车级主机显示的列车编组数，车厢顺位号应与实际编组相符，防滑器、制动、转向架的"报警/故障"报告内容不得出现黄色标志。

（12）安全环路无报警，通信状态良好。

拖车及控制车（不含机务设备）电气专项检修项目、周期及要求

序号	项目	周期	实施	要求	备注
1	电热开水器	季度	逐辆	1.检查炉体及管系、阀门无漏泄、松动、变形；液位显示清晰。检查各接线端子无热损、老化、松脱，线号标志齐全；各接地线牢固可靠，线径、线色符合规定；各开关、熔断器容量符合规定。 2.清除电开水器加热腔的水垢。 3.测量电磁式加热线圈绝缘符合要求。 4.通电试验状态指示灯指示正确，高低水位保护、防干烧保护、自动补水等功能作用良好	
2	塞拉门	季度	逐辆	1、检查门锁、门扇下部滚轮臂、驱动机构、气缸、上、下滑道、下滑道防尘罩位置紧固件应无松动。 2.检查门板无严重变形，手动推拉灵活；门扇胶条无撕裂、破损门扇密封条与门框贴合紧密，无闪缝；玻璃安装牢固；气路系统无漏泄、堵塞。	

续表

序号	项目	周期	实施	要求	备注
2	塞拉门	季度	逐辆	3.接线盒、驱动机构门控箱内各元器件安装牢固,配线无老化、热损,引线护套良好,各接线端子紧固,线号清晰正确。接地线齐全可靠。指示灯、蜂鸣器显示正确,门控制单元没有故障信号(闪烁信号)。冬季采暖期间检查电伴热装置绝缘良好,工作正常。 4.检查空气过滤器滤芯洁净情况及半自动排水功能良好。 5.检查驱动机构的长、短圆导柱、上、下滑道、主锁锁叉与定位套的啮合面、主锁上各处扭簧、辅助锁上各处扭簧、弹簧、无杆气缸上推杆轴承与携门架的滑槽等各磨耗部、活动部位给油润滑。 6.功能测试:对内、外操作装置功能、站台补偿器功能、紧急解锁装置功能、防挤压功能、隔离锁功能进行检查测试;检查测试门装置各控制开关(98%、100%、防挤压、压力等)安装牢固,位置正确,作用良好;测试5 km/h自动关门功能良好	
3	集便器	季度	逐辆	执行《铁路客车运用维修规程》专项检修要求	
4	配餐式厨房设备	季度	逐辆	在客运部门按照厨房设备操作使用说明做好日常油垢清理工作的基础上,车辆部门对厨房设备实施季度专项检修,并负责对需拆卸方可清除的部分进行清理。 1.厨房电气设备:各冷冻冷藏柜、保温柜、冷藏展示柜、电热开水器、储藏柜、微波炉等配件齐全、功能良好;厨房固定设备:吧台、展示柜、洗池等无缺失、破损。 2.电子价目表外观无破损,通电后显示功能良好、清晰,不低于目测主观评价有稍可察觉的损伤或干扰的标准。USB数据传输功能良好,数据源符合公共传媒安全要求	
5	车下DC 600 V电源装置	季度	逐辆	1.检查裙板及电源箱门各部配件齐全,安装牢固,裙板螺纹锁锁芯紧固前须涂抹螺纹润滑剂,紧固扭矩值为30 N·m,紧固后涂防松标记;车下电源箱箱体、吊架及螺栓无松动、破损、开焊、裂纹;电源箱定检标记清晰,密封胶条无破损,引线套管连接良好,外观无破损;接地保护线齐全、安装牢固。 2.检查箱内接线紧固,无烧损、松动;各断路器、接触器触头无卡死、粘连;电容组件无漏液、烧损;隔离变压器无烧损、变形、短路痕迹;各熔断器容量正确,无烧损。 3.清扫散热器;对箱体内外部、各板卡表面进行清理、除尘;对车体裙板及车下电源箱体各活动部给油。 4.输入DC 110 V电源,确认散热风机工作正常。 5.通电检查,电气综合控制柜显示各项功能正常,无故障代码	

续表

序号	项目	周期	实施	要求	备注
6	蓄电池及电池箱	季度	逐辆	1.检查电池箱底部无腐蚀破损，外观检查吊架无裂纹，螺栓、箱门手把、搭扣、插销、防脱挡等配件齐全、安装牢固，定检标牌齐全、清晰、正确。通风器（通风口）、箱底排水孔畅通。对各活动部给油润滑。 2.对电池外壳进行清洁检查，无裂损、漏液，消除极耳氧化物。检查各接线柱及接线端子，无松动、反极、氧化、电蚀，安装牢固。注液孔塞排气孔无堵塞。电解液面高度符合要求。电池箱保险齐全，容量正确。 3.测量电池空载及负载电压（整车空载电压不低于额定值，负载电压 DC 48 V 蓄电池组不低于 42 V、DC 110 V 蓄电池组不低于 92 V），低于时应查明原因，并采取补充电或更换措施。 4.对蓄电池箱内外部、蓄电池组表面进行清理、除尘	
7	DC 600 V 供电请求和车端电气连接装置	半年	逐列	1.车端电气连接装置检查 1.1 车端重联连接器、通信（控制）连接器插座内的密封胶圈更新；插针无松脱、烧损、电蚀；各插针间、插针与插头壳间绝缘良好。 1.2 车端电气连接器及座外观无破损，安装牢固、开闭灵活。连接器插头、插针无扭曲、变形、烧损，插拔良好，绝缘护套完整固定良好。连接器及座各密封部件密封性能良好。 1.3 DC 110 V 电力连接器座冠簧齐全，安装到位，作用良好。 2.功能试验（接通 DC 110 V 电源） 2.1 断开全列 Q18 和供电请求钥匙开关，测试两侧通信连接器座 21#-22#、19#-20#间的贯通电阻不大于 2 Ω。 2.2 合上普通座（带餐吧）/餐座合造车的 Q18，测试两侧通信连接器座 21#-22#间有 DC110V 输出（此状态 21 为+，22 为-），断开 Q18 时无 DC 110 V 输出。继续接通"供电请求"钥匙，确认本车综合电气控制柜内 KM3 吸合（编组后逐辆确认拖车/控制车综合电气控制柜内 KM3 吸合），断开 Q18，KM3 释放	
8	电气综合控制柜	每月	逐辆	1.静态检查 1.1 柜内各配件、代号、标记及图纸齐全；面板上指示灯、触摸屏、转换开关等指示正确、安装牢固；箱内接线紧固，无烧损、松动，接线端子无过热变色，感温贴齐全无变色；各断路器、接触器触头无卡死、粘连；热继电器、延时继电器、漏电报警器、在线绝缘检测装置等电气元件安装牢固、保护参数设置正确；各熔断器容量正确，无烧损。	

续表

序号	项目	周期	实施	要求	备注
8	电气综合控制柜	每月	逐辆	1.2 清理柜内及配线、元件灰尘，清洁滤尘网；活动门、锁紧装置及下柜内回转架配件齐全，功能良好。对柜内合页给油。 2.供电选择功能、漏电保护功能、触摸屏显示电源参数检查 2.1 试验自动、手动供电及供电转换功能。 2.2 进行漏电功能测试。 2.3 触摸屏各电气参数显示准确。 3.空调试验 空调装置在自动位和试验位运行状态正常、启动顺序正确，各电机电流正常。 4.应急供电试验 4.1 通电检查充电模块、整流模块、直流转换模块输出电流电压正常。 4.2 接通应急供电的轴报器、电子防滑器、应急灯、集便器、烟火报警器、播音设备[仅餐座合造车、普通座（带餐吧）]等设备，通过电源选择开关，切断主电源，所有应急设备须全部能正常供电	
9	列车网络	月度	逐列	1.TCDS 主机 1.1 检查主机箱标识清晰，板卡齐全无松动，接线端子压接可靠，PE 线连接可靠；各天线状态良好，无屏蔽和弯曲；主机内部参数设置正确，板卡指示灯显示为正常工作状态。 1.2 对列车级主机的 GPS、GPRS、WLAN 功能进行检测（通过检测仪或 TCDS 监控软件），确认良好。 2.行车安全监控系统 2.1 车厢和列车级主机接线正确牢固，导线无破损老化。列车级主机显示内容正确，无故障信息。列车级主机与电气设备监控系统主机通信正确、可靠。 2.2 Ⅰ、Ⅱ路行车网络总线贯通，试验传输性能良好。检查确认车厢级主机箱防滑器、制动监测诊断子系统、车体/转向架监测诊断子系统各传感器及传输网络的工作状态正常。 3.列车电气监控系统 3.1 检查车厢级电气设备监控网络：车厢控制单元及连接件配件齐全，端子及接线正确、牢固。通电检查，各指示灯状态正常。电气综合控制柜触摸屏显示本车电气设备信息正常，车厢顺位号与实际编组一致。 3.2 检查列车级电气设备监控网络：车厢控制单元及连接件、触摸屏、电源模块、开关连接件配件齐全，端子及接线正确、牢固。通电检查，各指示灯状态正常。主控站或电气综合控制柜触摸屏显示各车电气设备信息正常，数据下载功能正常。检测Ⅰ、Ⅱ路行车网络总线贯通。	

续表

序号	项目	周期	实施	要求	备注
9	列车网络	月度	逐列	3.3 检查本车网络中的各设备通信正常，显示正常代码；调阅检查邻车各电气设备运行状态，确认列车网络通信正常。确认本车厢综合柜内车厢控制单元通信指示正常。 3.4 模拟本车单台逆变器故障，进行本车互备供电试验，互备功能正常，相序正确。 4.轴报装置 车端通信（控制）连接器状态良好，通电后确认整列车联网状态良好。测试声光报警功能。 5.烟火报警装置 烟火报警器与电气综合控制柜中的PLC通信正常，在电气综合控制柜触摸屏上无"故障"信息显示。依次查询火警信息、本车火警历史记录、在线车厢火警历史记录，进行联网、查询功能测试。结合客车春秋季整修，每年对探头报警功能、感温电缆报警功能（终端电阻短接试验）进行一次现车测试。 6.塞拉门 塞拉门集控开左侧门功能、集控开右侧门功能、集控关门功能良好	
10	安全环路	季度	逐列	模拟电动车组塞拉门、制动、轴报、火灾报警故障，测试车门安全环路、制动安全环路、轴报安全环路、火灾报警安全环路功能良好	

● 复习思考题

1. 简述动力车对火灾环路、车门环路、轴报环路、制动环路的相应保护动作。
2. 简述当塞拉门发生无法关闭或车门开放报警时的处置流程。
3. 试述时速160 km动力集中动车组的技术特点和主要优势。

项目九　25型客车主要电器装置　▶▶▶

🎯 项目描述

25型客车主要电器装置包括电热型电热开水炉、电磁型电开水炉、客车集便器、旅客列车信息显示系统、高原车制氧系统。本项目主要学习这些电器装置的结构、原理、使用维护。

🎯 学习目标

1. 知识目标：掌握电开水炉、客车集便器、旅客列车信息显示系统、高原车制氧系统的工作原理。
2. 能力目标：能进行电开水炉、客车集便器、旅客列车信息显示系统、高原车制氧系统的使用操作。
3. 素质目标：养成爱护设备的良好习惯；养成安全生产及规范作业的意识；养成善于沟通的团队意识。

🎯 相关案例

2015年4月25日，北京局天津动车客车段担当的K258次（成都—天津，编组15辆）旅客列车，单管供风列车，郑州站换挂机车后，司机反映车辆漏泄超标，车辆乘务员配合郑州客列检进行全面排查，发现机后9位$RW_{25G}555461$（双管转换单管后使用）2位集便系统漏风，关闭该集便器进风阀门，试验良好后开车，超停25 min，影响本列。经调查，由于$RW_{25G}555461$ 2位集便器配件（单向阀）委外检修不到位，单向阀阀腔内颗粒状尘垢较多，阀门密封不严存在漏泄，导致集便箱内真空度不足，压力下降后频繁抽真空，更换单向阀后，故障消除。定云集实业有限公司全部责任。

任务一　KSL3 型电热开水炉

> **知识要点**
> ·电热型电开水炉结构及工作原理。
> ·电热型电开水炉的操作维护。

视频　　　　PPT
KSL3 型电热开水炉

> **知识储备**

客车电开水炉在铁路空调客车上获得广泛使用，与以往的燃煤开水炉相比，它具有明显的优点：能自动、连续地供应开水，使用卫生、安全、可靠；体积小，占地面积少；无噪声，无污染，外形美观。

目前运用中的电开水炉种类较多，从总体上可分为电热式电开水炉和电磁式电开水炉两大类。

KSL3 型电开水炉属电热型开水炉，采用了全自动沸腾翻水原理，把生水与热水分开，可连续向旅客提供清洁卫生的饮用开水。

一、电开水炉结构及工作原理

KSL3 型电开水炉的结构如图 9-1 所示。它主要由：过滤器、浮子阀、炉胆、满水保护器和缺水保护器等组成。

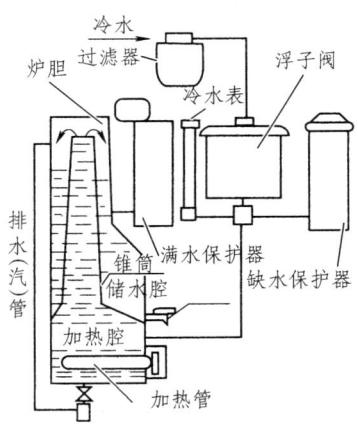

图 9-1　电开水炉结构简图

现将各主要部件的构造原理分述如下：

1. 过滤器

过滤器是一个净化冷水的装置，图 9-2 为过滤器结构简图。冷水自车上水箱进入后，经过滤器件、滤水管进入滤杯，然后通过滤网净化后沿出口流出，进入浮子阀。

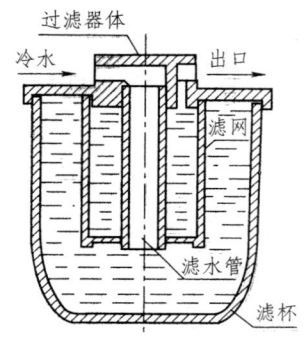

图 9-2 过滤器结构简图

2. 浮子阀

浮子阀是实现电开水炉自动补充冷水的关键部件,其简图如图 9-3 所示。它主要由进水阀、阀垫、顶杆、浮球和外筒等组成。起初注水时,冷水自过滤器由顶部的进水阀流入(此时阀垫为虚线位置),随着冷水的不断注入,阀内水位愈来愈高,浮球逐渐浮起,当水位高至一定位置时(此时炉胆加热腔中的水位在接近锥筒顶端约 40 mm 处),浮球带动阀垫升至实线位置,并顶在进水阀的阀口上,将进水口关闭,此时即所谓"封水"状态,表明冷水暂停供给。这时接通电源,加热管对冷水开始加热。那么,一直要到水烧开后,这种"封水"状态才会被解除。

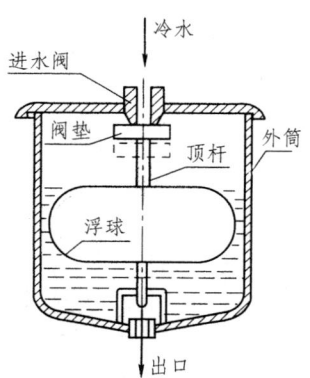

图 9-3 浮子阀结构简图

3. 炉胆

炉胆如图 9-1 所示,它是加热冷水和储存开水的不锈钢容器。其组成为储水腔、加热腔(电加热管、锥筒)。

冷水在加热腔内被加热,体积逐渐膨胀,继续加热,水开始沸腾,并由顶部翻出(翻水时)进入储水腔。由于加热腔与浮子阀是连通的,所以浮子阀水位下降,浮球下沉,"封水"状态被解除,进水阀开启,冷水又进入,重复上述过程。

在反复的"封水"和开启(注水)过程中,加热腔里的水始终被连续加热和"翻水"直至储水腔充满开水,这种结构把烧开的水和正在加热的水分置在两个水腔中,巧妙地实现了自动化补水,同时不必担心水是否烧开。

4．满水保护器和缺水保护器

（1）满水保护器：满水保护器如图 9-4 所示，固定在炉胆外面，与储水腔连通。当储水腔内开水充满时，满水保护器内的水也满了，这时浮球被浮起，并带动顶杆顶动上面的微动开关杠杆使其动作，使外接控制线路断电，从而起到满水保护作用。如这时有人饮用开水，则储水腔内水位下降，满水保护器外筒内的水位也随之下降，致使浮球带动顶杆也下降，并离开微动开关杠杆，微动开关又动作，且重新接通电源，继续加热。

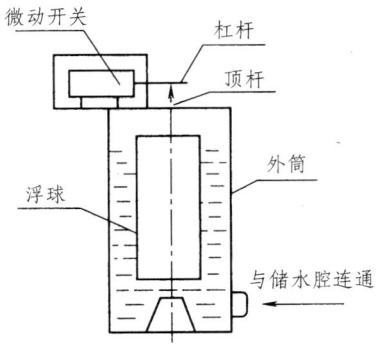

图 9-4　满水保护器结构示意图

（2）缺水保护器：缺水保护器如图 9-5 所示，它是与浮子阀和加热腔连通的。缺水时，缺水保护器中的浮球随水位下降。当降低位（见实线位置）时，浮球中的环形磁铁与外管内的干簧继电器作用，使常闭触点离开而常开触点闭合，切断加热电路并接通报警电路，起到缺水保护的作用。

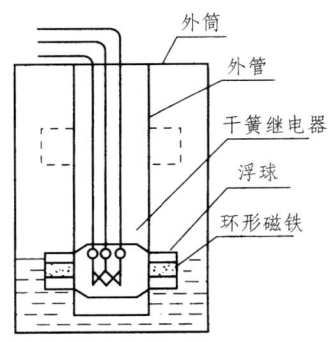

图 9-5　缺水保护器结构示意图

综上所述，电开水炉烧水全过程为：冷水从车上水箱经由过滤器进入浮子阀，然后进入炉胆加热腔，当水位达到规定的水位线后，在浮子阀作用下进入"封水"状态，注水停止，电热管开始加热，当水加热沸腾后，进入"翻水"状态，开水流入储水腔，浮子阀重新开启，冷水又进入加热腔，开始进入注水→封水→翻水等循环过程。整个过程连续不断地自动进行，满水保护器和缺水保护器起保护作用。

二、操作注意事项

1．使用前应进行下列检查

（1）各部电气连接可靠，绝缘电阻≥20 MΩ。

（2）排气管应直通大气，不允许有堵塞现象。

（3）电开水炉送电前各阀的状态：排污（水）阀、排水阀、热水水嘴关闭；过滤器、冷、热水表阀开启。

2．使用操作

（1）注水：开启车上供水阀，向电开水炉注水。冷水经过滤器，浮子进水阀注入沸腾腔。水位达到冷水表下红色标记处时，注水自动停止。

（2）加热：

① 合上配电室内电开水炉电源空气开关，配电箱红色指示灯亮，电源接通。

② 将配电箱上开关置于"通"位，绿色加热指示灯亮，加热开始。

③ 当热水水位达到热水表红色标记时，请把加热开关置于"断"位，停止加热。

④ 车上水箱无水时，缺水报警器发出声光报警，并自动切断电热电源。此时，请将配电箱开关置"断"位，切断控制电源，报警随之停止。

3．维护与保养

（1）当过滤器中的杂质较多时，应清洗过滤器。

（2）清除水垢。

（3）定期对配电箱各接线柱，接触器接线端子进行检查，不允许有松动，虚接现象。

4．注意事项

（1）开水炉无冷水时，严禁使用。

（2）库停或夜间暂停使用时，请切断电源开关。

（3）若长期不使用时，排净炉内及管路中的存水，切断电源开关，关闭车上供水阀，打开集尘器进水阀，排污（水）阀及排水阀。

（4）出现故障时，请立即切断关闭滤尘器进水阀，请有关人员检查处理。

（5）装车前检查向开水炉注水时，应采用专用水箱，绝对不能用自来水直接向开水炉注水。

任务二　TCL-12 型电开水炉

知识要点

· 电磁型电开水炉结构及工作原理。

· 电磁型电开水炉的操作维护。

知识储备

视频　　　　　　PPT

TCL-12 型电开水炉

铁磁牌 TCL-12 全自动电磁开水炉是为了适应铁路客车供水需要而研制的新一代专利供水设备，该设备利用列车集中供电电源，采用先进的水电隔离高频逆变感应加热技术和非接触水位检测技术,取代了传统电开水炉中易失效的电热管和水位探针,具有安全节能、维护周期长的特点,且内外胆用不锈钢材质制成,生水和开水隔开,可无人值守连续供应经电磁消毒处理的新鲜保健磁化开水。

一、结构及主要技术参数

1. 结构

TCL-12 型电开水炉由嵌入式面板、柜体、水位传感器、电磁阀、产水箱、储水箱、加热腔、电气控制箱等部件组成。其结构如图 9-6 所示。

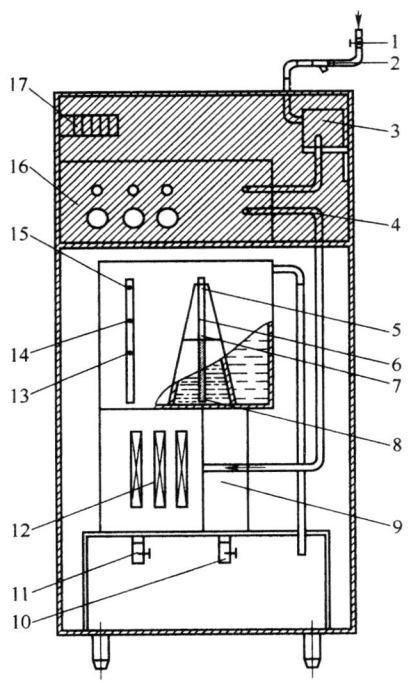

1—进水阀;2—过滤器;3—电磁阀;4—电气箱出水管;5—产水箱上水位;6—产水箱水位显示及传感器组件;7—产水箱中水位;8—产水箱下水位;9—加热腔;10—产水箱排污阀;11—贮水箱排污阀;12—加热器;13—贮水箱下水位;14—贮水箱中水位;15—贮水箱上水位;16—电器箱4;17—接线端子。

图 9-6 TCL-12 型电开水炉结构图

电气控制箱是开水炉的功能控制部件,决定功率输出,与水位传感器配合,具有开水炉过热、过流、缺水保护等多种功能。

产水箱用于存放生水,与加热腔相连。

加热腔中装入加热线圈,在交变电场作用下,产生磁场,产生涡流,是产生开水的热源。

储水箱是存放开水的,外接水位传感器,产生水位信息,达到控制开水炉的加热与关闭。

2. 主要技术参数（见表9-1）

表9-1　TCL-12型电开水炉的主要技术参数

项目	参数	项目	参数	项目	参数
电压	AC 3×380 V/50 Hz 三相四线制	功率	4.5 kW	产水量	≥40 L/h
整机绝缘电阻	冷态≥2 MΩ，热态≥0.5 MΩ	出水水温	≥95 ℃	补水装置	电磁阀
整机电气强度	50 Hz、1 760 V、1 min 无击穿、闪络现象	降温速率	≤5 ℃/h		

二、性能特点

（1）高效节能。采用技术先进的高频逆变感应加热原理，水电隔离，节能、热效率高、产水量稳定、结垢少。

（2）清洁卫生。无污染气体产生，放水嘴出水是刚沸腾、经电磁波杀菌、消毒的新鲜磁化开水。

（3）除垢简单。因采用水电隔离的感应加热原理，污垢细而少，打开排污阀即可达到除垢效果，节省了排污费用和降低了劳动强度。

（4）自动控制。全自动连续工作，减轻工作人员的劳动强度，具有瞬间过压过流保护、功率器件超温保护、断水保护、缺水自动进水、水位显示等功能。

（5）采用非接触磁敏水位检测技术，有效解决了通常用水位探针因带电离子沉淀加速产生水垢导致控制失效的问题。

三、工作原理

1. 电气控制原理

TCL-12型开水炉电气原理图如图9-7所示。

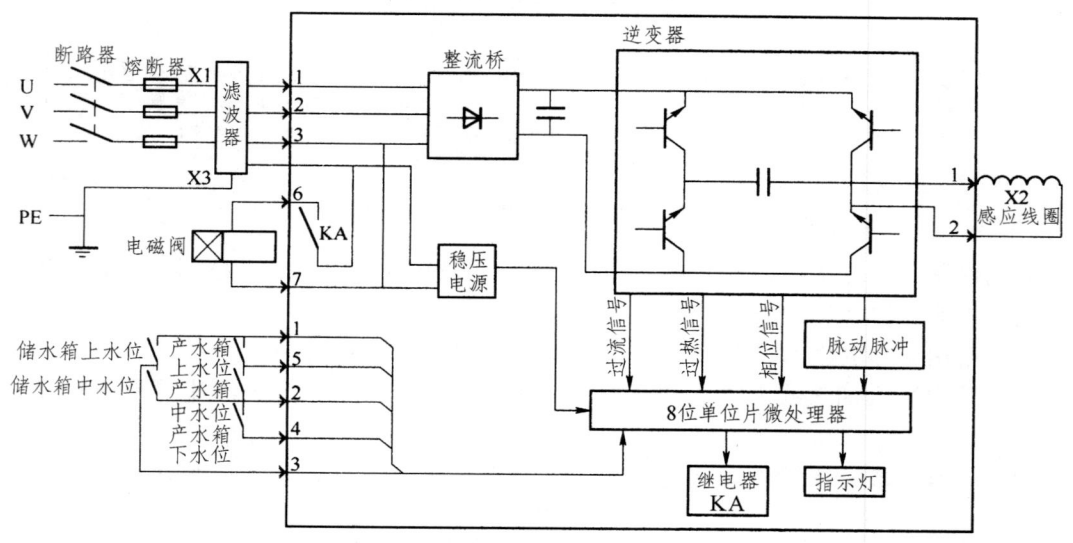

图9-7　TCL-12型电开水炉电路电气原理图

电开水炉电气主回路主要由断路器、熔断器、整流桥逆变器和感应线圈等部件组成。三相交流电源经断路器、熔断器进入电控箱,再经三相整流桥转变成 500 V 左右直流电,由全桥逆变器把直流电转变成 25 kHz 左右的高频交流电,供给感应线圈,在产水箱腔体中产生涡流并使之发热,将水烧开。

2. 水位控制原理

水位控制原理如图 9-8 所示。

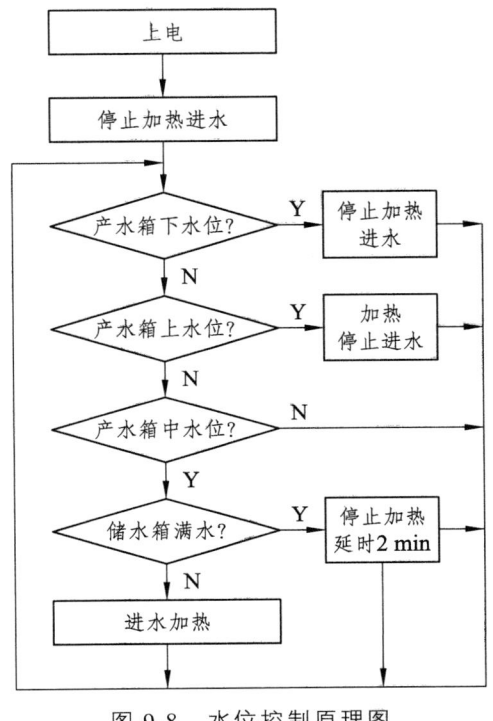

图 9-8 水位控制原理图

电磁阀通电后,冷水经过滤器、电磁阀、电气箱冷却管注入产水箱,当达到产水箱上水位时电磁阀关闭,停止进水并开始加热,水沸腾后从翻水膨胀筒上端跃出,进入储水箱,使产水箱水位下降,当降至产水箱中水位时电磁阀打开补水,至上水位时停止补水。当储水箱水位上升到上水位时,表明储水箱内开水已满,停止加热,自动进入保温状态。当取用开水使储水箱水位降至中水位时,再次开始加热。如此重复即可连续不断地供应开水。

3. 自动保温原理

开水炉由单片机微处理器设置了自动保温程序,在储水箱满水位时能自动进入保温状态:即开水炉在关断 3 min 后,能自动自行开启加热(8 s),这样能保证储水箱中水温达到 95 ℃ 以上。

4. 二次保护(防干烧)原理

开水炉具有一、二次缺水保护装置,即当产水箱水位下降至中水位时,开水炉迅速进入补水程序，停止加热。开水炉还设置了压力温度控制器，在水位传感器失灵或发生器件损坏等突发情况下，水箱内缺水甚至无水时，装在加热腔中的温度控制器因加热腔迅速升温而进入保护状态，以防损坏加热线圈。

四、常见故障及检修方法

当发现电开水炉工作异常时，应首先检查三相电源是否缺相，进水管、过滤器是否脏堵、水压是否正常。其他常见故障与处理方法如表 9-2 所示。

表 9-2　TCL-12 型电开水炉常见故障及检修方法

故障原因	故障现象	检查方法	处理方法
电磁阀关闭不严	出水温度低 排气管溢水多	断电后是否仍进水	清除阀芯内异物或更换电磁阀
水位显示及传感器组件失效	出水温度低 排气管溢水多	虽然产水箱水位在上水位，但电磁阀指示灯仍常亮	更换水位显示及传感器组件
感应线圈与加热腔绝缘击穿	工作指示灯连续闪烁	拔下 X2 插头用 1 000 V 兆欧表检查	更换线圈
感应线圈开路	工作指示灯亮但不加热	拔下 X2 插头用万用表检查	更换线圈
电控箱损坏	熔芯熔断	更换熔芯又立即熔断	更换电控箱
	工作指示灯连续闪烁	拔下 X2 插头用 1 000 V 兆欧表检查感应线圈与腔体绝缘良好	

任务三　客车集便器

知识要点

- 客车真空式集便装置的构造。
- 客车集便器的作用原理和使用操作。

视频　　PPT
客车集便器

知识储备

为了减少旅客列车对铁路沿线的环境污染，特别是当车速超过 120 km/h 时，客车由于在高速下运行，厢体内极易形成负压，造成大量杂物飞入，为防止污物、气味返回车内，空气由排污口回流，保证车内的舒适性，安装了客车集便器。目前使用较多的是真空集便器。

一、真空式集便装置的构造

1. 便器

集便器为地面安装式,采用不锈钢便盆,分蹲式和坐式两种,采用不锈钢便盆。其主要由以下部件组成:便盆(1)、冲洗按钮(2)、冲水组件盘(3)、排泄阀(4)和污物箱等,如图9-9所示。

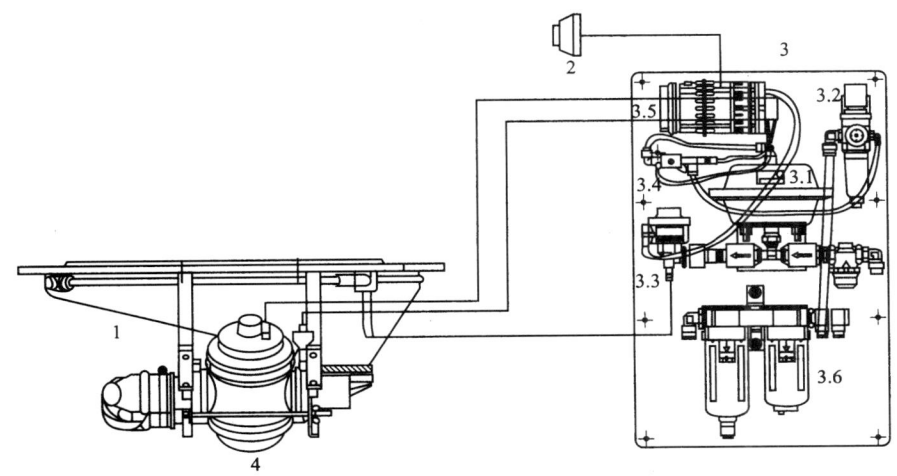

图 9-9 真空保持式集便装置

图 9-9 中冲水组件(3)包括:控制器(3.5)、水增压器组(3.1)、阀组(3.4)、过滤减压阀(3.2)、水阀(3.3)和主过滤器(3.6)等部件。

该便器的设计能利用最少水量达到最佳的冲洗效果,水消耗量为 0.45 升/次。便盆排出口的直径比系统其他部分小,并与一个 90°弯管直接连接,这样的便盆排出口能够阻止可能在系统中造成堵塞的物体。

为保证便盆最佳的冲洗效果和最少的耗水量,需要对水加压,加压通过水增压器组(3.1)进行。压缩空气进入水增压器以前,先通过主过滤器(3.6)进行过滤,再通过过滤减压阀(3.2)进行过滤和减压。主过滤器(3.6)对系统的总风源进行过滤。

排泄阀(4)接在便盆出口 90°的弯管之后。排泄阀(4)在关闭位置时,将便盆与系统的其他部分隔离开,该阀的密封能力能满足在污物箱和管路中有 -45 kPa 的真空时不泄漏。

控制器(3.5)控制排泄阀(4)打开的时间,阀组(3.4)将压缩空气通入水增压器组成(3.1),水阀(3.3)打开使冲洗水进入便盆。目前的冲洗循环结束以前控制器(3.5)不执行新的冲洗循环过程。

2. 真空组件

真空组件盘上的部件包括喷射器(1)、电磁阀(2)、真空表(3)、压力开关(4)、时间继电器—接线端子(5)、臭气过滤器(6),如图9-10所示。

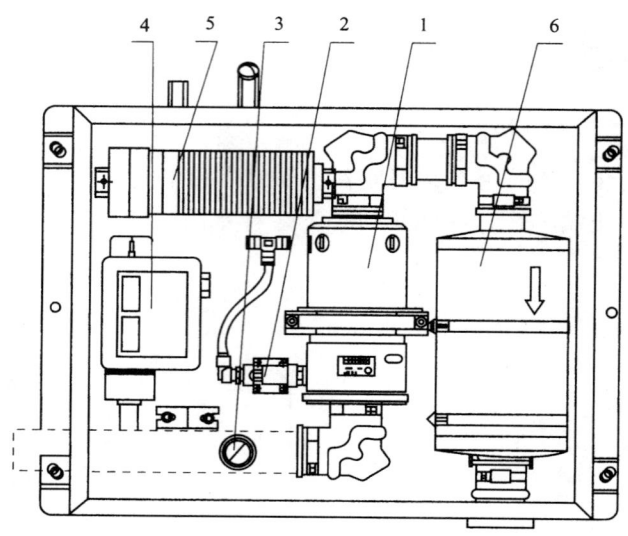

1—喷射器；2—电磁阀；3—真空表；4—压力开关；5—时间继电器—接线端子；6—臭气过滤器。

图 9-10 真空组件

如果喷射器工作时间超过时间继电器的预置时间，则时间继电器显示并报警。根据污物箱的大小，该工作时间是个可变的量。对于 400 L 污物箱，时间继电器的预置时间为 1.5 min。真空组件盘根据客车厂要求装在污物箱上。

3．污物箱

污物箱的主要组成部分为：箱体（1）、排空装置（2）、液位开关（3）、溢流气动球阀组件（4）、伴热线（5）、接线盒（6）、温控器（7）、电加热管（8）、溢流排放箱（9）、检查口（10）、电控箱（11），如图 9-11。

箱体（1）又由内胆、保温层、外部包板三层组成，容积为 400 L。内胆及外部包板采用不锈钢材质，具有良好的抗腐蚀性。

一个污物箱配有两个排空装置（2）。排空装置内设有 2.5 inch（英寸）排污快速接头，该接头同通到污物箱底部的排污管连接，排污时只需将车站卸污装置接头同该接头相接，进行抽吸，可将污物箱内污物排空。排空装置内还设有 1 inch 清洗快速接头，连接上压力水可将污物箱冲洗干净。排空装置内还设有一个通气口。

污物箱上还设有两个液位开关，分别控制污物箱的液位 80%和 100%。液位到 80%时，箱满 80%指示灯亮，但系统仍能工作。液位到 100%时，系统报警，禁止工作。

为了解决污物箱液位到 100%后系统禁止工作，从而乘客无法上厕所的问题，可以在污物箱上加装溢流球阀组件（4），它由球阀、摆动气缸、电磁换向阀等组成，列车运行期间若污物箱满 100%，可手动操作控制开关将其打开，排出一部分污物，就可以使便器系统继续正常使用。

所有污物管路外缠有伴热线（5），污物箱的底部设有加热管（8），其目以防气温过低时系统被冻影响其正常使用。加热管 8 和管路伴热线（5）的启动受装在污物箱上的温控器（7）控制。温控器设置为箱体温度低于 3 °C 时启动，高于 8 °C 时停止。

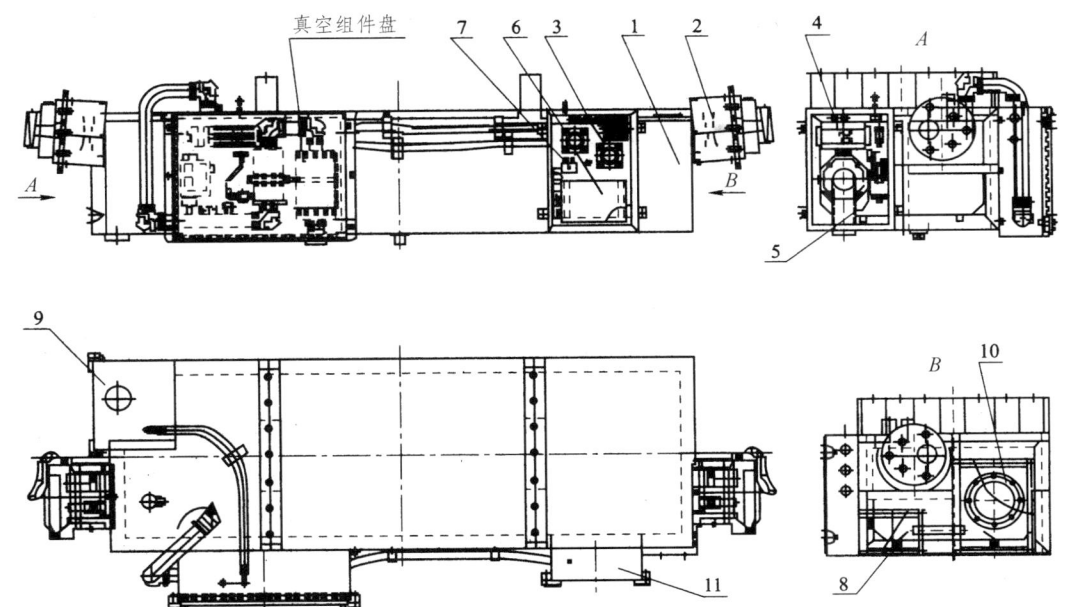

1—箱体；2—排空装置；3—液位开关；4—溢流气动球阀组件；5—伴热线；6—接线盒；
7—温控器；8—电加热管；9—溢流排放箱；10—检查口；11—电控箱。

图 9-11 污物箱的结构

污物箱上电控箱内设有接线盒（6），污物箱上的所有接线、电源都通过该接线盒连接。污物箱上所有电气元件的电源也由车上下至此盒内。

污物箱上设有检查口（10），以便观察污物箱内部情况和在特殊情况下清理内部。

4. 信号箱

便器系统包含以下指示：当污物箱内液位达到 80%时显示；当污物箱满 100%时显示，同时报警指示灯显示，系统关闭；信号箱电源为 AC 220 V；显示电源为 DC 24 V；显示系统正在加热；如果喷射器工作 1.5 min 后，系统仍未建立起真空，则喷射器超时指示，系统关闭。若要恢复系统时，需按复位按钮；出现喷射器超时和箱满 100%时，除故障指示灯亮，报警指示灯也亮；出现喷射器超时时，若要恢复系统，需按复位按钮；操作该按钮，打开污物箱溢流球阀，排放一部分污物。

二、真空式集便装置的工作原理

EVAC2000P 真空便器的基本原理是利用污物箱内始终保持的真空将污物从便盆通过排泄阀抽吸到污物箱，如图 9-12 所示。

在图 9-12 中，便盆的冲洗和排空完全靠控制器（3）控制。当冲洗按钮（2）被按下，冲洗按钮内部的气囊被促动，产生一个压力信号，该信号传送到控制器（3）时，控制器（3）控制以下动作：

（1）水阀（6）打开，冲洗水进入便盆（1）。

（2）排泄阀（4）打开，便盆内污物排入污物箱。

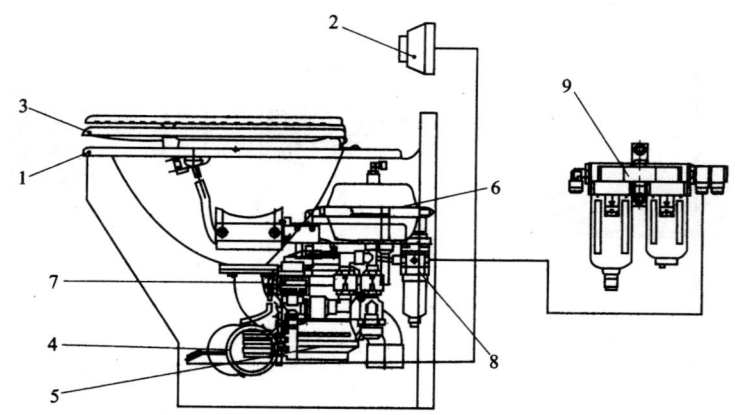

1—坐便盆；2—冲洗按钮；3—控制器；4—排泄阀；5—增压器；6—水阀；
7—促动阀；8—过滤减压阀；9—主过滤器。

图 9-12 真空式集便装置的工作原理

（3）控制器促动阀组（7），将压缩空气接通到水增压器（5）。

其中，过滤减压阀（8）的作用是将进入的压缩空气调节到正确的压力。主过滤器（9）对系统的总风源进行过滤。

污物箱内的真空由喷射器产生。箱体内保持压力为 $-35 \sim -45$ kPa 的持续真空，真空度由安置在真空组件盘上的真空压力开关控制。

三、真空式集便装置的操作

（1）准备：便器正常工作前，应为系统接通水、气和电源。且压力和电压正确。

（2）冲洗：按压冲洗按钮，系统即进行一次正常冲洗循环。系统有记忆功能，即按下按钮后，若系统真空度未达到 -35 kPa 时，系统不进行冲洗，真空度达到 -35 kPa 时，系统自动进行冲洗循环。

（3）复位：若系统出现喷射器超时故障，解决故障后，需按复位按钮使系统恢复正常待机状态。

（4）手动排污：污物箱满 100% 后，可操作手动排污开关，排放一部分污物使系统能继续工作。

四、日常维护保养

（1）整备：冬季应在列车运行前 $1 \sim 2$ h 为系统接通水、电源。

每次列车运行结束：立即排空污物箱，排空车上水箱后操作冲洗按钮 3 或 4 次，排空水增压器内的水。

（2）每月：检查是否漏水，检查空气和真空连接，确保没有泄漏，用清水清理污物箱内部。

五、故障排除（见表9-3）

表 9-3　真空保持式集便装置常见故障分析与处理

故障现象1：按下冲洗按钮没有任何反应	
可能原因	处理措施
系统中真空度太低或没有	检查系统是否漏气、未供气、供电，同时检查压力开关设置和电磁阀的功能
从排泄阀至污物箱的管路被堵塞	利用压缩空气清除堵塞物
控制器的止回阀被堵或损坏	拆开并利用压缩空气清理，必要时更换
冲洗按钮和控制器之间的气管被堵	检查管路是否破损必要时更换，拆开并利用压缩空气清理
冲洗按钮内的薄膜损坏	更换冲洗按钮
污物箱满100%	排空污物箱

故障现象2：按下冲洗按钮，便盆排空但没有水冲洗便盆	
可能原因	处理措施
水箱空了或管路阀门未打开	检查箱内是否有水或打开阀门
控制器和水阀之间的管路堵塞或损坏	清理管路堵塞检查是否破损，必要时更换
水阀内薄膜损坏	拆开并更换
没有压缩空气进入水增压器	检查进气管路是否泄漏
水增压器上的止回阀损坏或堵塞	拆开并用压缩空气清理，必要时更换
气动阀组故障	更换阀组件

故障现象3：按下冲洗按钮，便盆未排空但便盆被冲洗	
可能原因	处理措施
控制器和排泄阀之间的管路被堵塞或损坏	拆开并用压缩空气清理
排泄阀中的上或下薄膜损坏	必要时更换拆开并更换

故障现象4：便盆冲洗效果不满意	
可能原因	处理措施
冲洗喷嘴全部或部分被碳酸钙堵塞	利用尖的物体清理喷嘴，必要时更换喷嘴
水的压力过低	检查水是否被加压；检查水增压器的工作情况；检查过滤减压阀
至冲洗喷嘴的软管被堵或损坏	将软管拆下，用压缩空气清理，并检查泄漏；必要时更换

续表

故障现象5：正常的冲洗，污物没有从便盆内冲走	
可能原因	处理措施
排泄阀没有打开	检查真空软管安装是否正确且没有损坏
便盆被堵塞	检查排泄阀上的上、下橡胶套是否脱落或损坏
便器与污物箱之间的管路被堵	清理便盆的堵塞物；清理管路内堵塞物
故障现象6：喷射器建立的真空很小或没有真空	
可能原因	处理措施
喷射器的喷嘴堵塞	拆开并清理喷射器
电磁阀出现故障	检查电磁阀，必要时更换压缩空气
压缩空气不充分	检查供应
真空管泄漏	检查连接和管路
故障现象7：电磁阀没有打开	
可能原因	处理措施
接电磁阀的电缆损坏	检查接电磁阀的电缆，需要时更换
短路	找出短路的原因并纠正
故障现象8：便器系统关闭，信号箱上信号报警	
可能原因	处理措施
污物箱满	清空污物箱（可通过打开溢流阀排放）
100%液位开关故障	检测液位开关，必要时更换

任务四　旅客列车信息显示系统

知识要点

- 旅客列车信息显示系统组成。
- 列车信息显示系统的工作原理及操作。

视频

PPT

旅客列车信息显示系统

知识储备

旅客列车信息显示系统采用 GPS 全球卫星定位技术，以 LED 显示界面，全自动报告旅客关心的运行信息：列车当前到站、前方到站、正晚点情况、当前时间、运行速度、停车时分等，把计算机集中控制的信息系统应用于列车。全球卫星定位系统在列车上的应用能使旅客随时掌握旅行中的实时信息，提高了列车服务质量。

一、系统的组成

旅客列车信息显示系统由主控站、LED 信息显示屏、顺号调节器、数据通信线路等组成。整个系统以主控站为中心，顺号调节器为节点，显示屏为控制对象，如图 9-13 所示。主控站接收的信息或顺号调节器产生的信息通过车厢显示屏显示出来，旅客信息系统的传输是通过车端 KTL39D 连接器全列贯通。车厢显示屏显示列车有关运行信息、车厢号、厕所有无人等信息。

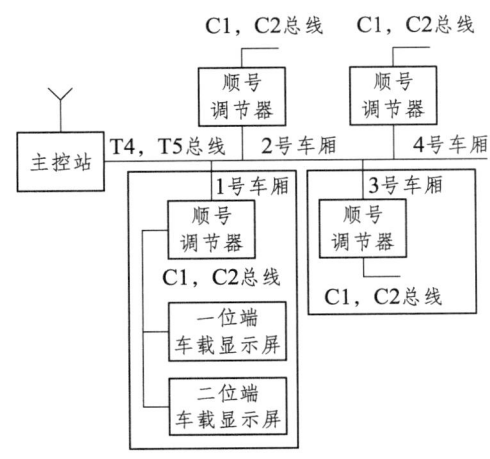

图 9-13　旅客列车信息显示系统组成图

该系统具有较强的可扩充性，其他输入输出设备只要符合本系统的通信协议，均可挂接。

系统通信采用 RS485 总线标准，最大传输距离可达 1.2 km，该总线不仅可以传输显示屏信息，还可与其他输入输出设备联网通信。

系统中的通信对象以顺号调节器为主体单元，车厢中的所有输入和输出设备都可以经由顺号调节器与主控站通信。主控站和顺号调节器共同构成网络的分布式控制，使系统集散性好，通信可靠，性能稳定，总线负载轻，分布合理，维护方便。

二、系统的工作原理

旅客列车信息显示系统主控站通过安装在列车顶部的 GPS 天线接收卫星发送的数据，然后由主控站进行处理，与事先存储在存储器内的列车运行信息进行比较，生成列车运行时的动态的公共信息，这些公共信息包括：

（1）当前时间、日期和星期。
（2）前方到达车站名，准点时间和停留时间。
（3）列车运行速度。
（4）车厢外温度。
（5）列车运行状态（包括晚点信息和临时停车信息）。

公共信息一方面在主控站的液晶显示器屏幕上显示，以便让广播员掌握列车运行状况。另外主控站通过总线扩展板上的 RS485 口把这些信息发往专用通信电缆，将信息传递到配在各车厢两端的显示屏，由显示屏上的 RS485 串口将信息接收，并由 LED 点阵块显示，以便让旅客及时掌握列车运行状况和到站信息。除了发送公共信息外，主控站还定时发送其他一些固定信息，如列车编组情况，运行线路和车次等，充分满足旅客这方面的信息需求。正常运行情况下的界面示例如图 9-14 所示。

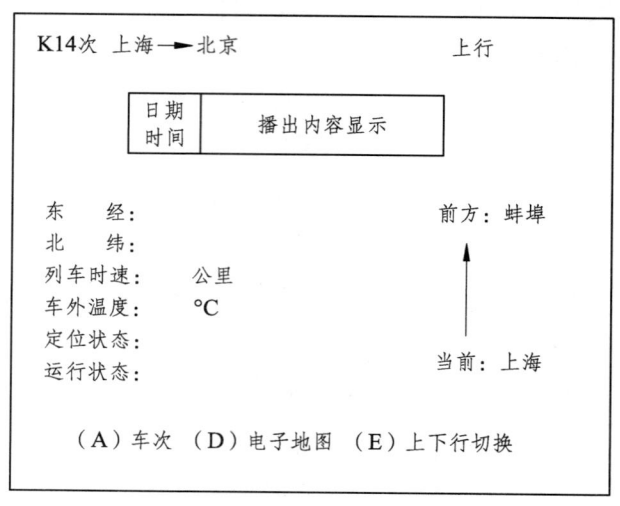

图 9-14　显示界面

显示屏除了显示主控制器发来的流动信息外，还具有车号、禁烟、厕所有无人等固定信息的显示。旅客们无论白天、晚上都能从旅客列车信息显示系统得到相关的信息，方便了旅行生活。

三、系统主要设备

系统主要设备包括主控站、信息显示屏及附件、顺号调节器。

（一）主控站

主控站有整体式和分体式两种。分体式的主控站安装在列车播音箱内，作为播音箱的部件安装。整体式主控站则独立安装于列车播音室。

主控站由 GPS 天线、GPS 接收机、外温传感器、工业控制机（计算机）系统及通信接口组成。

主控站是以工业控制机为基础单元，GPS 卫星接收机和外温传感器为数据采集单元，将接收的卫星信号和外温信息经工业控制机处理并编辑后，通过通信接口发送到各车厢显示屏上。主控站作为旅客列车信息显示系统的心脏设备，其结构组成如图 9-15 所示。

主控站采用适合车载恶劣环境条件及工况的工业控制级计算机，结构紧凑、可靠性高。主控站具有良好的人机交互功能，友好的图形界面，向用户提供了极大的操作方便性。

主控站的信息输入途径为 PCMCIA 卡预先编排和键盘即时人工干预。

外温传感器及键盘接口处理采用单片机结构，能够直接读取外温及触摸键的代码信息，并把相关的信息通过串行口传给主控站。

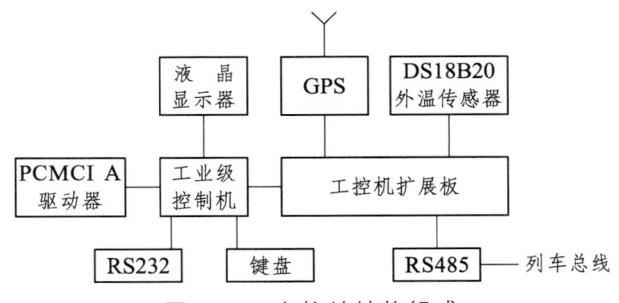

图 9-15 主控站结构组成

主控站上的 GPS 卫星定位系统,可以跟踪接收美国 24 颗公共导航卫星所发送的定位高频信号,经转换后每秒从其输出口直接输出标准格式的定位信息。主控站接收这些信息后,按照定位算法直接计算出列车所处位置、前方车站序号、速度、日期和时间,并判断列车运行状态。这些信息经列车总线发送到各个显示屏上。主控站工作时,将 GPS 天线接收卫星发送的数据、外温传感器接收的数据经处理后用中文(或英文)显示出来。主控站软件运行框图如图 9-16 所示。

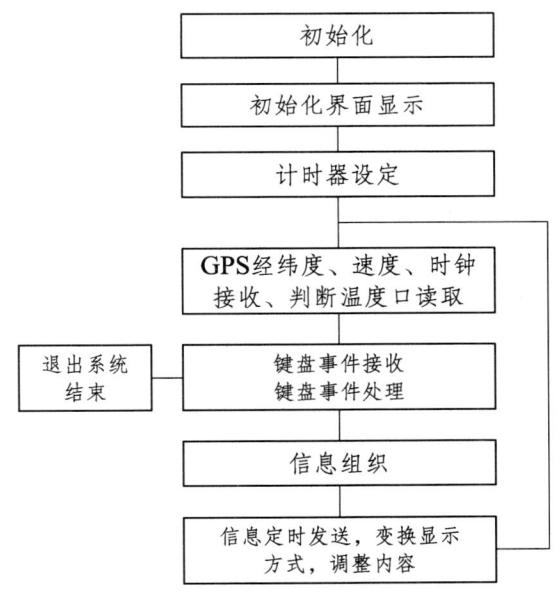

图 9-16 主控站运行框图

(二)信息显示屏及附件

信息显示屏主要由以下几个部分组成:显示面罩、机芯结构、主控板、显示驱动模块、发光二极管(显示元件)。

客车信息显示屏以单片微型计算机为控制中心,发光二极管为显示原件。

1. 主要技术性能

工作温度:0~30 ℃

环境温度:-10~45 ℃

相对湿度：≤90%

2．使用电源

采用专门适合车载使用条件的"DC 110 V/DC 5 V"开关电源，功率为45 W。

3．自检功能

显示屏上电时能以各种显示方式显示固定标语。

4．顺号显示

车号显示采用一个16×16的点阵显示，显示范围为0～30，并可显示+1、+9等车号，由顺号调节器控制。

5．厕显及禁烟标志

显示屏供电后，字形"WC"常亮，指示车厢这端有厕所，厕所的门锁内装有光电开关，一旦门被锁上，开关即输出信号。如果两个门都被锁上，厕显单元的人影就会被点亮。禁烟标志采用标准图案。

（三）顺号调节器

1．顺号调节器的组成

顺号调节器由顺号调节器控制板、顺号调节按钮、外壳组成。

2．顺号调节器的功能

（1）对车厢顺号显示器的顺号进行调节。
（2）作为车厢内信息显示屏的通信转发器。

顺号调节器上电时，送顺号信息给顺号显示器，连送三次，间隔约4 s。当顺号有变化时，再送三次顺号信息，间隔也是4 s左右。在上电过程中，还送一幅自检内容给车厢内的信息显示屏。

自检内容："祝您旅途愉快！车厢号：××"。

其他情况下，顺号调节器主要转发主控站的信息给车厢内的信息显示屏。

任务五　高原车制氧系统

知识要点

·高原车制氧系统的工作原理。
·制氧设备结构及工作过程。

视频　　　　　PPT

高原车制氧系统

> 知识储备

青藏高原车采用的是膜式制氧系统，分离出含氧量为 35%~45% 的富氧空气。一路通过制氧机上部内侧的不锈钢管进入空调的第一节过渡主风道，在那里富氧空气随空调新风混合后弥散到客室，称为弥散式供氧；另一路通过制氧机上部外侧的不锈钢管沿车厢侧墙或地板进入乘客区域，在每个铺位上方或每组座椅的下方等均设有富氧空气出口快速插座，称为个体分布式供氧。应用到高原缺氧环境，弥补车厢空气中氧气含量的不足。空气供给管路在本车 1、2 位端设有连接接口，压缩空气在各车辆间通过两根快速连接软管互相贯通，气源可在相邻车辆间互相储备和补充。

一、膜式制氧原理

普通空气的含氧量约为 21%。

富膜制氧原理是利用高分子富氧膜能让空气中氧分子优先通过的特性，收集高浓度的氧，输送给使用者。其制氧过程是一个物理过程，无任何化学反应，无需任何添加剂，无污染废物，环保制氧。外界空气在压缩机单元压缩后，达到一定压力，再经预处理系统除去油、尘埃等固体杂质及大部分的气态水，预热后进入膜制氧系统分离出含氧量为 35%~45% 的富氧空气。

二、供氧设备组成

制氧工艺流程如图 9-17 所示。

压缩空气经预处理系统除去油、尘埃等固体杂质及大部分的气态水，预热后进入膜分离器，分离出空气中的氧气；系统在 PLC 或 DCS 系统的控制下可实现连续稳定地输出氧气。所以一个完整的膜法富氧系统包括：空气压缩单元、空气预处理、制氧机和电控柜、氧气传感器、空气供给管路、氧气供给和分配管路。

（一）空气压缩单元

空气压缩机单元布置在车下的设备舱内，吊装在偏向 1 位端左侧的钢结构底架横梁上。

主要为后级系统提供一定压力、一定气量的压缩空气，以达到一定的分离压力条件以及分离所需的原料空气流量为目的，空压机为制氧机提供膜分离制氧必需的压缩空气。

（二）空气平衡罐

空气平衡罐容积为 200 L，其作用：一是稳定压缩空气的压力，使整列互备有相当的缓冲容积空间；二是使压缩空气中的液体（主要是水）沉积分离出来，使其不进入制氧机中而影响膜组件的分离性能和使用寿命。空气储罐中的液体由罐底部设置的自动排水阀定时排出罐外。平衡系统压力，减少空气压力脉动，进一步除去水分，减轻后级系统过滤器的负荷。

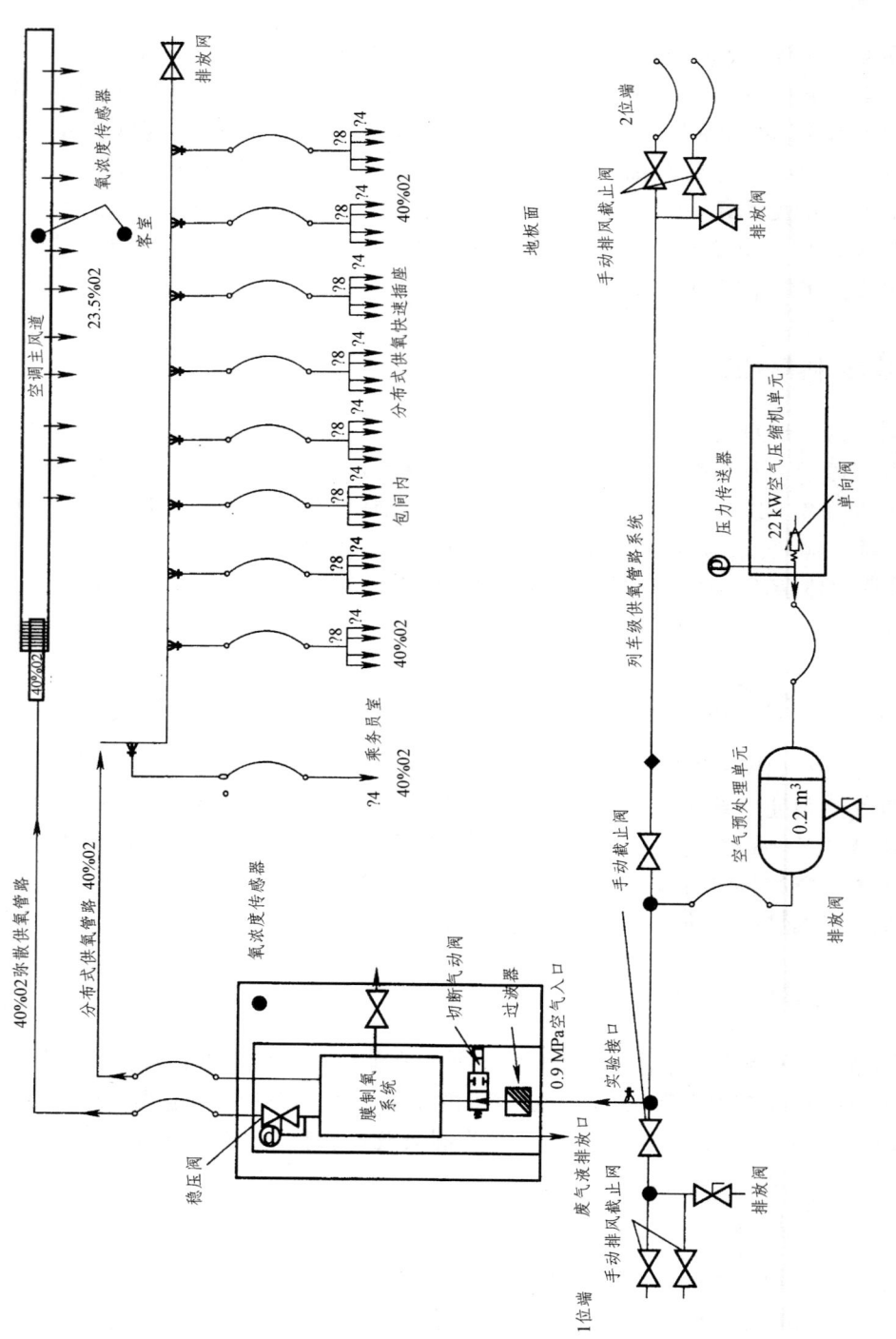

图 9-17 制氧系统工艺流程图

（三）制氧机和电控柜

制氧机和电气柜布置在车内，安装在 1 位端左侧的制氧室内；分别有单独的箱子，在车上这两部分是通过螺栓连接在一起的，在他们之间有整块钢板来避免制氧机内的氧气进入控制单元。制氧机和电气柜是整个制氧系统的富氧生产和参数控制单元，主要包括以下内容。

1. 联合过滤器

联合过滤器为三级，一级过滤器（3 μm）作为总脱湿器去除离开缓冲罐的脱出的油或水。二级过滤器（1 μm）用于将颗粒和液体含量降低至对膜性能无害的痕迹量水平。三级过滤器是精密联合过滤器（0.01 μm），设计中用于去除最微量的浮质，以进一步保护中空纤维膜组件。

2. 进气加热器

加热器为电热式，其作用除了为膜分离器提供一个最好的操作温度使膜分离器在最佳状态下工作外，还能使进入膜分离器的压缩空气露点提高，并保证液体（主要是水）不在膜丝上冷凝而使膜组件能长期稳定可靠地运行。

（四）膜分离器（也称膜组件）

膜分离器是制氧机的关键核心部件，在保证压缩空气流量的情况下，制氧量的大小和富氧浓度的高低在一定的范围内可通过整定膜分离器的操作压力和温度来调整。膜组件的多少（大小）是根据各机型要求不同的制氧量而配置的。

（五）控制面板

在制氧机正面门的左侧安装有海拔高度仪、空压机文本显示器、操作旋钮和指示灯，正面门的右侧安装有制氧机控制器。

（六）PLC 控制系统

膜制氧系统中的过程控制都由可编程逻辑控制器（PLC）监测和控制。PLC 使用微处理器和软件分析各种过程变量并采取相应动作。操作界面（LCD）用户接口显示系统操作参数的信息，并允许改变过程控制、定时器和报警。

（七）海拔高度仪

海拔高度超过 3 000 m 后，海拔高度仪上的继电器接通，使制氧机能够启动。

（八）氧分析仪

制氧膜系统采用 4 个氧分析仪，通过燃料电池型传感器测量产物气流中的氧含量。分析仪用空气压缩机出气校准。每个氧分析仪（富氧气氧分析仪除外）配备一个超出 0～30% 氧含量操作全程可调的报警输出。报警用于在车厢和制氧室的氧含量超出报警设定时隔断进入膜分离器的压缩空气并发信号给 HVAC 单元，控制空调的风门开至最大。

（九）氧浓度传感器（见图 9-18）

电化学式氧探头测试，用海拔高度传感器来补偿由于海拔高度不同引起的空气中绝对氧含量的不同造成的偏差；用膜前的压缩空气作为样气可自动标校。

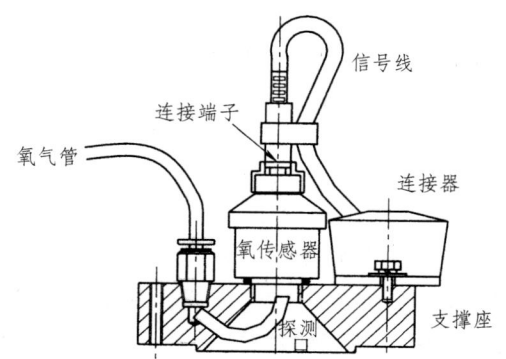

图 9-18　氧浓度传感器

青藏车共设置 4 个氧浓度传感器，在制氧机内部设有两个氧气传感器 AT101 和 AT102 来分别监控富氧和制氧机内部以及制氧室内的氧浓度，且分别对应控制面板的富氧浓度和位置 3 传感器指示；在客室走廊中央和主风道中央各设有一个氧气传感器来分别监控客室和主风道内的氧浓度，且分别对应控制面板的位置 1 和位置 2 传感器指示。当制氧系统正常工作时，只有位置 1 氧传感器检测到的数据与 HVAC 单元通信（主风道中央的传感器备），将测得的氧浓度信号反馈给制氧控制器。制氧控制器可将该信号发给空调控制器，以决定空调或制氧机是否有进一步的动作；供氧量根据客室内氧浓度不超过 25.5% 为限。如果测得车内浓度超过 25%，将新风控制门开大，增大新风量；如果测得车内浓度低，将新风控制门关小，减少新风量。新风量大小根据制氧机输出信号调整，在调整新风量过程中应相应调整废排风量。当氧浓度超过 25.5% 限值，传感器将发出信号给控制单元，系统将根据此信号自动切断压缩空气供应，富氧将停止生产；同时系统将声光报警并把报警信号传到给上位机。

三、制氧系统工作过程

制氧系统在满足开机条件后，制氧机向网关发出启动请求信号（处于本机位时，制氧机向空压机发出启动信号），网关判断海拔高度和空调运行状况，具备条件后，网关给出允许启动信号，空压机开始启动。当压力达到 0.5 MPa 时，压力开关输出触点信号，制氧机自动阀门打开，制氧机开始工作。此时空调新风量由制氧机控制。

空压机输出的压缩空气先进入空气储罐，将空气中含有的水分离出来，然后进入膜制氧机的联合过滤器（F101～F103），通过三级过滤去除有害颗粒和液体，颗粒和液体对膜组件的性能和寿命是有害的。过滤后的压缩空气进入空气加热器，加热器自动调节膜前温度到 45 ℃ 左右，加热后的压缩空气再进入膜分离器。

膜分离器在低压渗透侧（透过膜的一侧）排出富氧气体，在膜组件的另一端（没有透过部分）排出尾气（废气，主要是氮气），尾气侧设有背压阀，用于调整膜分离器的操作压力。

富氧气体在稳压器前送入分布（紧急供氧）供氧管路，在稳压器后送入弥散供氧管路中，弥散供氧与空调新风混合后进入车厢中。稳压器的作用在于保证分布供氧压力稳定并优先供给，且使分布供氧供给压力不受分布供氧量的影响。

制氧机产生的富氧浓度和车厢内的氧气浓度通过氧气传感器进行检测并在制氧机显示屏上显示出来。

复习思考题

1. KSQ-Ⅵ型电开水炉主要由哪些部件组成？
2. 试述 KSQ-Ⅵ型电开水炉工作原理。
3. KSQ-Ⅵ型电开水炉有哪些常见故障？该如何处理？
4. TCL-12 型电开水炉主要由哪些部件组成？
5. 试述 TCL-12 型电开水炉的工作原理。
6. TCL-12 型电开水炉有哪些常见故障？该如何处理？
7. 集便装置的作用是什么？
8. 集便装置主要类型有哪几种？
9. 真空集便器常见故障有哪些？试述其处理方法。
10. 客车信息显示屏由哪几部分组成？
11. 客车制氧系统由哪几部分组成？
12. 试述制氧系统工作流程。

项目十　塞拉门　▶▶▶

项目描述

为了提高高速列车的密封性而安装的塞拉门，具有密封性好、不占车内空间、锁闭机构安全可靠、在全自动门上装有防夹功能等优点。根据驱动方式的不同，塞拉门可分为手动塞拉门、气动塞拉门和电动塞拉门；根据控制方式的不同，可分为手控塞拉门、气控塞拉门和电控塞拉门；根据门扇数量，可分为单页塞拉门和双页塞拉门；根据门扇开关的不同，可分为平门、折门和弯门。本项目主要学习塞拉门的结构与工作原理，塞拉门的操作与故障处理。

学习目标

1. 知识目标：掌握塞拉门的结构与工作原理。
2. 能力目标：能进行塞拉门的操作与故障处理。
3. 素质目标：养成爱护设备的良好习惯；养成安全生产及规范作业的意识；养成善于沟通的团队意识。

相关案例

2015 年 4 月 15 日，济南局济南车辆段担当的 K70 次（青岛—福州，编组 19 辆）旅客列车，淄博站开车后，车站值班员发现机后 18 位 YW25K672237（加挂车）3 位电动塞拉门开启，将列车拦停于淄博站客运车场至周村东站区间，车辆乘务员检查发现 YW25K672237 3 位电动塞拉门开启约 20 cm 左右，将车门手动关闭过程中发现车门与门锁机构出现卡滞现象，车门不能密贴门框，采取捆绑处理后开车，停车 9 min，影响客车 2 列。构成铁路交通一般 D（D10）类事故。经调查，故障车门锁机构外侧固定螺栓顶部滑丝脱扣，导致固定螺栓紧固扭力值下降，门锁机构下端出现轻微偏移，在关门过程中车门与门锁机构配合出现反抗，车门关闭出现不密贴状态，致使隔离锁锁舌伸入锁口量较少，在列车运行振动过程中车门隔离锁锁舌脱出锁口，车门瞬间开启。定济南车辆段责任。

任务一　塞拉门的机械结构

知识要点
- 塞拉门的基本分类。
- 客车塞拉门的构造。

知识储备

所谓塞拉门就是车门在关闭的过程中有塞拉的动作，并且门关闭时门外面与车体外表面齐平，门打开时车门与车体部分重叠。它比早先客车用钢折页门有许多优点：密封性好；不占车内空间；锁闭机构安全可靠；在全自动门上还装有防夹功能等。

按不同的分类方式，塞拉门可以分为不同的类型。根据驱动方式的不同，塞拉门可分为手动塞拉门、气动塞拉门和电动塞拉门；根据控制方式的不同，可分为手控塞拉门、气控塞拉门和电控塞拉门；根据门扇数量，可分为单页塞拉门和双页塞拉门；根据门扇开关的不同，可分为平门、折门和弯门。

随着塞拉门控制系统性能的不断提高，目前塞拉门的自动门系统已代替了手动门系统。塞拉门的电动门系统正在代替气动门系统。

图10-1所示为25K双层空调客车上的单门板塞拉门机械结构。它由基架部件、门扇组件、驱动部件、操作及气动件、门锁部件及电控部件6大部分组成。

基架部件包括上压条、前后压条、上滑道、下滑道、防护罩、防护罩胶条、门框胶条、踏板连杆部件（由上下拉杆、滑套及弹簧组成）、翻转踏板部件（由转轴箱组件、支架组件及踏板组成）及弹簧等。

门扇组件包括锁扣、保险锁部件（用于车辆运籍中的锁闭和进库时起安全栓作用）、下支架、滑架、上框支架及门扇体、密封胶条和窗玻璃等。

驱动部件包括导柱、活动摇臂、V形滚轮挂钩、连杆、小车、关节轴承、气缸等。

操作及气动件包括内操作装置（安装于门侧立罩上）、外操作装置（安装于车外侧墙上）、连动机构和98%阀、100%关门限位开关、气源开关等。

门锁部件包括开锁气缸、闭锁气缸以及锁体、锁叉、锁口等。

电控部件包括控制器、接线端子、电磁阀、蜂鸣器、压力开关、带锁电源开关、指示灯等。

安装在门上部的气缸是塞拉门开关的动力来源，在有电源而且风压为450~600 kPa时，可以用电锁钥匙轻松地将门打开和关闭，由通过电控下的压缩空气推动气缸内的活塞与活塞杆，使活动摇臂带动连杆，推动在圆导轨上能左右运动的小车、导向运动装置及在活动摇臂上悬吊的门扇，达到开门和关门的目的。

门扇在沿着圆导轨运动的同时，还沿着门扇上部的一个滚轮及门扇下部的两个滚轮，分别在平行导轨的上下所限定的轨迹内运动。当滚轮进入滑道的弯道时，带动门扇沿着弯道的轨迹，产生一个向里塞的动作，将门关紧，并通过橡胶密封条的作用达到密封、防尘和防水的作用。

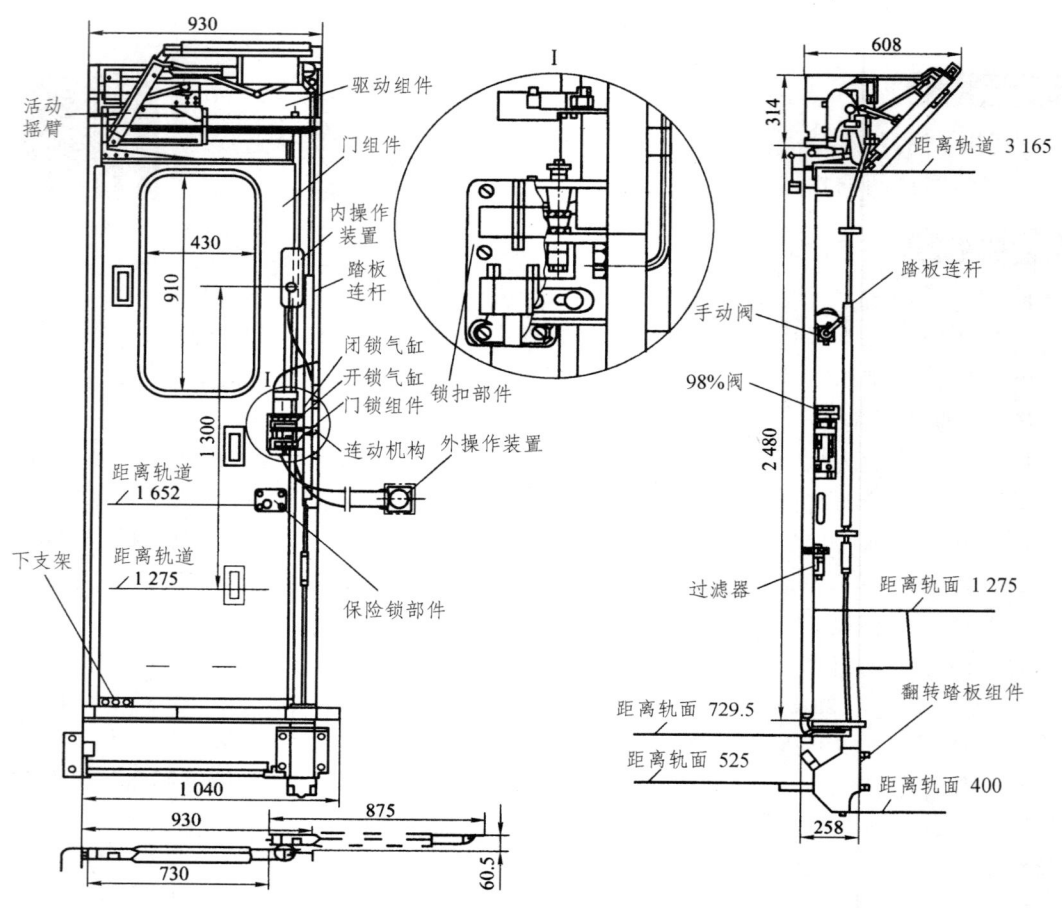

图 10-1　25K 双层空调客车单门板塞拉门

门扇在向里塞紧关闭的过程中，门扇的锁扣部件滚轮推动锁叉转动，并由闭锁气缸及定位套上的凸键将锁叉定位在第二啮合处，将门锁住。锁扣部件下面的一个滚轮经由锁舌的斜面将门楔紧。与此同时，活动摇臂通过连杆脚蹬摇板，带动踏板连杆部件推动翻转踏板部件，使脚蹬板向上收起。开门时气缸内的压缩空气反向加压，使门打开，踏板连杆使脚蹬板向下平展，便于乘客下车。

在门开度的 98% 左右处，设置了一个 98% 阀，它是一个带有滚轮的传感装置。在关门动作中，门扇移动到此位时将触压传感装置，98% 阀动作，防挤压功能不起作用，进而使闭锁气缸充气，使门锁定。当门关闭后，可用三角钥匙转动保险锁锁芯，使车门锁住。开门前，必须先将此保险锁打开。

塞拉门的操作机构分为内操作机构和外操作机构。内、外操作机构通过钢丝绳实现联动，单独操作内外机构可得到相同的效果。内操作机构安装在门控系统的防护罩内（车门内），外操作系统安装在车门外距门框 800 mm 处。

任务二 塞拉门控制原理

> **知识要点**
> · 电控气动塞拉门的工作流程图。
> · 电控气动塞拉门工作原理。

视频　　　PPT
塞拉门的控制原理

> **知识储备**

塞拉门采用气动工作,由气缸推动驱动机构执行关门和开门动作。气动塞拉门电气控制系统的主要任务是开门信号的处理和控制,气动塞拉门工作流程如图 10-2 所示。

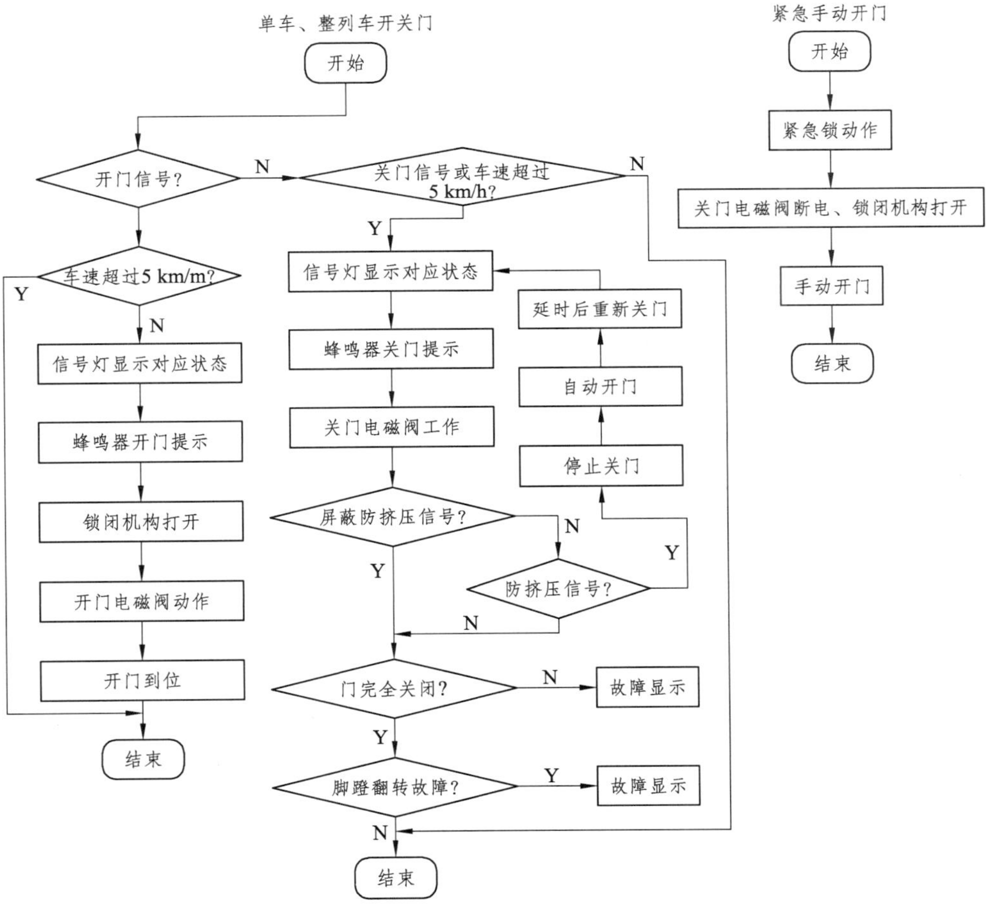

图 10-2　气动塞拉门工作原理流程图

当发出关门信号后,关门电磁阀动作,脚蹬翻转收起。关门到位时,锁闭机构将门锁闭。当发出开门信号时,锁闭机构打开,开门电磁阀动作,由气缸驱动机构执行开门动作,同时脚蹬翻转落下。

一、塞拉门控制系统基本要求

塞拉门控制系统必须满足下述控制要求：
（1）具有集中统一开启整列车同侧车门的功能。
（2）具有关闭所有车门的功能。
（3）具有在车内外均可电控及手动开关每扇车门的功能。
（4）当列车速度超过 5 km/h 时，具有自动关闭处于开启状态的车门的功能。
（5）在关门过程中，若碰到障碍物，具有自动转换为开门状态，延时一定时间后，再次将门自动关闭的功能。
（6）具有执行关门命令后，自动对车门进行检测的功能，并具有车门未安全关闭及脚蹬未收起到位的故障报警显示功能。
（7）具有在紧急情况下手动开门的功能。

二、塞拉门空气控制原理

图 10-3 为塞拉门关门状态的气路原理图。塞拉门器用电控气动工作，气路与列车管连接，通过操纵手动阀使列车管的压缩空气进入门控气路。

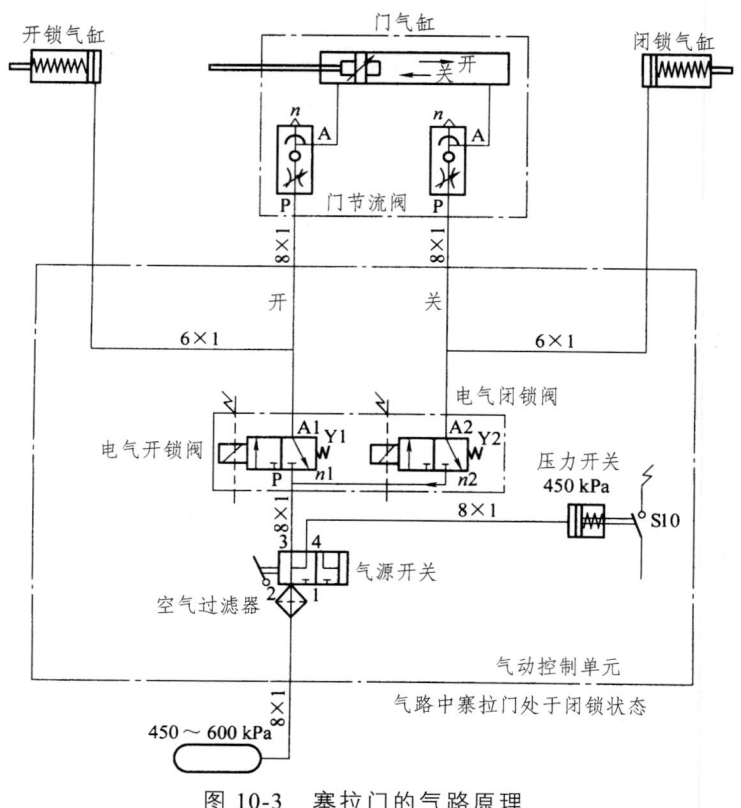

图 10-3 塞拉门的气路原理

门控气路由空气过滤器、气源开关、压力开关、电气开锁与闭锁阀、开锁与闭锁气缸、门节流阀、门气缸等组成。

当列车管压缩空气的压力通过过滤器送到气源开关,气源开关打开后首先给压力开关一个信号。若压力超过规定的 450 kPa,则压力开关 S10 的电接点接通,电子门控器正常工作。当风压不足 450 kPa 或无风时,压力开关不能接通电路,电锁不起作用,电子门控器不工作,只能采用三角钥匙开关车门。

需开门时,可通过操纵电锁钥匙接通电气开锁电磁阀,此时,压缩空气分两路:一路到开锁气缸,打开门锁,使门处于可以打开的状态;另一路通过节流阀(可控制门打开的速度),进入门气缸,向有活塞杆一端充风,活塞杆收缩将门打开。

需关门时,可通过操纵电锁钥匙接通电气闭锁电磁阀(开锁电磁阀复位),此时,空气也分两路,一路通过节流阀,进入门气缸,向没有活塞杆一端充风,活塞杆推出向左,将门关闭;另一路到闭锁气缸,关闭门锁,使门处于锁闭状态。

当车辆速度超过 5 km/h 时,门控器的速度接点接通,自动接通闭锁阀,门将立刻自动关闭。

三、塞拉门电气控制原理

在每节车厢两端各设有一个门控单元,每个门控单元控制对应端的 2 个侧门。塞拉门电气控制原理如图 10-4 所示,门控单元设有 RS232 通信接口,为实现整列车车门开和关的集中控制,并检测车门及翻转脚蹬的故障,整

动画
塞拉门气路原理图
(开门 1)

动画
塞拉门气路原理图
(关门 2)

列车通常设 1 个车门集中控制单元。车辆风缸提供 400～900 kPa 的气压,经过调压阀调整为较平稳的 450～600 kPa 气压,供气路系统使用。车辆 DC 48 V 或 DC 110 V 电源变换为 DC 24 V 电源后,供控制电路使用。

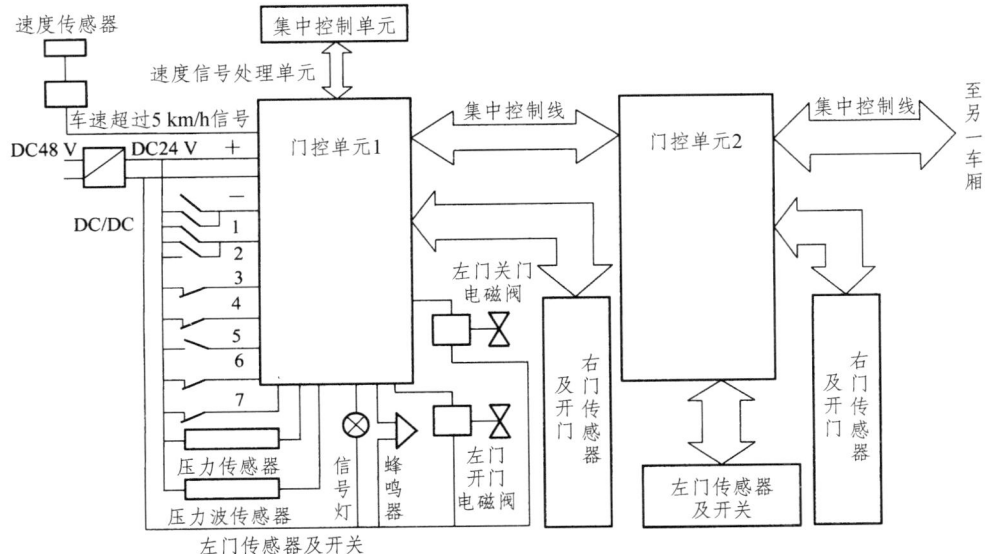

1—车外(内)开门信号;2—车内(外)关门信号;3—屏蔽防挤压信号;4—门完全关闭信号;
5—门未关到位信号;6—脚蹬故障信号;7—紧急开门信号。

图 10-4 塞拉门电气控制示意图

1. 开门或关门控制

车门的开关控制可分为整列车集中控制和单节车厢手动控制两种方式,其中,集中控制单元发出的信号优先于本车开关锁发出的信号。车门集中控制单元通过集控线,向每节车厢的门控单元发出开某侧车门或关闭所有车门的信号可实现整列车的电控气动开关门。每节车厢也可通过车厢内外手动开关门锁,向本车门控单元发出开关门信号,实现对应车门的开或关操作。

当门控单元收到关门信号后,2位三通关门电磁阀动作,通过门气缸驱动机构关闭车门,同时,脚蹬气缸通过机械连杆机构使脚蹬翻转。门关闭到位时,锁闭气缸连同锁闭机构将门锁闭。当门控单元收到开门信号后,锁闭气缸连同锁闭机构将门解锁,2位三通开门电磁阀动作,气缸驱动机构将车门打开。车门开关的单向行程约为730 mm,运行时间约为3~6 s,车门开关速度可通过气路系统中的单向节流阀进行调节。

2. 车速超过5 km/h时的自动关门

当列车速度超过5 km/h时,为保证乘车安全,处于开启状态的车门能自动关门。在车辆的车轴端部设置速度传感器。速度传感器将速度信息传至防滑器,经防滑器进行速度信息分析处理,向门控单元发出车辆速度超过5 km/h的关门信号,门控单元自动执行关门操作。在车速超过5 km/h时,除紧急锁信号外,其他电动或手动方式均不能将车门打开。

3. 防挤压功能

在塞拉门钓密封橡胶条(门板关闭侧)内设有气囊,当电控气动关门遇到障碍物时,胶条受到突然的冲击挤压,气囊内将产生突变压力,该突变压力将使相应开关动作,从而向门控单元发出挤压信号;也有的塞拉门利用在关门时门气缸工作压力的变化作为挤压信号,当气缸工作压力超过设定值时,相应的压力感应装置将向门控单元发出信号。门控单元收到挤压信号后,将门转换为自动开启状态,然后延时2~5 s,再将门重新自动关闭。

为防止因挤压导致车门关闭后重新开启,特设屏蔽开关。当车门运行至全行程90%~98%的位置时该开关将向门控单元发出屏蔽防挤压功能的信号,从而保证当车门关闭到位时不会重新开启。

4. 门关到位及脚蹬翻转检测

塞拉门在锁闭机构上均设有"门关到位"开关,这是为保证列车运行安全,防止门未关到位故障而设置的。该开关的常开、常闭触点分别对应门完全关好信号和门未关好信号。脚蹬翻转到位处也常设行程开关以检测脚蹬是否

动画
塞拉门气路控制
系统(开门1)

动画
塞拉门气路控制
系统(关门2)

翻转到位。门未关好或脚蹬翻转未到位,对应车门及集中控制单元具有相应的故障指示。

5. 紧急手动开门

塞拉门设有"紧急锁"。紧急情况时既使车辆运行速度超过5 km/h,也可旋转此锁触发对应开闭机构解锁,从而实现手动开门。

任务三　塞拉门门控器

> **知识要点**
> ·塞拉门门控器的工作过程。
> ·门控器的使用操作。

> **知识储备**

塞拉门的工作过程是由门控器（微处理器）控制的，常用的为 PCB20-24 型门控器，门控器安装于车辆小走廊顶部的端板上或 2、3 位侧门旁边的壁柜铁盒内。1 辆客车装有 2 个门控器，每个门控器控制 2 个车门。门控单元的输入输出信号由 32 条馈线完成。

一、门控器启动

当供电电压存在，并保持在 DC 24×（±130%）V，且风压为 450～600 kPa 时，此时门控器将启动。当门在关闭状态时，门关闭电控阀得电，门保持关闭锁定状态；当门在开启状态，此时如果没有关门和速度信号，门开启电控阀得电，门保持开启状态；门为开启状态时如果操作关门，开启的门将自动关闭。关门过程中门控器将执行"障碍探测功能"。

障碍探测功能是自动门的特殊功能，它在关门过程中遇到障碍可以重新开启，而不会夹伤人或物品。塞拉门的关门边沿装有中空且密封的橡胶条，顶端通过一根细管与门上部的传感开关相连通。门碰到障碍时，橡胶条中的空气被压缩，通过管路使传感开关动作，向门控器发出信号，门立刻重新打开，10 s 后再自动关闭。此过程重复多次，直到门达到关闭锁定位或发出开门信号。当门达到关闭锁定位前约 8～10 mm 时，由于门板使得"98%关门"行程开关闭合，有效地关闭障碍探测系统，此时将不再顾及是否有障碍，会很快将门关闭。

二、开　门

开门必须具备以下条件：无关门信号、风压正常（450～600 MPa）、电压为 DC 24 V、未用三角钥匙将保险锁锁定、速度低于 15 km/h、未操作紧急出入口装置、门应关闭或处于关闭过程。

动画
塞拉门手动开关门

动画
塞拉门门控单元原理图

三、开门顺序

开门顺序为：门气缸关闭侧排风→蜂鸣警报器启动→关开门侧的开锁气缸和门气缸加压→门将开启，门关闭锁定限位开关起作用（为下次关闭做准备）→关门闭环程序中断→门处在关闭位时，"98%关门"限位开关不再起作用→门接近开启位时，门气缸缓冲，门的移动速度降低→门移到开启位。

四、关门顺序

在门控器的设定程序中,稳定的中央关门(集控)高频信号优先于中央开门(集控)信号。关闭车门可以通过操作板中央关门信号(集控操作)或门内侧旁的钥匙开关关门。

最优先的关门信号是通过速度信号关门。如果列车速度超过 5 km/h 时,既使集控的开门信号存在,开启的门也将自动关闭。此时,障碍探测系统仍启动,只是不再开门,使门停留在原位置,10 s 后才关闭,以防止人或物坠落。

关门指令可以由中央关门操纵(集控)开关或门内侧的钥匙开关(如门未关)+给出,此时的控制顺序如下:

缓解气缸和门气缸的开门侧排风→蜂鸣警报器启动→关门侧的门气缸加压,门开始关闭→达到"98%关门"限位开关,障碍探测传感系统被关闭→门达到全关状态,机械锁定位锁定,门关闭锁定,限位开关不再起作用。

五、紧急状态下的手动开关车门

为方便乘务员和维修人员,每扇门都装有紧急开门装置,用三角钥匙操作。在紧急情况下,不管列车静止或运行、是否存在气动压力或电压,都能用三角钥匙操作并打开车门。

当操作紧急装置时,会发出相应的电子信号给门控器,门控器将关闭所有的自动功能,关门蜂鸣警报立即启动,用三角钥匙开锁即通过钢丝绳将门开锁。该装置利用弹簧,能够复位到中间位置。当复位紧急装置后,蜂鸣报警器关闭,门系统自动按现在控制信号操作其正常功能。

动画
塞拉门集中控制图

六、故障隔离锁

每侧门板都提供一个机械故障锁,可用三角钥匙从车辆内部将门锁定,操作时,门必须处在完全关闭位。在车门外面有一个显示孔,通过这个孔可以看到,当轴头上的凹槽垂直时,故障锁是开启的,当水平位时,表示锁是关闭的,此时外面无法打开车门。

当将故障锁锁闭后,紧急装置对于此门无效,只有将故障锁打开才能进行紧急操作或正常打开车门。为安全起见,在列车运行中,乘务人员应将故障锁锁闭,到站后,在车停稳时再打开。

动画
塞拉门障碍探测

动画
塞拉门故障处理

七、塞拉门的失控与防止

如果塞拉门平时保养不够,长期缺乏正确的使用与维修也会造成门的锁闭失效,造成失控现象。

在机械方面,塞拉门可能出现的失控问题是塞拉门各部件的相对位置的偏差。相对位置是使塞拉门正常工作的基本保证,特别是门扇组件与门锁部件的正确安装位置是十分重要的。

由于车辆总处在不断的运行过程中,各部位零件的配合尺寸很可能会在振动与衰变过程中失去原有的正确位置,电气系统与驱动系统只能在机械装置处于正确安装位置才能发挥作用,这就需要维修人员在车辆的入库检查中,通过观察、测量,及时排除因松动、位移而造成的各种问题。门与框的位置不正确,门锁部件就不可能发挥正常作用。

塞拉门电路控制的可靠度很高,塞拉门因电路控制问题而出现的失控必须是在以下三个条件同时具备时才会发生：突然断电,即有风无电；5 km/h 信号突然消失；门关闭锁定限位开关未调整好。

八、故障锁锁住时的门控器控制

电子限位开关发出信号给门控器,关闭门功能→内侧门钥匙开关指示灯灭→关门的"闭环控制"关闭(故障开关忽略门关闭锁定限位开关发出的信号)→门气缸的关门侧在门关闭锁定位加压。

九、蜂鸣警报器

每次关门、开门时,声音警报起动持续 3 s 或直到门达到关闭或开启位才停止。警报声音通过脉冲产生；0.5 s 接通,0.5 s 断开。

复习思考题

1. 什么叫塞拉门？
2. 塞拉门的主要作用和特点是什么？
3. 对塞拉门控制系统的基本要求是什么？
4. 试分析塞拉门的控制原理。
5. 试述塞拉门门控器的工作原理。

项目十一　客车轴温报警装置

项目描述

铁路客车轴温报警器是防止旅客列车"燃""切"轴事故，保证旅客列车行车安全的重要装置。KZS/M-Ⅰ/Ⅱ型铁路客车集中式轴温报警器采用微型计算机芯片，用于铁路客车轴温监测和报警，它结构简单、工艺先进、可靠性高、抗干扰能力强，并在数模兼容、数字滤波、抗干扰和可靠性等方面均有新的突破。本项目主要学习 KZS/M-Ⅰ型铁路客车集中式轴温报警器的工作原理、操作与使用、故障处理等。

学习目标

1. 知识目标：掌握 KZS/M-I 型铁路客车集中式轴温报警器的工作原理。
2. 能力目标：能进行轴温报警器基本维修操作、故障处理。
3. 素质目标：养成爱护设备的良好习惯；养成安全生产及规范作业的意识；养成善于沟通的团队意识。

相关案例

2015 年 8 月 16 日，南宁局南宁车辆段担当的 K1562 次（南宁—合肥，编组 16 辆）旅客列车，运行至来宾北—进德一场间，南宁段 TCDS 值班员反映组中 $YZ_{25G}349258$ 轴温报警器一级报警（报警温度 82 ℃、外温 37 ℃、温升 45 ℃），车辆乘务员赶到现车后两次更换轴报主机，排除误报原因后，通知司机限速 60km/h 运行至前方站停车检查。列车到达进德一场后，车辆乘务员下车点温发现 8 位轴温 89 ℃，采取自然凉轴措施，待轴温降至 82 ℃（外温 37 ℃、温升 45 ℃）后，限速 30 km/h 到前方（柳州）站甩车处理。构成铁路交通一般 D21 类事故。经调查，热轴轮对轴箱外排轴承内圈（编号 175-1105053）表面有块状剥离，剥离尺寸约为 7 mm×5 mm×1 mm，清洗、过滤轴轴箱轴承上的油脂后发现两粒金属剥离物，其中一粒尺寸约为 6 mm×4 mm，另一粒尺寸约为 2 mm×2 mm；通过调阅 TCDS 数据发现该车 8 位轴箱是在 K1562 次列车始发运行一个多小时后才出现轴温异常，由此判定造成 $YZ_{25G}349258$ 8 位轴箱热轴原因为该轴箱外排轴承内圈剥离，在客车高速运行的情况下引起轴温异常。定瓦房店轴承股份有限公司责任。

任务一　概　况

> **知识要点**
> - 轴温的变化过程。
> - KZS/M-Ⅰ型轴温报警装置的组成、作用和特点。

> **知识储备**

动画
联网型皱纹报警器

铁路客车轴温报警器是防止旅客列车"燃""切"轴事故，保证旅客列车行车安全的重要装置。早期的 TKZW-1T 型客车轴温报警器是一种车载自动巡回检测轴承温度变化，超限预警的装置，对运行中的旅客列车进行轴承状态监测，当车辆车轴轴颈温度超过允许的温升数值时，能自动定量报警。近年来客车轴温报警器也在不断更新换代、发展进步。新型模拟、数字传感器、集中型、集中统一型客车轴温报警器的出现，进一步加强了旅客列车的"燃""切"轴事故的防范能力，为旅客列车的安全运行起到了关键的作用。

KZS/M-Ⅰ/Ⅱ型铁路客车集中式轴温报警器采用微型计算机芯片，用于铁路客车轴温监测和报警，它结构简单、工艺先进、可靠性高、抗干扰能力强，并在数模兼容、数字滤波、抗干扰和可靠性等方面均有新的突破。Ⅱ型比Ⅰ型轴报器只是增加了网络连接方式与能力，其他功能与操作方式全不变。

一、轴温的产生

铁路客车运行时，客车车体自重和载重形成的重力通过轴箱体和轴承等，传递到滚动的轮对轴颈上。在这种条件下，滚柱沿内外圈的滚动摩擦，润滑油和轴承零件间摩擦，滚柱端部与保持架以及内外圈突缘形成的摩擦，加上径向力和太阳辐射热作用，导致轴承发热。其大小为

$$dQ = Pf \frac{D_g}{D_l} v d\tau$$

动画
轴温报警器的结构

式中　P——轴箱载荷（N）；

　　　D_g——轴承直径（滑动轴承为轴颈直径，滚动轴承为滚柱中心线直径）（m）；

　　　f——换算的摩擦系数；

　　　D_l——车轮直径（m）；

　　　v——列车运行速度（m/s）。

热量产生中心在滚柱，因此滚柱的温度最高，其次是保持架，内、外圈，轴箱和轮毂。客车轴箱体温度允许比周围环境空气温度高 30～35 ℃（滚动轴承轴箱体的剩余温度）。如果温度过高，则会造成润油变稀，轴承零件变形，工作间隙发生变化，摩擦磨损加剧。造成温度过高原因有：材料缺陷（如润滑油含水）；机加工和热处理工艺不合格，内外圈产生高的残余应力；内圈与轴颈的选配不当等。图 11-1 所示为某次旅客列车燃轴事故的

轴温变化过程，产生燃轴时，仅 3 min 轴箱温度即由 89 ℃ 升至 197 ℃。

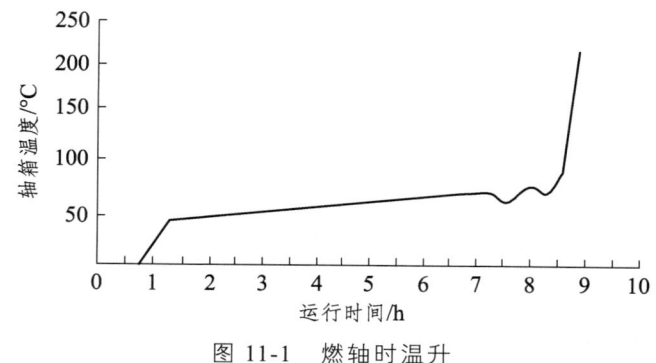

图 11-1　燃轴时温升

二、KZS/M-Ⅰ型轴温报警装置的组成

KZS/M-Ⅰ型轴温报警装置是一个整机系统，它包括 KZS/M-Ⅰ型轴温报警仪（即控制显示器）、温度传感器和 KZS/M-Ⅰ型轴温数据监测记录仪三个部分，其系统结构如图 11-2 所示。

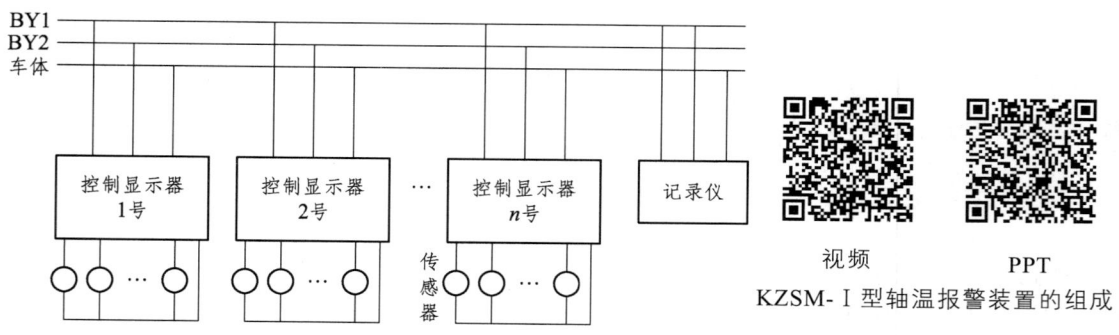

图 11-2　KZS/M-Ⅰ型轴温报警装置系统结构图

KZS/M-Ⅰ型轴温报警装置摒弃了过去集中报警装置所采用的主从机结构，每一台控制显示器既是主机也是从机，它是通过顺序发送的方式来完成信息交换的。当某一台仪器发送信息时，其他机器都处于接收状态，发送完成后就转变成接收状态。这种方式的优点是所有的信息全部共享，速度快，即使有一台仪器发生故障也不会使网络瘫痪。

三、KZS/M-Ⅰ型轴温报警装置的作用

客车轴温报警装置的作用在于即时监测客车轴温，并能即时准确地报警，最大限度地防止燃轴事故的发生。KZS/M-Ⅰ型轴温报警装置的作用如下：

（1）即时显示全列车各轴温和环境温度。

（2）监测全列车各轴位轴温，只要有任一轴位轴温高于环温 40 ℃ 或轴温达到 90 ℃ 时，即声光同时报警。

（3）乘务员在列车任一节车厢均可了解全列车任一轴位轴温，实行时钟记录并存储报

警记录，以供建立列车维修档案。

（4）自动检测显示轴温传感器线路是否短路或开路。

四、KZS/M-Ⅰ型轴温报警装置的特点

（1）仪器能与数字式传感器和模拟式传感器兼容。能自动识别、自动兼容任意混装数字和模拟传感器。

（2）具有全列车报警功能和单独报警功能。乘务员在列车的任何一节车厢都可以知道整列车任何一节车厢任何一个轴位的轴温，大大减轻了乘务人员的工作量。

（3）仪器采用一体化结构，温度测量、显示、数据信号传输、电源等都在一台机器内，只需接上传感器就可以正常工作。若不连接载波线，则只能当一般的轴报仪单独使用。仪器联网使用时对广播无干扰。

（4）采用先进的模块式开关稳压电源，能在直流 36~72 V 范围内可靠工作。一体化结构，工作可靠，带负载能力和抗干扰能力强，不易损坏，克服了一般逆变电源的缺点。

（5）由于该仪器采用大规模集成电路、计算机微处理器（CPU）、智能化处理传感信息、模块化结构，因此结构简单、没有需要调节的元件，可靠性较高，仪器达到"免维护"。

（6）采用数字式传感器，可以去除由于线路带来的温度测量误差，仪器的抗干扰能力得以提高。

（7）仪器数据的传输利用两根广播线或两根专用线完成，在原有的 TKZW-1TA 型接线的基础上只加两根线，接线简单。

（8）仪器的联网采用分布式结构，任意仪器就可构成网络，即使某一台仪器发生故障，也不影响其他仪器的正常使用，如果连接线从中间断开，则系统变为两个独立的网络正常工作。

（9）带传感器智能判断功能，传感器短路不报警。如果环温传感器开路、短路，仪器能自动判断，并自动改为定点 90 °C 报警方式。仪器既可自动检测线路故障又可自动判断由轴温传感器接触不良引起的不正常温度，减小了误报率。

动画
轴温数据记录仪

（10）采用高亮度液晶显示屏，8 个轴位的轴温、环温及车厢顺位号一屏同时显示。

（11）仪器带有实时时钟，自带报警数据记录，便于随时查阅。

五、主要性能指标

（1）KZS/M-Ⅰ型轴报器（控制显示器）主要性能指标如表 11-1 所示。

表 11-1 KZS/M-Ⅰ型轴报器（控制显示器）主要性能指标

项目	测量温度范围	温度测量精度	温度测定路数	报警温度
参数	−45~+125 °C	±1 °C（20~90 °C） ±2 °C（小于 20 °C 或大于 90 °C）	8 路轴温， 1 路环温	定点报警（90±2）°C 跟踪报警（C+40±4）°C （C 为外温）

续表

项目	定点延时	车厢数	传感器	电源电压	载波线
参数	（30±2）s	小于等于20	模拟或数字传感器	DC 36～72 V	两根广播线及车体地线或两根专用线及车体地线

（2）KZS/M-Ⅰ型轴温数据监测记录仪性能指标如表11-2所示。

表 11-2　轴温数据监测记录仪性能指标

项目	电源电压	工作环境温度	工作相对湿度	平均功率	记录间隔	转存IC卡容量
参数	DC 36～72 V	－10～50 ℃	不大于93%	小于5 W	10 min，30 min，1 h任选	可以转存记录仪内全部数据

任务二　KZS/M-Ⅰ型集中式轴温报警装置的工作原理

> **知识要点**
>
> ·轴温报警器的原理框图。
> ·KZS/M-Ⅰ型轴温报警装置的工作原理。

> **知识储备**

视频

PPT

KZSM-Ⅰ型轴温报警装置的工作原理

动画
参数控制

动画
报警电路

一、KZS/M-Ⅰ型轴报器（控制显示器）的工作原理

KZS/M-Ⅰ型轴报器（控制显示器）是轴温报警系统的心脏。它主要由单片计算机控制器、液晶显示器、直流开关电源、调制解调器等组成，其原理框图如图11-3所示。

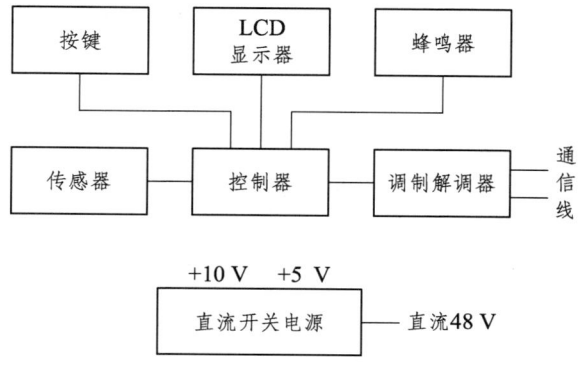

图 11-3　KZS/M-Ⅰ型轴报器（控制显示器）原理框图

KZS/M-Ⅰ轴报器采用高性能的微型计算机为核心,完成信号检测处理、温度数据的采集、显示数据及数据的传输与收发。

当使用数字式传感器时,计算机不断地向数字传感器发出温度转换命令,然后检测传感器温度转换是否完成,当温度转换完成后,把读取的温度值进行比较,如果不正确,则重新读取。

当使用模拟式传感器时,由传感器传输来的信号由微型计算机进行处理。首先,模拟式传感器所产生的电压信号通过 A/D 转换为数字信号,计算机读取转换后的数字信号进行数字滤波,对经过数字滤波后的数值进行计算处理,转换为温度值。

仪器把温度值送到显示屏显示,同时对得到的温度进行判断,如达到所规定的报警温度即进行声光报警,并将有关信号通过调制解调器送出使其他车厢也进行报警,并显示超温的车厢、轴位和轴温,达到集中监测的目的。

KZS/M-Ⅰ型轴报器单元电路功能如下:

1. 液晶显示器

LCD 显示器采 20×2 点阵字符型、宽视角、带 LED 背光的显示模块,该模块显示信息量大,能一次显示 8 个轴位的温度,1 个环温和车厢号,还可以显示各种符号。显示器的原理如图 11-4 所示。

动画
LCD 液晶显示器

其中,D0~D7 为 LCD 的数据线,R/W 为读写线,RS 为 LCD 模块寄存器选择线,为片选线。VEE 为液晶显示用电源,A、K 为电源线。控制器通过 D0~D7、R/W、RS、E 这 11 根数据和控制线来输出要显示的内容。

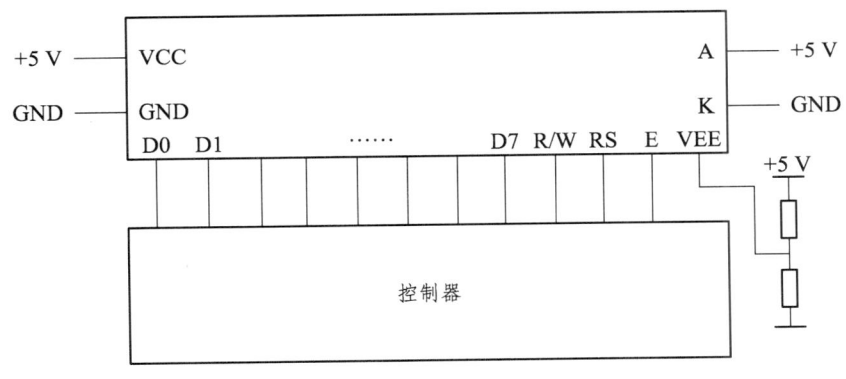

图 11-4 显示器的原理图

2. 时钟

控制显示器自带一实时时钟,时钟采用 DS 12 887 A 或其他兼容芯片。该时钟内部自带电池,可以在控制显示器关闭的情况下继续运行。时钟主要用于记录报警数据。当控制显示器检测到某一轴温超温报警时,在储存器中可以记录该轴位的报警温度、环温,同时记录报警的时间。在报警过程中,每隔 1 min 记录一次报警温度。

动画
时钟

3. 直流开关电源

列车直流电源多为 48 V，而控制显示器需要的是 5 V 和 10 V 电源，因此仪器采用了直流开关电源模块。直流开关电源的输入电压工作范围宽，输入输出隔离，并具有过热、过流保护功能。

动画
直流开关电源

4. 调制解调器

调制解调器是专门用于在特殊线路上（广播线或集控线）发送和接收数据的电路，该调制解调器采用的是频移键控（FSK）方式，中心频率为 132.45 kHz，远远高于音频，因此在工作时与广播互不干扰。具体参数为：波特率 1.2 kHz；高电平为 31.85 kHz；低电平为 133.05 kHz；频率精度由晶体振荡器决定，小于 0.01%，无需人工调整。该晶体振荡器还输出时钟信号到控制器，并提供"看门狗"复位信号。调制解调器的接线如图 11-5 所示。

动画
调制解调器

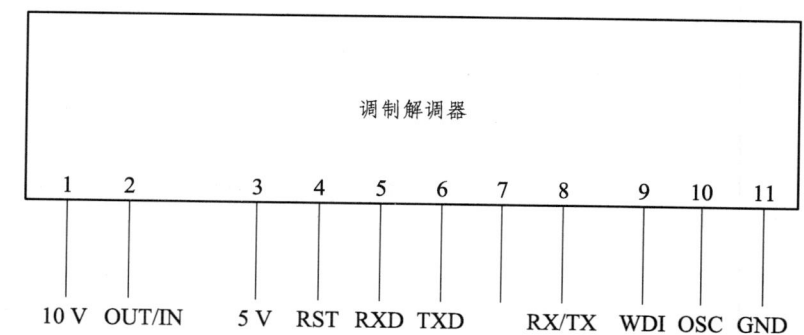

1—10 V 电源；2—载波信号的输入/输出端；3—5V 电源端；4—复位输出；5—串行数据接收端；
6—串行数据发送端；8—接受发送数据选择端；9—"看门狗"输入端；
10—振荡器输出端；11—电源接地端。

图 11-5　调制解调器的接线图

正常工作时，用示波器可以在第 10 脚观察到振荡输出波形，频率为 11.0592 MHz。

当控制显示器接收到其他车厢的控制显示器通过调制解调器发送的信息时，控制显示器面板上的通信指示灯会发出短暂的光，而当自己发送数据时，其通信指示灯发出一时间比接收指示长 5 倍的光。依此可知通信工作状态。

动画
温度传感器

二、传感器

传感器是轴温报警系统的敏感元件，由于它处于车辆走行部分，工作环境恶劣，因此它的好坏直接关系到整个系统的可靠与稳定。目前主要使用的是模拟温度传感器和数字温度传感器。

动画
温度传感器安装

1. 模拟传感器

模拟传感器测试原理如图 11-6 所示。

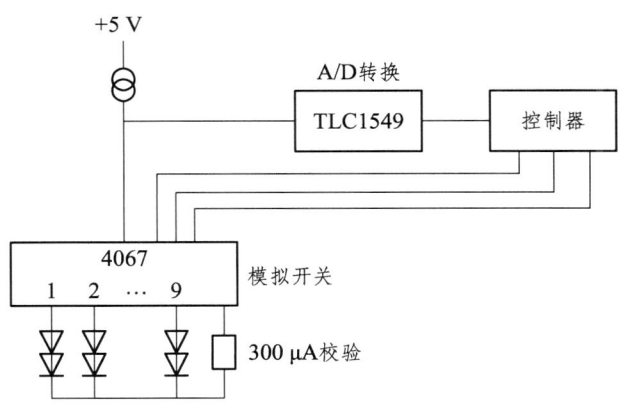

图 11-6　模拟传感器测试原理图

模拟传感器需要用 300 μA 恒流工作，仪器采用了集成恒流源，它具有结构简单、精度高、温度系数小、漂移小的特点。当电子开关某一路选通时，300 μA 的恒流加到某一路传感器上，在这一传感器上可以测得与温度对应的电压值。该电压经过 A/D 转换的速率很快，1 s 可达上万次，控制器根据 A/D 转换器送来的数据进行判断，经过处理后，将相应的温度值或开路、短路等状态送到 LCD 显示器显示，并根据是否满足报警的条件进行相应的处理。

模拟传感器由于输出的是直流电压信号，并且内阻又比较大（约几 kΩ），所以当受到干扰和绝缘条件变坏时，会产生误差甚至误报警。模拟传感器串联电阻每增加 14.5 Ω，温度偏低 1 ℃，串联电阻越大，温度值偏离越低。而与模拟传感器并联的电阻将使温度值偏高，并联电阻越小，偏离越大，并联电阻约 80 kΩ 时，约高 1 ℃。由于车体分线盒内可能进水，使绝缘变差，这将导致轴温误差偏大过多，形成误报，这是模拟传感器的缺点。

2. 数字温度传感器

数字传感器测试原理如图 11-7 所示。

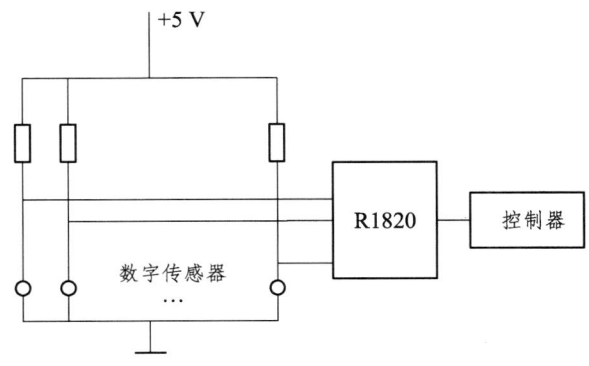

图 11-7　数字传感器测试原理图

控制器向 DS1820 发出读取温度的命令，DS1820 把温度值和校验值传送给控制器。如果得到的数据校验正确，则此次温度有效，否则无效。控制器根据温度数据进行判断，经过处理后，将相应的温度值或开路、短路等状态送到 LCD 显示器显示，并根据是否满足报警的条件进行相应的处理。

数字传感器其实并不复杂。DS1820 内部其实也是 PN 结，它采用专用的变换电路把温度转变成数字信号，控制器在读取数字温度传感器的信号时不需要再经过其他转换而直接读取温度的数字信号。为保证温度数据的完整性、准确性，DS1820 在输出温度数据时，附有 CRC 校验，这样可以保证控制器读取正确温度。

DS1820 具有独特的单总线数字接口，即 DS1820 与控制器交换数据时，不需要单独供电。其数据线既可以用来读取数据，也可以用于向 DS1820 供电，在轴报中，只需要数据线和地线就可以测温。

由于数字传感器和控制显示器之间传输的是数字信号，而不是电压值，且带有校验功能，因此相对于模拟传感器，串联电阻和并联电阻对数字传感器的影响很小。

当数字传感器接线串联电阻小于 300 Ω 时，数字传感器可以正常工作，对温度值没有任何影响，而当串联电阻大于 300 Ω 时，数字传感器无法正常工作，显示开路。当并联电阻大于 1 kΩ 时，数字传感器可以正常工作，对温度值没有任何影响，而当并联电阻小于 1 kΩ 时，数字传感器无法正常工作，显示短路。因此使用数字温度传感器不会产生误报现象。

由于数字传感器传输的是数字信号，如果存在较强的干扰，会引起数据读取错误，经过检验后剔除，表现为开路现象。因此，在使用数字传感器时，车体布线宜采用屏蔽线。

三、KZS/M-Ⅰ型轴温数据监测记录仪工作原理

KZS/M-Ⅰ型轴温数据监测记录仪是和 KZS/M-Ⅰ轴报器配套使用的仪器，每列车（小于等于 20 台轴报）配一台记录仪。轴温数据记录仪通过一根电缆与任一台轴报器相联即可记录整列列车的轴温数据。在运行中它除了可以对各车厢的温度进行定时记录，给安装了 KZS/M-Ⅰ型轴报的车辆建立数据库外，还可以查看运行时整列车各个轴位的轴温。此外，该记录仪还可以把数据转存到大容量的 IC 卡上，并通过 IC 卡传给微机，由微机对所有记录的数据进行分析处理。

轴温数据记录仪的原理框图如图 11-8 所示。

控制器将从调制解调器收到的所有信息按一定的格式储存在储存器内，并将接收状态送入液晶显示屏显示。控制器还将实时时钟信号通过调制解调器发送出去，使每一台轴报的实时时钟与它一致（即可校准轴报内的时钟）。机器内部的储存器和 IC 卡的结构、容量一模一样，当插入 IC 卡后，仪器自动将机器内部储存器上的全部信息转到 IC 卡。记录仪工作时，每 10 min 自动记录一次轴温数据。当有报警时，记录仪能及时记录，记录内容包括报警时间、车种车号、车厢号、轴位、轴温、环温，此后只要此轴位还在报警，就每隔 1 min 记录一次。

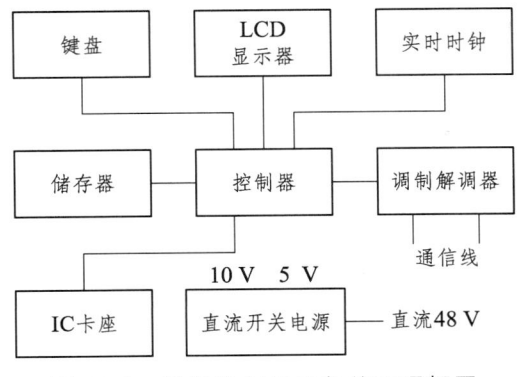

图 11-8　轴温数据记录仪的原理框图

任务三　KZS/M-Ⅰ型集中式轴温报警装置的操作与使用

知识要点

- KZS/M-Ⅰ轴温报警器的功能键的作用。
- KZS/M-Ⅰ型轴温报警装置的使用操作。

知识储备

动画　　　　　　动画
故障处理　　有可能发生故障部位及现象

一、KZS/M-Ⅰ型轴报器的使用

KZS/M-Ⅰ型轴报器的面板如图 11-9 所示。

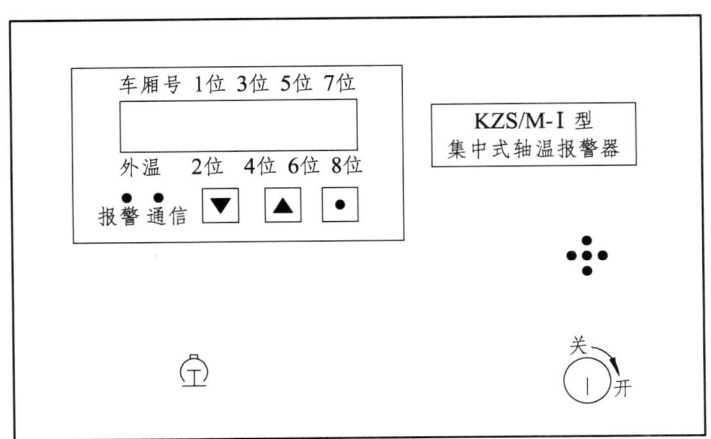

图 11-9　KZS/M-Ⅰ型轴报器的面板图

（一）功能键

（1）"▲""▼"（递增、递减键）用于增减当前的车厢号，以观察其他车厢的轴温；

在功能选择状态下，用于选择所需要的功能。

（2）"●"（功能键）用于进入功能选择状态。

（3）锁：用于锁住仪器的操作键，只有在键盘打开时面板上的按键才能起作用。

（二）KZS/M-Ⅰ型轴报器的使用方法

如图 11-10 将传感器、载波线和电源线连接好，传感器要注意极性，检查无误后，仪器即可正常工作。

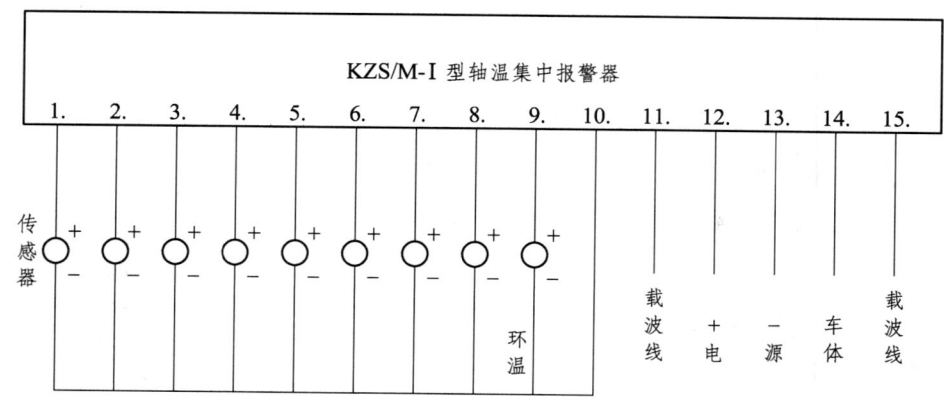

图 11-10　轴报器的连线图

仪器通电后首先进入自检，全屏点亮 1 s，然后依次显示仪器电子身份号、产品型号、软件版本号、300 μA 恒流源检测值、车种车号、现在的时间、仪器所接的传感器的类型（数字传感器显示"S"，模拟传感器显示"M"），最后进入本车轴温显示状态。

1. 进入功能选择状态

当按下"●"键后，显示屏显示如图 11-11 所示的主菜单。

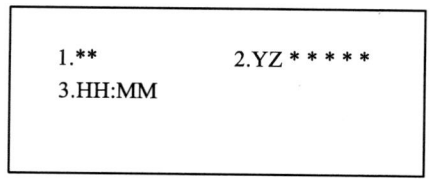

图 11-11　显示屏主菜单

此时"1."闪烁显示，用"▲""▼"键选择需要的功能，再按功能键确认。

进入"1. *XX*"车厢顺位号设置状态后，仪器闪烁显示出本车车厢顺位号。用递增或递减键选择本车厢顺位号，设置完毕后，用功能键确认。

进入"2.YZ*****"车种车号设置状态后，仪器闪烁显示车种符合。用递增键选择和改变闪烁显示位的数字或符号，用递减键移动闪烁显示位，设置完毕后，用功能键确认。

进入"3. HH:MM"时钟设置状态后，仪器显示出当前的时间，并在年的第三位闪烁显示。用递增键校时，用递减键移动显示位，设置完毕，用功能键确认后仪器返回主菜单。

进入功能状态，若按下某一键 10 s 内没有再操作任何键，则仪器自动返回到本车厢轴温显示状态。

2. 轴温监测

任意一台仪器在轴温显示状态下，如按下递减或递增键能够显示查阅全列车网络中任意一节车厢的 8 路轴温和环温，网络中没有的车厢，按下递增键显示将不切换。当选择其他车厢，不再操作任何键时，仪器进入定点显示状态，30 s 内返回本车监测状态。

3. 报警记录

同时按下递增和功能键，则进入调阅本车报警的历史数据记录状态，并显示最新的报警数据，若没有报警记录，则显示"NoAlarm!"。若有报警记录，此时可通过递减或递增键翻阅报警历史数据。若 10 s 内没有操作任何键，仪器自动返回到本车监测状态。

4. 特殊显示

传感器开路时，相应轴位显示"− − −"；传感器短路时，相应轴位显示"+++"；显示本车车厢顺位号时，在车厢号两边加"*"号以示区别；当仪器未收到数据时，显示"XXX"。

5. 查阅电子身份号

同时按下递增键和递减键可查阅仪器的电子身份号，然后显示仪器传感器的类型（数字传感器显示"S"，模拟传感器显示"M"）。

6. 超温报警

当某一车厢某一轴位的轴温超过环温 40 ℃，或轴温达到 90 ℃ 时，全列车所有仪器都报警并显示超温的车厢号、轴位和轴温，蜂鸣器鸣叫且超温轴的轴温数据和报警指示灯闪烁。当有多个车厢的轴位报警时，每一台仪器循环显示报警的车厢号、轴位和轴温并声光报警。当发生报警时，除轴温超温车厢的仪器一直发出报警声音外，其他车厢鸣叫 10 s 后停止，但仍显示报警的车厢号、轴位和轴温。超温车厢的仪器上可以通过按功能键消音，但报警灯和超温的轴温数值仍闪烁，消音后其余车厢的仪器恢复正常监测本车状态。当环温传感器出现故障，导致温度非正常时，仪器将自动转换为 90 ℃ 报警。

7. 300 μA 恒流测试

同时按下递减和功能键，进入测试状态。此时可通过递减或递增键选择任意一轴位进行恒流源测试。测试完毕后，按功能键返回本车监测状态。

8. 传感器的选择

当使用模拟传感器或数字传感器时，仪器能自动判断、自动识别，无需调整仪器。

9. 车厢顺位号重号自动识别

当后开机的仪器所设置的车厢号和先开机的仪器所设置的车厢号重号时，后开机的仪器车厢号闪烁以作提示,但仍可监测本车轴温,不影响网络的工作。

10. 接口

仪器具有外接 IC 卡轴温数据记录仪的接口,接口采用 DB-9 型孔形插座,可将任意一台仪器与 IC 轴温记录仪连接。

二、KZS/M-Ⅰ型轴温数据监测记录仪的使用

KZS/M-Ⅰ型轴温数据监测记录仪的面板如图 11-12 所示。

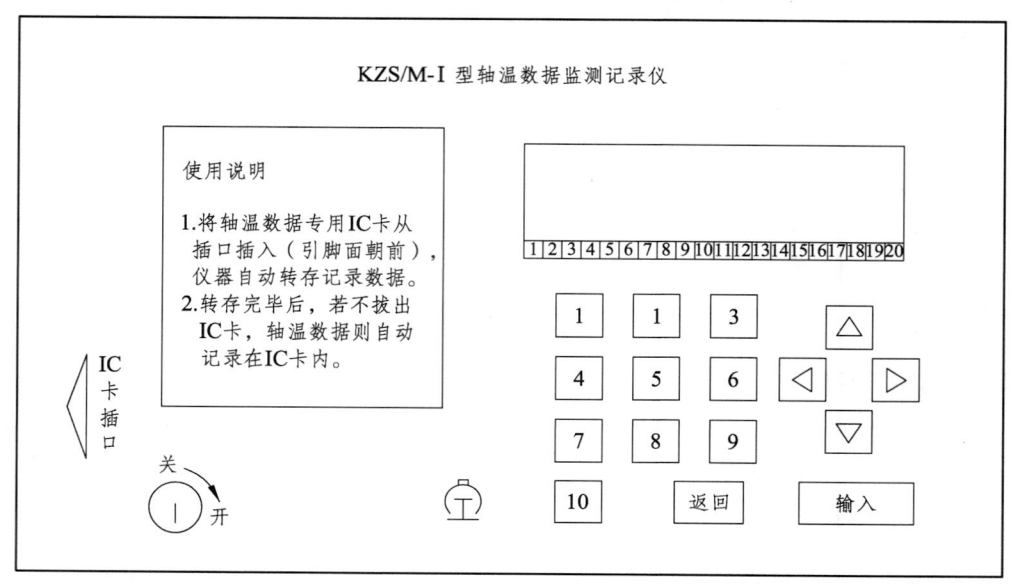

图 11-12 KZS/M-Ⅰ型轴温数据监测记录仪的面板图

（一）功能键

KZS/M-Ⅰ型轴温数据监测记录仪面板上的功能键有:输入键、返回键、数字键和方向键,各功能键的功能如下:

输入键:用于调出仪器的对话菜单,确认输入的参数。
返回键:用于中断正在进行的操作,返回主画面。
数字键:10 个数字键(0~9)用于输入数字。
方向键:4 个方向键用于光标移位和画面翻页操作。

（二）轴温数据监测记录仪的使用

把记录仪和 KZS/M-I 型客车集中式轴温报警器连接好,仪器就可以正常工作。开机后仪器首先进行自检。

仪器正常工作时,在不按动任何键的情况下,仪器显示主画面。主画面第一行显示日期及时钟,第二行显示整列车每台"集报"(1~20 号车)的联网工作状况。如果某车号

的仪器连接在线路上并且正常工作,主画面上该车号的位置显示"O",如果没有开机或没有该车号的仪器则不显示。

(1)在主画面下按"输入"键,仪器显示如下:

    1.WATCH   2.HH:MM
    3.SEND

其中:"1"为进入监测、"2"为时钟设置、"3"为选择是否校准"集报"时钟。

操作时,所选择的功能相应的数字将会闪烁显示,用方向键选择所需要的菜单后按"输入"键或直接按所需功能的数字键,仪器将进入相应的菜单。选择"返回"键,仪器将返回主画面。

(2)在主菜单下选择"监测"功能,仪器进入"监测"状态,例如显示:

  (15) 32 35 33 40
   21 33 35 38 37

此时可以用方向键来选择需要监测的车厢的轴温。如果不按任何键,仪器将自动切换显示,每 5 s 显示一个车厢的轴温,240 s 后返回。按"返回"键,仪器回到主画面。

(3)"设置时钟"功能。

在主菜单下选择"设置时钟"功能,仪器进入"设置"菜单,例如显示:

    2022-10-18   14:12:40

根据光标的提示,按数字键调整时钟,调整完毕后,按输入键结束设置。在进行设置时,如果 10 s 内无任何键被按下,仪器自动返回主画面。

(4)如果选择设置校正发射,仪器将显示:

  CLOCK Send   1.on
            2.off

根据光标的提示选择发射(1.on)或不发射(2.off)。如果选择发射,记录仪发送时钟数据校准轴报。

在进行设置时,如果 10 s 无任何键被按下,仪器自动返回主画面。

(5)在操作时,如果要中断正在进行的操作,按返回键仪器将返回主画面。

(6)在主画面下把 IC 卡插入记录仪,仪器开始自动转存数据,此时如果有新的记录,将自动同时记录在仪器和 IC 卡中。

(7)计算机读取 IC 卡中的数据。把 IC 卡从记录仪中拔出,在 PC 机上通过专用读卡器运行读卡程序,即可把记录的数据读入计算机。

三、读卡器及读卡软件

读卡器与读卡软件是和 KZS/M-Ⅰ型轴温数据记录仪配套使用的,它不但可以高速读取 IC 卡中储存的轴温和报警记录,并能在计算机上显示。该软件还可将一个车辆段内所有安装了 KZS/M-Ⅰ型轴温报警器的车辆轴温变化存储数据,建立数据库,以便按车次的出厂编号随时查阅、打印所有轴温数据,报警记录和传感器开路或断路等数据,便于绘制车辆轴温的变化曲线,实现车辆的动态监视,进而进行早期故障诊断。

（一）仪器的构成与安装

仪器由读卡器主机、读卡器和计算机的连接电缆、电源线和读卡软件构成。安装时，把连接电缆的一端（DB9 针）和读卡器背面的 DB9 座（孔）相连接，电缆的另一端（DB9 孔）和计算机的 COM2 口（DB9 针）相连。接通电源，读卡器红色指示灯亮，表示读卡器电源接通。

（二）读卡软件的安装与使用

读卡软件的文件名为 Rcard.exe，把文件拷贝到计算机上即可正常运行。读卡软件的使用方法如下：

（1）软件运行要求：Win95、Win98 中文版，一般在 800×600 分辨率下使用。计算机要求：Intel 奔腾Ⅱ以上，16M 内存以上。

（2）运行 Rcard.exe，仪器进入读卡软件画面。

（3）把轴温数据记录专用 IC 卡引脚面向上插入读卡器，读卡器绿色指示灯亮。

（4）选择读卡、读温度即可读取 IC 卡中的温度数据。选择读温度后，提示输入读取温度的起始时间，当读完从起始时间到当前的轴温数据后，计算机显示出读取的温度，并将此温度数据存为"wd.rcd"文件。如果需要保存此次读取的温度数据，可以将此文件更换为"wd*.rcd"文件名保存。

（5）选择读卡、读报警即可读取 IC 卡中的报警数据。当读完报警数据后，计算机显示报警温度数据，并将数据存为"am.rcd"文件。如果需要保存此次读取的报警数据，可以将此文件更换为"am*.rcd"文件名保存。

（6）保存的以"rcd"为后缀的文件可以在读卡软件中用文件打开菜单显示出来。

任务四　KZS/M-Ⅰ型集中式轴温报警装置故障与处理

知识要点

- KZS/M-Ⅰ轴温报警器的故障形式。
- KZS/M-Ⅰ型轴温报警装置的故障处理方法。

知识储备

KZS/M-Ⅰ型轴报器因采用高集成度模块化结构，在使用过程中一般无需调节任何元件，降低了工作过程中的维修量。在安装和使用过程中，可能发生的故障及相应的处理方法如下：

1. 开机后仪器显示屏无任何显示、显示屏背光也不亮

故障原因：48 V 电源没有正确接入报警器；报警器的电源模块输出端+5 V 或+10 V

不正常，误差超过 0.2 V；滤波电感或自恢复保险（0.25 A）损坏；线路板上与电源部分相关的线条断裂开路；DB-15 插座 12 脚（48 V+）、13 脚（48 V-）虚焊。

处理方法：正确接入 48 V 电源；更换电源模块；更换滤波电感或自恢复保险；修复线路断裂或插座虚焊部位。

2. 温度显示正常，但显示屏没有背光

故障原因：显示屏与线路板连接线虚焊；显示屏背面的限流电阻开路或损坏；显示屏 LED 背光板损坏；显示屏损坏。

处理方法：重新焊接连接线；更换限流电阻、背光板或显示屏。

3. 温度显示正常，但背光发暗或特别亮

故障原因：电源模块+5 V 电源偏低或偏高（0.2 V 以上）；线路板上的降压电阻（200 Ω）变质。

处理方法：更换电源模块或降压电阻。

4. 采用模拟传感器的报警器，其显示的轴温与实际温度相差过大

故障原因：恒流源误差超过 1%（正常值为 300 μA）；恒流管、104 电容、4.7 kΩ 电阻有不良现象；LM336 基准电压（正常值为 2.4～2.6 V）出现偏差；模拟开关 CD4067 损坏；A/D 转换器 TLC1543（或 TLC1549）损坏；线路板上的数字/模拟路线开关损坏（仅 3.0 版本有）。

处理方法：按报警器的调试方法校准恒流源；更换恒流管、104 电容、4.7 KΩ 电阻、LM336、模拟开关 CD4067、A/D 转换器 TLC1543（或 TLC1549）或线路板上的数字/模拟路线开关。

5. 报警器显示某一轴位温度偏高或偏低、短路或开路，其余轴位温度显示正常

故障原因：线路板反面的贴片电容漏电、短路；DB-15 插座 1～9 位有断针或对应的焊盘线条有短路、开路、漏焊现象；报警器外部连接线出现断路或短路现象。

处理方法：更换贴片电容、DB-15 插座；更换（修复）焊盘线条或外部连接线。对于采用模拟传感器的报警器，经上述处理无效可更换模拟开关 CD4067。

6. 报警器显示屏温度显示正常，但有缺笔画，断字符现象

故障原因：显示屏与线路板之间有虚焊现象；显示屏导电橡胶接触不良或内部线路开路。

处理方法：重新焊接虚焊点或更换显示屏导电橡胶。

7. 报警器显示屏上半部显示一长条黑杠且蜂鸣器长鸣

故障原因：CPU（IC1）损坏；调制解调器焊点虚焊；调制解调器损坏。

处理方法：更换同版本的 CPU（IC1）；重新焊接虚焊点或更换调制解调器。

8. 在线路连接正常的情况下，本机收不到或有时收不到其他报警器轴温数据

故障原因：通信变压器损坏；调制解调器有虚焊现象；DB-15 插座 11、14、15 脚及

相应连线有虚焊开路现象

  处理方法：更换通信变压器或重新焊接虚焊点。

  注：在线路连接正常情况下，其他报警器收不到或有时收不到本机轴温数据的故障原因与处理方法同上。

 9. 报警器通信指示灯不亮。

  故障原因：报警器联网状态不正常；发光二极管（绿）或 1 kΩ 电阻损坏。

  处理方法：接好报警器网络连接线；更换发光二极管或 1 kΩ 电阻。

 10. 报警器有正常报警信号，显示屏能显示报警轴位并闪烁，但无声光报警

  故障原因：蜂鸣器、8850 三极管、IN4148 二极管损坏；发光二极管（红）、5.6 kΩ 电阻等相关元件损坏。

  处理方法：更换损坏元件。

  另外，当 KZS/M-Ⅰ型轴温报警器出现开机自检时一直处于自动复位状态、在检测时间状态时死机、日历时钟停止不走、显示混乱及校准后偏差太大时，可更换时钟集成电路 DS12887。

任务五 KZS/M-Ⅱ型集中式轴温报警装置

知识要点

- KZS/M-Ⅱ轴温报警装置特点。
- KZS/M-Ⅱ型轴温报警装置的技术参数。

知识储备

一、KZS/M-Ⅱ型轴温报警装置特点

KZS/M-Ⅱ型轴温报警器是按照 TB/T 2226—2016《铁路客车集中轴温报警器》所规定的技术要求生产的新型集中式轴温报警器。该仪器集中了原轴温报警器的所有技术优点，并在数模兼容、数字滤波、抗干扰和可靠性等方面均有新的突破。主要特点如下：

（1）数字传感器和模拟传感器全自动识别，无须更换模块或切换开关。仪器可以混接两种类型的传感器，并自动显示各轴位的传感器类型，实现了真正的数模兼容。

（2）显示窗口改为液晶，同时显示 9 个轴位的温度。

（3）本车可循环记录 1 000 次报警数据（不可人为擦除），记录的报警数据可查阅。

（4）仪器之间采用 FSK 通信方式，每台仪器提供 RS485 输出。

（5）全列配置一台记录仪，用于实时监测全列状态，并记录全列车的轴温数据；配置标准大容量 IC 卡，可循环记录 2 000 组全列轴温数据（一列按 20 辆车计）另加 1 000 次

报警数据。

（6）研制开发了基于 WINDOWS95/98 的客车轴温数据分析管理系统（V3.0 版），不仅实现了轴承故障的早期诊断，也实现了客车编组和轴温管理的微机化。

（7）增设了 MAX485 接口，可靠实现仪器与车载 PC 机实时通信（动车专用）。

二、KZS/M-Ⅱ型轴温报警装置的技术参数（见表 11-3）

表 11-3　ZS/M-Ⅱ型轴温报警装置的技术参数

项目	电源电压	测量温度范围	测量精度	系统测量精度	温度测定路数
参数	DC 36～150 V	-45℃～125 ℃	±1 ℃（20～90 ℃）、±2 ℃（<20 ℃或>90 ℃）	±2 ℃（20～90 ℃）±4 ℃（<20 ℃或>90 ℃）	8 路轴位 1 路环温
项目	传感器	定点延时	报警温度	车厢数	控制显示器通信
参数	数、模全自动兼容	用于测试恒流源，延时（30±2）s	定点报警：（90±2）℃ 跟踪报警：环温（45±4）℃	≤20	采用 FSK 方式，波特率为 1 200 b/s
项目	载波频率		工作环境温度	工作相对湿度	消耗功率
参数	FL：133.05 kHz；FH：131.85 kHz；频率精度：0.01%		-10 ℃～50 ℃	不大于93%	不大于 4 W

三、KZS/M-Ⅱ型轴温报警装置的操作与使用

与 KZS/M-Ⅰ型相同。

复习思考题

1. KZS/M-Ⅰ型集中式轴温报警装置由哪几部分组成？
2. KZS/M-Ⅰ型集中式轴温报警装置的作用是什么？
3. KZS/M-Ⅰ型集中式轴温报警装置有哪些主要参数？
4. 简述 KZS/M-Ⅰ型轴报器（控制显示器）的工作原理。
5. 简述 KZS/M-Ⅰ型轴温数据监测记录仪的工作原理。
6. 如何使用 KZS/M-Ⅰ型轴报器（控制显示器）？
7. 如何使用 KZS/M-Ⅰ型轴温数据监测记录仪？
8. KZS/M-Ⅰ型集中式轴温报警装置有哪些主要故障？该如何处理？

项目十二　TFX1型电子防滑器

项目描述

和汽车的防抱死装置（ABS系统）一样，铁路客车安装有电子防滑器，自动监测一个车厢的不同轮对的转速，尤其是在制动时，由于个别车轮受到的制动力比较大，导致该车轮速度下降较快，如果不加干预，在列车速度还没有完全停下来时，受到制动力大的车轮就会提前停止转动，造成车轮踏面擦伤。电子防滑器，能够自动调节制动力，进而调节车轮速度同步变化。本项目主要学习 TFX1 型电子防滑器的结构与作用原理，掌握防滑器的功能与操作。

学习目标

1. 知识目标：掌握 TFX1 型电子防滑器的结构与作用原理。
2. 能力目标：能进行 TFX1 型电子防滑器的使用操作。
3. 素质目标：养成爱护设备的良好习惯；养成安全生产及规范作业的意识；养成善于沟通的团队意识。

相关案例

2015 年 3 月 4 日，沈阳局沈阳车辆段担当的 K385 次（沈阳北—成都，编组 19 辆）旅客列车，运行至郑州局济源站，车站汇报列车漏泄超标，车辆乘务员检查发现机后 5 位 $YZ_{25G}353563$ 4 位电子防滑排风阀漏风，关门处理开车，超站停 15 min，影响客车 1 列，货车 1 列。经调查，排风阀动铁芯凸台在车削时残留的毛刺在排风阀动作过程中脱落，阀内 0.39 mm 的铁屑进入先导管底部，将排气动铁芯垫起，造成排气动铁芯凸台与先导管底部密封不严（动铁芯凸台与先导管底部正常间隙为 0.25 mm），致使防滑排风阀排气通路开放，车辆在制动过程中，压力空气经防滑排风阀排风口排向大气。定青岛雷尔威机械制造有限公司责任。

2015 年 3 月 14 日，西安局西安车辆段担当的 K4594 次（温州—西安，编组 16 辆）旅客列车，合肥客列检进行作业时，发现列车机后 10 位 $YZ_{25G}349030$ 3 位电子防滑器排风阀漏风，关门处理后开车，晚开 16 min。经调查，故障车由西安轨道交通装备有限责任公司于 2014 年 11 月实施厂修，排风阀进风口滤网内存有杂物，3 位电子防滑器排风阀阀座内存有铁沫等异物，造成阀芯动作后发生卡滞无法复位导致漏风。定西安轨道交通装备有限责任公司全部责任。

任务一　TFX1 型防滑器的结构与作用原理

> **知识要点**

- TFX1 型电子防滑器主要功能和参数。
- TFX1 型电子防滑器工作原理。

动画
防滑器简介

> **知识储备**

一、主要功能和参数

TFX1 型电子防滑器主要用于装有盘形制动的四轴客车制动系统中，也可用于机车作为防空转和防滑装置。制动时能有效地防止轮对因滑行而造成的踏面擦伤；能根据轮轨间黏着的变化调节制动缸压力，实现制动力调节，以充分利用轮轨间的黏着，得到较短的制动距离。

TFX1 型防滑器的主要参数如表 12-1 所示。

表 12-1　TFX1 型防滑器的主要参数

项目	参数	项目		参数
电源电压	DC 48 V（变化范围 38～68 V）	环境温度	主机	−5～+50 ℃
电磁阀功耗	56 W		速度传感器	−30～+100 ℃
适应的速度范围	3～250 km/h		防滑充排电磁阀	−50～+50 ℃
主机功耗	20 W			

1．防滑系统的组成

该防滑器系统配置如图 12-1 所示。它主要由速度传感器、主机、防滑排风阀和压力继电器（压力开关）4 部分组成。TFX1 型防滑器的接线如图 12-2 所示。

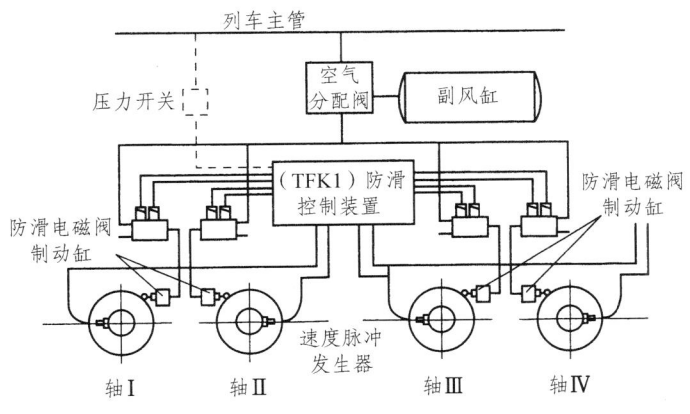

图 12-1　防滑器系统配置

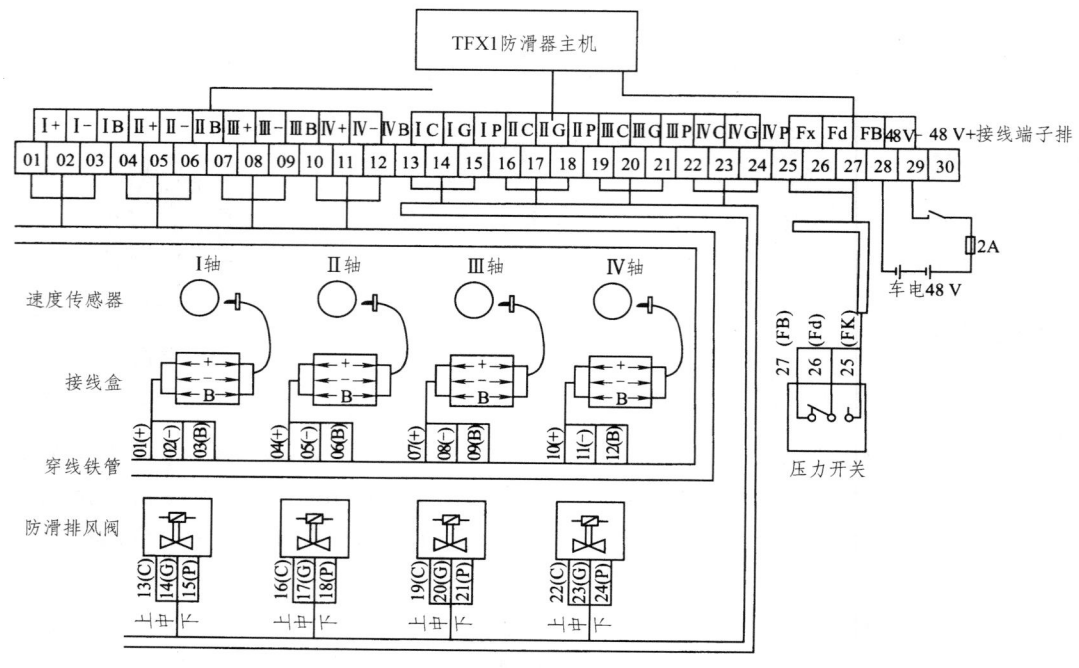

图 12-2　TFX1 型防滑器的接线

视频　　　　　　　　PPT

TFX1 型电子防滑器结构

动画

防滑器的构成

2. 速度传感器部分

速度传感器部分是一个速度脉冲信号发生器,由速度传感器及感应齿轮组成。感应齿轮安装在车轴端部,传感器安装在轴箱盖上,其端部与齿轮顶部保持 1 mm 左右的间隙。感应齿轮与轴承压盖做成一体,齿轮共有 90 个齿,即车轮每转一圈产生 90 个脉冲信号。当齿轮旋转时,齿顶齿谷交替通过传感器,切割磁力线,即在传感器输出线圈上感应出相应的脉冲信号。

3. 防滑器主机

主机是防滑器的控制中心,它接收 4 路速度传感器的速度脉冲信号,通过对该信号的处理、计算、比较,做出各种决策,控制各防滑排风阀发生相应的动作,使相应的制动缸排风或充风。

防滑器主机安装在车辆上部乘务员室内,其电源为直流 48 V,设有极性保护、瞬态干扰滤波网络及自动通断环节。在 34～62 V 电压变化范围内,本系统能稳定可靠地工作。

主机面板如图 12-3 所示，设有 3 个功能按钮，即"诊断""显示"和"消除"，一个电源灯，一个两位 LED 显示，在显示器右下还有一个故障小灯。

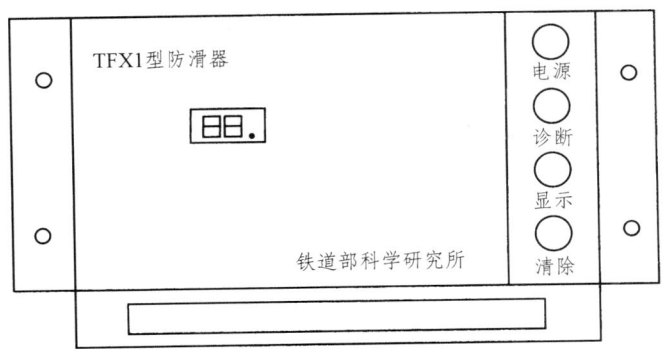

图 12-3　TFX1 型防滑器主机面板

4．防滑器排风阀

防滑器排风阀是防滑器的执行机构，采用双电磁铁间接作用的结构原理，安装于空气分配阀与制动缸的连接管路上，根据主机的指令，控制相应的制动缸的排风和再充风。

5．压力继电器

压力继电器是实现防滑器电源自动通断的主要元件，安装于车辆列车制动管上。它由一个膜极活塞、活塞顶杆、压力调整弹簧及一个微动开关组成。通过调节压力调整弹簧的压力，当列车制动管压力达到要求数值时，膜板上移，通过顶杆推动微动开关，使其常开触点闭合，常闭触点断开，通过主机内部线路使主机电源接通；当列车制动管压力低于弹簧调整值时，微动开关恢复原状，常开触点断开，常闭触点闭合，触发主机，经过一定时间后切断主机电源。

二、防滑器工作原理

TFX1 防滑器系统采用了两种防滑判据，即减速度和速度差。

动画
防滑器工作原理简介

运行中 4 路速度传感器的脉冲信号经主机处理后，按照一定的时间间隔采样，分别计算出各轴的速度和减速度，并将各轮对的转动线速度与车辆运行速度进行比较得到相应的速度差，再将各轴的减速度和速度差分别与相应的判据进行比较。制动过程中当某轴的速度差或减速度分别达到有关的判据标准时，主机立即控制该轴的防滑充排电磁阀动作，使相应的制动缸阶段排风或一次排风，从而防止轮对滑行，并根据轮轨黏着关系变化而调节制动力的目的。当轮对恢复转动时，根据各轴不同的加速度或速度差可实现各轴制动缸的充风或一次再充风。

任务二　TFX1型电子防滑器的功能与操作使用

> **知识要点**
> ・TFX1型电子防滑器的功能。
> ・TFX1型电子防滑器的操作使用。

> **知识储备**

视频　　　动画
TFX1型电子防滑器功能

一、防滑器的监视、故障存储和显示及诊断功能

1. 监视功能

防滑器主机对各组成部分不间断地进行监视。

（1）对速度传感器的监视由专门的监督线路和软件来完成，可实现静止状态下的诊断功能和运行状态下不间断的监视。当某速度传感器发生故障时，立即予以切断，该轮对的防滑保护作用立即作相应的切换。

（2）防滑排风阀的监视由软件并加相应的诊断线路来完成。一旦发现某防滑排风阀的电气故障，立即切断该防滑排风阀的工作，该轮对也就失去了防滑保护。

动画　　　动画
防滑器主机　防滑器排风阀

动画　　　动画
压力继电器　速度传感器

（3）程序运行的监视。采用微处理器的监视定时器对软件运行进行监督。一旦因某些干扰使程序出现问题时，监视定时器能强迫系统复位，程序自动再启动。

2. 故障存储及显示功能

由上述监视功能所发现的各种故障，在防滑作用进行必要的切断或转换的同时，将故障以代码形式显示和存入主机的故障存储器。在断电时该存储器所存故障信息能继续保存，直到故障排除后人工清除存储器内容为止。

为了便于查看故障以利维修，主机面板上设有"显示"按钮和2位数字LED显示器。各故障预先按顺序编了代码，当按下"显示"按钮3 s左右，可根据所显示的故障代码对各故障部件进行修理或更换。

3. 故障信息的清除

有关的故障在进行修理或更换而恢复正常后，应清除存储器中的故障信息，可先按动"显示"按钮，显示"89"后每显示一个故障代码，按动一次"清除"按钮，原故障代码变成"99"，表示该故障代码已被清除。显示下一个故障代码时，再按一次"清除"按钮，以此类推，可把所有的故障信息全部清除。清除了全部故障后，显示器上显示"88"。

4. 自诊断及诊断试验功能

当防滑器电源接通后，主机立即对系统进行诊断，对主机内部的 CPU，各存储单元进行例行检查。

"诊断"功能按钮用于对整个防滑系统进行逐项检查和试验，此功能只在静止状态下使用。在施行常用全制动之后进行诊断，可获得直观的试验效果。按下："诊断"按钮约 3 s，主机先对 CPU、ROM、RAM 逐项进行检查，然后对各轮对的速度传感器进行检查，最后对各轮对防滑阀进行检查和试验，防滑排风阀的试验过程为

阶段排风：1.0 s；
排风保压：1.0 s；
一次排风：2.0 s；
保　　压：5.0 s；
充　　风：1.0 s。

每个轮对经历的试验时间为 12 s，轮对之间的试验间隔时间为 10 s。

诊断过程中若遇到列车启动，当速度高于 3 km/h 时，主机自动停止诊断而转入防滑主程序，并开始对各部分进行运行中的监视。

诊断过程中发现的故障同样以代码形式存入存储器中，并显示故障码，但并不影响防滑器的继续运行，这是由于 TFX1 防滑器具有完善的切断和转换功能。检修人员应根据显示的故障部位及时检修或更换部件。

5. 功能按钮的使用

在防滑器主机面板上设有 3 个功能按钮，分别为"诊断""显示""清除"按钮。"诊断"按钮在车辆处于静止状态时使用，当速度高于 3 km/h 时，按钮功能无效。而"显示"和"清除"按钮还可用于车辆运行状态下故障码的显示与清除。要想使用某个功能按钮，需按下该按钮约 3 s，当 LED 显示器显示"89"时，该按钮的功能才能执行。

6. 功能代码和故障代码

TFX1 防滑器的功能代码如表 12-2 所示。

表 12-2　TFX1 防滑器的功能代码

显示代码	代码意义
88	系统各部件功能正常
89	按钮开关已按下，其功能已经开始执行
87	CPU 自检
86	RAM 自检
85	ROM 自检
83	各速度传感器检查
82	各防滑排风阀检查
81	下面将显示偶然性代码
99	故障代码已被清除

TFX1防滑器的故障代码如表12-3所示。

表12-3　TFX1防滑器的故障代码

显示代码	代码意义
88	系统各部件正常
88.	系统各部件正常，但某些部件有偶然性故障，现已恢复正常，其故障代码将在"81"后显示
1.0	第Ⅰ轴防滑排风阀的充风电磁铁故障
1.1	第Ⅰ轴防滑排风阀的排风电磁铁故障
2.0	第Ⅱ轴防滑排风阀的充风电磁铁故障
2.1	第Ⅱ轴防滑排风阀的排风电磁铁故障
3.0	第Ⅲ轴防滑排风阀的充风电磁铁故障
3.1	第Ⅲ轴防滑排风阀的排风电磁铁故障
4.0	第Ⅳ轴防滑排风阀的充风电磁铁故障
4.1	第Ⅳ轴防滑排风阀的排风电磁铁故障
5.0	有两条轴以上的防滑排风电磁铁故障
7.0	有两条轴以上的速度部件出现固定故障
7.1	第Ⅰ轴速度部件故障
7.2	第Ⅱ轴速度部件故障
7.3	第Ⅲ轴速度部件故障
7.4	第Ⅳ轴速度部件故障
无显示代码	表示系统已全部失去防滑作用
其他	表示系统出现未确定性故障或数码管有问题

二、相邻轴速度部件互补与防滑作用自动切换功能

TFX1型防滑器具有防滑作用的自动切换功能，当一转向架中某一轮对上的速度传感器发生故障时，在切断该传感器作用的同时，只要该轮对的防滑排风阀良好，则该防滑排风阀的动作由同转向架的另一转对控制，即该轮对的防滑作用与另一轮对同步；当某转向架上2个轮对的速度传感器发生故障时，此转向架的2个防滑排风阀交由另一转向架的相应轮对控制。以此类推，如果一辆车中4个防滑排风阀良好，即使只剩下1个速度传感器在正常工作，4个轮对都能得到保护。如果所有速度传感器全部故障，这辆车的防滑功能全部失效，但司机正常的制动作用不受影响。当一轮对的防滑排风阀发生电气故障时，该轮对的防滑功能被切断，但不影响正常的制动作用。

三、防滑器电源自动通断功能

TFX1型防滑器具有电源自动通断功能，正常情况下人工不必干预。

当列车管压力超过 200 kPa 时，通过压力开关的触发，电源自动接通。此时，防滑器面板上的电源指示灯点亮，表示防滑器已进入正常工作状态；当列车管压力低于 160 kPa 后 30 min，电源自动切断，电源指示灯熄灭。

"诊断"和"显示"两按钮除了具有本身的功能外，还具有接通电源 30 min 的功能。在车辆入库后，它既无风压又无速度，防滑器处于断电状态。维护人员若想对防滑器进行检查，可按下"诊断"或"显示"按钮，电源即被接通，并能执行按钮的功能。之后经 30 min，电源又被自动断开。

四、车辆运行里程自动累计与显示功能

这是一个 7 位十进制不可逆机电式计数器，最大累计值为 9 999 999 km。对防滑器主机计算得到的车辆参考速度进行统计，当其统计值达到 1 km 时，主机驱动机电式计数器从最低位计数。

五、轮径自动修正功能

一辆车轮对的轮径由于多种原因可能不同，TFXl 防滑器所具有的轮径自动修正功能可以经常自动地消除由于轮径的差异造成的减速度、速度差的误差，避免由此引起的防滑器误动作。

六、TFXl 型防滑器的操作使用

1. 电源通断功能

（1）防滑器外部供电电源为直流 48 V（启动 40 V，工作范围 38～68 V），具有电源自动通断功能。

（2）当车辆处于停车状态，列车管无风压时，按下"诊断"或"显示"按钮，电源即可接通。当松开按钮（30±2）min 后，电源自动关断。

（3）面板上电源灯亮表示防滑器电源接通并接入运行，防滑器主机开始显示固定信息。

2."诊断"功能按钮的使用

（1）此功能按钮只在车辆停车状态下使用，速度高于 3 km/h 时无效。

（2）在执行本功能之前，先施行常用全制动或紧急制动，可直观地确认各轴制动机的制动和缓解状态。

（3）按下此按钮约 3 s，显示器显示"89"之后，开始执行本按钮的功能。

3."显示"功能按钮的使用

（1）利用此功能按钮显示故障代码，根据故障代码进行相应的维修和更换。

（2）按下本功能按钮约 3 s，显示器先显示"89"，然后每隔 1 s 显示一个固定性故障代码，显示完固定性故障代码后，接着显示"81"，表示后面将要显示偶然性故障代码（曾

经发生过的故障,但现已恢复正常的故障代码),随后每隔 1 s 逐一显示偶然性故障代码,直到显示结束。

4. "清除"功能按钮的使用

此功能按钮必须和"显示"按钮联合操作使用。

故障部件修复更换后,应使用"清除"按钮和"显示"按钮按如下方法清除故障代码:按下"显示"按钮 3 s 后,将顺序显示各故障代码,当显示器上出现一故障代码后,按动一次"清除"按钮,原故障代码变为"99",该故障代码也被消除;以此类推。偶然性故障代码的清除也采用同样方法。故障代码清除后显示信息相应改变,若全部故障已被消除,则应显示"88"。

5. 防滑器显示信息说明

(1)在未按"显示"按钮的情况下;防滑器只显示一个信息码。

(2)当速度部件和防滑排风阀同时出现故障时,显示器优先显示防滑排风阀的故障代码;在防滑排风阀的充、排风电磁铁同时出现故障时,则优先显示充风电磁铁的故障代码。

(3)当出现防滑排风阀的故障信息或"5.0""7.0"".."的故障时必须用"显示"按钮来显示具体的故障代码。

任务三　TFX1 型防滑器的常见故障与处理

知识要点

·TFX1 型电子防滑器常见故障。
·TFX1 型电子防滑器常见故障的处理方法。

动画
防滑器故障

知识储备

TFX1 型防滑器正常运行下完全自动工作,此时将显示"88"或"88."。当出现"88."的信息时,表示系统某部件曾经出现过偶然性故障,但已恢复正常,目前不影响正常使用。应显示并记录其故障代码并予以清除,以便进一步监视观察。故障部件在维修更换后,若故障代码没能及时清除,也将出现"88."。

当出现某轴速度传感器固定性故障代码时,由于 7FFX1 型防滑器具有邻位互补功能,只要相应轴的防滑排风阀无故障,该轴防滑保护作用将与相邻轴相同。其防滑保护功能得到部分补偿。但在停车状态下应及时修复,然后清除代码并通过系统自诊断进行确认。

当出现某轴防滑排风阀固定性故障代码时,该轴的防滑保护功能将失效。在停车状态下应及时修复或更换,然后清除故障代码并通过系统自诊断进行确认。

当出现".."故障信息时,表示全部速度部件或全部防滑排风阀或两者均出现固定性故障,该台防滑器已全部失去防滑保护作用,应切断防滑器 48 V 供电,并及时进行系统检查和维修,正常后重新投入运行。

通过故障代码或故障现象找出故障位置后,可按表 12-4～表 12-7 所示的检修步骤逐项检查。更换故障部件前,一定要先关断主机电源,禁止带电操作,以免损坏部件。故障排除后应启动主机电源,清除原来的故障代码,并通过系统诊断试验确认不再有故障为止。

表 12-4　TFX1 型防滑器主机供电系统故障与处理方法

故障原因	检查与处理
列车管风压大于 200 kPa,主机不能自动上电;手动按"诊断"或"显示"按钮也不能上电;电源电压表头指示大于 46 V	1. 检查供电电压直流值是否在 42～68 V 范围内。 2. 检查供电电压交流有效值是否符合要求。 3. 检查 48 V 供电端与车体间是否因车上供电线路问题而有漏电现象。 4. 检查压力继电器接线端与车体间有无短路现象。 5. 上述 1～4 项若正常,则更换主机内 PW 卡;更换主机内 PR 卡上 3 A 保险管。 6. 上述 1～4 项任一项有问题,应在检修后再按第 5 项处理
列车管风压大于 200 kPa,主机不能自动上电	1. 供电电压小于 42 V。 2. 压力继电器接线端与主机端子排连接错误。 3. 压力继电器内的微动开关触头与顶杆没有对准
列车管风压大于 200 kPa,主机不能自动上电;但手动按"诊断"或"显示"按钮能上电	1. 压力继电器接线端与主机端子排连接错误。 2. 压力继电器内的微动开关触头与顶杆没有对准
主机已经上电,但只有电源指示灯点亮,显示器不显示	1. 检查供电电压是否在 38～68 V 范围内。 2. 检查供电电压交流有效值是否符合要求。 3. 上述 1、2 项若不正常,则应检修应急电源。 4. 上述 1、2 项若正常则更换主机内 PW 卡
主机已经上电,但只有电源指示灯不点亮,显示器不显示"‥"	1. 检查供电电压是否在 38～68 V 范围内。 2. 检查供电电压交流有效值是否符合要求。 3. 上述 1、2 项若不正常,则应检修应急电源。 4. 上述 1、2 项若正常则更换主机内 PW 卡

表 12-5　TFX1 型防滑器速度部件故障与处理方法

故障原因	检查与处理
出现"7.X"故障代码(X 为 0、1、2、3、4)	1. 速度传感器转接盒内,速度传感器屏蔽线 B 与车上连接电缆屏蔽线没有对接。 2. 接线盒内有脱线、碰线、虚线。 3. 接线盒内"+""-""B"之间有短路现象。 4. 速度传感器"+""-"之间电阻值是否为 1～2 kΩ,若不正常,更换速度传感器。 5. 上述 4 项正常,更换主机内 S1 卡或 S2 卡

续表

故障原因	检查与处理
运行中显示"7.X",停车变"88."	1. 按"显示"按钮,显示偶然故障码以确定故障位置。 2. 速度传感器"+""-"之间是否短路。 3. 检查速度传感器与测速齿轮是否在 0.8～1.2 mm 范围内
运行中显示"88.",停车变"7.X"	1. 运行中按"显示"按钮,显示偶然故障码,做好记录后并清除该偶然戤障码经常观察运行过程中该故障码出现的频繁程度。 2. 停车变为 7.X 后,检查接线盒内速度传感器屏蔽线 B 是否与车上连接电缆线的屏蔽线对接,或屏蔽线已折断、脱落

表 12-6 TFX1 型防滑器防滑排风阀故障与处理方法

故障原因	检查与处理
一只阀的充风电磁铁,排风电磁铁同时出现故障	1. 检查充风端 C 与公共端 G、排风端 P 与公共端 G 间电阻值是否为 150～300 Ω。 2. 阀的公共端 G,充风端 C、排风端 P 是否与车体短路。 3. 排除上述故障后,更换主机内 V1 卡上的 0.75 A 保险管
一只阀的充风电磁铁或排风电磁铁只出现一个故障码	1. 充风端 C 与公共端 G、排风端 P 与公共端 G 间的电阻值是否为 150～300 Ω。 2. 充风端 C,排风端 P 与车体有无短路。 3. 上述 2 项无故障,则更换主机内的 V2 卡
停车系统诊断试验时,阀没有保压动作(不停顿排风或不停顿充风)	阀连线错误:C 与 P 颠倒,应将 C 与 P 调换接线位置
停车系统诊断试验时,制动机缓解不良	1. 阀内气路故障,更换防滑排风阀。 2. 制动管路内有异物堵塞,增大了气阻所致。 3. 制动机作用不良

表 12-7 其他故障与处理方法

故障原因	检查与处理
非法码"8.8.",按"显示"按钮显示"03"	"8.8."故障码不影响正常防滑保护功能,但有可能影响故障码存储显示功能,应更换主机内 CP 卡
防滑器显示失效故障码"..",且电源指示灯亮,按"显示"按钮,显示全部防滑排风阀与速度传感器故障码。	检查主机端子排,发现未接任何外部部件而上电操作,应禁止此类操作
电源指示灯与显示器时亮时灭	1. 由防滑器主机反复上电、关断所致。供电电压值在 24 V 附近,启动防滑器时由于电压跌落至 38 V 以下,造成防滑器自动关断,关断后电压上升至 42 V 以上,防滑器主机上电。 2. 更换蓄电池;更换应急电源;排除可能的负载过流现象

复习思考题

1. TFX1型防滑器的主要功能有哪些？
2. TFX1型防滑器由哪几部分组成？它们的作用是什么？
3. TFX1型防滑器的基本原理是什么？
4. TFX1型防滑器的功能代码有哪些？其含义是什么？
5. TFX1型防滑器的故障代码有哪些？其含义是什么？
6. TFX1型防滑器有哪些常见故障？如何处理？

项目十三　客车行车安全监控系统　▶▶▶

🎯 项目描述

为了保证旅客列车的运行安全，在我国运营的所有铁路客车上，都安装有行车安全监测系统，简称 TCDS（Train Coach Running Safety Diagnosis System）。客车行车安全监控系统主要包括 KAX-1 型行车安全监测诊断系统和列车电气监控系统。分别对车辆运行状态和电气装置状态信息进行监控。KAX-1 型行车安全监测诊断系统有一套列车网络，列车通信网络结构分车厢级与列车级两级层次结构。车辆级行车安全监测装置设在乘务员室，车厢级功能监测：车辆转向架、制动系统、防滑器的信息状态；行车安全监控系统主机设在车辆工程师室，并将相应的行车故障信息发送给设在车辆工程师室的列车电气监控系统的主控站，由该主控站通过无线通信装置与地面数据管理与专家系统双向通信并和局域网联网，实现客车运用状态的信息化监控和运用状态的动态检修与管理。本项目主要学习行车安全监测系统的工作原理、维护使用。

🎯 学习目标

1. 知识目标：掌握行车安全监测系统的工作原理。
2. 能力目标：能进行行车安全监测系统的使用操作。
3. 素质目标：养成爱护设备的良好习惯；养成安全生产及规范作业的意识；养成善于沟通的团队意识。

🎯 相关案例

2015 年 9 月 3 日，北京局北京车辆段担当的 Z72 次（三明北—北京，编组 17 辆）旅客列车，运行途中车间值班员发现组中 12 位 RW25T555864 号车 TCDS 报警监控制动系统显示"严重缓解不良"，随后告知车辆乘务员进行监控，列车到达南昌西站后，车辆乘务员下车检查确认该车有抱闸现象，关门排风处理后开车，超站停 8 min。经调查，故障车 104 主阀在试验台试验时发现紧急与缓解灵敏度试验项不合格，局减阀试验项不合格；对 104 主阀进行分解检查发现阀内油脂少；6 位单位制动缸试验台试验累积调整量不合格，用手触摸前调整螺母、后

> 调整螺母内螺纹，有明显尖锐、粗糙感，在丝杠上转动不顺畅。综合以上情况，分析认为 104 主阀内润滑油脂不足，导致滑阀与滑阀座滑动不畅引起制动缓解不良是造成故障发生的主要原因。单元制动缸前、后调整螺母内螺纹粗糙、尖锐，造成丝杠与调整螺母卡滞引起制动缓解不良是故障发生的另一主要原因。定北京车辆段主要责任。追究南车南京浦镇车辆有限公司同等主要责任。

任务一　KAX-1 型客车行车安全监测诊断系统

知识要点

- KAX-1 型客车行车安全监测诊断系统的系统特点。
- KAX-1 型客车行车安全监测诊断系统的系统组成。

知识储备

视频　　　　　PPT
客车行车安全监测系统组成

随着我国旅客列车提速范围越来越大，运行速度越来越高，途中停靠站的减少，确保旅客列车运行安全的任务变得十分艰巨。在运行中及时发现和防止故障的发生和扩大，并采用相应信息化检修作业，成为目前保证旅客列车运行安全急需解决的问题。

车辆运行中基础制动系统的作用是否良好、车辆转向架的性能是否恶化、车辆供电系统是否处于安全状态、防滑器工作状态是否正常、有无擦伤超限的车轮、空气弹簧工作状态、轴承温度是否超限报警、配电室等重点防火部位有无火灾险情等，这些涉及列车运行中安全的问题都必须在运行状态下及时发现并采取相应对策，才能使旅客列车运行安全得到保证。

客车行车安全监控系统用以对上述危及旅客列车运行安全的主要因素进行实时监测诊断、记录和存储、集中显示和报警及故障定位指导维修。

客车行车安全监控系统主要包括 KAX-1 型行车安全监测诊断系统和列车电气监控系统。分别对车辆运行状态和电气装置状态信息进行监控。KAX-1 型行车安全监测诊断系统有一套列车网络，列车通信网络结构分车厢级与列车级两级层次结构。车辆级行车安全监测装置设在乘务员室，车厢级功能监测：车辆转向架、制动系统、防滑器的信息状态；行车安全监控系统主机设在车辆工程师室，并将相应的行车故障信息发送给设在车辆工程师室的列车电气监控系统的主控站，由该主控站通过无线通信装置与地面数据管理与专家系统双向通信并和域网联网，实现客车运用状态的信息化监控和运用状态的动态检修与管理。

一、系统特点

（1）KAX-1 客车行车安全监测诊断系统是集车载实时监测诊断与记录、无线通信、地面实时监测终端与数据库管理为一体的信息化客车行车安全监控系统。

（2）该系统监测诊断重点主要针对目前客车故障多发部位、发生故障危及运行安全而人工难以检测和判断的部位，以及只有在运行工况下才能检测到的部位，即客车的走行部、基础制动系统和车辆供电系统等。

（3）列车级主机以 QNX 多任务实时操作系统为平台。QNX 多任务实时操作系统比目前常用的 Windows 操作系统在实时性、稳定性、可靠性等方面有很大的提高，并且具有模块化程度高、剪裁自如、易于扩展的特点。

（4）各监测功能级节点在尽量少装传感器的条件下，求得可解耦信息满足基本监测诊断要求，并简化系统以方便现场检修和提高系统功能价格比。

（5）系统各功能级监测单元硬件上为独立模块。系统以基本配置（车辆走行部动力学、基础制动系统、车电、防滑器）为基础，其余功能块（轴温、火警、车门、车厢显示器、无线通信等）为可选件，系统组态灵活。

（6）尽量采用了较为先进成熟的技术，应用软硬件可靠性设计，功能级监测节点的传感器免标定免维护。

（7）地面数据库与专家系统的数据存档、查询、诊断、联网功能为车辆应用和管理部门提供了一个车辆应用管理、动态质量控制的信息化技术平台。

二、系统组成

KAX-1 客车行车安全监测诊断系统由 3 个分系统组成：车载安全监测诊断系统、无线通信系统和地面数据管理与专家系统。目前 25T 型客车和行邮车上只装车载安全监测诊断系统，其系统结构如图 13-1 所示。

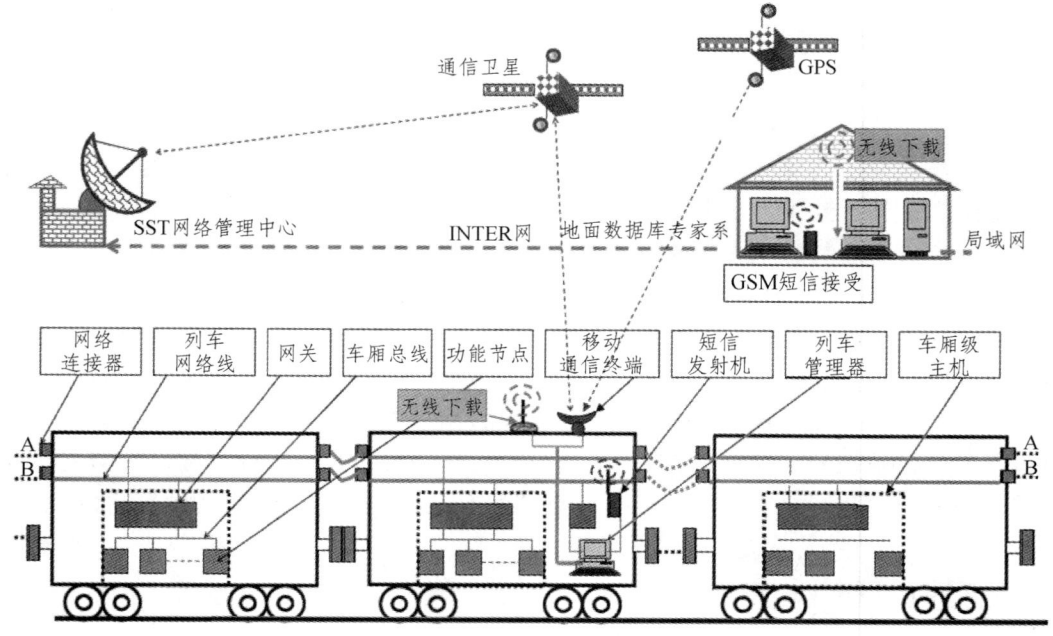

图 13-1　行车安全监控系统组成示意图

车载安全监测诊断系统为两级层次网络结构的 LonWorks 列车通信网络系统。由连接同一列车上不同车厢的列车网络（列车总线）TBUS 和连接同一车厢内不同功能级监测诊断子系统的车厢网（车厢总线）VBUS 所组成。

本系统分为功能级和列车级两级监测诊断，如图 13-2 所示。对于列车级监测诊断系统来说，车厢级功能监测诊断子系统是基本监测诊断单元。车厢里的各功能级监测诊断子系统只担负本车厢某一部件或功能的监测和诊断（如制动系统监测诊断子系统的任务是监测诊断制动系统的工作状态）。车厢级不能诊断或诊断条件不充分的则通过列车级综合诊断来实现（如关门车、折角塞门关闭等）。

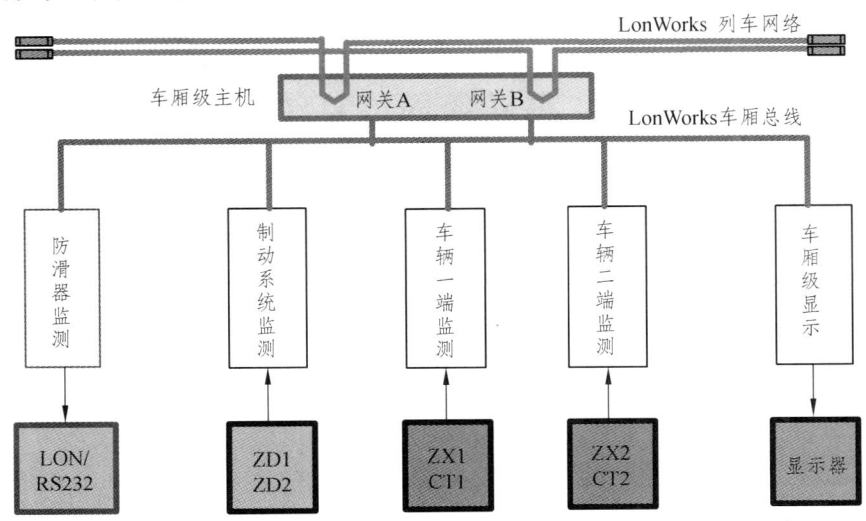

图 13-2　车厢网关示意图

车厢总线上的各功能级监测诊断子系统由车厢网关进行通信管理，它既是车厢网络通信管理器，又是列车网与车厢网的网关。列车总线上的列车网络管理器根据各车厢的监测诊断报告再进行全列车综合诊断，得出本列车各车厢的监测诊断报告（集中显示和报警）。列车网络管理器还担负组网（网络初运行）以适应车辆编组变动时各车厢的车号、车厢号、运行方向的识别任务。

三、系统技术条件（见表 13-1）

表 13-1　KAX-1 型客车行车安全监测诊断系统的技术条件

项目	技术条件
系统诊断分级	车厢功能级诊断与列车级综合诊断两级
车厢级功能级监测	车辆转向架与车体、制动系统、防滑器、车厢级显示器
列车通信网络	结构：车厢级与列车级两级层次结构； 类型：列车级 LONWORKS 现场总线；车厢级 LONWORKS 现场总线； 传输介质：屏蔽双绞线（符合 TB/T1484-2001 标准）； 可传输距离：1 000 m
适应编组数	1～20 辆

续表

项目	技术条件
通信方式	车载移动卫星双向通信；无线通信 GPRS；无线通信 GSM；无线局域网通信
工作环境温度	－40～+70 ℃
工作环境相对湿度	不大于 95%
工作电压	DC 110 V/DC 48 V 或 AC 220 V（50 Hz）
电源功率	车厢级：约 75 W；列车级管理器：约 100 W

任务二　车厢级网络系统与主机

知识要点

- 车厢级网络系统组成与主机面板布局。
- 车厢级监测诊断子系统的结构及功能。

知识储备

视频　　　PPT

客车行车安全监测系统车厢级网络系统与主机

一、车厢级网络系统

目前，车载安全监测诊断系统由 4 个功能级监测诊断子系统、1 个显示节点和车厢网关通过 LonWorks 车厢总线组成车厢级网络系统。各功能级子系统诊断报告与过程数据，通过车厢网关和列车总线传送给列车网络管理器。如图 13-3 所示。

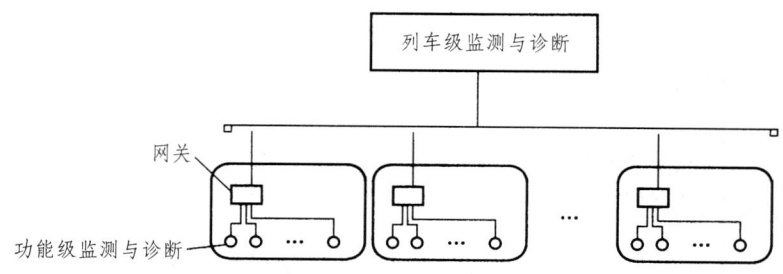

图 13-3　KAX-1 车厢级主机监测诊断功能示意图

车厢级网络采用背板总线方式，车厢级主机的制动节点、车辆节点、防滑器节点、显示节点及代理节点分别以板卡方式与车厢级总线连接。车厢级显示节点除具有显示本车功能节点状态的功能外还具有修改车顺号和车厢制造号的功能。

车厢级网络系统将防滑器的车辆参考速度变量传送给车门监测节点和车辆转向架状态监测节点，作为两节点的诊断条件；将基础制动监测节点监测的制动/缓解工况变量提供给车辆监测节点、防滑器监测节点，作为诊断输入条件；将防滑器、制动节点的有关变量传送给车辆节点参与系统诊断。

二、车厢级主机

车厢级各监测诊断子系统集中安装在一台 19 inch 机箱内,机箱内每一个板卡担负某一个独立功能。它通过机箱下面的端子排与外围设备、列车网和传感器连接。

车厢级主机面板布局如图 13-4 所示。

三、车厢级监测诊断子系统

(一)制动监测诊断子系统

25 型提速客车的制动系统是空气制动系统。本子系统监测列车支管和制动管路的风压,诊断制动机的制动、缓解工况,报告有无制动/缓解作用不良、自然制动、自然缓解故障;为列车级综合诊断是否有折角塞门关闭、关门车事件的发生提供诊断数据;在列车级主机全程记录、存储诊断事件报告、列车管和制动管路风压的过程数据;通过下载到地面数据库专家系统的过程数据与报告,可实现查询、比较、再次诊断和故障确认;在车厢级为防滑器、车辆转向架状态监测诊断子系统提供制动、缓解状态报告。制动监测诊断子系统测点的安装布置如图 13-5 所示。

图 13-5 中,LC 为列车管压力监测传感器,必须安装在列车支管截断塞门后面的气路上;ZD 为制动管压力监测传感器,必须安装在空重车阀和车辆缓解塞门后面靠近制动缸的气路上。

(二)车辆转向架状态监测诊断子系统

转向架与车体监测传感器的安装布局如图 13-6 所示。图中,ZX1、ZX2 分别为 1、2 位端转向架加速度传感器,监测 1、2 位端转向架的垂向与横向振动状况;CT1、CT2 为 1、2 位端车体监测加速度传感器,监测一、二位端车体的垂向与横向振动状况。8 路加速度模拟量信号通过接线盒和车下电缆线传送到车厢级主机的 J6 和 J7 监测诊断板卡。

视频　　　　　PPT

客车行车安全监测系统车厢级
检测诊断子系统

在车辆 1、2 位端的车体、转向架上安装加速度传感器,监测轮轴与一系、二系悬挂系统,并根据车体的信号监测整个车辆系统的状态。通过对车辆动力学系统的加速度输出的监测,同时计算系统的时间历程的特征数据并且对车辆系统振动状况进行评估,将此特征数据经列车网络传输到列车级主机,而后通过特定的系统对车辆的状态以及车辆状态变化过程进行进一步的判断。因而,系统的功能分两方面:

1. 车厢功能级实时监测与状态评估

监测车辆转向架及车体横向和垂向振动加速度,报告本车前后转向架、一系与二系的横向和垂向振动情况;转向架失稳情况;判断轮轴系统工作是否正常,车轮踏面是否异常(擦伤、剥离);一系悬挂故障;空气弹簧系统故障诊断与报警等。

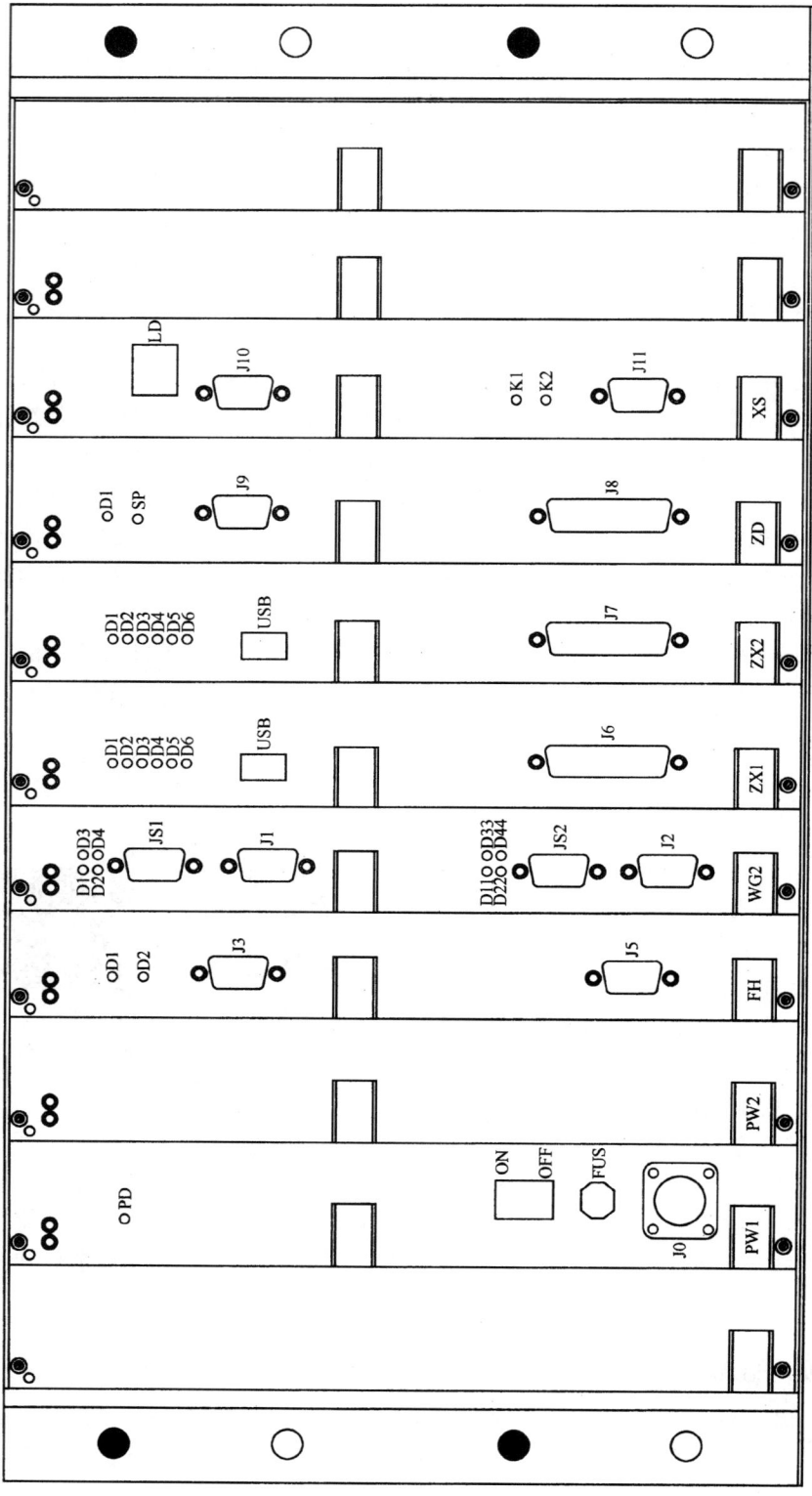

图 13-4 车厢级主机面板布局图

J0—110V/48V 电源输入连接器；J1—车辆一、三角列车网络线连接器；J2—车辆二、四角列车网络线连接器；J11—车辆一、三角自动组网线连接器；JS1—预设一、四角自动组网线连接器；JS2—预设二、三角自动组网线连接器；J3—国产防滑器联网线连接器；J5—进口防滑器通信连接器；J6——端转向架与车体传感器连接器；J7—二端转向架与车体传感器连接器；J8——制动监测传感器连接器；J9—国产防滑器调试外接口；PW 卡—车厢级主机电源板卡；FH 卡—车厢级防滑板卡；ZX1 卡—车辆一端监测诊断板卡；ZX2 卡—车辆二端监测诊断板卡；XS 卡—车厢级调试显示、车号修改板卡；ZD 卡—制动监测板卡。

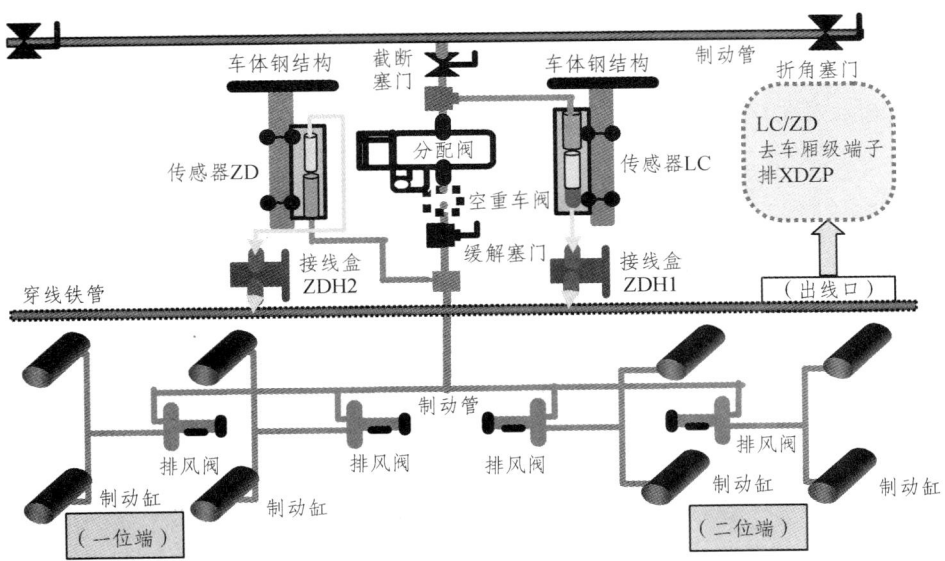

图 13-5 制动监测诊断子系统测点安装布置图

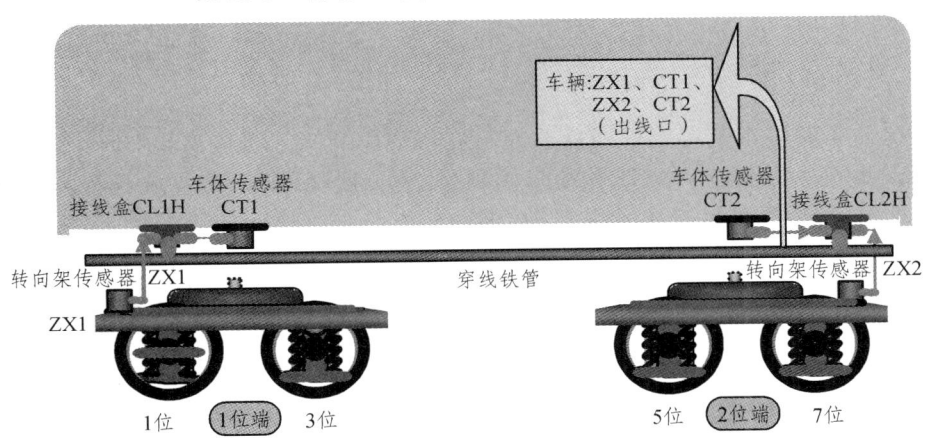

图 13-6 转向架与车体监测传感器的安装布局图

2. 车辆维修建议系统

车辆维修建议系统是地面数据管理与专家系统的功能之一,它将特定时间段的数据导入地面维修建议系统,系统会自动报告此时间段车辆的状态,并对维修部位给出建议。同时系统亦可以根据维修情况为进一步的车辆系统诊断与态势发展预测提供相关的规律。

(三) 防滑器工作状态监测子系统

防滑器工作状态监测子系统的基本功能是:通过防滑器与车厢级主机联网,报告防滑器有无故障,若有故障,则指出故障部位,指导维修;报告本车厢防滑器执行防滑保护动作情况;作为车辆转向架节点的诊断输入条件。

防滑器监测子系统的连接如图 13-7 所示。国产防滑器(TFX 型)的主机一方面通过 LonWorks 总线与车厢总线互联(通过 J3 节点)实现网络变量传递;另一方面通过 RS232

与车厢电控 PLC 网关通信,报告本车厢防滑器工作状态和本车参考速度。进口防滑器通过 RS485 同时与车厢电控 PLC 网关和安全系统车厢主机的 J5 节点通信,报告本车厢防滑器工作状态和本车参考速度。

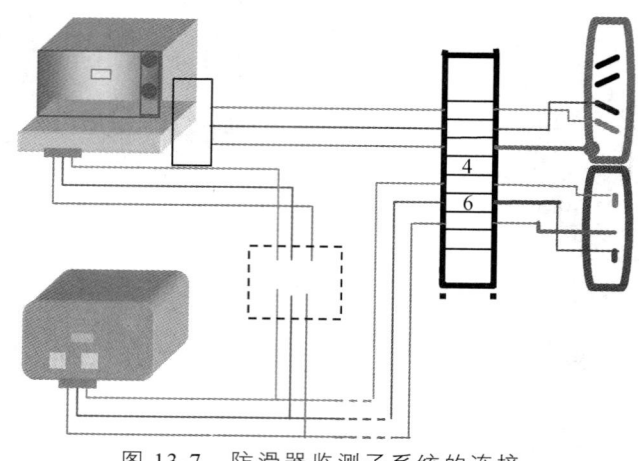

图 13-7 防滑器监测子系统的连接

(四)车厢显示节点

本系统的车厢显示节点配以便携式显示器作为车厢级人机接口,用于车厢级各节点的调试确认,本车厢车辆工厂制造号和车厢顺号也可在车厢显示节点上进行人工设置和修改。板卡上的"LD"显示器显示本车厢顺号。

四、车厢级主机板卡的功能

车厢级主机各板卡的功能如表 13-2 所示。

表 13-2 车厢级主机板卡的功能

板卡代号	板卡功能	指示灯代号	意义	正常状态	故障状态
ZD	制动系统监测	D1	运行/传感器/诊断报告三功能指示灯	1s 间隔连续闪烁	(1)0.5S 间隔连续闪烁为传感器故障 (2)0.2S 间隔连续闪烁为诊断报警 (3)不亮和长亮不闪烁为板卡故障
XS	车厢级调试用显示模块	LD	显示车厢顺位号	显示车厢顺位号	熄灭无显示或显示非法代码
PW1	DC 110 V/48 V 电源转换为 24 V	"ON-OFF" "PD"	"ON-OFF":来电 "PD":24 V 正常	"ON-OFF":亮 "PD":亮	"ON-OFF"灭:未来电 "PD"灭:无电源输出
FH	进口防滑器联网接口	D1 D2	D1:板卡电源指示 D2:进口防滑器接收数据状态显示	D1:一直点亮 D2 点亮:接收进口防滑器数据有效	D1 熄灭:板卡电源故障 D2 长灭:与进口防滑器通信故障

续表

板卡代号	板卡功能	指示灯代号	意 义	正常状态	故障状态
WG1	网关，实现列车网和车厢网之间的数据交换	D1	电源状态指示灯	开机后常亮	熄灭，板卡电源故障
		D2	运行状态指示灯	开机后连续闪烁	熄灭，板卡通信故障
		D3	列车网 SP 灯	开机后闪烁一下就灭	从未闪烁或连续闪烁
		D4	车厢网 SP 灯	开机后闪烁一下就灭	从未闪烁或连续闪烁
		D11	电源状态指示灯	开机后常亮	熄灭，说明无电源
		D22	运行状态指示灯	开机后连续闪烁	熄灭，板卡通信故障
		D33	列车网 SP 灯	开机后闪烁一下就灭	从未闪烁或连续闪烁
		D44	车厢网 SP 灯	开机后闪烁一下就灭	从未闪烁或连续闪烁
ZX1	1 端转向架系统监测	D1	电源状态指示灯	主机电源打开后，D1~D6 全部闪烁，然后，D1 点亮 D2~D6 熄灭	D1 熄灭：板卡电源故障 D2~D5 点亮：板卡故障 D6 点亮：传感器故障
		D2	存储区指示灯		
		D3	先进先出存储区指示灯		
		D4	网卡指示灯		
		D5	电子盘指示灯		
		D6	传感器指示灯		
ZX2	2 端转向架系统监测	D1	电源状态指示灯	主机电源打开后，D1~D6 全部闪烁，然后 D1 点亮 D2~D6 熄灭	D1 熄灭：板卡电源故障 D2~D5 点亮：板卡故障 D6 点亮：传感器故障
		D2	存储区指示灯		
		D3	先进先出存储区指示灯		
		D4	网卡指示灯		
		D5	电子盘指示灯		
		D6	传感器指示灯		

任务三　列车级通信网络与主机

知识要点

- 列车级网络系统组成。
- 列车级主机功能与面板布局。

知识储备

一、列车级通信网络

KAX-1 客车行车安全监测诊断系统采用 LonWorks 现场总线技术。LonWorks 现场总线技术的开放性、互操作性，通信介质的多样性，面向对象的设计思想以及总线型的网络拓扑结构，作为有变动编组要求的旅客列车列车级网络通信系统是可行的。LonWorks已经是我国铁路车辆通信网络可选标准之一。

客车行车安全监测系统为基于LonWorks网络的分布式微机监视诊断系统，其拓扑结构为车厢级和列车级两级总线式结构。收发器采用双绞线收发器FTT-10A，传输介质采用双绞屏蔽线，传输速率78.5 kb/s，传输距离2 700 m。

列车级网络采用双绞屏蔽线传输介质，它连接一台列车级主机和多台车厢级主机。列车级总线采用双列车网络动态冗余工作模式，其中车辆1、3角为一条列车网（A网）；车辆2、4角为另一条列车网（B网）。A、B网在每节车厢的两侧平行布置。组网线也类同。列车网络线布局如图13-8所示：

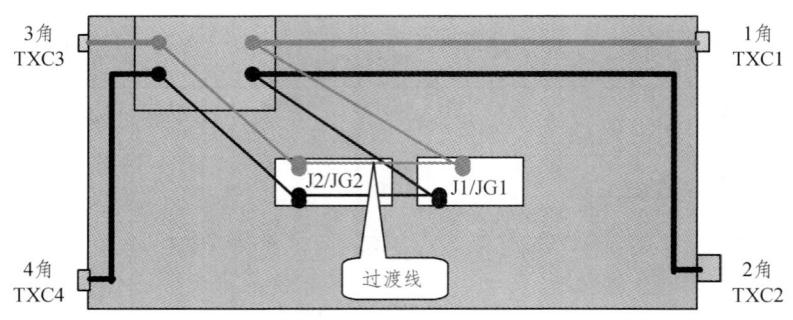

图13-8 列车网络线布局图

第一条列车网（1、3角）连接车厢级主机网关卡J1、列车级主机网络管理卡的JG1；第二条列车网（2、4角）连接车厢级主机网关卡J2、列车级主机网络管理卡的JG2。

有列车级主机的车厢，1角和2角的列车网先通过车厢级端子排（XDZP）连接到车厢级主机的J1和J2。再通过一一对应的过渡线连接到列车级主机端子排（LDZP）进入列车级主机的JG1和JG2。最后从列车级端子排连接到对应的3角和4角。无列车级主机的车厢则不用过渡线。

列车网过渡线必须与列车网络线同一种型号，并保证连接的可靠。车厢与车厢之间的两条列车网络连接电缆必须同时连通，缺一不可，才能保证双列车网动态冗余工作模式。用于车厢之间连接的网络电缆屏蔽线与车厢列车网络线的屏蔽线是不连通的，以保证列车网络屏蔽线以车厢级为单元分别独立接地。

列车级网络采用双网冗余结构使系统具有较强的灵活性和可靠性。首先，它可以保证车厢调头不影响信息传输，同时不需人工干预。其次，单侧网络故障和单一网关设备或单一管理器网卡故障不影响信息传输。另外，列车级网络预留了动态组网端口，在条件成熟的情况下可开通此项功能，从而实现终端电阻自动投入和在列车级启动自动排序功能以减少人工干预（如在车厢级输入车顺号或在列车级调整全列车的车顺号等），使系统更加智能化。

车厢级主机中有两个LonWorks网关，均为本车厢的代理节点，它汇总本车厢各节点的信息并通过列车级通信网络向列车级管理器转发，同时接收列车级管理器发送的命令。

列车级主机包含两个LonWorks管理网卡，分别管理A、B两个列车级网络。列车级CPU选择两个网卡中的一个作为管理主节点，它汇总各个车厢代理节点发送的信息并进行存储和分析，CPU 将另外一个网卡作为从节点。当管理主节点所在的网络中有一个或多个车厢级代理节点出现问题时，可以从节点网络中选取车厢级代理节点发送的信息，保证列车级数据的完整性。

二、列车级主机

列车级主机是一台壁挂式机箱，外接带电阻式触摸显示屏的工业级专用装置，由 5 块板卡组成。它担负安全监测诊断系统列车通信网络的运行管理、列车级双向数据通信、列车级综合诊断、集中显示与报警、各功能节点诊断报告和过程数据的记录、"人-机"交互及完成"车-地"双向无线通信功能。

列车级主机具有数据存储功能，它可以将全列制动节点、车辆节点和防滑器节点的事件信息和故障信息进行存储，并在车厢级过程数据的基础上在列车级对全列数据进行进一步的分析和对比，从而在列车级形成对制动故障和车辆故障的进一步诊断和故障报警。故障信息通过串口与主机进行通信，由其发送给地面接收装置。事件信息和故障信息可以通过 USB 口下载到移动存储设备中，供地面专家系统导入地面数据库进行数据分析。

列车级主机和列车级显示器之间通过串口进行数据通信。列车级显示器显示整列车的安全监测诊断信息。列车级显示器可以集中显示当前所有车辆的制动系统、车辆系统和防滑器系统的所有信息，当某一个或多个车厢出现潜在安全隐患时，列车级显示器发出报警提示信息，并给出故障发生的定位信息和故障参数。列车级显示器采用触摸屏方式，可以方便地查阅全列信息、单个车厢信息、分系统信息及故障历史信息。列车级显示器程序采用嵌入操作系统编程，系统在各种条件下开关机时性能不受影响。

列车级主机的面板布局如图 13-9 所示。板卡功能如表 13-3 所示。

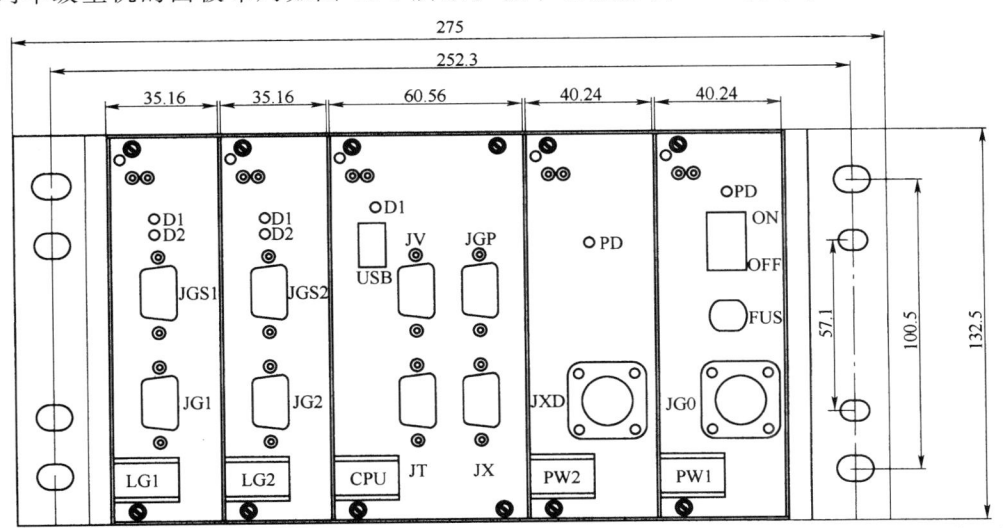

PW1 卡—DC/DC 电源转换卡；PW2 卡—DC/DC 电源转换卡；CPU 卡—列车级主机的 CPU；LG2 卡—第二条列车网络管理器卡；LG1 卡—第一条列车网络管理器卡；JG0—DC 110 V/DC 48 V 电源输入，24 V 输出；JXD—DC 24 V 输出给显示器，主机内部 5 V 电源；JX—外接列车级触摸屏显示器；JT—网络调试接口；USB—数据下载接口；JGP—与 PLC 网关通信接口；JG—第一条列车网（A 线）接口；JGS1—第一条组网线接口；JG2—第二条列车网（B 线）接口；JGS2—第二条组网线接口。

图 13-9　列车级主机的面板布局图

表 13-3　列车级主机板卡功能

板卡代号	板卡功能	指示灯代号	意　义	正常状态	故障状态
PW1	48 V 转 24 V 和±12 V 110 V 转 24 V 和±12 V	"ON-OFF" "PD"	带来电显示功能的电源开关； 24 V 输出显示灯	亮	"ON-OFF"亮 "PD"灭
PW2	24 V 转 5 V； 24 V 输出到列车级显示器	"PD"	5 V 输出显示灯	亮	灭
CPU	中央处理单元，USB 下载与显示器和 PLC 接口通信	D1	电源指示	亮	灭
LG1	网络管理	（PW）D1	电源指示	亮	灭
LG1	网络管理	（SP）D2	网络状态	灭	常亮或闪烁
LG2	网络管理	（PW）D1	电源指示	亮	灭
LG2	网络管理	（SP）D2	网络状态	灭	常亮或闪烁

　　车载安全监测诊断系统的监测与诊断报告目前通过列车管理器以串口通信方式传送给电控主站 PLC，由 PLC 向地面实时报告安全监测状态。该系统可以通过无线局域网，在列车进库的 600 m 范围内与地面实现自动无线下载；通过无线移动 GPRS 实现列车运行中与地面的数据通信；用移动存储器通过 USB 接口实现列车停站数据下载等功能。

　　KAX-1 安全监测诊断系统的监测数据通过网络传输，网络管理程序接收、归类及存储这些监测数据。人机交互界面对监测数据提供显示、删除及下载等操作。显示器配备串行口及 USB 接口接入通信设备及 USB 移动硬盘。可下载的数据及其作用如下：

　　（1）列车运行过程各监测子系统采集的大量节点过程数据，对于分析列车运行性能及车辆检修有重大意义。

　　（2）故障事件记录数据：记录系统运行过程中监测到的各子系统的故障事件，便于检修人员及时准确地发现车辆运行中存在的问题，提供检修解决方法。

　　（3）通信数据：及时地将当前报警故障等重要信息发送到相关联系人及地面接收服务器，可以通过远端监视系统的运行状态。

任务四　列车级主机的显示界面及操作流程

> **知识要点**
>
> ・列车级主机的显示界面。
> ・列车级主机的操作。
>
> **知识储备**

视频

PPT

列车级主机的显示界面及操作

一、列车级主机的显示界面

　　列车级主机将实时获得的数据以方便直观的形式呈现，显示器为触摸式显示屏，通过触摸屏幕相应位置即可完成对系统的各种操作。人机交互界面包括以下 5 个主要页面:"主页面""车厢监测""系统监测""修改车号""查看记录"。界面下方的 5 个按钮分别对应上述页面,触摸相应按钮,可切换至各页面。

1. 各页面共用功能

此功能在任何页面均存在。界面顶部为列车基本运行信息,包含运行工况、运行速度、运行时间、运行里程、系统当前时间。底部为页面切换按钮,用以切换页面。

2. 主页面

在系统正常启动运行所见的页面为主页面。该页面包含了本次列车所有车厢的综合信息,如图 13-10 所示,触摸主页面即显示此页。本页面信息包括:左上方为列车速度表及速度变化曲线;右上方为列车管压力表及头尾车列车管压力变化曲线;中部的左边给出系统的颜色方案定义,右边给出系统的一些重要操作提示或编组信息;下方的表格囊括了所有车厢监测各子系统的状况,横向为车厢号,纵向为监测系统名称,纵横相交的方格以颜色变化的实心圆表示对应车厢相应子系统的状态。

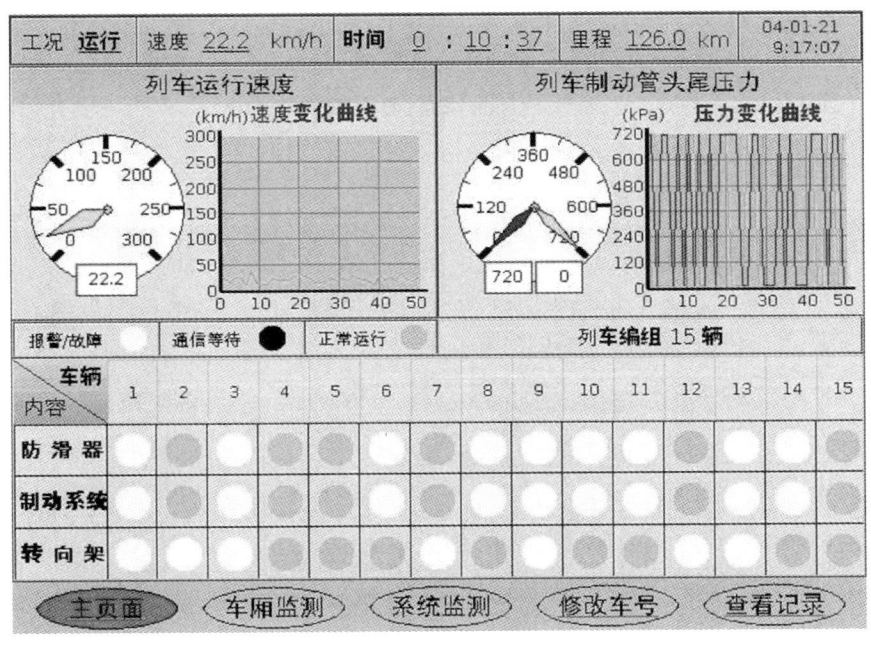

图 13-10 列车级主机的显示主页面

3. 车厢监测页面

车厢监测页面如图 13-11 所示,该页面显示单节车厢各子系统的监测数据,包括防滑器、制动系统、转向架。页面上方设有各车厢号按钮,按钮的颜色为红色时表示该车厢有一个以上报警或故障,触摸相应按钮可直接切换至该车厢的监测页。制动系统监测内容包括:制动系统工作状态、制动机状态、列车管压力、制动缸压力。防滑器监测内容包括:四条轴的传感器、防滑阀状态、滑行次数;右下方为本车速度、列车管压力、制动缸压力变化曲线。其列车管压力、制动缸压力时间历程曲线在制动或防滑器出现问题时起辅助分析的作用。转向架监测内容包括：车辆 1 端及 2 端转向架横向振动状态、车辆垂向振动状态、二系工作状况、轮对踏面、转向架横向状态以及转向架垂向传感器的监测值。

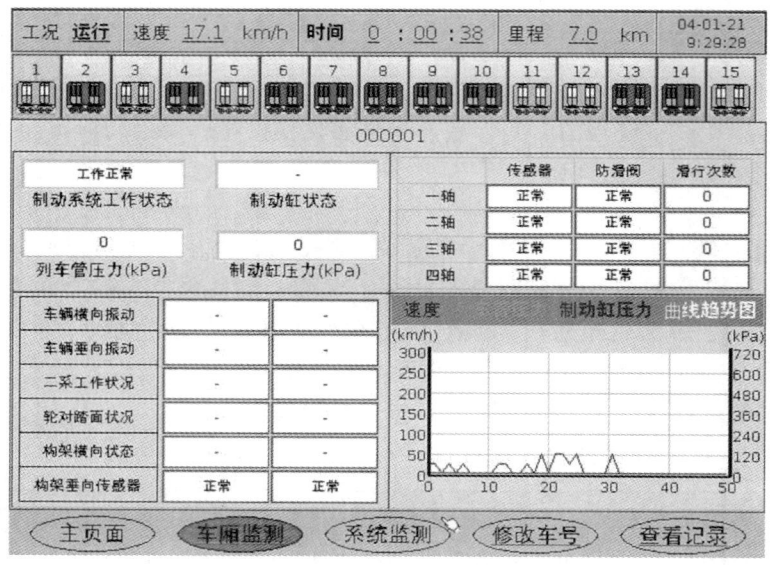

图 13-11　车厢监测页面

4．系统监测页面

如图 13-12 所示，此页面按各子系统归类显示监测数据，可以在需要察看某子系统在整列车的运行状况时直观地看到整列车该子系统的状态。系统页面由防滑器，制动系统，转向架 3 个子页面组成，按下方的切换按钮可切换至相应的子系统监测页面。所有页面的前 3 项为车厢顺号、车辆制造号及通信状态。

（a）系统监测页面（防滑器）

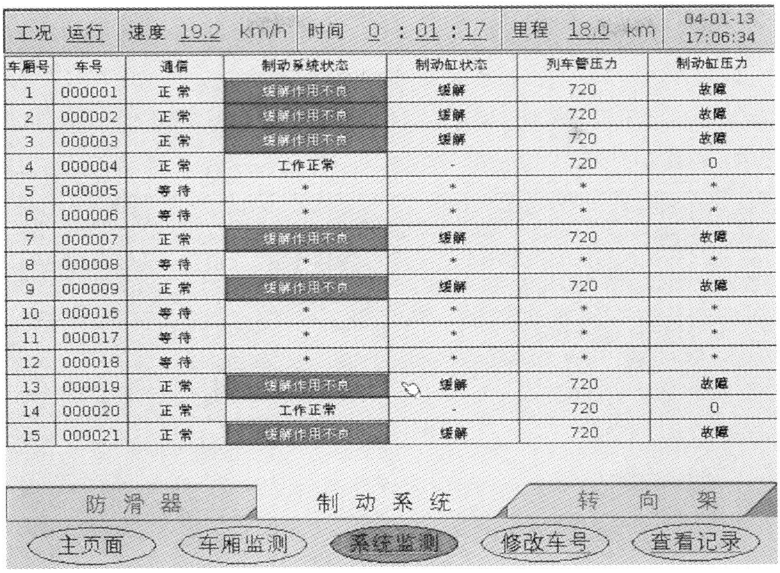

工况 运行	速度 19.2 km/h	时间 0 : 01 : 17	里程 18.0 km	04-01-13 17:06:34

车厢号	车号	通信	制动系统状态	制动缸状态	列车管压力	制动缸压力
1	000001	正常	缓解作用不良	缓解	720	故障
2	000002	正常	缓解作用不良	缓解	720	故障
3	000003	正常	缓解作用不良	缓解	720	故障
4	000004	正常	工作正常	-	720	0
5	000005	等待	*	*	*	*
6	000006	等待	*	*	*	*
7	000007	正常	缓解作用不良	缓解	720	故障
8	000008	等待	*	*	*	*
9	000009	正常	缓解作用不良	缓解	720	故障
10	000016	等待	*	*	*	*
11	000017	等待	*	*	*	*
12	000018	等待	*	*	*	*
13	000019	正常	缓解作用不良	缓解	720	故障
14	000020	正常	工作正常	-	720	0
15	000021	正常	缓解作用不良	缓解	720	故障

（b）系统监测页面（制动系统）

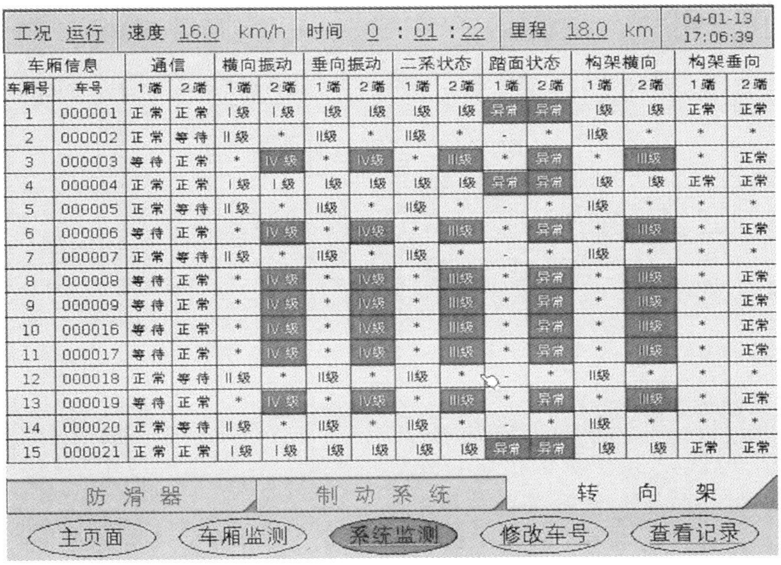

工况 运行	速度 16.0 km/h	时间 0 : 01 : 22	里程 18.0 km	04-01-13 17:06:39

车厢信息		通信		横向振动		垂向振动		二系状态		踏面状态		构架横向		构架垂向	
车厢号	车号	1端	2端	1端	2端	1端	2端	1端	2端	1端	2端	1端	2端	1端	2端
1	000001	正常	正常	I级	I级	I级	I级	I级	I级	异常	异常	I级	I级	正常	正常
2	000002	正常	等待	II级	*	II级	*	II级	*	-	*	II级	*	*	*
3	000003	等待	正常	*	IV级	*	IV级	*	III级	*	异常	*	III级	*	正常
4	000004	正常	正常	I级	I级	I级	I级	I级	I级	异常	异常	I级	I级	正常	正常
5	000005	正常	等待	II级	*	II级	*	II级	*	-	*	II级	*	*	*
6	000006	等待	正常	*	IV级	*	IV级	*	III级	*	异常	*	III级	*	正常
7	000007	正常	等待	II级	*	II级	*	II级	*	-	*	II级	*	*	*
8	000008	等待	正常	*	IV级	*	IV级	*	III级	*	异常	*	III级	*	正常
9	000009	等待	正常	*	IV级	*	IV级	*	III级	*	异常	*	III级	*	正常
10	000016	等待	正常	*	IV级	*	IV级	*	III级	*	异常	*	III级	*	正常
11	000017	等待	正常	*	IV级	*	IV级	*	III级	*	异常	*	III级	*	正常
12	000018	正常	等待	II级	*	II级	*	II级	*	-	*	II级	*	*	*
13	000019	等待	正常	*	IV级	*	IV级	*	III级	*	异常	*	III级	*	正常
14	000020	正常	等待	II级	*	II级	*	II级	*	-	*	II级	*	*	*
15	000021	正常	正常	I级	I级	I级	I级	I级	I级	异常	异常	I级	I级	正常	正常

（c）系统监测页面（转向架）

图 13-12　系统监测页面

5. 修改车号

本页面显示列车组网信息（车号与车顺号）。可对网络各节点的车号和车顺号进行修改，达到与实际编组情况一致的目的。左边为列车编组情况，右边可以对所选择的车辆进行改变车厢顺号或车辆制造号操作，确认无误后按确认按钮完成修改。改变车厢顺号及车辆制造号时，先选中需要改变的车厢，再选中需要改变的输入框（车厢号或制造号），然后使用输入辅助面板完成删除和修改。其中，车厢号输入不大于 20，制造号不长于 6 位数。

6. 查看记录页面

查看记录页面如图 13-13 所示，该页面提供列车本次运行后发生的所有报警与故障事件，在非正常情况下，可能出现过多故障，系统最多记录 1 000 条，当超过 1 000 条记录时，系统会自动删除前 500 条并在其后继续记录。

图 13-13　查看记录页面

二、列车级主机的操作

系统操作流程如下：

1. 接通电源

2. 查看监测结果

（1）查看整车数据：按主页面按钮切换到主页面，若发现 3 号车制动子系统对应表格为红，表明该车制动系统出现报警或故障。

（2）通过主页面，发现 3 车制动子系统出现故障，可以按"车厢监测按钮"切换至详细数据内容页面，以查看制动系统故障的详细信息。

（3）需要了解某监测子系统在整车的工作情况时，可以进入系统监测再切换至对应的子系统。

3. 数据下载

在需要将客车安全监测数据下载时，可在主机箱 CPU 卡的 USB 口中插入符合 USB1.1 标准的 USB 移动硬盘，系统自动将未下载的数据下载。为确保新的数据有足够的空间，系统仅保留三天内的数据，并且在下载成功后自动删除系统内部保存的数据。

4. 关机：直接切断电源

任务五　常见故障与处理

知识要点

- 列车级主机常见故障与处理。
- 车厢级主机与网络的常见故障与处理。

知识储备

一、列车级主机故障与处理

1. 列车级主机 PW 卡电源故障

故障现象是电源指示灯"ON-OFF"灯点亮而"PD"不亮。首先检查电源线是否已经正确接入，主机输入电压应在 48 V（行邮车）或 110 V（25T）的规定范围之内，对应线号为+123B 和-111B；若以上正常且故障仍然存在，检查电源开关是否已经打开；电源开关打开后若故障仍然存在，检查主机 PW1、PW2 模块上保险管是否已经熔断，如果已经熔断就更换保险管，主机保险管规格为 48 V/3 A（行邮车）或 110 V/2 A（25T）；经上述处理后故障仍然存在，可更换主机电源卡。

2. 列车级主机与显示屏之间通信中断故障

如果在运行过程中突然通信中断，主机显示屏上部中间的时钟不再刷新时间，或在显示屏启动时通信中断，显示屏长时间提示"正在初始化"，出现此现象，表明列车级主机与显示屏之间通信出现中断故障。

首先应检查主机与显示屏之间的通信线是否已经正确连接，正确的连接方法是主机侧接在 JX 端口上，显示屏侧接在 COM1 端口上；正确连接后，如果故障仍然存在，检查通信线是否正常；如果通信线正常，而且已经正确连接，而故障仍然存在，则检查主机是否已经正常供电；如果主机已经正常供电，则检查主机 CPU 卡是否正常工作。

3. CPU 卡不工作故障

在主机供电正常的情况下，把主机校验仪插入主机 CPU 卡的 JT 端口，如果 LED 灯闪烁，说明主机仍在工作；如果不闪烁说明主机停止工作，此时可以关闭电源后再重新启机。重启后如果故障仍然存在，说明 CPU 卡已经发生故障，应关断主机电源后更换 CPU 卡。

二、列车网络故障与处理

列车网络出现故障的现象是：从列车级显示器上看不到任何车厢或看到的车厢数目比实际的要少。出现此故障时，首先检查主机工作是否正常，如果主机工作正常，说明网络有故障，可能的问题如下：

（1）列车级主机箱内网卡 LG1、LG2 有故障，可关断主机电源后更换 LG1、LG2 卡。

（2）列车网终端电阻未接入。
（3）列车网线有断点或车厢间网络线连接电缆未联挂。
（4）车厢级网关 WG 卡故障，可关断电源后更换 WG 卡。

三、显示屏故障与处理

显示屏不亮，可能是显示屏的电源线未接或电源开关未开；显示屏显示的车厢数与车状态不符，可能是与主机的通信有故障；当出现其他异常时可尝试关闭电源重新启动。

四、车厢级主机故障与处理

1. 车厢级主机电源故障

车厢级主机的 PW 卡从端子排的+123 A 和−111 A 输入 110 V 或 48 V 电源，经抗干扰处理及 DC/DC 转换后，为主机内部各板卡提供 24 V 电源，各板卡再经过 DC/DC 变换为内部电源。PW 卡的"ON-OFF"是带来电显示功能的电源开关，来电时点亮，如果该灯熄灭表示车厢级端子排未送电。"PD"显示灯点亮表示 PW 卡已送出 24 V 电源。如果"PD"灯熄灭，"ON-OFF"灯点亮，说明 PW 卡电源有故障，可检查卡上保险丝（110 V/2 A；48 V/3 A），如果保险丝已断，检查输入电源是否在波动范围之内，如果电源正常，可更换保险丝。经上述检查处理后，如果"PD"灯仍不亮应更换 PW 卡。

2. 故障指示灯指示的故障

各板卡均有故障指示灯指示故障信息（见表 7-1），可以根据表上所列各板卡指示灯状态来识别和排除故障。

任务六　列车防护报警和客车列尾系统

> **知识要点**
> · 列车防护报警和客车列尾系统的系统组成。
> · 列车防护报警和客车列尾系统的主要功能。

> **知识储备**

视频　　　　PPT
列车防护报警和客车列尾系统

列车防护报警和客车列尾系统是保证旅客列车行车安全的重要设备。当列车正常运行时，可向邻近列车、道口、铁路施工人员发送列车防护报警信息；当列车发生事故，可能影响后续列车或邻线列车行车安全时，为保障旅客列车运输安全和避免列车二次事故的发生，列车司机可通过本系统向其他列车发送列车防护报警信息，提示其他列车采取相应措施，避免再次发生事故。2010 年 6 月，所有干线铁路均装备了该系统。

一、系统组成

整个系统主要由数据采集编码器(简称"编码器")、800 MHz 机车电台(简称"LBJ")、旅客列车尾部安全防护装置(简称"KLW")专用维护设备(含便携测试台、数据管理器和出入库检测设备)和道口报警设备、施工防护报警设备、列车接近预警器(简称"预警器")等组成。

编码器和 LBJ 安装于机车,KLW 安装于列车尾部,道口报警设备安装于道口,工务人员配备施工防护报警设备和预警器,维护人员配备便携测试台和数据管理器,出入库检测设备安装于机车出入库检测地点。系统构成如图 13-14 所示。

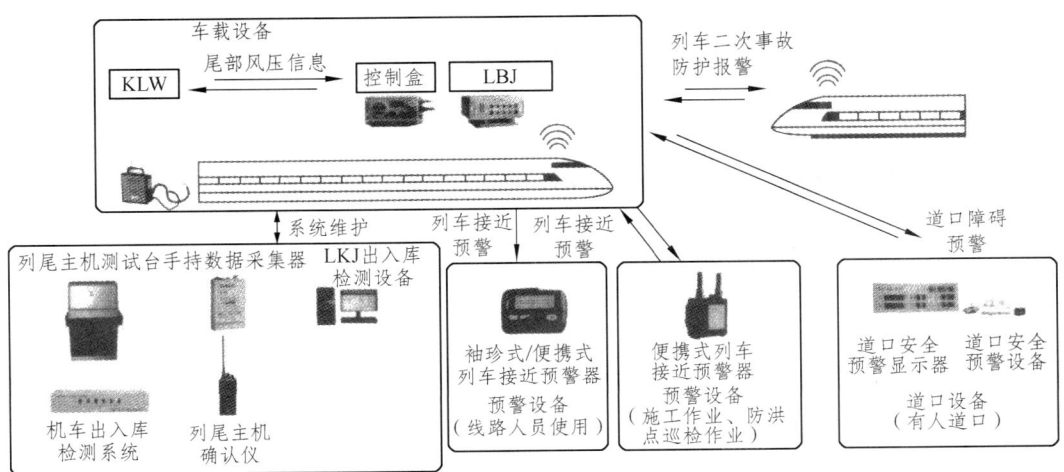

图 13-14 列车防护报警和客车列尾系统

二、系统工作过程

整个系统工作时主要由机车电台"LJB"向旅客列车尾部安全防护装置"KLW"和车下的道口报警设备、施工防护报警设备、列车接近预警器、专用维护设备和其他机车"LBJ"发送列车防护报警信息。在平原地区,LBJ 发送列车防护报警信息时,以机车天线为基点,机车前后各 5 000 m 范围内的上述装置应能可靠接收。

三、机车电台"LJB"系统主要功能

(1) LBJ 具有向 KLW 查询列车尾部风压和控制 KLW 排风制动的功能。

(2) LBJ 具有发送和接收列车防护报警信息并发出声光提示的功能,做到列车二次事故防护报警:

① 二次报警距离:5 000 m(平原地区)。
② 发送报警信息时间间隔 5~10 s(随机方式)。
③ 报警采用语音提示方式。
④ 报警信息:报警列车的车次号和公里标。

（3）LBJ 具有接收道口事故报警信息和施工防护报警信息并发出声光提示的功能（预留）。

（4）LBJ 具有发送列车接近预警信息的功能（预留）。预警信息：车次号、列车速度、公里标。

（5）预警器具有接收列车接近预警信息并发出声光提示的功能。

（6）道口预警设备具有接收列车接近预警信息和发送道口事故报警信息并发出声光提示的功能。

（7）施工防护报警设备具有接收列车接近预警信息和发送施工防护报警信息并发出声光提示的功能。

（8）LBJ、道口报警设备、施工防护报警设备、预警器、KLW、数据管理器和出入库检测设备均具有记录功能。

（9）专用维护设备具有对 LBJ 进行出入库检测和数据维护管理的功能。

四、旅客列车尾部安全防护装置"KLW"系统主要功能

（1）KLW 具有客车列车尾部风压检测和数据上传功能，与列尾装置建立一对一关系，确保通信工作可靠。

（2）KLW 应具有人工方式进行风压查询和辅助排风制动功能。

（3）KLW 具有风压自动提示和供电电压欠压自动提示，当尾部风压和供电电源异常、通信连接失效（5 min）自动报警提示。

（4）KLW 应具有列车尾部边灯功能。

（5）KLW 应具有状态信息和风压数据存储功能。

综上述：当列车发生事故，可能影响后续列车或邻线列车安全时，列车司机可通过本系统向其他列车发送列车防护报警信息，提示其他列车采取相应措施，避免二次事故的发生。列车防护报警信息在不同列车的机车电台之间传送。紧急情况下，旅客列车司机可通过本系统启动尾部装置排风，从而触发列车紧急制动，保障行车安全。列尾信息在同一列车的机车电台和尾部装置之间传送。列车在运行过程中自动发送接近预警信息，提示周围巡道工、线路施工人员和道口看护人员采取避让措施，保障铁路沿线人员人身安全。列车接近预警信息由机车电台发送至铁路沿线人员配备的预警器和报警设备。

复习思考题

1. 客车行车安全监测诊断系统由哪三个子系统组成？
2. 车载安全监测诊断系统功能级和列车级两级监测诊断的主要任务是什么？
3. 试述车厢级网络系统的基本工作情况。
4. 制动监测诊断子系统测点是如何布置的？该子系统的作用是什么？
5. 转向架与车体监测传感器是如何布置的？
6. 车辆转向架状态监测诊断子系统的功能是什么？
7. 防滑器工作状态监测子系统的功能是什么？

8. 列车级通信网络是如何布置的？
9. 简述车载安全监测诊断系统的操作流程。
10. 车载安全监测诊断系统有哪些主要故障？该如何处理？
11. 列车电气监控系统有何作用？
12. 监控主机如何操作？

项目十四　客车自动监测装置 ▶▶▶

项目描述

为确保乘车旅客的人身安全,客车车厢安装自动监测装置,对电气系统进行漏电保护,列车电气监控系统还可以采集供电、空调、电压、电流、漏电流、充放电电流、室温等信息,并将这些信息传送给地面监控中心;同时设置了火灾报警装置。本项目主要学习客车自动监测装置的工作原理和维护使用。

学习目标

1. 知识目标:掌握客车自动监测装置的工作原理。
2. 能力目标:能进行在线绝缘检测装置、火灾报警装置的使用操作。
3. 素质目标:养成爱护设备的良好习惯;养成安全生产及规范作业的意识;养成善于沟通的团队意识。

相关案例

2015年7月17日,沈阳局沈阳车辆段担当的K385次(沈阳北—成都,编组19辆)旅客列车,在新乡站进行机车换向作业后,司机反映Ⅰ路漏电值超标,车辆乘务员重新供电并闭合负载开关,发现机后3位$YZ_{25G}353575$电茶炉漏电值超标,关断该负载机车供电正常后开车,影响本列超站停23 min。

任务一　JYA-Ⅰ型交流在线绝缘检测装置

知识要点

- JYA-Ⅰ型交流在线绝缘检测装置的工作原理。
- JYA-Ⅰ型交流在线绝缘检测装置的安装调试。

> **知识储备**

为了进一步加强客车电气系统的防火设计,确保乘车旅客的人身安全,近年生产的 25G 型客车均增加了漏电保护功能,可以对车辆进行漏电检测、报警和控制,以完善对本车用电负载接地故障的保护。

视频

PPT

JYA-Ⅰ型交流在线绝缘检测装置

根据供电系统的不同,漏电保护装置可以分为两种。一种为 AC 380 V 交流供电系统的 AC 漏电报警器;一种为 DC 600 V 直流供电系统的 DC 绝缘检测装置。现以交流漏电保护装置为例作以介绍。

JYA-Ⅰ型交流在线绝缘检测装置用于在线检测 AC 380 V 用电负载及线路的绝缘状况。当 AC 380 V 用电负载及线路对地的绝缘漏电电流,超过设定值(150±7.5)mA 时进行报警,并发出报警声,报警指示灯常亮,同时给出继电器输出控制信号,用于切断故障电源。如图 14-1 为 JYA-Ⅰ型绝缘检测装置外形图。

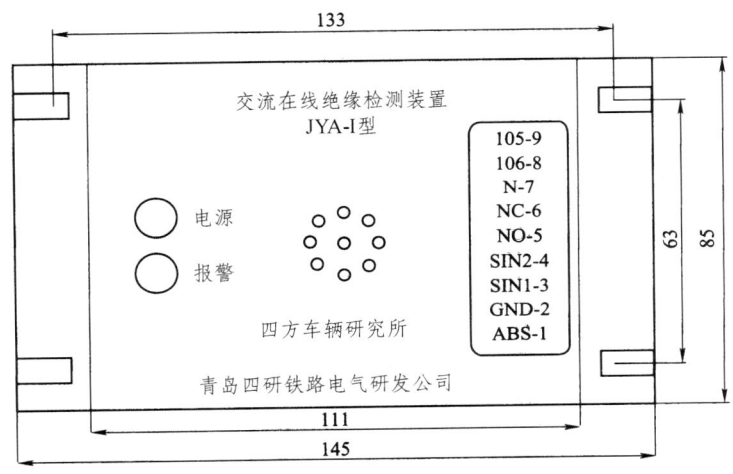

图 14-1　JYA-Ⅰ型绝缘检测装置外形图

一、主要技术参数及环境条件(见表 14-1)

表 14-1　JYA-Ⅰ型交流在线绝缘检测装置的技术参数和环境条件

主要技术参数		环境条件	
供电电源	AC 220×(1+±10%)V,5 W	工作环境温度	−25~45 ℃
漏电流报警动作值	150 mA	相对湿度	不大于 90%(该月月平均最低温度为 25 ℃)
动作误差	±7.5 mA	海拔高度	≤2 500 m
触点容量	AC 5 A　240 V/DC 5A　28 V;继电器常开、常闭触点各一个(同一公共端)	振动	相对于客车的垂向、横向和纵向存在着频率 f 为 1~50 Hz 的正弦振动,其振动加速度在频率 f 为 1~10 Hz 时等于 0.1g(g 为重力加速度,可以简化为 10 m/s^2 计算),当频率 f 为 10~50 Hz 时等于 1g
外形尺寸	145 mm×85 mm×48 mm		
安装尺寸	(133±1)mm×(63±1)mm,安装孔 ϕ4 mm		

二、工作原理

如图 14-2 所示为 JYA-Ⅰ型绝缘检测装置接线示意图。漏电检测器的环形铁芯 BLQ 是微晶合金薄片绕制而成，磁导率高、线性度好、损耗小。三相交流电线 U、V、W 和零线 N 通过唤醒铁芯，由于电流的合成值为零，磁场的合成值也为零，所以 JYJC 芯片无感应信号。当出现漏电时，由于漏电流从其他回路流走，使通过环形铁芯 BLQ 的电流合成值不为零，此时 JYJC 芯片感受到电流信号，经放大电路作用，产生动作，断开接触器 KM1 或 KM2 的电路，进而断开Ⅰ或Ⅱ路回路供电。同时接通漏电指示灯 HL3 亮。

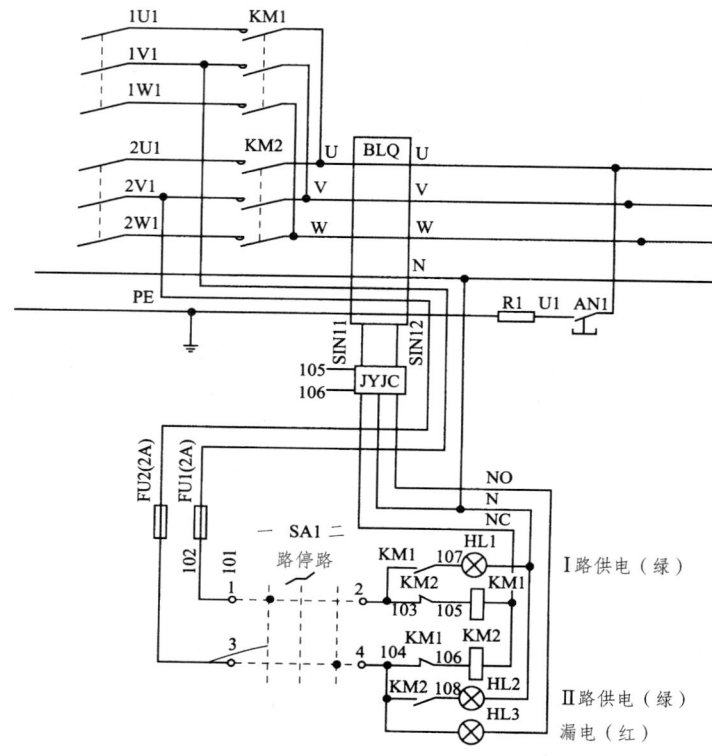

图 14-2　JYA-Ⅰ型绝缘检测装置接线示意图

AN1 是漏电实验按钮，可以测试漏电电路的漏电动作情况。

三、安装

本装置安装在控制柜内。用 4 个 M4 的螺丝加弹簧垫、平垫固定牢固。配合使用的还有比流器（见图 14-3 和图 14-4）、试验按钮、试验电阻。

四、使用方法

（1）本装置接线：参考接线示意图（见图 14-2）。105、106 分别为两路供电电源的相线，N 为电源零线并且为继电器触点的公共端，NC 为继电器输出常闭触点，NO 为继电器输出常开触点，SIN1、SIN2 为配合本装置使用的比流器输出端 K、L。GND 和 ABS 不接线。

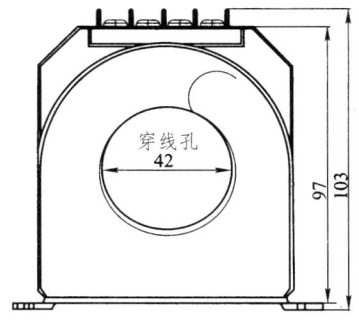

图 14-3　比流器侧视图

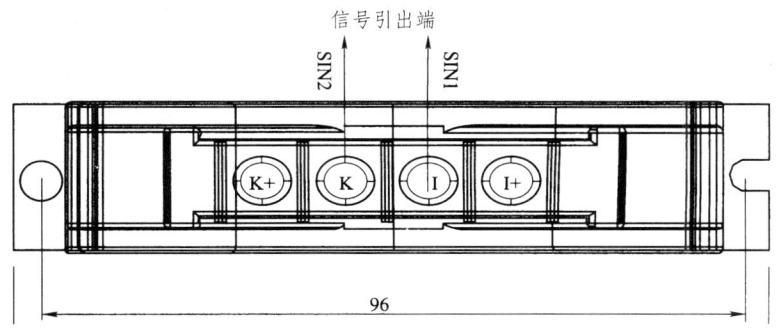

图 14-4　比流器上视图

（2）接通Ⅰ路或Ⅱ路供电电源，装置电源指示灯亮。

（3）当 AC 380 V 用电负载绝缘漏电电流大于 150 mA 时进行报警，红色报警灯亮且响起蜂鸣声，同时给出继电器输出控制信号并自锁，切断供电回路。

（4）按动右下侧的消音按钮，即可消除蜂鸣声，但红色报警灯仍亮，直到重新送电。

（5）注意：比流器不接外接电阻。

（6）试验用电阻 R1 的功率和阻值要根据穿过比流器（BLQ）的线匝数计算。选用电阻的功率一定要留有余量，防止电阻烧坏，发生事故。此处电阻 R1 应选用 2 W，30 kΩ。电阻不会烧坏。

（7）在车下试验本装置时，应将电源转换箱的 XS1 进线端子处的 N 与 PE 临时短接。

五、测试

为检验绝缘检测装置，保证其能够正常工作，保障设备安全，应至少 1 个月测试一次此装置。测试方法：按动电源转换柜内的红色试验按钮 AN1，延时 1~3 s，装置上的红色报警灯亮且响起蜂鸣声，表示检测装置能够正常工作。不应长时间按动测试按钮，防止电阻过热。松开按钮，对检测装置重新上电，即可准备下一次测试。

六、故障处理（见表 14-2）

表 14-2　故障处理

故障现象		故障原因	处理办法
电源灯不亮		105 或 106 对地无电压指示灯坏	检查外部线路 换新装置
漏电装置不动作	漏电指示灯亮，蜂鸣不响	蜂鸣器坏	换新装置
	漏电指示灯亮内部继电器不动作	NC 对 N 之间交流电压总为零	内部继电器坏，换新装置
	漏电指示灯不亮	1. 比流器接线线路未构成回路或电阻坏 2. 漏电装置问题	1. 检查线路，比流器输出交流电压（SIN1，SIN2）应大于 0.08 V； 2. 通电后测量接线端子上的 GND 和 ABS 两点之间直流电压应为 2.6 V 左右。否则换新装置

任务二　列车电气监控系统

知识要点

- 列车电气监控系统的功能和组成。
- 列车电气监控系统的操作。

知识储备

视频　　　　PPT
列车电气监控系统

一、列车电气监控系统的功能及组成

1. 车厢级监测显示功能

列车电气监控系统车厢级功能监测：供电、空调、电压、电流、漏电流、电池电流、充放电流、室温、逆变器、充电机、轴温、塞拉门信息状态，汇集至车厢级显示器。

2. 数据传输功能

列车电气监控系统可定位列车行驶的地理位置，利用 LonWorks 网络收集全列各车数据（供电、空调、电压、电流、漏电流、电池电流、充放电流、室温、逆变器、充电机、防滑器、轴温、里程、地理位置）等信息，同时将 KAX-1 型行车安全监测诊断系统传输的行车故障信息，通过 GPRS 无线通信网络传送给地面监控中心等功能。

3. 系统组成

在铁路客车 TKDT-1T 型配电柜中，主要由 WG 型网关、DL-Ⅱ代理节点、PLC 网关、轴温报警器网关、防滑器网关、烟火报警器网关、WX-Ⅱ型车载数据无线传送装置、监视全列其他各车厢状态的触摸屏、GPRS、GPS天线等装置组成（见图14-5）。

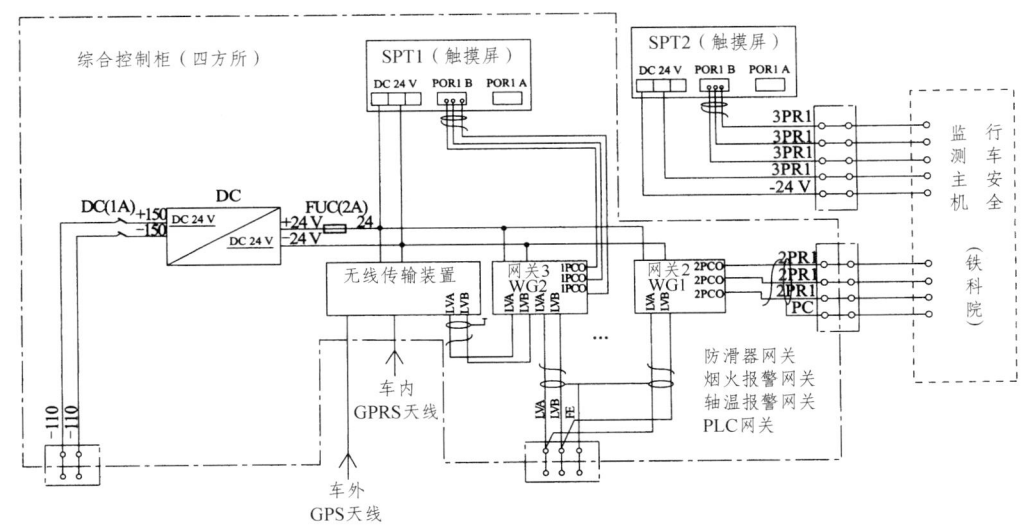

图14-5 列车电气监控系统图

二、电气监控系统各组成部分作用

1. WG型网关

WG型网关用于铁路客车TKDT-1T型配电柜。其中包括PLC网关、轴温报警器网关、防滑器网关、烟火报警器网关。这些网关一方面通过各种通信接口实现PLC到安全记录仪之间、轴温报警器到PLC之间、防滑器到PLC之间、烟火报警器到PLC之间的数据传递，另一方面通过LonWorks接口及列车总线实现车辆间的信息和命令传递。

2. DL-Ⅱ代理节点

代理节点是连接列车网和车厢网的桥梁，有2个独立的LonWorks通信接口。上行Lonworks通信接口负责列车级网络通信，接收列车主机的信息，并将信息转发给下行LonWorks通信模块。下行LonWorks通信接口负责车厢级网络通信，转发集中控制命令，接收车厢级各应用节点传输的参数、工作状态等信息。

3. WX-Ⅱ型车载数据无线传送装置

该装置适用于铁路DC 600 V供电客车配电柜。主要是定位列车行驶的地理位置，利用LonWorks网络收集全列各车数据（供电、空调、电压、电流、漏电流、电池电流、充放电流、室温、逆变器、充电机、防滑器、轴温、里程、地理位置）等信息，通过GPRS网络传送到移动公司的SGSN节点，再通过无线专线发送到地面用户监控中心，监控中心进行处理以供用户使用。GPRS无线通信网络技术是一种基于分组交换传输数据高效率的方式，其数据率是现有GMS的10倍以上，如图14-6所示。

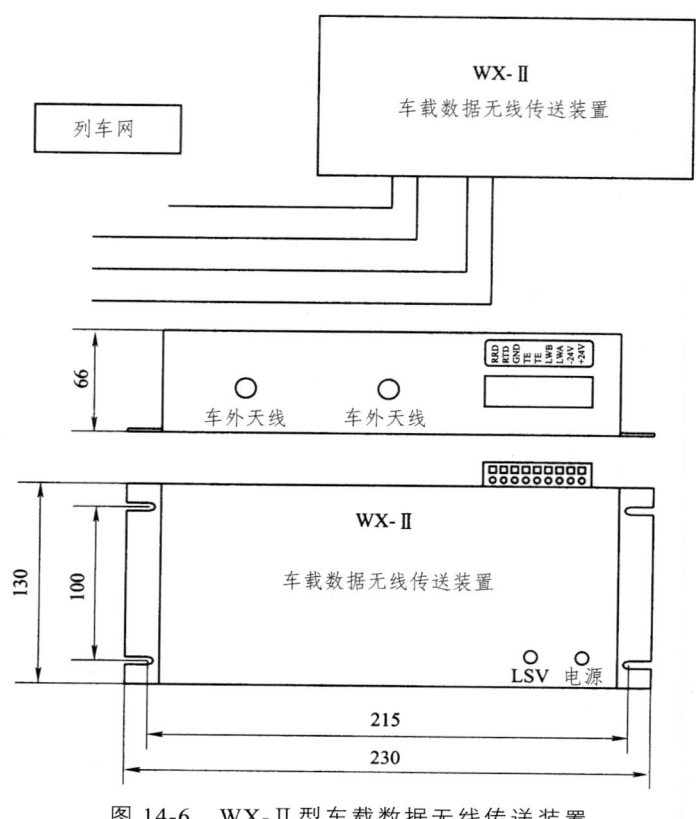

图 14-6　WX-Ⅱ型车载数据无线传送装置

4. 监控主机

监控主机是一种微型可编程终端，采用全中文液晶触摸屏（带背光），具有字符类型和图像类型显示，由通信接口和主机网关的 RS232C 接口进行通信。主要功能是显示全列车辆的供电、空调、车下电源、防滑器、轴报器、车门系统、烟火报警器等运行工况及参数的显示，实时显示各功能单元的运行状态及实时报告故障现象。

5. 车厢间联网通信

代理节点能实现车辆间的通信。各个车厢的 PLC 通过代理节点将本车信息、发送给其他车厢的命令传送到列车总线上，供其他车厢调用。本车 PLC 可以通过代理节点读取列车总线上其他任一节车厢的信息；接收其他车厢发送给本车的命令并执行。（注：PLC 上的 PORT 口的拨动开关置于 OFF）。

三、监控主机的操作

1. 系统参数设定

列车监控系统使用前必须设定有效的车次及监控主机号。车次按照实际运行车次设定，如果监控主机所在的车改变车次则须重新设定。监控主机号只能设定为 1 或 2，当车辆编组中只有一个监控主机时，监控主机号设为 1；当车辆编组中有两个监控主机时，一个设为 1，另一个设为 2；监控主机号不能重复。

操作步骤：用手轻触主页面下方"车次"显示处，调出"input password（输入密码）"对话框，再用手轻触密码显示处调出键盘，输入密码"sysdq"后按回车键，输入密码后利用键盘输入实际运行车次，确认无误后按下回车键。

例如：车次为 2031/2032/2033/2034 次则直接输入"2031/2032/2033/2034"共 19 个字符后回车。

用手轻触主页面下方"监控主机号"显示处，调出"input password（输入密码）"对话框，再用手轻触密码显示处调出键盘，输入密码"sysdq"后按回车键，输入密码后利用键盘输入监控主机号 1 或 2，确认无误后按下回车键。

2. 查看列车概况

监控主机分两个页面显示全列 18 辆车的运行概况。主页面 1 显示第 1~9 号车，主页面 2 显示第 10~18 号车。运行概况页面可以查看供电状态、空调工况、车下电源状态、防滑器信息码、轴温状态、车门状态、烟火报警状态。主页面上方显示信息分类，左侧显示车号及整车状态，黄色为离线、绿色为正常、红色为故障或报警。

3. 查看单车详细信息

在主页面 1 或主页面 2，按下左侧对应车号进入该车单车状态查询页面。单车状态页面可以看到本车供电、空调、车下电源、防滑器、轴报器、车门、烟火报警等的详细运行工况及参数。

4. 查看全列分类详细信息

在主页面 1 或主页面 2，按下上方分类信息进入该类信息显示页面，分类信息显示页面可以查看全列车辆某一类信息的详细参数。

5. 发送控制命令

在主页面 1 或主页面 2，按下左侧对应车号进入该车单车状态查询页面，按下"网络控制"触摸开关进入"网络控制"页面。根据监控主机屏上的触摸开关及提示，如想控制该车厢电源转换，可按下电源控制区内触摸开关；如想控制该车厢空调机组转换工况，可按下空调控制区内触摸开关，触摸开关变绿为选中。按下"取消命令"可以取消选择，确认命令正确无误后，再按下"发送命令"触摸开关向受控车厢发送命令。按下"返回"触摸开关返回。

6. 记录运行数据

监控主机启动后自动开始记录运行数据，每隔 1 min 记录一次，记录内容包括全列车辆的供电系统、空调系统、车下电源、防滑器、轴报器、车门系统、烟火报警器等系统的详细信息。

7. 更改系统日期、时间

用手轻触主画面下方日期显示处,调出数字输入键盘按照年、月、日的顺序输入正确的日期,年、月、日之间用"."分隔。

例如:当前日期为 2018 年 12 月 20 日,输入"2018.12.20"共 10 个字符后回车;当前时间为 12 时 40 分 40 秒,输入"12.40.40"共 8 个字符后回车。

任务三 火灾报警控制器

> **知识要点**
> · 火灾报警器的结构。
> · 火灾报警器的按键功能与操作。

视频　　　PPT
火灾报警控制器

> **知识储备**

YHSM-25T 火灾报警控制器专为铁路系统车载火警系统而设计,可与 13 个部位的烟、温探测器等连接,组成完整的报警系统。各火灾报警器之间可通过 RS-485 通信将本车厢的火警信息、故障信息传送给其他车厢。这样,在任何一个车厢都可以了解其他车厢的火灾报警情况。各车厢的火灾报警器通过网关与监控系统相连,经 RS-485 通信接口,将本车的火警信息、故障信息传送给列车总控制机。

一、报警控制器的结构

1. 火灾报警控制器

YHSM-25T 火灾报警控制器面板布置如图 14-7 所示。

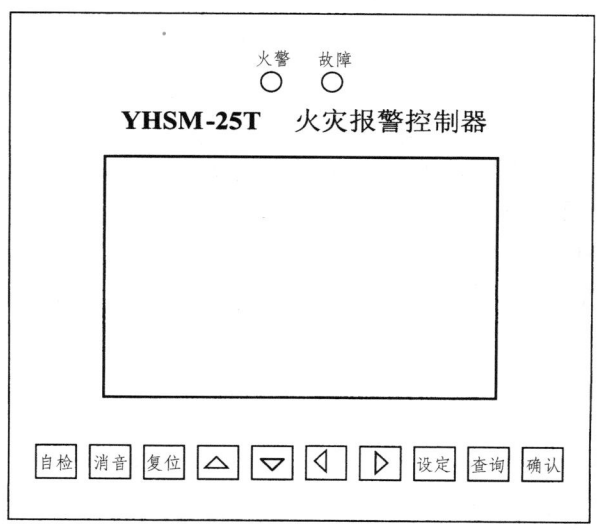

图 14-7　面板布置图

报警控制器与感烟、感温的探测器相连接。

控制器面板的上面有火灾报警指示灯和故障指示灯。中间采用大屏幕液晶屏显示各种信息,可显示本车厢及其他各车厢的火灾报警及故障报警信息。可根据需要对各种参数进行设定,如校正当前时间、修改探测器编号及探测器类型、修改本车厢号、清除报警信息等。可对各车厢火灾报警纪录、本车厢号及在线车厢号进行信息查询。下面是一排操作按键。

2. 火灾探测器

感烟型火灾探测器 JTY-LZ-101 外形尺寸:直径×高度=φ100 mm×64 mm,如图 14-8 所示。

图 14-8　JTY-LZ-101 离子感烟探测器

差定感温型火灾探测器 JTW-MSCD-101 的外形尺寸:直径×高度=φ100 mm×45 mm。

二、按键功能说明

(1)自检按键:按动此按钮,火灾报警器即进入自检。

(2)消音按键:按动此按钮,消除报警音响。

(3)向上按键:在菜单中,使选择的菜单项向上移动,用以选择菜单项。在设置参数时(如数字),按动此键,数字加 1。

(4)向下按键:在菜单中,使选择的菜单项向下移动,用以选择菜单项。在设置参数时(如数字),按动此键,数字减 1。

(5)左移按键:进入参数设置,向左选择需修改参数的位置。

(6)右移按键:进入参数设置,向右选择需修改参数的位置。

(7)设定按键:需要进入设定时,按动此按键,则可以进入设定主菜单。

(8)确认按键:按动此键,对所选的菜单项、数据进行确认,并退出当前屏显。

(9)查询按键:按动此键,进入查询菜单。

(10)复位按键:可在设定菜单下进行复位操作。

三、主要技术参数

(1)电源电压:DC 110 V/48 V(-30%~+25%),电源电压可根据用户要求确定,额定值为直流 DC 110 V 或 DC 48 V 或 DC 24 V。

（2）各车厢火灾报警控制器之间及各火灾报警器与列车总控制机之间均采用 RS485 通信，使用两芯屏蔽线。

（3）火灾报警控制器与探测器之间采用每个探测器两根线，火灾报警控制器给探测器提供直流 24 V 电源。

（4）使用环境：

① 工作温度：-25 ~ +50 ℃。

② 存储温度：-40 ~ +80 ℃。

③ 相对湿度：≤98%（40 ℃ 时）。

④ 消耗功率：≤10 W。

四、基本功能

1. 火灾报警

在防火区域的探测器感知到火灾信号后，发送到控制器。控制器自动判断是否为首次报警，如果是首次火警，则首先对火警信号进行确认处理，液晶屏显示此部位探测器为预警状态，亮火警灯；若该探测器在 60 s 后仍然发出火灾信号，或在 60 s 内还存在另一探测器发出的火灾信号则火警灯亮，报火警音，液晶屏同时显示首次火警及后续火警的报警部位（即探测器编号）及报警时间。

火警音可用"消音键"手动消音，但不影响下次报警。显示屏有消音标志。

存储器可以记录本车厢 12 次火灾报警历史记录。

2. 故障报警

当探测器与控制器之间有接触不良或发生开路、短路故障时，控制器报故障音。故障灯亮，显示故障报警部位（即探测器编号）。故障音可用"消音键"手动消音，但不影响下次报警。显示屏有消音标志。

3. 火警优先

若某部位当前有故障报警，同时另一部位经确认有火警信号，则故障部位显示保持，同时显示火警部位，火警音取代故障音，即火警优先。

4. 自检功能

按"自检键"控制器可对其显示功能及报警功能进行检查。自检后，屏幕显示恢复到自检前状态。

5. 设定功能

可根据需要对各种参数进行设定，如校正当前时间、修改探测器编号及探测器类型、修改本车厢号、清除报警信息等。

6. 查询功能

可查询列车上火灾报警记录、本车厢号及在线车厢的车厢号。

7. 通信功能

（1）上层通信：火灾报警控制器设有专用通信接口，可与本车厢的上位机通信。

（2）下层通信：各火灾报警控制器设有下层通信接口，负责各火灾报警控制器之间的通信。

在系统正常界面，车厢编号的后面有一个通信状态标志。当本车厢与其他车厢发生通信故障时，此标志会闪烁提示。

（3）通信接口为 RS485。

五、日常运行中应注意的问题

（1）列车每次运行前，首先应进行"自检"操作，检查系统工作是否正常。

（2）列车每次运行前，应进行"查询"操作，检查下层通信线路是否良好。如有不在线的车厢号，应检查不在线的火灾报警器是否开机，通信线有无故障，正常后应使之在线。

（3）每季度内应对烟、温探测器进行一次加烟或加温试验，检查探测器动作及确认灯显示，确认火灾报警器的声光报警是否正常。对于安装在易污染场所的探测器，应适当增加试验次数，以保证系统能正常报警。

（4）探测器投入运行两年后，应每隔三年全部清洗一次，并作响应阈值及其他必要的功能试验，合格后方可继续使用。由于使用环境不同，受污染的程度不同，需要清洗的间隔时间也不尽一致，间隔时间可根据具体环境而定，但不能超过三年。清洗可分期、分批进行，也可进行集中清洗。探测器清洗应由生产厂家或专门清洗单位进行。

复习思考题

1. 绝缘检测装置的作用原理是什么？
2. YHSM-25T 火灾报警控制器的作用是什么？
3. YHSM-25T 火灾报警器有什么功能？
4. YHSM-25T 火灾报警器日常运行中应注意什么问题？
5. 客车列尾系统的作用是什么？

下篇 实训篇

实训一　检测硬座车配线绝缘值

情境描述

配线绝缘电阻值的检测是客车日常检修作业的一项基本项目，也是检修人员的基本功。正确地进行硬座车配线绝缘电阻值检测操作，熟练使用兆欧表，读数准确，步骤正确。

实训目标

1. 知识目标

（1）检测硬座车配线绝缘电阻值的正确方法。
（2）兆欧表接线正确，使用方法、步骤正确，读数准确。

2. 能力目标

（1）具备车辆乘务员应急故障处理能力。
（2）具备车辆钳工岗位专业技能。

3. 素质目标

（1）安全第一、预防为主、严规细操。
（2）协作意识、环保意识、节约意识。

任务书

实训工单

实训名称	检测硬座车配线绝缘值				
日期		地点		课时	
案例					
引导问题					
小组成员及分工					
小组成员	姓名	任务分配		备注	
组长					
组员					
引导问题解答					

1.

2.

3.

一、操作步骤、方法

1．作业目的及要求

（1）掌握检测硬座车配线绝缘电阻值的正确方法。

（2）测试前应断开车内电源、拆除控制箱、灯具、播音箱、蓄电池、空调装置等与车体配线有电连接的导线。

（3）兆欧表接线正确，使用方法、步骤正确，读数准确。

2．作业器材及工具

硬座客车、500 V 级 2C25-3 型兆欧表、钢丝钳、活扳手、电工刀、螺丝刀、电笔、红旗。

3．作业场地

干燥、平整、采光条件良好、距来车方向有 20 m 以上的安全距离

4．作业步骤

（1）在来车方向左侧插信号旗。

（2）断开电源。

（3）拆除控制箱、灯具、播音箱等与车体配线有电连接的导线。

（4）对各部配线作外观检查。

（5）使用 500 V 级兆欧表检测车体配线绝缘阻值。

（6）测量完毕后恢复各部分断开的电路。

二、质量标准

（1）检查各部配线，绝缘层须无老化、烧焦、局部硬伤处须包扎良好，影响安全使用者须更换。

（2）进行绝缘电阻测量，24/48 V 配线应选用 500 V 级兆欧表；380 V 集中供电配线应选用 1 000 V 级兆欧表，绝缘电阻值应符合表 15-1 规定。

表 15-1　绝缘电阻值　　　　　　　　　　　　　　　　　　单位：MΩ

电线类型		相对湿度			
		60%以下	61%～70%	71%～80%	80%以上
电力配线（24 V/48 V）		0.2	0.12	0.08	0.024 0.048
播音配线		1	0.7	0.3	0.1
交流配线	100 V 以下	1	0.75	0.25	0.1
	100 V 以上	2	1.5	0.75	0.25

（3）在使用 500 V 级以上摇表测量装有交流供电装置的车体配线绝缘阻值时，必须事先甩开控制箱与车体配线有电连接的导线，以免半导体元件被击穿。

（4）对交流配线应使用 1 500 V/50 Hz 交流电进行耐压实验，持续时间为 60 s。

三、安全注意事项

（1）按规定要求穿戴好工作服。

（2）在使用 500 V 级以上摇表测量装有交流供电装置的车体配线绝缘阻值时，必须事先甩开控制箱与车体配线有电连接的导线，以免半导体元件被击穿。

（3）测量完毕后恢复各部分断开的电路。

（4）按企业文明生产规定，做到场地整洁，工件、工具摆放整齐；操作完毕后应做到工完、料净、场地清。

能力评价

职业能力评价表

班级		姓名		学号	
课程内容		日期		成绩	
小组自评					
1.优点 2.不足					

小组互评		
小组成员	优点	不足

指导教师评价

环节	评价标准	评价等级		
		A	B	C
专业能力	A：能够完整准确地回答任务引导问题，正确率在90%以上； C：对基础知识掌握得非常差，任务引导问题的回答正确率在50%以下			
操作能力	A：熟悉各个环节的实施步骤，完全独立地完成任务，并有能力辅助其他同学完成规定的工作任务，工作实施快速，准确率高（任务规划和任务实施准确率在85%以上）； C：未完成任务或只完成了部分任务，不能按规定的实施步骤操作，各个部分的准确率在50%以下			
社会能力	A：不迟到、不早退，对人有礼貌，善于帮助他人，积极主动地完成规定工作任务，工作台整洁有序，能正确回答老师提问； C：未完成任务或只完成了部分任务，有问题不能积极向老师和其他同学请教，工作实施拖拉不积极，不能准确回答老师提出的问题			
教师综合评价				

注：完成结果介于A、C之间的，等级评定为B。

实训二　AC 380 V 电源柜与照明配电盘故障处理 ▶▶▶

情境描述

AC 380 V 电源柜与照明配电盘是旅客列车的电气控制核心。故障处理是检车人员的基本功。经过训练，达到能正确分析、判断故障性质和范围，迅速测寻判定故障点，掌握排除故障方法，步骤正确、操作熟练。

实训目标

1. 知识目标

（1）排除 25G（K）型车 AC 380 V 电源柜或照明配电盘故障。
（2）正确分析、判断故障性质和范围，能迅速测寻判定故障点，掌握排除故障方法，步骤正确、操作熟练。

2. 能力目标

（1）具备客车检车员应急故障处理能力。
（2）具备车辆钳工岗位专业技能。

3. 素质目标

（1）安全第一、预防为主、严规细操。
（2）协作意识、环保意识、节约意识。

任务书

实训工单

实训名称	AC 380 V 电源柜与照明配电盘故障处理				
日期		地点		课时	
案例					
引导问题					

小组成员及分工			
小组成员	姓名	任务分配	备注
组长			
组员			

引导问题解答

1.

2.

3.

一、作业（操作）方法、步骤（见表 15-2）

表 15-2　AC 380 V 电源柜与照明配电盘故障处理作业（操作）方法和步骤

项目	主要内容
作业目的及要求	排除 25G（K）型车 AC 380 V 电源柜或照明配电盘故障 正确分析、判断故障性质和范围 能迅速测寻判定故障点 排除故障方法、步骤正确、操作熟练 通电试运行，达到控制要求
作业工具及器材	YZ$_{25G（K）}$型车一辆、电气原理图、万用表、电笔、螺丝刀、绝缘胶布、红旗
工作场地	采光、通风条件良好；距来车方向有 20 m 以上的安全距离
方法、步骤	根据故障现象正确分析、判断故障性质和范围； 测寻出故障点并正确处理； 通电试验，确保运行正常

二、AC 380 V 电源柜与照明柜常见故障处理

（1）将电源选择开关打在"Ⅰ路"或"Ⅱ路"供电位，Ⅰ路或Ⅱ路指示灯不亮，接触器 KM1 或 KM2 不吸合是什么原因？

① 控制电路保险熔断——更换。

② 电源选择开关损坏——更换。

③ 1Q 或 2Q 空气开关未合上或损坏——合上或更换空气开关。

④ 接触器 KM1 或 KM2 辅助常闭触点接触不良——修复或更换。

⑤ 控制线路有断路——找到断路点并修复。

（2）检测三相电压时，三相电压数值严重不平衡，三相交流电源存在缺相时应如何处理？

① 1Q 或 2Q 缺相损坏——更换。

② 接触器 KM1 或 KM2 缺相损坏——更换。

③ 车下Ⅰ路或Ⅱ路电力主干线分线盒接线端子松脱或烧损——视情况进行修复或采取应急措施。

（3）电源控制柜内空气开关合上不或自动跳闸是什么原因？应如何处理？

① 空气开关控制的相应用电设备有短路或过流现象，应检查并消除短路故障、甩掉或更换损坏的用电设备。

② 空气开关损坏，应及时更换。

三、质量标准

1. AC 380 V 电源柜质量标准（见表 15-3）

表 15-3　AC 380 V 电源柜质量标准

检查部位	质量标准
柜体	1. 柜体安装牢固，配件齐全，面板无变形，门轴配件齐全无松脱，插销、门锁关闭严密及锁定装置作用良好，密封条完整。 2. 指示灯无缺损，安装牢固。标示牌齐全、清晰
柜内配线	1. 柜内清洁无积尘，电路图齐全正确、完整清晰；粘贴牢固。 2. 进出线口护套安装良好，无脱落、缺损。 3. 配线无破损、老化、断路、短路、混线，排列整齐，包扎良好，接线端子压接紧固可靠，无松动、热损，线号标志清晰。 4. 接地线齐全可靠，配线绝缘符合规定。 5. 接线排无缺损、松动，防护罩齐全
电气元件	1. 配件安装牢固，作用良好。 2. 各接触器开合灵活、作用良好，接触可靠，无烧损、变色。 3. 空气开关、熔断器容量符合规定，作用良好。 4. 选择开关作用良好，标牌与工况位置准确可靠。 5. 漏电保护装置配件齐全、安装牢固 6. 仪表无破损，校验不过期，指示正确。
通电试验	1. Ⅰ路、Ⅱ路供电正常，指示灯显示正确，电压表、电流表作用良好，三相电压指示正常，按钮开关灵活可靠。 2. 主接触器动作灵活，触头开闭可靠，无卡住、迟缓现象，无异音。 3. 漏电保护器作用良好。 4. 带漏电保护的空气开关手动试验作用良好

2. AC 380 V 照明配电盘质量标准（见表 15-4）

表 15-4　AC 380 V 照明配电盘质量标准

检查部位	质量标准
照明柜外观	箱体表面清洁，无裂损、变形；门锁、合页及插销等齐全良好，无松动；箱体安装牢固，安装螺栓无缺损、松动；屏面各指示灯、转换（选择）开关、按钮开关、水位显示仪、插座、各开关作用灵活，保险容量符合要求；标牌清晰、正确
照明柜内部	箱内各部清洁，无积尘、积垢、杂物；引线口橡胶护套完好无缺损；门四周防尘胶条完好，无缺损、脱落；空气、转换开关安装牢固，无松动、裂损；接线牢靠，配线及线端子无热损、老化；导线包扎整齐，线号清晰正确；线端子脱落、裂损者重新压接或更换；定检标牌及各元器件标记齐全、清晰、正确、牢固；电气原理图及接线图齐全、清晰、正确，粘贴牢固；箱内接线端子排及其盖板、线槽及其盖板等安装牢固，无裂损、老化、变形；接插件无破损、变形、热损，接插牢靠；各元器件及其安装座应配件齐全，无热损、裂损、老化，不良者更换；手试各空气开关、转换开关等应作用灵活；空气开关及各保险容量符合要求，接触良好；接地线接地可靠
通电试验	通电试验过程中，各电气元件均应工作正常，各部作用良好，接线正确，转换开关指向位置正确、不混线，确认插座导电良好，测试48 V绝缘良好，检查完毕，各开关复位

四、应急处理

（1）列车运行途中，YZ$_{25G}$型车照明柜，转换开关在全灯位时，客室大部分灯不亮，应如何处理？

① 用电笔测量照明柜空气开关 Q1 上下接线端 U、V、W 三相线是否有电，以判断是引入箱内线缺相还是空气开关 Q1 的问题。

② 若 U、V、W 三相线电源正常，把转换开关置于全灯是否都吸合，若 KM1、KM2、KM3 都吸合则为各支路保险有断路或 KM1、KM2、KM3 触点有问题，可逐一查之。

③ 若在全灯位时 KM1、KM2、KM3 只有个别吸合，则为接触器线圈本身有问题，或转换开关有问题，若转换开关的问题，则可用短接线把不吸合接触器的线圈引线与正常吸合接触器线圈引线在转换开关上短接，恢复临时用电，若为接触器问题可用线跨接常开点两端恢复临时用电或终到后更换之。

（2）25G/25K 型空调客车在运行途中，电源柜的电源选择开关打在"Ⅰ路"或"Ⅱ路"供电位，Ⅰ路和Ⅱ路指示灯不亮，接触器 KM1 和 KM2 都不吸合，造成客车无法用电应如何处理？

① 首先应看 AC 漏电报警器是否动作，若动作，应逐个甩开电源柜各用电负载空气开关，直到漏电报警器不动作为止，此时，对于有漏电的负载应停用，恢复车辆用电，入库后再查找漏电点。

② 若断开各支路负载后，漏电报警器仍动作，应为漏电报警器本身有问题，或 BLQ 损坏导致漏电报警器误动作，此时可把漏电报警器上的 NC 线与 N 线从报警器上跳开后直接短接，恢复车厢临时用电，待入库后更换漏电报警器或 BLQ。

③ 若漏电报警器电源灯不亮，电源转换开关置于Ⅰ路和Ⅱ路时接触器 KM1 和 KM2 都不吸合，应考虑转换开关 KA1 是否损坏（因为两路控制回路保险和 KM1/KM2 同时损坏的概率很小），此时可把电源选择开关打在"Ⅰ路"或"Ⅱ路"供电位，用电笔测量转换开关的 101 与 103 之间或 102 与 104 是否导通有电，若进线 101 与 102 有电而出线 103 与 104 无电，则为转换开关损坏，可用临时线短接 101 与 103（102 与 104）之间，恢复临时用电；

④ 若转换开关正常，但漏电报警器电源灯还是不亮，应为漏电报警器的 N 线断路，此时用电笔测量漏电报警器的 N 线端，电笔应亮灯，应查出断路点；若一时不能查出则应断开 Q1 和 Q2，从电源柜的接线排上找到 N 线端子，用临时线短接其与漏电报警器的 N 线端，恢复临时用电，入库后再查找详细断路点。

能力评价

职业能力评价表

班级		姓名		学号	
课程内容		日期		成绩	
小组自评					

1.优点

2.不足

小组互评		
小组成员	优点	不足

指导教师评价				
环节	评价标准	评价等级		
		A	B	C
专业能力	A：能够完整准确地回答任务引导问题，正确率在90%以上； C：对基础知识掌握得非常差，任务引导问题的回答正确率在50%以下			
操作能力	A：熟悉各个环节的实施步骤，完全独立地完成任务，并有能力辅助其他同学完成规定的工作任务，工作实施快速，准确率高（任务规划和任务实施准确率在85%以上）； C：未完成任务或只完成了部分任务，不能按规定的实施步骤操作，各个部分的准确率在50%以下			
社会能力	A：不迟到、不早退，对人有礼貌，善于帮助他人，积极主动地完成规定工作任务，工作台整洁有序，能正确回答老师提问； C：未完成任务或只完成了部分任务，有问题不能积极向老师和其他同学请教，工作实施拖拉不积极，不能准确回答老师提出的问题			
教师综合评价				

注：完成结果介于A、C之间的，等级评定为B。

实训三　25型空调客车下部单车检查（静态）

情境描述

25型空调客车下部单车检查（静态）是客车检修人员的一项基本功。客车列检人员在客车停站时，或者段修前，都要进行客车下部单车检查，以确定客车的良好运行状态，发现车辆运行中出现的故障，为进一步维修提供依据。这是客车行车安全的必要保证，应按正确步骤，逐项检查车辆部件状态，熟练指出各零部件名称及配合关系，并能准确判断故障、正确提出施修方案。

实训目标

1. 知识目标

（1）25型空调客车车体构造。
（2）车体下部走行装置、制动装置的技术要求。

2. 能力目标

（1）检查空调客车下部电气设备，符合作业顺序。
（2）排除空调客车下部电气设备故障，不少于6处。
（3）操作过程熟练，使用仪表正确，符合安全操作规程。

3. 素质目标

（1）安全第一、预防为主、严规细操。
（2）协作意识、环保意识、节约意识。

任务书

实训工单

实训名称	25 型空调客车下部单车检查（静态）				
日期		地点		课时	
案例					
引导问题					
小组成员及分工					
小组成员	姓名	任务分配		备注	
组长					
组员					
引导问题解答					

1.

2.

3.

一、作业（操作）方法、步骤（见表 15-5）

表 15-5　25 型空调客车下部单车检查（静态）作业（操作）方法和步骤

项目	主要内容
作业目的及要求	检查空调客车下部电气设备，符合作业顺序
	排除空调客车下部电气设备故障，不少于 6 处
	操作过程熟练，使用仪表正确，符合安全操作规程
作业器材及工具准备	电工常用工具 1 套；万用表、兆欧表各 1 只；安全号志红旗、停电牌各 1 个；检点锤、手电筒各 1 把
场地条件	25 型空调客车一辆，考核前由考评员设置故障点 10 处

方法、步骤如下：

器材及工具准备→安全防护用品检查→安全防护信号设置→检查 1 位分线盒及管卡→检查 1 位侧边灯插座→检查 1 位端 1 位侧广播插座→检查 1 位端 1 位侧电力及集控连接器插座→测量并报 1 路主线绝缘数值→检查 1 位端 2 位侧电力及集控连接器插座→测量并报 2 路主线绝缘数值→检查 1 位端 2 位侧广播插头→检查 1 位端 2 位侧广播插头挂线盒→检查 2 位侧分线盒及管卡、轴报、蓄电池箱及蓄电池、接地线→检查 2 位侧边灯插座——检查 2 位端 2 位侧位广播插座→检查电力 2 位端 2 位侧集控及连接器插座→检查 2 位端 1 位侧广播插头→检查 2 位端 1 位侧广播插头挂线盒→检查 2 位端 1 位侧电力及集控连接器插座→检查 1 位侧分线盒、管卡、轴报、应急电源箱及应急电池、接地线、外温探头→整理工具、清理现场→撤除防护信号→作业完成。

二、质量标准（见表 15-6）

表 15-6　作业质量标准

项目	质量标准	扣分及原因	得分
时间 20 分	1. 作业标准时间 20 min。 2. 每超过规定时间 30 s 扣 1 分。 3. 超过规定时间 50%以上者为不合格		
质量 50 分	1. 测试单车绝缘；未测扣 10 分，测错或错报扣 2 分。 2. 检查电力及集控连接器插座；漏查一处扣 5 分。 3. 检查边灯插座；漏查一处扣 5 分。 4. 检查播音插座、插头、挂线盒；漏查一处扣 5 分。 5. 检查轴报探头、配线、外温探头；漏查一处扣 5 分。 6. 检查分线盒及配件管卡；漏查一处扣 5 分。 7. 检查接地线；漏查扣 5 分。 8. 检查中未能发现并排除故障，一处扣 4 分；排除故障不足 6 处，按不及格处理		

续表

项目	质量标准	扣分及原因	得分
过程 20 分	使用工具正确合理；使用不当或损坏工具，扣 5～10 分		
安全 10 分	1. 在作业过程中，凡受伤构成轻伤及以上事故者取消成绩，碰伤出血扣 5 分。 2. 未按规定穿戴防护用品，每件扣 2 分。 3. 正确执行安全技术操作规程，每违反一项扣 5 分；发生重大事故者，取消成绩；发生电器打火一次扣 5 分。 4. 按企业文明生产规定，做到工作场地整洁，工件、工具摆放整齐，不符合要求扣 5 分		
合计 100 分			

三、安全注意事项

（1）工作前应检查使用的防护用品、工具、仪表，确认无误[《铁路工务安全规则》（以下简称《安规》）第九十六条第 2 项]。

（2）要正确设置和撤除安全防护信号（《安规》第四十条、第四十三条和第六十六条第 3 项）。

四、典型案例分析

（1）1996 年 8 月，589/590 次列车在库内解挂作业后，由于解挂的时间很仓促，库检作业人员还来不及对加挂硬卧车（YW67841）进行全面作业便拉上了站台。当车辆乘务人员在站台作业时，发现该车的 24 V 蓄电池未接。

（2）1997 年 11 月，581/582 次列车编中软卧车（RW51947）因临时加挂导致 48 V 蓄电池连接未接。

（3）1998 年 6 月，589/890 次列车编中加挂软卧车（RW52127）因未连接 24 V 蓄电池连接线导致该车后几位车无三相交流电源。

通过上述几个案例可看出：对车辆的检修过程一定要到位，工作一定要仔细，避免事故的发生。

能力评价

职业能力评价表

班级		姓名		学号	
课程内容		日期		成绩	

小组自评
1.优点
2.不足

小组互评		
小组成员	优点	不足

指导教师评价				
环节	评价标准	评价等级		
		A	B	C
专业能力	A：能够完整准确地回答任务引导问题，正确率在90%以上； C：对基础知识掌握得非常差，任务引导问题的回答正确率在50%以下			
操作能力	A：熟悉各个环节的实施步骤，完全独立地完成任务，并有能力辅助其他同学完成规定的工作任务，工作实施快速，准确率高（任务规划和任务实施准确率在85%以上）； C：未完成任务或只完成了部分任务，不能按规定的实施步骤操作，各个部分的准确率在50%以下			
社会能力	A：不迟到、不早退，对人有礼貌，善于帮助他人，积极主动地完成规定工作任务，工作台整洁有序，能正确回答老师提问； C：未完成任务或只完成了部分任务，有问题不能积极向老师和其他同学请教，工作实施拖拉不积极，不能准确回答老师提出的问题			
教师综合评价				

注：完成结果介于A、C之间的，等级评定为B。

实训四　电开水炉故障排除

情境描述

电开水炉是旅客列车必备的公用设备。电开水炉性能良好是列车提供服务的根本保证，因此对电开水炉各零件进行日常维修保养及定期检修，消除不良处所，确保行车安全。熟悉电开水炉的结构原理，并能准确判断故障、正确提出施修方案。

实训目标

1. 知识目标
（1）电开水炉的结构原理。
（2）电开水炉故障原因分析。

2. 能力目标
（1）具备客车检车员应急故障处理能力。
（2）具备车辆钳工岗位专业技能。

3. 素质目标
（1）安全第一、预防为主、严规细操。
（2）协作意识、环保意识、节约意识。

任务书

实训工单

实训名称		电开水炉故障排除			
日期		地点		课时	
案例					
引导问题					
小组成员及分工					
小组成员	姓名	任务分配		备注	
组长					
组员					
引导问题解答					

1.

2.

3.

一、作业（操作）方法、步骤（见表15-7）

表15-7 电开水炉故障排除作业（操作）方法和步骤

项目	主要内容
作业目的及要求	能迅速、准确地判断出电茶炉常见故障的性质、原因和范围
	测寻故障点方法、步骤正确
	排除故障迅速准确，操作熟练
	故障排除后通电、通水试验，运行良好，达到技术要求
作业器材及工具准备	电开水炉380 V、50 Hz三相交流电源、万用表、电笔、螺丝刀、扳手、电工刀、钢丝钳、尖嘴钳、剥线钳、电烙铁、细砂布、焊料、润滑油、毛刷、棉纱、电气原理图、接线图
场地条件	工作台要求采光良好或备有照明设备
	工作台及地面应设有绝缘橡胶垫
方法、步骤	首先进行电开水炉外观检查
	打开电开水炉进水阀
	合上电源开关，发现故障现象
	切断电源，根据故障现象找出故障原因并作相应处理
	处理完毕确认各管路无泄漏、无渗水；绝缘符合标准；接通电源后确认电开水炉能正常工作

KSL3型电茶炉常见故障及其处理方法如表15-8所示。

表15-8 KSL3型电茶炉常见故障及其处理方法

故障现象	故障原因	处理方法
缺水指示灯亮报警装置报警	1. 车上水箱无水	补水，若无水则停止加热
	2. 滤尘器进水阀未开启或堵塞	打开滤尘器进水阀，或拆下滤尘器清理
	3. 过滤器网堵塞	取下过滤器罩，旋下过滤器进行清洗
	4. 缺水保护器内浮子漏水或干簧管接点烧结	打开缺水保护器更换浮子或干簧管
	5. 进水管路堵塞	清理管路内的堵塞物
	6. 电茶炉进水阀关闭	打开进水阀
	7. 储水箱传感器电极短路	更换储水箱电极
	8. 控制箱内插头脱落	重新插好插头
	9. 控制电路板损坏	更换控制电路板
	10. 进水电磁阀损坏	更换进水电磁阀

续表

故障现象	故障原因	处理方法
过滤器罩损坏	机构损坏	更换玻璃罩，必要时更换密封垫
冷水水位超出冷水表表下红色标记，浮子进水阀溢流管溢水；出水温度偏低	1. 浮子漏水	更换浮子
	2. 浮子阀密封垫密封性能差	更换密封垫
冷热水表玻璃管损坏	机械损坏	关闭滤尘器进水阀，打开排污水阀和热水嘴，排净炉内存水，关闭水位表阀，更换玻璃管
开关置于"通"位后加热和缺水指示灯均不亮，接触器不吸合	1. 保险丝熔断	控制电路中有断路现象，检查处理后更换保险丝
	2. 缺水保护器电源线断开或接触不良	接好电源线，处理接触不良点
	3. 开关损坏	更换开关
开关置于"通"位后加热指示灯亮，但接触器不吸合	1. 接触器线圈损坏或铁芯卡死	检修接触器或更换线圈
	2. 缺水保护器断线	接好断线点
开关置于"通"位后接触器吸合时，配电室空气开关跳闸	1. 电热管有对地短路现象	检修接触器或更换线圈
	2. 电热管电源线有对地短路点	检修电热管电源线
电源灯不亮，电茶炉不工作	1. 电源控制柜内 5Q 空气开关未合上	合上 5Q
	2. 电茶炉控制箱内保险熔断	更换保险
	3. 线路断开或插座未插好	根据电路原理图查找线路断路点或插好插座
	4. 三相交流电缺相	查找缺相原因并处理
	5. 控制箱内变压器烧损	更换变压器
	6. 控制电路板损坏	更换控制电路板
"烧水"灯和"缺水"灯均熄灭，电茶炉不工作	开水储存箱水位电极短路	更换传感器
"除垢"灯亮	电茶炉内胆积垢严重	清除水垢
"电源"灯亮后长时间不烧水，同时水龙头有冷水放出	1. 烧水箱传感器插头脱落	打开电茶炉前门，插好传感器插头
	2. 控制箱内控制板上 5 芯插头脱落	打开控制箱插好 5 芯插头
	3. 烧水箱传感器线路断开	接通线路或更换传感器
	4. 烧水箱的传感器损坏	更换传感器
	5. 传感器电极积垢严重	拧下传感器并除垢

续表

故障现象	故障原因	处理方法
开水储存箱开水水满后，电茶炉不停机，同时溢流管有热水流出	1. 开水储存箱传感器插头脱落	打开电茶炉上盖，插好传感器插头
	2. 开水储存箱传感器损坏或线路断开	接通线路或更换传感器
	3. 控制电路板损坏	更换控制电路板
	4. 传感器电极严重积垢	清除传感器电极水垢
	5. 接触器或继电器触点烧熔黏接	更换
"烧水"灯与"缺水"灯交替发亮，周期小于 1 min	1. 车内上水箱缺水	停靠站后给上水箱补水
	2. 烧水箱传感器电极短路	更换烧水箱传感器
电茶炉"烧水"灯亮超过 7 min，冬天超过 10 min，水龙头无开水放出	1. 保险丝熔断	检查并更换保险丝
	2. 电热管电源线断路	检查并接通电源线
	3. 电热管被烧坏	检查传感器电极是否短路，如短路更换传感器后更换电热管；如传感器不短路则更换控制电路板后再更换电热管
	4. 电热管积垢严重	清除水垢
空气开关跳闸或熔断器熔断	1. 电热管烧损	更换电热管
	2. 控制电路板损坏	更换控制电路板
	3. 接触器或继电器触点烧熔黏连	更换
产开水量下降	1. 电热管烧损	更换电热管
	2. 电热管积垢严重	清除水垢

二、质量标准

1．炉体及管系

（1）炉体安装牢固，配件齐全，无腐蚀裂损变形，门锁及合页等无缺损，作用良好。
（2）水阀、过滤器、管系及各接头无锈蚀、裂损、泄漏，作用良好。
（3）热水嘴配件齐全，安装牢固，开关灵活，无滴漏。
（4）炉体内配线绝缘良好，线排安装牢固，接线无松动，线号清晰，接地线接地可靠。

2．控制箱

（1）箱体安装牢固，箱体及门各部配件齐全，作用良好。
（2）各接线排列整齐，各端子无松动老化，配线绝缘良好，各接插件配件齐全，作用良好，引线口护套无缺损。
（3）各开关指示灯、蜂鸣器安装牢固，作用良好，无卡滞、烧损。

(4)空气开关作用良好,各熔丝容量符合规定,各电子元件无烧损。

(5)各标示牌清晰齐全,图纸清晰正确。

3. 通电试验

(1)通电试验各电器元件工作正常,各部无渗漏,工作电流正常。

(2)封水性能试验:当加热腔水位达到上限时,自动截断水路,停止注水。

(3)缺水保护试验:当加热腔水位达到下限时,能自动报警并切断加热电源。

(4)满水断电试验:当储水箱内开水达到上限时,自动切断电源停止加热。

(5)空气开关漏电保护作用良好。

三、安全注意事项

(1)使用工具应正确合理,不得损坏工具或使用工具时伤及自己或他人的人身安全。

(2)正确执行安全技术操作规程。查找故障前应断电;故障修复完毕后应先检查各部分电气连接是否可靠,绝缘阻值是否≥2 MΩ,确认无误后方可送电试验。

(3)禁止身体任何部位触及任何带电物体,遵守安全用电规定。

(4)更换印刷电路板时,用力应均衡,并且不可用力过猛,以免损坏插头、插座,更换后应把固定螺丝拧紧。

(5)更换保险或电器元件时应切断电源开关,严禁带电处理故障。严禁使用超过标定容量的保险管、保险丝或空气开关。

(6)操作过程中,操作者应对电开水炉运行状态进行监控,若发现电开水炉控制箱内发出焦味、冒烟、短路、打火、外壳带电等异常现象时,应立即切断电源,查明原因,消除事故隐患,防止事态扩大。

(7)按企业文明生产规定,做到场地整洁,工件、工具摆放整齐;操作完毕后应做到工完、料净、场地清。

四、应急处理

1. 故障现象

某台 KSL Ⅲ型电开水炉加热速度慢,产开水量下降。

2. 故障分析

此种故障现象不外乎两个原因:一是电路系统有问题或某根电热管烧损;二是该电开水炉水路系统积垢严重,要么造成供水量不足,要么造成电热管表面积垢,使电热管加热效率急剧下降。

3. 处理方法

(1)对电开水炉配电箱各接线柱、接触器各接线端子进行检查,看看是否有松动、过虚接或表面氧化现象,如有则处理。

（2）将电加热管电源线甩开，用摇表逐一测量电加热管绝缘阻值，如果绝缘阻值趋近于零则证明电加热管烧损，需要更换。如果绝缘阻值正常，则说明电路系统没有问题，问题出在水路系统。

（3）水路系统的检查按进水阀→过滤器→沸腾腔→储水腔的顺序进行。

（4）当发现过滤器中的杂质较多时，应清洗过滤器。清洗时，先关闭过滤器进水阀，然后旋松玻璃罩下部的顶丝螺母，取下玻璃罩，旋下过滤网。清洗后，再按逆顺序将过滤器复原，开启进水阀。正常情况下过滤器应每半年清洗一次。

（5）沸腾腔除垢时应先切断电开水炉总电源；关闭滤尘器进水阀，打开排污（水）阀，排净沸腾腔内的开水；排净储水腔内的存水，拆下热水嘴；拆下引线罩盖及电加热管的连线的电源线，旋下电热管固定螺钉，抽出电热管；利用专用工具清除炉胆内的水垢。另外，可用螺丝刀轻轻敲击附着在电热管上的水垢；打开滤尘器进水阀，对沸腾腔进行冲洗；除垢完毕后，按逆顺序将其复原。

（6）储水腔除垢时应先切断电开水炉总电源；关闭滤尘器进水阀，打开排污（水）阀，排净沸腾腔内的开水；排净储水腔内存水；旋下电开水炉上盖紧固螺钉，打开上盖；清除储水腔内水垢，然后用清水冲净；除垢完毕后，按逆顺序将其复原。

（7）处理完毕后应检查各部分电气连接是否可靠，绝缘电阻值是否≥2 MΩ，电开水炉排气管应直通大气，不允许有堵塞现象。电开水炉送电前各阀的状态为：排污（水）阀、排水阀、热水水嘴关闭；过滤器、冷、热水表阀开启。

（8）开启车上供水阀，向电开水炉注水。冷水经过过滤器、浮子进水阀注入沸腾腔。水位达到冷水表下红色标记处时，注水自动停止。

（9）合上配电室内电开水炉电源空气开关，配电箱红色指示灯亮，电源接通。将配电箱上开关置于"通"位，绿色加热指示灯亮，加热开始。当热水水位达到热水表红色标记时，把加热开关置于"断"位，停止加热。当车上水箱无水时，缺水报警器发出声光报警，并自动切断电热电源。此时，请将配电箱开关置于"断"位，切断控制电源，声光报警随之停止。

以上试机过程顺利完成后，可认为此台电开水炉已经修复正常。

能力评价

职业能力评价表

班级		姓名		学号	
课程内容		日期		成绩	
小组自评					

1.优点

2.不足

小组互评		
小组成员	优点	不足

指导教师评价				
环节	评价标准	评价等级		
		A	B	C
专业能力	A：能够完整准确地回答任务引导问题，正确率在90%以上； C：对基础知识掌握得非常差，任务引导问题的回答正确率在50%以下			
操作能力	A：熟悉各个环节的实施步骤，完全独立地完成任务，并有能力辅助其他同学完成规定的工作任务，工作实施快速，准确率高（任务规划和任务实施准确率在85%以上）； C：未完成任务或只完成了部分任务，不能按规定的实施步骤操作，各个部分的准确率在50%以下			
社会能力	A：不迟到、不早退，对人有礼貌，善于帮助他人，积极主动地完成规定工作任务，工作台整洁有序，能正确回答老师提问； C：未完成任务或只完成了部分任务，有问题不能积极向老师和其他同学请教，工作实施拖拉不积极，不能准确回答老师提出的问题			
教师综合评价				

注：完成结果介于A、C之间的，等级评定为B。

实训五　MS730CP 电控气动塞拉门故障排除　▶▶▶

情境描述

电控气动塞拉门是客车密封式车门。塞拉门性能良好是客车安全运行的根本保证。因此，应对塞拉门内部各零件进行日常维修保养及定期检修，消除不良处所，确保行车安全。要求正确地进行塞拉门分解、清扫、测量、给油组装，熟练指出各零部件名称及配合关系，并能准确判断故障、正确提出施修方案。

实训目标

1. 知识目标

（1）电控气动塞拉门的结构原理及检修。
（2）塞拉门故障原因分析。

2. 能力目标

（1）具备客车检车员应急故障处理能力。
（2）具备车辆钳工岗位专业技能。

3. 素质目标

（1）安全第一、预防为主、严规细操。
（2）协作意识、环保意识、节约意识。

任务书

实训工单

实训名称		120型控制阀检修			
日 期		地点		课时	
案 例					
引导问题					
小组成员及分工					
小组成员	姓名		任务分配	备注	
组长					
组员					
引导问题解答					

1.

2.

3.

一、作业（操作）方法、步骤（见表 15-9）

表 15-9　MS730CP 电控气动塞拉门故障排除作业（操作）方法和步骤

项目	主要内容
作业目的和要求	能正确判断电控气动塞拉门故障性质、原因和范围
	测寻故障点方法、步骤正确
	排除故障迅速准确、操作熟练
	排除故障后通电、通风运行，作用良好
作业工具及器材	电控气动塞拉门电气原理图、万用表、电笔、螺丝刀、活扳手、电工刀、钢丝钳、剥线钳、压线钳、红旗
作业场地	通风、采光条件良好；距来车方向有 20 m 以上的安全距离
方法、步骤	根据故障现象正确分析、判断故障性质和范围
	测寻出故障点并正确处理
	通电试验，运行正常

二、质量标准

MS730CP 电控气动塞拉门是高速旅客列车使用的系列化外摆塞拉门中的直形塞拉门。它由门板、驱动机构、承重机构、传动装置、导向机构、锁闭装置、内外操纵机构、密封设施、活动脚蹬装置及电气控制等组成。

门锁为双重闭锁，另设独立的保险锁，安全可靠。

门扇采用铝蜂窝复合结构，其优点是重量轻、强度高、密封性能好，隔音、隔热。

门系统的移动承载机构具有结构简洁，运动阻力小，安装方便，可靠性高等优点。

主驱动采用无杆气缸。

MS730CP 电控气动塞拉门主要功能有：

（1）有电有气状态，通过电气按钮或内外操纵机构的三角钥匙控制单门的开、关。

（2）无电无气状态，通过内外操作机构的三角钥匙解锁后，可用手动实现门的开、关。

（3）电控气动关门时，在关门全行程的 98%范围内具有防挤压功能，挤压力不大于 120 N。

（4）电控开、关门时有声响（蜂鸣器）提示，连续约 3 s。

（5）全列车塞拉门可实现集中控制。集中控制时，车门具有按一侧同步开、闭功能。

（6）车速高于 5 km/h 时的自动锁闭车门功能，控制信号由车载计算机提供。

塞拉门处于集中控制状态下，当车速达到 5 km/h 时，车门具有自动关门和锁闭功能（此时无防挤压功能），并且无法通过电气按钮或内外操作机构的三角钥匙打开车门。

全车塞拉门处于集控状态时，在主控站能监视全列车车门的状态，当车门发生故障不能关闭时，有指示灯显示。塞拉门系统能为车辆控制计算机系统的以上功能提供必要的控制信号。

塞拉门内操作系统上方有脚蹬位置指示灯和状态指示灯，另外还有蜂鸣器以短促音提供报警。

状态指示灯遇有系统故障时闪烁频率为：亮 0.5 s、停 0.5 s。当一组信号闪烁结束后，间隔 3 s 重新闪烁，直至故障排除。其每组信号代表的故障原因及处理方法如表 15-10 所示。

表 15-10　状态指示灯每组信号代表的故障及其处理

状态指示灯闪烁次数	故障说明	故障原因	排除方法
闪一次	外操作接通时间超过 20 s	微动开关损坏或微动开关位置不对	更换微动开关或重新调整微动开关位置
		机械装置无法复位，检查钢丝绳和机械装置上的弹簧	更换钢丝绳或更换弹簧
闪 2 次	内操作接通时间超过 20 s	微动开关损坏或微动开关位置不对	更换微动开关或重新调整微动开关位置
		机械装置无法复位，检查机械装置上的弹簧	更换弹簧
闪 3 次	关门 10 s 未到 98% 开关	气源压力不足	调整气源压力
		有障碍物	排除障碍
		98% 开关损坏	更换 98% 开关
闪 4 次	开门 5 s 未到 98% 开关	气源压力不足	调整气源压力
		98% 开关损坏	更换 98% 开关
闪 5 次	防挤压失效	开关门气管接反	检查电磁阀与气缸气管
		防挤压压力开关损坏	更换防挤压压力开关
闪 6 次	关门 12 s 未到"门关到位"开关	气源压力不足	调整气源压力
		有障碍物	排除障碍
		"门关到位"开关损坏	更换"门关到位"开关

MS730CP 电控气动塞拉门常见故障现象及其原因和排除方法如表 15-11 表所示。

表 15-11　电控气动塞拉门常见故障现象及其原因和排除方法

序号	故障现象	故障原因	排除方法
1	打开电源开关 PLC 上的 RUN 指示灯不亮	电源不通	检查空气开关和空气开关 QF1
2	状态指示灯常亮，蜂鸣器响，但车门不能打开	开门电磁阀损坏	首先检查气路气压和机械部分是否能够正常运动；检查 PLC 输出口 Q4（左门）、Q5（右门）应点亮，如果输出口信号灯不亮，检查输入信号是否正常；如果输出口信号指示灯亮，检查 PLC 输出口与电磁阀接线是否良好，检查电磁阀动作是否正常，如不正常就更换电磁阀

续表

序号	故障现象	故障原因	排除方法
3	有电、有气时用三角钥匙操作内操作系统,不能打开和关闭车门	微动开关损坏	首先检查保险锁开关是否打开,若三角钥匙扳下时微动开关没有动作,重新调整微动开关位置。微动开关有动作,但PLC输入口I2(左门)I3(右门)没有信号输入,表示微动开关损坏,更换微动开关
4	状态指示灯亮,蜂鸣器响,门能开不能关,12 s后,蜂鸣器报警	关门电磁阀损坏	首先检查气路和机械部分是否正常;检查PLC输出口Q6(左门)Q7(右门)应亮,如果输出口信号指示灯不亮,检查输入信号;如果输出口信号指示灯亮,检查PLC输出口与电磁阀接线是否良好,检查电磁阀动作是否正常,如不正常更换电磁阀
5	门关到位后自动返回	98%位置开关位置未调整好	按安装调试说明书的要求调整98%位置开关
		98%位置开关损坏	检查PLC输入口信号I6(左门)I7(右门),如果在开门状态,门开间隙大于20 mm时,仍然有信号输入,表示98%位置开关损坏,更换98%位置开关
6	门未关到位即自动返回	防挤压压力开关设定压力太小	重新调整防挤压压力开关
		防挤压压力开关损坏	检查PLC输入信号I4(左门)I5(右门),如果在开门状态,仍然有信号输入,表示防挤压压力开关损坏。更换防挤压压力开关
7	每次开关门报警蜂鸣器一直响	防挤压压力开关失效或开门/关门气管接反	因为防挤压压力开关损坏后有可能使车门始终关不上,因此在开门状态时就检测是否有防挤压压力开关信号。如果有就认为该防挤压压力开关失效,控制系统将自动屏蔽掉该信号,并在每次开、关门时,提示防挤压压力开关失效。重新调整或更换该开关
8	所有信号正常,有气压,但车门不能动作	手控开关装置没有复位	将手控开关装置复位
		手控开关装置上的微动开关损坏	检查手控开关装置上的微动开关常闭触点是否完好,更换微动开关
9	集控时,电源钥匙接通,开左侧门按钮、开右侧门按钮不起作用	电源不通	接通电源
		5 km/h信号已起作用	检查DW25与DW2是否已短接,若短接,检查防滑器触点是否正确

续表

序号	故障现象	故障原因	排除方法
10	集控时,电源接通,揿下开左侧门按钮,某一辆车开右侧门	该辆车二位侧的 TW10 与 TW11 接反	将该辆车二位侧的 TW10 与 TW11 反接
11	集控时,某一辆车的对角门同时开	该辆车二位端的 TW10 与 TW11 接反	将该辆车二位端的 TW10 与 TW11 反接
12	集控时,所有的门都关闭,"门未关到位"指示灯亮	门关到位开关或脚蹬位置开关故障	用排除法。此时该车的蜂鸣器会响。若是脚蹬位置开关未关到位,则脚蹬位置开关位置指示灯会亮
13	集控时电源接通,揿下开左侧门按钮,某一辆车以后的所有门开右侧门	该车的集控控制箱的 TW0 与 TW11 接反	集控控制箱的 TW0 与 TW11 反接
14	当有任意一扇门打开,"门未关到位"指示灯不亮	"门未关到位"指示灯损坏	更换"门未关到位"指示灯
		"门未关到位"开关故障	更换"门未关到位"开关
15	电源指示灯亮但不能控制门的开关,而三角钥匙却能控制门的开关	电钥匙损坏	更换电钥匙锁
		电钥匙接线端脱落	重新接线
16	电钥匙锁能控制门开关而三角钥匙却不能	内操作装置上的微动开关损坏	更换微动开关
17	各种操作却不能控制门的开关	保险锁接近开关故障	按安装调试说明书的要求调整保险锁接近开关的位置,若仍不能排除故障,则更换保险锁接近开关,并调整好位置
		控制器损坏	更换控制器
18	锁上保险锁,电源指示灯仍亮	保险锁接近开关故障	按安装调试说明书的要求调整保险锁接近开关的位置,若仍不能排除故障,则更换保险锁接近开关,并调整好位置
19	电源指示灯亮门铃响,门能开不能关	通电即自动开门,则是开门电磁阀(YV1)损坏	更换开门电磁阀 YV1
		通电门不动(门处于中间状态),则是关门电磁阀(YV2)损坏	更换关门电磁阀 YV2
20	电源指示灯亮门铃响,门能关不能开	开门电磁阀(YV1)损坏	更换开门电磁阀 YV1

续表

序号	故障现象	故障原因	排除方法
21	门在接近全开启时无减速、缓冲性能	无杆气缸的开门缓冲调节位置发生变化	调节无杆气缸开门缓冲器至正常位置
22	防挤压功能失效	开门时二级锁开关未动作到位	检查门锁动作是否正常，重新调整开关位置
		开门状态时，有防挤压信号	检查开、关门气路有无接反，因为开门时无防挤压功能
		调节防挤压压力开关，始终没有防挤压信号，并且断电后重新通电仍不正常，则防挤压压力开关损坏	更换防挤压压力开关
23	脚踏板翻转角不够	传动杆的接杆松动或滑脱	调整好拉杆长度，再并紧接杆螺母
		转轴箱内，紧固传动杆和连杆的螺栓松动或脱落	重新紧固连杆与转臂的连接螺栓
		连杆和翻转脚蹬端面齿啮合处紧固螺栓松动	调整好翻转脚蹬后重新旋紧端面啮合处紧固螺栓
24	门关闭不严，上边有缝隙或下端有缝隙	驱动机构安装螺栓松动或安装位置不对	手动关门至一级锁闭位，松开紧固螺栓，旋转调节螺栓，使门缝上部比下部宽约 1MM 并旋紧安装螺栓
		门框内有异物	清除异物
25	开、关门速度太快或太慢	气源压力不正常	调整气源压力至 5~6 bar（500~600 kPa）
		无杆气缸的进气口节流阀开度变化	调节进气节流阀，使开关速度正常
26	保险锁锁不到位	门未关到位	开门重新关门
		保险锁角铁松动	重新调整保险锁角铁位置
27	手动时内操作能开锁而外操作不能开锁	外操作上牵拉钢丝绳的夹头松动	调节好钢丝绳长度后重新夹紧
28	手动时外操作能开锁而内操作不能开锁	内操作上牵拉钢丝绳的夹头松动	调节好钢丝绳长度后重新夹紧
29	手动关门锁不住而锁的紧固螺钉不松动	钢丝绳套管脱出调节器（锁体上的）	将钢丝绳套管重新装入调节器并锁紧
30	手动关门锁住但达不到二级啮合	锁体安装调节垫片太多	按安装调试说明书要求进行重新调整
31	手动关门锁住且达到二级啮合，但门与门框密封条间仍有缝隙	锁体安装调节垫片太少	按安装调试说明书要求进行重新调整

塞拉门检修、调试、验收标准如表 15-12 所示。

表 15-12　塞拉门检修调试验收标准

序号		验收项目	验收标准
1	手动状态	内操作装置操作扭矩	≤6 N·M
2		外操作装置操作扭矩	≤8 N·M
3		手控开关装置操作扭矩	≤2.5 N·M
4		手动关门至二级锁定力	≤60 N
5		门扇外表面与车体侧墙面间平行度	≤2 mm
6		脚蹬翻板收起靠紧力	≥50 N
7	电控气动状态	气动关门时门扇外表面与车体侧墙面间共面度	≤1 mm
8		控制系统功能	内外操作能开关门
9			关门 12 s 不到位报警
10			开/关门蜂鸣器声响提示
11			电源指示
12			防挤压及诊断防挤压开关功能
13			5 km/h 自动锁闭功能
14			集中控制功能
15		开门速度	全程 3~4 s
16		关门速度	全程 3~4 s
17		运行平稳性	无明显颤动与反弹
18		防挤压力	≤120 N
19		关门脚蹬翻板收起靠紧力	≥50 N
20		开门脚蹬翻板入平靠紧力	≥30 N
21	—	密封性	防尘防水

三、安全注意事项

（1）使用工具应正确合理，不得损坏工具或使用工具时伤及自己或他人。

（2）正确执行安全技术操作规程。查找故障前应断电；故障修复完毕后应先检查各部分电气连接是否可靠，绝缘阻值是否≥2 MΩ，确认无误后方可送电试验。

（3）禁止身体任何部位触及任何带电物体，遵守安全用电规定。

（4）按企业文明生产规定，做到场地整洁，工件、工具摆放整齐；操作完毕后应做到工完、料净、场地清。

能力评价

职业能力评价表

班级		姓名		学号	
课程内容		日期		成绩	

小组自评
1. 优点
2. 不足

小组互评		
小组成员	优点	不足

指导教师评价

环节	评价标准	评价等级		
		A	B	C
专业能力	A：能够完整准确地回答任务引导问题，正确率在90%以上； C：对基础知识掌握得非常差，任务引导问题的回答正确率在50%以下			
操作能力	A：熟悉各个环节的实施步骤，完全独立地完成任务，并有能力辅助其他同学完成规定的工作任务，工作实施快速，准确率高（任务规划和任务实施准确率在85%以上）； C：未完成任务或只完成了部分任务，不能按规定的实施步骤操作，各个部分的准确率在50%以下			
社会能力	A：不迟到、不早退，对人有礼貌，善于帮助他人，积极主动地完成规定工作任务，工作台整洁有序，能正确回答老师提问； C：未完成任务或只完成了部分任务，有问题不能积极向老师和其他同学请教，工作实施拖拉不积极，不能准确回答老师提出的问题			
教师综合评价				

注：完成结果介于A、C之间的，等级评定为B。

实训六　TKDT 型综合控制柜故障处理 ▶▶▶

情境描述

TKDT 型综合控制柜客车电气控制的核心部件。控制柜性能良好是客车电气发挥正常作用的根本保证。因此，需要对控制柜进行静态检查及带电的动态检查，消除不良处所，确保行车安全。要求能熟练进行控制柜静态、动态检查，熟练指出各电气部件名称及接线关系，并能准确判断故障、正确提出施修方案。

实训目标

1. 知识目标

（1）综合控制柜的静态、动态检查。
（2）综合控制柜的故障原因分析。

2. 能力目标

（1）具备客车检车员应急故障处理能力。
（2）具备车辆钳工岗位专业技能。

3. 素质目标

（1）安全第一、预防为主、严规细操。
（2）协作意识、环保意识、节约意识。

任务书

实训工单

实训名称	TKDT 型综合控制柜故障处理				
日期		地点		课时	
案例					
引导问题					

小组成员及分工			
小组成员	姓名	任务分配	备注
组长			
组员			

引导问题解答

1.

2.

3.

一、作业（操作）方法、步骤（见表 15-13）

表 15-13　TKDT 型综合控制柜故障处理作业（操作）方法和步骤

项目	主要内容
作业目的和要求	能正确判断综合控制柜故障性质、原因和范围
	测寻故障点方法、步骤正确
	排除故障迅速准确、操作熟练
	排除故障后通电运行，作用良好
作业工具及器材	综合控制柜原理图、万用表、螺丝刀、内六角扳手、电工刀、钢丝钳、剥线钳、压线钳
作业场地	通风、采光条件良好
方法、步骤	静态检查综合柜上、下柜各电器元件安装状态及配线连接状态，插销、锁、门拉杆动作试验并确认配件是否齐全
	首先闭合 Q20、Q30、Q19、Q35、Q36 等 110 V 空开（Q44 除外），其次闭合 Q1、Q2、Q3 等 600 V 空开
	将转换开关 SA1、SA2、SA3 打到自动位，SA4 打到全灯位，检查各控制元件动作情况和各网关、指示灯、安全记录仪、传感器、PLC、保险、中间继电器等状态指示灯亮灭情况
	观察触摸屏供电状态、车下电源状态、联网信息和空调信息显示数据
	将转换开关 SA1、SA2、SA3 分别转换到试验位，观察电器控制元件动作情况并查看触摸屏各状态、工况下电流和电压等参数，发现故障现象
	切断电源，根据故障现象找出故障原因并作相应处理
	处理完毕接通电源后确认综合柜能正常工作

二、概况及质量标准

1. 综合控制柜的构造

综合控制柜的构造由 PLC、触摸屏、网关、代理节点、安全记录仪、接线排、空开、接触器、热继电器、传感器等元件组成。

2. 工作原理

综合控制柜的控制核心采用可编程控制器（以下简称 PLC），PLC 通过微型可编程序终端（以下简称显示触摸屏）接受各种指令并自动执行相应的操作步骤，自动检测并记录系统运行状态，对电气系统运行中出现的各种故障及时进行诊断、指示并保护。

3. 主要功能

综合控制柜具有电源转换控制功能、空调机组控制功能、蓄电池欠压保护功能、照明供电功能，轴温、防滑器、烟火报警器、车门及车下电源箱状态监视功能，联网通信功能。

4. 质量标准

（1）控制柜及电源柜屏面整洁，各仪表显示正确，定检标志符合规定，各开关、按钮操作灵活、定位正确、接触良好，指示灯及标志牌齐全、显示正确。

（2）柜内元器件齐全，安装牢固、排列整齐、清洁、作用良好，各熔断器、热继电器、接触器、空气断路器等容量符合规定；延时器、温度控制器、欠压继电器、过流继电器、超速继电器等设定符合规定，作用可靠。接线排、走线槽及盖、防护罩无缺损，门锁作用良好、关闭严密。

（3）配线无破损、老化、断路、短路、混线，压接紧固可靠，安装可靠、无松动、无热损，排列整齐，包扎良好，标志清晰。接地线齐全可靠，配线绝缘符合规定。

（4）电气综合控制柜各熔断器、热继电器、过流继电器、接触器、断路器、二极管、压敏电阻、隔离开关、电源模块等器件的规格、型号符合规定，且接触良好、触头无烧损；热继电器设定值符合规定、作用可靠。各传感器、PLC、触摸屏、在线绝缘检测装置的设定值符合规定、作用可靠。通电检查电气综合控制柜动作及指示准确、有效，各项功能符合要求。各功能单元工作电流正常，作用良好，漏电电流不超过设定值。充电器输出电压为 DC（120±1）V。逆变器输出电压、频率为三相 AC 380×（1±5%）V、（50±1）Hz。充电器、逆变器与电气综合控制柜通信正常，触摸屏上显示应为正常信息代码"00"；电气综合控制柜的车下电源箱指示灯显示为绿色。

三、常见故障及其处理方法

PLC 本身具有故障诊断、预告功能，出现故障后应根据提示及时检查，确认故障清除后，按照先送 110 V 再送 600 V 的原则（断电原则是先断负载、再断 600 V、最后断 110 V）启动电源及空调。下面介绍几种异常情况下的应急处理方法：

1. 机车跳闸或无法送电

应与机车联系，确认是否属于接地故障，如果是接地故障，应先看各车厢是否曾经发生绝缘故障，综合控制柜"本车绝缘故障"红灯亮，如果有某车厢出现故障，应将该车综合控制柜的 Q1、Q2 断开，通知机车重新合闸；然后将该车的负载全部断开，待逆变器放电结束后，方可进行检查，用万用表或摇表检查负载对地绝缘状况，发现故障点后，将该路负载切除，恢复本车供电。

检查方法：在综合控制柜接线端子处进行，重点检查电开水炉（U6、V6、W6），温水箱（+609、-609），排风机（U7、V7、W7），客室电热（+615、-615、+616、-616、+625、-625、+626、-626），车下电源箱（+603、-603、U1、V1、W1、U2、V2、W2），

空调负载（U11、V11、W11、U12、V12、W12、U14、V14、W14、U15、V15、W15、U16、V16、W16、U17、V17、W17、U18、V18、W18、U19、V19、W19）。柜内配线重点检查+601、-601、+602、-602。在检查过程中注意相应接触器是否吸合对结果的影响。

2. 机车不能同时提供两路电源时

此时如果综合控制柜的供电转换开关 SA1 置于"自动"位时，控制柜会自动转换到正常的那路电源，同时将空调负载减半载运行，此时为避免机车电源过载，应注意各车厢的负载分配，尽量使每节车厢的总电流控制在 35 A 以下，必要时切除一些负载，优先保证充电机、通风、伴热、半冷、半暖负载工作，其他负载酌情考虑。

3. 电源故障指示灯亮

电源Ⅰ路（或电源Ⅱ路）故障指示灯红灯亮，表示该路供电有故障，如果供电转换开关 SA1 置于"自动"位，PLC 会自动切断该路供电接触器，转换到另一路供电；如果供电转换开关 SA1 置于"试验"位，因不能自动切断该路供电接触器，指示灯将显示橙色。一般此故障由电源过压造成，可观察触摸屏上供电信息画面 DC 600 V 供电电压是否超过 660 V，同时用万用表测量+601/-601，+602/-602 之间电压，如果均已超过，应断开 Q1、Q2，并通知机车采取措施；如果触摸屏上显示 DC 600 V 供电电压超过 660 V，但实际测量电源电压正常，再用万用表直流档测量电压传感器 JK1、JK2 的输出 A1/AGND、A2/AGND，如果输出大于 8.8 V，说明传感器坏，应更换；如果输出小于 8.8 V，可判断是 PLC 有问题，应更换。

4. Q1、Q2 跳闸

Q1、Q2 跳闸一般由短路造成，此时一定不能立即重新合闸，必须首先观察 KM1、KM2 接触器是否因触头粘连而无法释放，并检查+601/-601、+602/-602 之间有无短路，如果没有短路，则有可能是车下电源箱预充电电路失效，断开 Q3、Q39，其他负载恢复供电。如果 KM1（或 KM2）接触器触头已粘连，则只能合上与不粘连的接触器对应的供电开关（Q1 对应 KM1，Q2 对应 KM2），另一个供电开关必须断开，维持供电。如果 KM1、KM2 接触器触头均已粘连，则只能任意选择合一路供电开关，另一个供电开关必须断开，维持供电。车辆入库后，应立即更换接触器。

5. 断路器、熔断器动作

断路器、熔断器动作后，应先检查负载有无短路，相应的接触器有无粘连、烧损，如确认无异常，允许重合闸一次，如果仍有问题，在故障排除前不允许再合闸。

带剩余电流保护的断路器如果动作，还应检查负载对地绝缘是否正常。

6. 本车绝缘故障指示灯亮

请先对本车绝缘进行检查。检查方法：在综合控制柜接线端子处进行，重点检查电开水炉（U6、V6、W6），温水箱（+609、-609），排风机（U7、V7、W7），客室电热（+615、

-615、+616、-616、+625、-625、+626、-626），车下电源箱（+603、-603、U1、V1、W1、U2、V2、W2），空调负载（U11、V11、W11、U12、V12、W12、U14、V14、W14、U15、V15、W15、U16、V16、W16、U17、V17、W17、U18、V18、W18、U19、V19、W19）。柜内配线重点检查+601、-601、+602、-602。在检查过程中注意相应接触器是否吸合对结果的影响。

如果确认本车绝缘无问题，则可将供电选择开关 SA1 置于"试验Ⅰ路"或"试验Ⅱ路"维持供电。再用万用表直流挡测量电压传感器 JK8 的输出 A20/AGND、DC 600 V 绝缘检测装置的输出 A12/AGND，如果 A20/AGND 输出大于 150 mA/5 V，说明传感器坏，应更换；如果 PLC 显示值与 A12/AGND 输出不对应，可判断是 PLC 有问题，如果 A12/AGND 输出与 A20/AGND 输出不对应，DC 600 V 绝缘检测装置有问题，应更换。

7. KM3 不吸合，综合控制柜不工作

首先检查 Q20 是否闭合，然后用万用表测量 41 号供电请求线是否有 DC 110 V 电，如果没电，则应检查设有随车工程师办公席车或首（尾）车的综合控制柜 Q18、Q20 是否合上；如果 41 号线有电，再检查 198 号供电允许线 DC 110 V 是否有电，如果没电，则检查 39 芯连接器是否连挂贯通，供电钥匙是否接通。如果 198 号线已有电，但 KM3 仍不吸合，应检查保险管 FU10 是否正常，最终判断 KM3 接触器是否损坏，如果确认 KM3 接触器损坏，可合上 Q19（本车供电试验开关）使综合控制柜工作，入库后更换损坏的器件。

8. 空调故障指示灯亮

空调故障指示灯亮红色或橙色，表示空调系统有故障，可通过触摸屏当前故障画面查看故障信息。

1）压缩机（空气预热器）过载保护

PLC 自动默认当压缩机（空气预热器）线电流为设定值的 1.5 倍并持续 1 min 时，将对压缩机（空气预热器）进行过载保护，切断相应的接触器。

故障处理：将空调工况转换开关 SA2 置于"试验"位，合 Q11（或 Q21），使曾故障的压缩机（空气预热器）工作，一方面通过触摸屏查看压缩机（空气预热器）电流，另一方面用钳形电流表分别测量三相电流，当压缩机（空气预热器）1 过载保护，则测量端子排上 U16、V16、W16（U18、V18、W18）的电流，如果钳形电流表测量的数值与触摸屏显示值相符，且超过设定值的 1.5 倍，说明压缩机（空气预热器）1 有故障或设定值过低，如果确认压缩机（空气预热器）1 有故障，应将空调工况转换开关 SA2 置于"试验冷（暖）"位，合 Q21，断开 Q11，维持运行。如果确认设定值过低，对 PLC 重新设定。当压缩机（空气预热器）2 过载保护，则测量端子排上 U17、V17、W17（U19、V19、W19）的电流，如果钳形电流表测量的数值与触摸屏显示值相符，且超过设定值的 1.5 倍，说明压缩机（空气预热器）2 有故障或设定值过低，如果确认压缩机（空气预热器）2 有故障，应将空调工况转换开关 SA2 置于"试验冷（暖）"位，合 Q11，断开 Q21，维持运行。如果确认设定值过低，对 PLC 重新设定。

如果钳形电流表测量的数值与触摸屏显示值明显不符，并低于显示值且未达到 1.5 倍

时，应检查 JK5U、JK5V、JK5W 交流电流传感器状态确认故障后更换。

2）压缩机（空气预热器）过流保护

实时监测压缩机（空气预热器）的三相工作电流，当测得压缩机（空气预热器）线电流大于等于设定值 2 倍并持续 2 s，将对压缩机（空气预热器）进行过流保护，触摸屏显示故障信息并记录。

故障处理：与 1）相同。

3）压缩机（空气预热器）三相电流不平衡保护

实测压缩机三相电流值最大（或最小）值与平均值的偏差大于 15%时，将在 10 s 左右切断压缩机电源进行保护，触摸屏显示出相应的故障信息并记录。

实测空气预热器（PTC 元件）三相电流值最大（或最小）值与平均值的偏差大于 20%时，触摸屏显示出相应的故障信息并记录；当偏差大于等于 30%时，应在 10 s 内切断空气预热器电源进行保护。

故障处理：与 1）相同。

4）压缩机（空气预热器）缺相保护

首先断开空调机组主空开（Q11、Q21），用万用表检查相应的压缩机、空气预热器有无缺相，如确认某台缺相故障应断开该路压缩机（空气预热）三相线路并包扎，在确认其他几台压缩机（空气预热）无故障后，才允许闭合主空开 Q11（Q21）。切忌在未查明原因的情况下将空调转换开关 SA3 置于试验冷或试验暖位。

5）热继电器保护

FR11、FR12、FR14（FR15）分别是弱风机、强风机、冷凝风机保护热继电器，当 FR14（FR15）保护动作时，同时触摸屏上显示"冷凝风机故障"；当 FR11 或 FR12 保护动作时，空调故障指示灯显示红色，同时触摸屏上显示"弱风机故障"或"强风机故障"。故障排除后，方可手动使热继电器复位，重新启动空调。

9. 整列 DC 110 V 系统严重亏电

整列 DC 110 V 系统严重亏电将导致列车不能供电，此时应将全列 DC 110 V 开关断开（或在机后 1 位车与 2 位车间 110 V 电力连接线断开），然后将随车工程师办公席车（或机后 1 位车）的综合控制柜 Q20、Q18、Q1、Q2 合上，如果机车 DC 600 V 能送出，则+601/-601 或+602/-602 应有电，此时将 Q1、Q2 断开，将随车工程师携带的 DC 600 V/DC 110 V 应急电源（或外接蓄电池组）接入控制柜，先恢复充电机的控制电源再恢复手动供电"试验Ⅰ路"或"试验Ⅱ路"，当充电机启动工作后，关掉 DC 600 V/DC 110 V 应急电源（或外接蓄电池组），逐节车厢将相应开关合上恢复供电。

四、安全注意事项

（1）使用工具应正确合理，不得损坏工具或使用工具时伤及自己或他人。

（2）正确执行安全技术操作规程。在检修前必须将综合控制柜 Q1、Q2 均处于断开位，并确认车下电源箱电容已完全放电，故障修复完毕后应先检查各部分电气连接是否可靠，确认无误后方可送电试验。

（3）综合柜送电应遵循先送 DC 110 V 再送 DC 600 V 的原则，断电应遵循先断开负载、再断开 DC 600 V、最后断开 DC 110 V 的原则；隔离开关（Q15、Q16、Q25、Q26、Q7）严禁带载带电操作，FU1、FU2、FU3 严禁带载带电操作。

能力评价

职业能力评价表

班级		姓名		学号	
课程内容		日期		成绩	
小组自评					
1.优点 2.不足					
小组互评					
小组成员	优点			不足	

指导教师评价

环节	评价标准	评价等级		
		A	B	C
专业能力	A：能够完整准确地回答任务引导问题，正确率在90%以上； C：对基础知识掌握得非常差，任务引导问题的回答正确率在50%以下			
操作能力	A：熟悉各个环节的实施步骤，完全独立地完成任务，并有能力辅助其他同学完成规定的工作任务，工作实施快速，准确率高（任务规划和任务实施准确率在85%以上）； C：未完成任务或只完成了部分任务，不能按规定的实施步骤操作，各个部分的准确率在50%以下			
社会能力	A：不迟到、不早退，对人有礼貌，善于帮助他人，积极主动地完成规定工作任务，工作台整洁有序，能正确回答老师提问； C：未完成任务或只完成了部分任务，有问题不能积极向老师和其他同学请教，工作实施拖拉不积极，不能准确回答老师提出的问题			
教师综合评价				

注：完成结果介于A、C之间的，等级评定为B。

参考文献

［1］杨志强，客车电气装置[M]．北京：中国铁道出版社，2008．
［2］何忠韬，朱常琳．铁道车辆电气装置[M]．北京：中国铁道出版社，2007．
［3］叶庆文．客车电气装置[M]．北京：中国铁道出版社，1999．
［4］彭开宙等．车辆电工[M]．北京：中国铁道出版社，2010．
［5］张龙．动车组电机与电器[M]．成都：西南交通大学出版社，2009．
［6］宋雷鸣．动车组供电牵引系统与设备[M]．北京：北京交通大学出版社，2012．